国家社科基金
GUOJIA SHEKE JIJIN HOUQI ZIZHU XIANGMU
后期资助项目

中世纪英国文学中的母性研究

A Study of Motherhood Represented in Literature
of Medieval England

张亚婷 ◎ 著

中央编译出版社
CCTP Central Compilation & Translation Press

国家社科基金后期资助项目
出版说明

  后期资助项目是国家社科基金设立的一类重要项目，旨在鼓励广大社科研究者潜心治学，支持基础研究多出优秀成果。它是经过严格评审，从接近完成的科研成果中遴选立项的。为扩大后期资助项目的影响，更好地推动学术发展，促进成果转化，全国哲学社会科学规划办公室按照"统一设计、统一标识、统一版式、形成系列"的总体要求，组织出版国家社科基金后期资助项目成果。

全国哲学社会科学规划办公室

序

我的书桌上放着张亚婷同志多年打磨的专著，即将由中央编译出版社出版，这是件值得庆贺的事情，也应了我们中国的老话，有志者事竟成。

大约是 2005 年，张亚婷给我发来电子邮件，询问报考博士研究生相关事宜，我回信表示欢迎报考。和她的几位师姐一样，张亚婷接受了挑战，从事中世纪英国文学研究。入学之后，她迅速熟悉学术领域，学习中世纪英语，阅读中世纪英语文学作品，尽可能地读一些英文文本。她的特点是思维活跃，动手能力强，对新事物有强烈的兴趣和饱满的激情。和大多数研究外国文学的女性研究生一样，她关注女权主义和女性研究，关注文学作品中的女性人物。她的博士论文研究中世纪英国文学中的母亲和母性，紧贴学术前沿。视角的新颖和视野的开阔是她研究的亮点，最后，论文如期答辩，并顺利通过。

毕业后，张亚婷对自己的博士论文课题依然保持着兴趣，没有匆匆忙忙地将论文交给出版社出版，而是增删修改，进一步完善，并以此申请到国家社科基金的后期项目资助。之后，她利用在英国牛津大学访学一年的机会，集中精力修改论文。牛津大学是中世纪英语文学研究的圣殿，学术氛围浓郁，她的学术生命得到升华。她重审自己的写作，对书稿进行认真地再造和加工。这样，从课题的构思，到书稿的成文，再到一次次地修改，作者淹沈其中，持七年而不废，终于结题并出版。

20 世纪至今的文学领域，女权主义盛行，总的倾向是为女性正名和立言。研究女性的女性研究者，关注女性自身，关注男性对女性的审视，她们的研究凸显多重意义上的女性视角，有着独特的价值。文学作品中的母亲和母性研究，涉及社会、政治、文化、伦理等方面的内容，是女性研究的拓展和深入。身为人母的年轻女性张亚婷关注中世纪英国文学作品中的母亲和母性，似乎顺理成章。不过，事情的另一面是，现代意义上的对文学作品中母性的学术研究刚刚起步，许多问题有待解决，更多的问题有待提出，学术难点和盲点很多。即便在常常引领理论思潮学术风气的西方学界，情况亦是如此。这样的背景下，专著研究的是中世纪英国文学中的母亲和母性，首先要回答的却常常是女性研究中一些理论性的问题，如母亲和母性概念的社会历史内容，文学文本中母亲和母性的本质特征，等等。张亚婷直面挑战，她的著作具有理论层次探索的积极意义，应当肯定。

这部中国学者研究中世纪英国文学的专著，除了要面对理论方面的挑战，也要面对研究对象自身的挑战。分析中世纪英语文学文本，理解文本中的母亲和母性，必须花大力气梳理中世纪英国错综复杂的社会宗教现象，必须尽可能准确地把握特定社会特定历史时期的时代脉动。张亚婷同志的处理方式，是用跨学科跨文化的多重视角，来探索特定研究对象的本质特点，用文本分析作为研究的支撑和基座。她讨论了不同时期不同性别的作者，女性作家有法兰西的玛丽，诺里奇的朱丽安，玛格丽·坎普，男性作家有乔叟和马洛礼。她分析这些作家的代表性文本，梳理这些文本中母性题材包含的多元文化因子，勾画母性观念与社会体制的互动关系，区分男性作者和女性作者展示世俗母亲时的异同，凸显母亲形象中包含的社会理想成分和世俗要求。在她的讨论中，读者可以感受得到强烈的创新意识和孜孜的学术追求。

高校中的青年教师教学和科研的压力都很重，在为稻粱谋的同时，要写出高质量的学术论文不是件容易的事情。张亚婷同志通过自己的努力，取得了令人欣喜的成就。长安居大不易，天下事尚可为，今以前贤之言勉之，并祝愿她不断地进步。是为序。

刘乃银

2014 年 4 月 26 日于上海

前　言

　　本著作是关于中世纪英国文学中再现的母性的专题研究。

　　母性既是母亲的人生经验，又是一种体制，与其他体制有互动关系。中世纪英国涌现出了许多杰出的作家，他们创作了内容丰富多彩的文学作品。在这些作品中，作家们塑造了形形色色的母亲形象，展示了不同形式的为母之道，母性呈现出复杂的特点。自20世纪80年代起，中世纪研究领域中有关母亲及母性的话题逐渐引起国外学界的注意，但针对中世纪英国文学的母性研究却显得比较零散，见于若干篇介绍性或综述性文章或专著的部分章节，而这项研究在国内学界仍然属于空白之地。亚德里安·里奇指出，面对有关女性的"沉默"，我们有两条路可以选择：一条是"剖析我们的压迫之路"；另外一条是"寻找那些打破这种沉默的女性之路"。本书的写作目的就是打破这种沉默，跨越时空界限，从历史的角度出发，将中世纪英国文学作品置于当时的文化语境、社会文本、国际背景中加以分析，系统研究中世纪英国文学中再现的母亲形象和母性。

　　本著作研究时间跨度集中在盎格鲁-诺曼时期，侧重于12世纪到15世纪作品的研究。这个时期是英国文学发展最重要的时期之一，涌现出一批用不同语言进行创作的杰出作家，比如法兰西的玛丽、韦斯、尼格尔、莱亚门、"猫头鹰"诗人、奥尔姆、沃尔特、朱丽安、乔叟、高厄、兰格伦、高文诗人、坎普、马洛礼、曼德维尔、伯纳斯、亨利森等，还有其他许多无名作者。这些文学作品体裁丰富多样，包括寓言、骑士文学、散文故事、市井文学、布道文、圣徒传、籁歌、民谣、箴言、戏剧、旅行文学、训诫文、编年史、迎春曲、赞美诗、情歌和谜语等。这个时期的文学发展有其特殊的历史文化背景，当时的英国处于从多元文化融合到文化逐渐转型的特殊时期，经济发展逐渐趋于商业化，文学发展逐渐呈现世俗化倾向。英国虽然在地理位置上和欧洲大陆分离，但它与欧洲大陆的各种交流比较频繁，欧洲大陆的各种社会思潮和运动逐渐对英国的政治、经济、社会、思想、宗教的发展产生一定的影响，英国人的民族意识逐渐形成。这些自然对中世纪英国作家的创作产生一定的影响。本研究充分考虑到中世纪英国语言的多元化特性，把用拉丁语、盎格鲁－诺曼语和中世纪英语写成的作品统一包括在研究范围之内，以更为全面、客观、综合的视角观照当时文学作品中再现的母性。

本研究涉及文本为中世纪英国文学作品，但理论依据是女性主义者亚德里安·里奇、南茜·乔德罗、露丝·伊里加蕾和朱丽娅·克里斯蒂娃提出的后现代母性理论。这是一种跨越时空的古今对话。研究简述了这个时期英国女性所处的历史文化背景，结合中世纪英国社会文献、历史文献与其他文学文本，勾勒出中世纪英国母亲所处的历史、文化、宗教背景以及在文学作品中的再现模式。这些作品中涉及不同类型的母亲和母亲—子女关系，故研究以文本为据，从上帝的存在、作为母亲的耶稣、圣母玛利亚崇拜、母性与女性气质、为母之道、母亲的再现政治、母亲与母性体制、母性与魔法等多个方面展开讨论，进一步探究母性与宗教、种族、政治、性别之间的互动关系。这种母性既体现着中世纪英国人推崇的母性意识，又受到中世纪英国政治—经济发展、文化演进、性别差异、劳动分工、母性意识、宗教经验和文化人格等因素的综合影响。因此，本研究的目的是系统地阐述母性在中世纪英国文学中的不同变体和再现模式，梳理在当时历史文化语境下实现为母之道的不同方式，理解文本中再现的母亲—子女关系、母性的形成模式、母性意识和文本叙述策略，重构中世纪英国母性体制，从深层次上理解即将步入近代时期的中世纪英国及其作家群。

从 12 世纪到 15 世纪，不同的作家借助不同的文学体裁呈现了不同的母性变体，再现了母性的多样性和复杂性。他们展示的母性既有相似点，又因为各个作家所处的历史文化语境不同而出现不同点。法兰西的玛丽在她的籁歌中再现了双胞胎出生与母亲身份之间的关系以及超自然力量对母亲身份形成的介入，折射出母性和婚姻体制、道德伦理和文化偏见、人与超自然力量之间的关系。在这种多元化的叙述维度中，玛丽笔下的母性带有多元文化的痕迹。乔叟在诗歌中诠释反母性与文化他者、母子纽带的想象性重建、跨性别母亲与政治体制、母性异化与伪装等话题，再现了母性与宗教、政治、性别、种族、文化体制之间的关系，折射出他的女性观和写作政治。诺里奇的朱丽安在她的异象中对母性进行冥想，大胆地展示了生理性母性经验，策略性地把女性经验与男性身体联系在一起，表现出母性与神性、母性与女性气质之间的关联性。兰格伦再现了父亲与子女认同中母亲的卑贱地位，描述了非婚生子和未婚母亲的生活，他的批判表明他们的存在威胁中世纪母性体制和婚姻体制。玛格丽·坎普作为母性殉道者，游走在精神性母性角色和世俗性母性角色之间，处于母性体验的阈限状态，在实现自我理想化形象中遭遇角色转换困境。她的身体表演和精神转变是基督教影响下的母性角色的真实写照。英国亚瑟王文学传统中最得力的作家基本都是男性。杰弗里、韦斯、莱亚门和马洛礼分别展示了魔法师梅林、亚瑟王和圣杯骑士加拉哈德奇特的出生故事，显示出传奇人物的出生与超自然力量之间的关系，母亲身份被赋予魔幻色彩，表现出异教文化对生育奇迹的敬仰。"圆桌"是没有子嗣的王后桂尼薇儿的母性身体的外化。它具有母性功能，是和谐力量之源。在某种程度上来说，骑士—儿子们对母亲桂尼薇儿的不满是亚瑟宫廷走向瓦解的导火线。

事实上，12 世纪的英国文学就显示出了多元文化对母性的影响，凯尔特文化、基督教文化、骑士文学的盛行、上流社会的文学消费观催生了文学作品中复杂的母亲形象，母亲—子女关系折射出复杂的文化话语痕迹。随着历史的演进，中世纪英语文学作品在 14 世纪产量剧增，以基督教为基准确立母亲身份日渐凸出。它强调母亲哺育孩子的重要性，母性的神圣性需建立在合法婚姻基础之上。随着朝圣文化和修道院生活的流行，中世纪英国作家，尤其是女性作家，对"母亲"的理解和认识逐渐摆脱了生物性母性的束缚，"母亲"定义中出现性别流动现象。"母亲"不但体现着仁爱情感和女性原则，又是中世纪英国社会、文化和性属构建的概念投射。中世纪英国体制化的母性受制于基督教和男权社会，携带凯尔特文化及其神话传统的痕迹，夹杂着异教文化的影响。虽然为母之道呈现多样化特点，但其本质理念是"抚育"、"培养"和"引导"子女，而子女是母亲实现母亲身份赖以存在的客体。从普通女性模仿圣母玛利亚、文学文本中赞颂圣母玛利亚式母亲的过程中，我们看到中世纪英国社会对母亲身体的排斥和母性升华的痕迹。这些作家展示的不同类型的母亲—子女关系表明中世纪英国文化对女性气质的压制和人们对母爱的渴望，是象征意义上对"科拉"的回归，表达了中世纪人回归本源的怀旧情绪，表现出对理想社会秩序的追求。这种理想化的母性成为一种载体，它不但关联宗教、性别、政治、种族、商业和文化体制，而且见证了中世纪英国逐渐向近代时期的过渡，观照了中世纪英国社会演变过程中涌现出的各种矛盾与冲突，表明中世纪晚期的英国及其作家处于步向近代的十字路口。

20 世纪下半叶起，人们通过各种现场表演再现中世纪历史和当时人们的日常生活，而中世纪元素充斥在当代数字艺术和大众文学之中。在这种新中世纪主义背景下，本研究的学术意义在于从中世纪英国文学作品中再现的母性这一视角出发，考虑到中世纪英国的多语言特性，进行再语境化诠释，以更广阔、更系统的视野去认识、分析、阐释中世纪英国文学作品中再现的母性，进一步理解中世纪英国作家及其作品。这有助于系统理解母性的本质意义，解析女性观念在英国早期历史上的形成过程和意义，为性别研究提供新的思路，探析中世纪文学向近代文学的逐渐演变过程，使人们更好地理解中世纪英国文学。当代母亲面临着新的机遇和挑战，承受着不同的社会压力。虽然处于不同的历史文化语境之中，但中世纪英国女性扮演的母亲角色和当今女性有着许多相通之处，具有一定的借鉴作用，有助于观照自我角色扮演和思考为母之道。这也是本研究的现实意义。

目 录

Table of Contents

导论　母性与中世纪英国文学

　　中世纪英国文学作品中出现了形形色色的母亲：夏娃式母亲，殉道式母亲，圣徒式母亲，圣母玛利亚式母亲。她们是抛弃或杀戮子女的母亲，遭遇超自然力量的母亲，去欧洲大陆朝圣的母亲。从性格上看，有顺从谦卑的母亲，有野心勃勃的母亲，有悲恸不已的母亲，有控制欲强烈的母亲，有纯洁虔诚的母亲。从角色上来看，她们又是精神性母亲—世俗性母亲，单亲（寡居）母亲—已婚母亲—未婚母亲，基督教母亲—非基督教母亲，历史上存在的真实母亲—虚构的母亲，亲生母亲—继母—公婆，家庭主妇—"工作型"母亲，普通家庭母亲—王后兼母亲。不管是作品中虚构的还是历史上真实存在的母亲，她们的名字出现在中世纪英国文学作品中：圣母玛利亚、耶稣、康斯坦丝、多纳吉、玛格丽·坎普、格里泽尔达、芝诺比亚、阿格丽品娜①、依琳格、安格丽丝②、摩根、伊丽莎白③、美狄亚、吉尔、雅弗的母亲④、"不识闲儿"和"补偿"⑤，还有那些不具备生物性母亲身份的女性，比如巴斯妇和亚瑟王王后桂尼薇儿。

　　这些母亲形象的出现与中世纪英国历史—文化语境密切相关。要研究作品中再现的母性不同变体，就有必要结合历史文献资料说明中世纪英国母亲所处的具体历史、宗教和文化语境及具体的为母之道。尤其需要注意的是，这些作品中反复出现圣母玛利亚或圣母玛利亚式的母亲，

---

　　① 罗马皇帝尼禄的母亲，被尼禄派人剖腹杀害。

　　② 依琳格是亚瑟王的母亲。安格丽丝是马克王的兄弟鲍德温的妻子，他被马克杀害后，安格丽丝带上儿子亚历山大逃离。

　　③ 圆桌骑士特里斯丹的母亲。

　　④ 中世纪英国神秘剧《诺亚洪水》（Noah's Flood）中诺亚的无名妻子。

　　⑤ "不识闲儿"是《农夫皮尔斯》中皮尔斯的妻子的名字，"补偿"是文中女主角"奖赏小姐"的母亲。

歌颂她的母性,所以,探究玛利亚崇拜产生的深层原因及其影响就显得很有必要。在这些作品中,母亲处在个体母性经验与体制化的母性之间,这种母性又与其他体制具有互动关系。这些母亲的为母之道和当今女性的母性实践活动在许多方面有共同之处,故文本解读借助后现代母性理论进行阐述。这是一种超越时空的对话,能更好地观照中世纪英国文学中再现的母性。导论部分将对以上问题进行阐述。

一 历史文化视野下的中世纪英国母亲——简述

克拉丽莎·阿特金森指出,中世纪母性由基督徒构建而成,基督教故事和教义对他们的想象力、对自我和世界的认识、对社会、法律和家庭方面产生影响。① 中世纪英国文学是基督教的附庸,基督教的发展对母性的发展起着举足轻重的作用。事实上,英国的基督教化过程发生的时间较早,这在历史研究和编年史中有相应的记载和描述。爱德华·弗里曼指出,诺曼征服是英国历史上伟大的转折点,在重要性上能和它进行比较的唯一事件就是基督教的传入。② 从罗马-不列颠时期、盎格鲁-撒克逊时期,再到盎格鲁-诺曼时期,基督教从最初传入到最后被英国人接受经过了和凯尔特文化、日耳曼文化不断融合的过程。在 597 年基督教正式传入不列颠岛之前,基督教已经在这个岛上有了不少的信徒。基督教神学家德尔图良和历史学家优西比乌对此都有相应记述。这说明基督教在罗马统治早期就出现在不列颠岛,拉丁文化处于主导位置。据记载,314 年,三位英国主教、一位神父和一位执事出席了在南高卢举办的安丽思会议。这表明教区机构已经在英国存在。肯特郡发现的 4 世纪中期的别墅中已绘有基督教色彩的壁画。③ 可见,基督教已经对人们的日常生活理念产生了一定的影响,和欧洲大陆之间的宗教文化交流说明不列颠岛已经开始融入欧洲文化圈。斯奈德指出,从 5 世纪到 6 世纪,不列颠人大量皈依基督教,中世纪早期主导不列颠岛的基督教事件有修

① Clarissa W. Atkinson, *The Oldest Vocation: Christian Motherhood in the Middle Ages*. New York: Cornell University Press, 1991. p. 4.

② Edward A. Freeman, *The History of the Norman Conquest of England, Its Cause and Its Results*, Vol. 1 (3rd edt.). Oxford: The Clarendon Press, 2011. p. 1.

③ C. Warren Hollister, Robert C. Stacey and Robin Chapman Stacey, *The Making of England to 1399*. Boston: Houghton Mifflin, 2001. p. 21.

道院制度、宗教游历、传教活动和苦行赎罪活动，不列颠教士扮演着极端重要的角色。考古数据显示，4 世纪起基督教在墓地、教堂、修道院、洗礼池建设等方面显示出它的影响力。① 597 年，罗马教皇格列高力派修士圣奥古斯丁带领四十人到达肯特郡，国王阿尔德波特（Æthelberht）率先皈依基督教。坎特伯雷成为英国第一个基督教城市和精神重地。圣奥古斯丁建立了许多教堂，在英格兰建成了第一个本笃会修道院。627 年，诺森布里亚国王艾德威恩（Edwin）皈依基督教。678 年，英国开始正式向欧洲大陆派团学习。弗里曼指出，英国皈依基督教后第一次被纳入基督教教会覆盖范围，也被纳入欧洲政治圈。② 7 世纪下半叶，英格兰全境皈依基督教。在北方，已经皈依基督教的皮克特人和苏格兰人开始传教。虽然他们之间存在冲突和矛盾，但基督教顺利入境。不到一个世纪的时间里，不列颠岛的不同王国接受了基督教。③ 960 年起，修道院生活在英格兰非常盛行。11 世纪末期，卡都修派和西多会在英格兰相继建立修道院。杰克·乔治·汤姆森指出，基督教传教士把他们的神龛建在被征服的部落曾经认为神圣的地方，基督徒把凯尔特文化对女神的崇拜逐渐替换为对女性圣徒的崇拜。④

可以看出，基督教在英国的传播方式是先让英格兰君主皈依基督教，这些君主建造教堂和修道院，逐渐推广到普通民众之中。阿尔弗莱德大帝就是一个典型的例子，他在 5 岁的时候就被送往罗马教皇身边接受教育。盎格鲁-撒克逊时期的圣徒毫无例外都出生于皇室或贵族，贵族进入修道院说明了权力和基督教之间的关系。只有上流社会的女性才有机会进入修女院。⑤ 国王忏悔者爱德华（Edward the Confessor）一直想成为修士，喜欢祈祷和读书，在他的监督下，威斯敏斯特大教堂建成。威廉一世征服英国之后建立了许多著名的修道院和具有法国建筑风格的教堂。英国有许多修道士依照本笃会的规则生活，在

---

① 〔美〕克里斯托弗·A.斯奈德：《不列颠人：传说和故事》，范勇鹏 译，北京：北京大学出版社，2009，第 112 页－120 页.

② Edward A. Freeman, *The History of the Norman Conquest of England, Its Cause and Its Results*, Vol. 1 (3rd edt.). Oxford：The Clarendon Press, 2011. p. 31.

③ Ibid. p. 29.

④ Jack George Thompson, *Women in Celtic Law and Culture*. Queenston：The Edwin Mellen Press, 1996. p. 212.

⑤ Ibid. p. 71.

威廉一世统治时期，人们可以按照自己的意愿选择。① 威廉一世把英国修道院和教会中的高级位置都留给从欧洲大陆来的诺曼修士和教士，这些人在政界非常有影响力。同时期，大量抄写员也从欧洲大陆涌入英格兰。1066 年之后，威廉一世及其继承者的相关政策旨在鼓励建立教堂和大量修道院，而这些修道院拥有大量财富。中世纪英国历史学家萨利思伯雷的约翰记载了英国国王、主教和大主教的关系史，甚至提到国王斯蒂芬和王后玛蒂尔德在肯特君建立费佛山姆修道院的事情。② 中世纪英国一直保持着和西欧宗教界的紧密联系。国王亨利三世非常虔诚，对罗马教皇唯命是从，任命外国教士在英国教会从事工作。亨利五世为了加固权力而进行宗教改革，和西欧国际社会联合起来反对异教和教派分裂，对基督教体制和生活进行改革。随着宗教改革的推进，英国教会在 14 世纪逐渐步入民族化道路，脱离了教会的等级界限，对教区教堂更加热衷，逐渐产生了具有英国特色的神秘主义。③在这种宗教背景下，产生了像理查德·罗尔、《无名之云》的作者和玛格利·坎普这样的英国本土神秘主义者。

基督教的传入使人们对"人"的定义和认识出现一定的变化。我们知道，中世纪对于"人"的界定与后来各个时期对"人"的定义稍显不同。对他们来说，上帝是他们的创造者，他们只是上帝的追随者。圣奥古斯丁在《忏悔录》中写道："人是您创造的生物之一，上帝，他的本能就是赞美您。……因为您为了自己而创造了我们，我们的心只有停留在您的身上才可以达到宁静。"④中世纪人认为人生来就是为了崇拜上帝，为上帝服务。对一位普通母亲来说，教育孩子的目的就是帮助孩子摆脱人间罪恶，走向精神救赎。基督教确立了人看待自己与世界、人的存在与信仰的关系，而"人"概念的界定逐渐从"自然人"转向了"精神的人"、"上帝的子民"的高度。传统观点认为，势不可挡的基督教帝国主义扩张活动把欧洲人转变为宗教同胞。换言之，所有人在上帝面前是平

---

① Dorothy Whitelock and David Douglas, *The Anglo-Saxon Chronicle*. London：Eyre and Spottis-woode, 1961. pp. 164 –5.

② 详情参见 John of Salisbury, *The Historia Pontificalis of John of Salisbury*. Ed. and Trans. Marjorie Chibnall. Oxford：The Claredon Press, 1986. pp. 41 –89.

③ C. Warren Hollister, Robert C. Stacey and Robin Chapman Stacey, *The Making of England to 1399*. Boston：Houghton Mifflin, 2001. p. 341.

④ Saint Augustine. *Confessions*. The Penguin Group. 1961. p. 21.

等的子女或基督的兄弟姐妹。① 道格拉斯·格雷指出，伴随着对罪恶和死亡的恐惧，人们开始强调对上帝的爱，表现出对个体明显的兴趣。12世纪有时被称作发现个体的时代，或者是发现自我的时代。② 需要注意的是，从12世纪到13世纪，西欧的宗教理念发生了转变，把对"罪恶"的定义从早期的"违背上帝的荣誉"转变到"罪恶是一种心理现实"这样一种理念，宗教虔诚强调"人要承受痛苦"这一概念。③ 同一时期，西多会、方济会和本笃会等修会在英国普通信徒中产生很大影响。坎特伯雷大主教圣安瑟尔姆提倡以冥想和记忆为模式来表达宗教虔诚，他鼓励了普通信徒的情感虔诚，推动了神秘主义在英国的发展。在女性神秘主义者的异象（vision）之中，④ 上帝、耶稣和圣母玛利亚通常成为冥想的对象，信徒把自己的情感虔诚地投射在神圣家庭成员身上。对于中世纪那些没有识字能力的信徒来说，神秘主义更容易为人接受和理解。女信徒把神秘主义和女性经验在异象之中巧妙地结合起来。在这方面，朱丽安就是一位典型的例子。这将在第四章详述。

中世纪人对母亲的看法和作品中展现的母性部分源于人们对《圣经》的理解、内化和阐释。基督教对女性的母亲角色的定位影响到体制化的母性以及人们对女性的社会性别角色的定位和认识。在中世纪英国，占据支配地位的教会对"女性"的定义在很大程度上徘徊在"玛利亚—夏娃"的二元对立模式之中。这和《圣经》的教义紧密关联。《创世纪》明确地告诉人们，上帝在创造了亚当之后，就抽出他的一根肋骨创造了夏娃。当人类违背了上帝的命令被逐出伊甸园的时候，"亚当给他妻子起

---

① Kathy Lavezzo, *Angels on the Edge of the World: Geography, Literature and English Community 1000 – 1534*. Ithaca: Cornell University Press, 2006. p. 8.

② Douglas Gray, "Introduction", in *From the Norman Conquest to the Black Death*, p. 9.

③ C. Warren Hollister, Robert C. Stacey and Robin Chapman Stacey, *The Making of England to 1399*. Boston: Houghton Mifflin, 2001. p. 243.

④ Vision 一般翻译为"异象"或"幻象"。在中世纪时期，它主要指人和上帝之间的超语言对话。中世纪神秘主义者通常通过这种方式理解神学，尝试预言未来，它具有指引、警告、启示的作用。Revelation 一般翻译为"启示"，这在《新约》中有许多描述，人们通过阅读《圣经》而知道一些基本的事实，通过自己的智慧理解其中蕴含的思想。在这个思考过程中，人们感觉神光似乎起了作用，头脑中会出现相关图式，它开始驾驭人的思想，这个时候就会出现异象。Vision 和 dream 的区别在于，前者指圣灵和人交流时人处于未睡眠状态，后者指圣灵和人交流时人处于真正睡眠状态。乔叟在《声誉之宫》的第一部分就表现出对这三种概念的困惑。乔叟、珍珠诗人、兰格伦在诗歌中采用梦幻（dream vision）的手法写作，通过想象，书写叙述者关心的事情，通常以叙述者最终清醒而结束故事。这种体裁的作品在中世纪欧洲特别流行。

名叫夏娃，因为她是众生之母"①。上帝对女性的惩罚是："我必多多增加你怀胎的苦楚，你生产儿女必多受苦楚。你必恋慕你丈夫，你丈夫必管辖你。"② 给夏娃起名的过程就表明作为"众生之母"的女性其实受制于男性，本质上处于被支配、被命名的地位。但是，作为"众生之母"，女性作为母亲这一社会角色得到认可。显然，人们认为在社会性别劳动分工和心理劳动分工之中，女性应该扮演母亲的角色，肩负生育后代和繁衍人类的使命。夏娃成为在身体上倍受惩罚、须受男性管辖的女性——母亲的代表人物。这种观点在 12 世纪法国诗人布罗瓦的彼得（Peter de Blois）写给英国国王亨利二世的王后阿奎丹的埃丽诺的信中可见一斑。彼得写道："不受丈夫领导的女性违背自然条件和《圣经》律法：'女性的头（领）是男性。'（以弗所书 5）她由他而造，她与他融为一体，她受他管制。"③

圣母玛利亚把女性的名字从具有原罪的夏娃（Eva）改写为具有信仰和赐福能力的玛利亚（Ave）。看似字母顺序的倒序拼写，但是，圣洁的圣母玛利亚形象的出现是对具有原罪的夏娃形象的改变。《马太福音》中记载的有关圣母玛利亚的故事写道："必有童女怀孕生子，人要称他名为以马内利。"④ 夏娃和圣母玛利亚作为母亲的最大区别在于圣母玛利亚的母亲身份与性无关。安吉拉·卢卡斯指出："玛利亚在教会传统中的声望使她处于最高位置，她感应而孕，纯洁无瑕，在耶稣出生前和出生后都是童贞女。"⑤ 西川直子认为："作为身体性的精神化＝升华的典型的例子，可以举出圣母玛利亚崇拜……在圣母玛利亚的形象中能够发现对令人厌恶的身体的排除和升华的轨迹。"⑥这两个结论可以用来阐释中世纪社会话语和宗教话语的矛盾性：作为女性，圣母玛利亚是神圣的，身上体现出的女性气质受到中世纪教会和世俗社会的推崇和仰慕；作为母亲，她作为生产女神的形象遭到否定，人们崇拜的母亲是一位无性而不

① Genesis. 3：20.

② Genesis. 3：16.

③ Peter of Blois, "Letter 154 to Queen Eleanor, 1173", Trans. Paul Halsall, 1997, < http：// www. fordham. edu/halsall/source/eleanor. asp >. Oct. 12, 2012.

④ Mathew. 1：23.

⑤ Angela M. Lucas, *Women in the Middle Ages：Religion, Marriage and Letters*. Brighton：The Harvester Press, 1983. p. 18.

⑥ 〔日〕西川直子：《克里斯托娃：多元逻辑》，王青、陈虎 译，石家庄：河北教育出版社，2002，第 217 页。

能获取女性愉悦（jouissance）的母亲。① 她是一位精神圣洁而身体洁净的母亲。这为中世纪英国作家塑造母亲、再现世俗母亲确立了一个自相矛盾的基调，也为现实生活中的许多修女、女隐士和女性殉道者奠定了一个基本的生活模板：她们企图在模仿圣母玛利亚的过程中升华自己的形象，再塑圣母玛利亚的光辉形象，从而重塑理想化的自我形象，企图追求作为"上帝之母"的卓越感和优越感。

应该指出的是，女性和基督教提倡的"洁—不洁"这一对立概念有一定的联系，因为女性不但具备生育孩子的能力，而且女性特有的生理经验使血具有了特殊意义。它是女性身体行为的一部分，流血的身体被看作是耻辱的标志。这和"血"在中世纪文化中的价值和意义界定有关。这将在第四章详细讨论。在《利未记》中，刚生完孩子的母亲在进入教堂之前，通常被看作是不洁净的人，她们不能在公共场合抛头露面。克里斯蒂娃指出："在我们看来，《圣经》指出的不洁物中充满了污秽的传统；从这个意义上来说，它只指涉而不意味着一种独立的力量，即一种能够对神灵权威构成威胁的力量。我们推测，这一力量从历史角度（在宗教上）和主体角度（在主体身份构成上）来看，都根植于母性功能：即母亲功能、妻子功能和生殖能力。"② 为了维护社会秩序，为了使母亲屈从于以父亲为代表的象征秩序，母亲的身体被看作是不洁的源头，被看作是需要压制和祛除的污秽物和罪恶的载体。在当时男性化的神职文化中，父权社会通过净化母亲身体这一表演仪式，维护与性别禁忌相关的宗教禁忌，维持男性对女性的控制权。玛利亚崇拜就是一个典型的例子。

基督教的传入对英国社会、文化和普通人的日常生活产生不容忽视的影响，对人们对待孩子的方式和态度也产生一定的影响。萨利·克罗弗德指出，基督教传入英国之后，罗马人对待孩子的态度影响到了日耳曼人（盎格鲁—撒克逊人）的社会结构。随着基督教而来的是深入到社会各阶层的正规教育。盎格鲁—撒克逊时期以亲属关系为核心的社会结构逐渐让位于以教会和国家为主的社会结构。这些变化波及人们对待孩子

---

① Jouissance 是个术语，法国女性主义者西苏用它来指涉女性在身体、心灵和精神上获取的一种狂喜体验。这是一种神秘体验，她认为这是女性创造力的源头。

② Julia Kristeva, *Powers of Horror: an Essay on Abjection*. Trans. Leon. S. Roudies. New York: Columbia University Perss, 1982. p. 91.

的态度，而教父和教母的出现则是家庭的延伸。① 在盎格鲁-撒克逊时期，家中拥有奶妈照顾孩子是社会地位的象征。这也同时说明，贵族女性在照顾孩子方面很少履行自己的责任。基督教的介入使母亲和孩子的关系也面临着边缘化情境，但也显示出盎格鲁-撒克逊时期家庭观念的影响。盎格鲁-撒克逊时期人们对孩子不太重视的态度对盎格鲁-诺曼时期的为母之道产生影响。因为盎格鲁-撒克逊时期孩子的死亡率较高，死去的孩子的墓穴比成年人的墓穴浅，他们会被葬在离墓区很远的地方，甚至被扔掉。这说明盎格鲁-撒克逊人作为异教徒并不把孩子看作是完整的人。②

历史学家萨哈指出，中世纪母亲遭遇边缘化情境，是因为人们对孩子持轻视态度，社会机制和教育体制剥夺了母亲与孩子建立亲密感的种种可能性，因此歪曲了母子关系。她指出，母亲角色不受重视是由只重视两性关系、轻视父母角色的中世纪基督教文化引起。③ 基督教强调的是父性崇拜，这也影响到人们对母亲—子女关系中的母亲角色的定位。以"孤儿"为例。在中世纪，"孤儿"指没有父亲的孩子。在父亲去世后，根据当时的民事习俗，法庭要为这些孩子指定监护人，直到他们长大成人能够继承财产为止，而母亲能成为监护人的机会较少。④ 如果说母亲处于中世纪男权社会的边缘位置，其中一个原因就是中世纪英国家庭同样非常重视父子关系，因为家庭的血统和谱系是按照男性血缘传承，财产、声誉和政治权力又是通过长子传承。⑤ 女儿对父亲的依赖就像今天的孩子对父母的依赖一样，父亲可以决定女儿的人生轨迹，为女儿确定丈夫人选，提供嫁妆，或者决定她们是结婚还是去修女院。⑥

虽然中世纪母亲受到基督教理念的极大影响，但仍然有许多母亲借助基督教的力量进行突围，充分实现作为母亲的自我价值。克拉丽莎·

---

① Sally Crawford, *Childhood in Anglo-Saxon England*. Phoenix Mill：Sutton Publishing Limited, 1999. p. xiii.

② Ibid. pp. 77 - 8.

③ Shulamith Shahar, *The Fourth Estate：A History of Women in the Middle Ages* (revised edt.). Trans. Chaya Galai. York：Methuen Young Books, 2002.

④ Caroline M. Barron and Claire A. Martin, "Mothers and Orphans in Fourteenth-century London", in *Motherhood, Religion and Society in Medieval Europe, 400 - 1400*, pp. 281 - 96.

⑤ Karen Cherewatuk, *Marriage, Adultery and Inheritance in Malory's Morte Darthur*. Cambridge：D. S. Brewer, 2006. p. 77.

⑥ Doris Mary Stenton, *English Society in the Early Middle Ages*. London：Penguin, 1951. pp. 73 - 5.

阿特金森以罗马神学家圣奥古斯丁的母亲圣莫妮卡为中心人物，研究中世纪基督教影响下的母性观念。她认为中世纪末期"泪水之子"（son of tears）这一形象深入人心。也就是说，母亲通过祈祷和流泪的方式拯救儿子的灵魂。一些基督教母亲接受了这种观点和做法，但是，对于那些渴望神圣感、追求神圣感的虔诚女性来说，母性意识总是和权力、痛苦、善与悲痛联系在一起。① 她还指出，6世纪前，随着修道院的发展及其相关的写作和布道文的产生，出现了"精神性母性"这一概念。② 阿特金森认为"好"的基督教母亲都具有非凡的权力和能力，肩负帮助孩子身心健康发展的重任。赛西娜·沃森指出，女性从做母亲起，就对孩子表现出责任感和情感依赖，为孩子筹划未来，给他们留下遗产，甚至在死后都要把心脏和早死的孩子葬在一起。③ 也有子女想成为虔诚的信徒而父母加以干涉的例子。英国12世纪著名的异象者克里斯汀娜（Christina of Markyate）就是一个典型的例子。她的母亲希望她嫁给当地贵族伯斯里德，但她在参观了圣安尔伯斯修道院后决心献身宗教，屡次从母亲身边逃走。如果说中世纪的坏母亲就是阻止儿子做牧师或修道士，那么，克里斯汀娜的母亲对女儿的一系列迫害和羞辱行为说明她不是一位好母亲。④

除了基督教的影响之外，在社会生活层面，盎格鲁－诺曼时期的英国女性和同时期欧洲大陆女性的境况非常相似。在空间的划分上，人们认为男性属于公共空间，与他们相关的是政治、法律、责任、市场和战场。

---

① Clarissa W. Atkinson, "'Your Servant. My Mother': The Figure of Saint Monica in the Ideology of Christian Motherhood", in *Immaculate and Powerful: the Female in Sacred Image and Social Reality*, pp. 139 – 72.

② Clarissa W. Atkinson, *The Oldest Vocation: Christian Motherhood in the Middle Ages*. New York: Cornell University Press, 1991. p. 64.

③ Sethina Watson, "A Mother's Past and Her Children's Futures: Female Inheritance, Family and Dynastic Hospitals in the Thirteenth Century", in *Motherhood, Religion and Society in Medieval Europe, 400 – 1400*, pp. 247 – 9.

④ 克里斯汀娜从少女时期起就发誓保持贞洁。父母逼婚，她最后逃到圣安尔伯斯教堂修士罗格处躲藏起来。在这个过程中，她产生异象，看到圣母玛利亚和基督。她因为具备异象天赋而出名，周围云集了许多女性，她最终成为修女。关于相关细节和评论参见 Brian Patrick McGuire, "In Search of Good Mother: Twelfth-century Celibacy and Affectivity", in *Motherhood, Religion and Society in Medieval Europe, 400 – 1400*, pp. 97 – 8. Douglas Grey, ed. *From the Norman Conquest to the Black Death: An Anthology of Writings from England*. Oxford: Oxford University Press, 2011. pp. 29 – 37. C. Stephen Jaeger, "The Loves of Christina of Markyate", in *Christina of Markyate: a Twelfth-century Holy Woman*, pp. 99 – 115.

女性所处的空间通常是妻子、母亲、家庭成员的日常生活场所和家务所在地。迪娜·库珀指出，中世纪女性在这样的空间中也可以通过一些方式实现自我的权威感，比如陪嫁妆、干家务、生育孩子、做保护人、接待客人、照顾孩子，甚至给丈夫吹耳边风。这些方式使女性产生一定的家庭影响力。编年史家更多关注的是男性的生活和经历，要了解女性，就需要借助贵族女性的日常生活记录、私人信函、遗嘱和馈赠记录。①事实上，十字军东征开始后，由于男性去了战场，身处家庭空间的女性自然具有了更多权力。她们不仅要学会如何管理家庭事务，还要学会耕种、理财和管教孩子。在这方面，15 世纪的帕斯顿书信（Paston Letters）是有助于人们了解中世纪英国女性的丰富资源。

虽然许多女性身处家庭私人空间，但中世纪发达的朝圣文化为她们提供了进入公共空间的机会。在男性占据主导地位的家庭，有些普通女性为了获得自由和独立就可以以朝圣为借口，有些女性纯粹出于旅行的需要去朝圣，有些女性代表丈夫、孩子和家庭去朝圣，祈求在抚养孩子的过程中得到上帝的帮助，使孩子健康成长。有些女性在去朝圣之前从未离开过家庭这一私人空间，这和当时人们对朝圣的女性持有偏见有关。萨拉·霍珀指出，在人们看来，和旅行有关的人群是送信人、吟游诗人、生意人、小商贩、商人和江湖医生，这些都限于男性。女性一旦离家在外，就会被看作是"被社会遗弃的人，妓女或流浪者"②。当然，女性朝圣面临的问题主要还是安全问题。中世纪有关女性朝圣的文献资料寥寥无几，而有关男性朝圣的资料却很丰富。从这个角度看，《玛格丽·坎普之书》就显示出它的历史意义和文化价值。

虽然中世纪英国女性同样受到空间的约束，但并非人们想象的那样深居简出。除了朝圣之外，有些女性大胆步出家庭私人空间，积极参与十字军东征。阿奎丹的埃丽诺也许是和十字军东征最有关联的女性。她带着三百名女仆，身着铠甲，随前夫法国国王路易斯七世参加第二次十字军东征，甚至参与到是否攻打耶路撒冷的争论之中。在嫁给英国国王亨利二世之后，她力挺儿子理查德出征，费尽心力为儿子筹款，支持他

---

① Tina Cooper, *The Use of Power and Influence by a Medieval Women*, < http：//www. r3. org/life/articles/women. html >. Sept. 26, 2011.

② Sarah Hopper, *Mothers, Mystics and Merrymakers: Medieval Women Pilgrims*. Stroud: Sutton Publishing Limited, 2006. p. 3

的东征事业。亨利三世的妹妹蒙特福德的埃莉诺、卡斯提尔的埃莉诺都随丈夫出征，进入公共领域参与公共事件，同样发挥着女性的影响力。历史学家安可·贝·穆尔德-柏克在研究了历史上那些神圣的母亲后指出，作为圣洁的母亲，她们作为母亲的地位使她们能够在公共场合讲话，为追求神圣感铺平了道路。更为重要的是，她们能成功地把婚姻、母亲身份和宗教事业的追求紧密地结合在一起，并且在她们所在的社区生活中满足了自己不断追求的神圣感。①

需要指出的是，盎格鲁-诺曼时期，英国女性的社会地位和盎格鲁-撒克逊时期女性的地位相比发生了很大变化。贵族女性没有盎格鲁-撒克逊时期的女性或当时的法国贵族女性拥有的政治权力和经济权力。盎格鲁-撒克逊时期，贵族女性相对来说具有较强的独立性，她们拥有接受教育和自由选择的权利，同欧洲大陆女性一样非常具有影响力，甚至在基督教的传播中扮演着极其重要的角色。艾塞弗利塔（Æthelflæd）、艾德吉夫（Eadgifu）、安儿弗吉夫（Ælfgyfu）、安塞斯里斯（Æthelthryth）等都利用自身的权力优势帮助建立修女院。② 艾塞弗利塔在丈夫死后统治麦西亚王国长达 7 年，她死后让女儿阿尔夫维恩（Ælfwynn）继位。11世纪的时候，盎格鲁-撒克逊女性在贵族社会仍然非常强势有力。但随着诺曼人的到来，她们被剥夺土地所有权和财产继承权，即使立遗嘱也必须得到丈夫的首肯。随着社会的不断发展变迁，女性很难进入权力阶层。③ 原因是 1066 年之后，英格兰女性很快就适应了诺曼人的生活方式，许多女性嫁给来到英格兰定居的诺曼男性。她们的丈夫在家中掌管财产，处理家庭内部事务，女性没有属于自己的财产。她们的责任主要是料理家务和照顾孩子，通过自己的行为举止和美德增强丈夫的好名声。

---

① 具体参见 Anneke B. Mulder-Bakker, ed. *Sanctity and Motherhood*: *Essays on Holy Mothers in the Middle Ages*. New York: Garland, 1995.

② 艾塞弗利塔（870—918）是阿尔弗莱德大帝的女儿，嫁给了默西亚郡长埃塞尔雷德二世，丈夫去世后她统治默西亚 7 年。艾德吉夫（903—966）是盎格鲁-撒克逊国王爱德华的王后，是英格兰国王埃德蒙和艾德里德的母亲。安儿弗吉夫（990—1040）是英格兰和丹麦国王克努特（Cnut）的第一任妻子，1030 到 1035 年被派到挪威做摄政女王。安塞斯里斯是盎格鲁-撒克逊时期的女圣徒，生平在比德的《英吉利教会史》中有记载。

③ Amy Livingstone, "Powerful Allies and Dangerous Adversaries: Noblewomen in Medieval Society", in *Women in Medieval Western European Culture*, pp. 10 – 11. Judith Weiss, "The Power and Weakness of Women in Anglo-Norman Romance", in *Women and Literature in Britain*: *1150 – 1500*, p. 8.

丈夫去世后，妻子往往取代他的位置在家中做主，经营农场或打理生意。大部分夫妻保持着合作或亲密的关系，这从 14 世纪晚期到 15 世纪早期墓碑上描画的夫妻互相牵手的情景中可以看出。① 当然，也存在家庭暴力事件，在这种情况下，大多数受害者是女性。

虽然普通女性在家庭中缺乏一定的独立性，但贵族母亲在家庭中扮演着重要的角色。在十字军东征的时候，由于丈夫出征在外，贵族母亲担负起管理家庭事务和安排孩子婚姻大事或追求宗教事业的重任。当然，和欧洲大陆那些代替儿子统治封地的贵族母亲相比，英格兰的贵族女性无权监护身为未来继承人的儿子，只能担任那些没有继承权的孩子的监护人。继承人的监护人一般由领主指派，监护人安排他们的婚姻大事。② 事实上，监护权制度仅仅适用于长子或有继承权的女儿。母亲有可能在生活上照顾孩子，而儿子的监护人却是其他人，比如国王或郡法官等。这些人不仅抚养她们的儿子，还照看这些孩子继承的土地。那些寡居的母亲通常为了保护自己对儿子的监护权而不惜血本给国王交罚金来换回抚养权。12 到 13 世纪的贵族寡居母亲甚至扮演着教育孩子的角色，教授孩子法语或拉丁语。这样，贵族就可以直接管理自己的地产，而不像 12 世纪的贵族那样把地产出租出去。③

对于那些身为王后的女性来说，她们有许多捷径进入权力阶层。如果王位继承人年幼，就需要她们摄政。她们不仅控制骑士，还开庭解决法律争议问题，甚至参与军事防御。④ 威廉一世的女儿安黛拉女爵和她的儿子对英国政治事务产生巨大影响，其子斯蒂芬后来继承亨利一世的王位。她还帮助解决兄长亨利一世和坎特伯雷大主教圣安瑟尔姆之间的争端。玛蒂尔德是国王亨利一世的女儿，在和第二任丈夫杰弗里的婚姻中，她生育了男性继承人，即金雀花王朝的第一位国王亨利二世。虽然女性的权力不一定要来自母亲身份，但母亲身份有助于女性进入权力阶

---

① Jennifer Ward, *Women in England in the Middle Ages*. London: Hambledon Continuum, 2006. p. 38.

② Shulamith Shahar, *The Fourth Estate: A History of Women in the Middle Ages* (revised edt.). Trans. Chaya Galai. Methuen Young Books, 2002. pp. 141 - 2.

③ Henry Mayr-Harting, "Twelfth-century English Mothers", in *Motherhood, Religion and Society in Medieval Europe, 400 - 1400*, pp. 103 - 18.

④ Amy Livingstone, "Powerful Allies and Dangerous Adversaries: Noblewomen in Medieval Society", in *Women in Medieval Western European Culture*, p. 19.

层，玛蒂尔德就是一个典型例子。另外一个例子就是阿奎丹的埃丽诺，她在儿子理查德东征期间成为摄政女王。

追溯中世纪英国历史，不难发现英国皇室中几位王后与儿子、儿媳相处融洽的情景。王后阿奎丹的埃丽诺为儿子理查德与西班牙那瓦那的公主伯伦加莉亚筹备婚礼，辗转整个英国为儿子理查德筹集十字军东征需要用的白银。在儿子与父亲、儿子之间的矛盾冲突之中，她始终扮演着调解人的角色，随时为儿子的需求奔走疾呼。① 普罗旺斯的埃莉诺与儿媳之间关系密切②。王后塞西莉·内维尔支持儿子理查三世登上国王宝座，还成为文学的庇护人，鼓励诗人书写圣徒传和骑士文学。英王亨利七世的母亲玛格丽特·博福德与儿媳伊丽莎白关系融洽，一起商讨事宜，监督国王执行相关政策。她们甚至要求英国印刷业之父威廉·卡克斯顿出版瑞典神秘主义者兼宗教领袖圣布里吉特的书籍。这些历史上的王后—母亲对自己的角色有正确的定位和认识，家庭生活和政治生活显得和谐而稳定。她们成为诗人的庇护人，以一种特别的方式推动文化的发展。虽然骑士文学有取悦女性或女性资助人的倾向，但在歌颂美丽慷慨的贵族女性的同时，它再现了女性化的贵族社会和封建社会文化，更展示了女性在文化发展和嬗变中的积极作用。

中世纪时期，人们有强烈的家庭感，夫妻希望拥有自己的孩子，当然男孩最受欢迎，但只有在合法婚姻中出生的孩子才能算作合法继承人。资料显示，社会各阶层不同家庭拥有孩子的数量不同，富人显然比穷人孩子多。统计数字显示，在英国的哈里斯欧文，从1270年至1349年间，拥有12岁以上孩子的家庭的孩子数量不同：富人家庭平均是5.1个孩子，中间阶层平均是2.9个孩子，穷人家庭平均是1.8个孩子。4%的富有家庭最多可以有七八个孩子，对于中间阶层和穷人家庭来说最多也就是6个孩子。如果孩子年龄超过12岁，就说明他们是幸存者。③ 根据历史文献记载，中世纪时期儿童死亡率有时甚至高达40%。④ 5岁前，贵

---

①　Andrea Hopkins, "Eleanor of Aquitaine", in *Most Wise & Valiant Ladies*, pp. 36 – 60.

②　J. C. Parson, *Eleanor of Castile: Queen and Society in Thirteenth-Century England.* Basingstoke: Macmillan, 1994. p. 37.

③　Jennifer Ward, *Women in England in the Middle Ages.* London: Hambledon Continuum, 2006. pp. 45 – 6.

④　〔德〕汉斯-维尔纳·格茨：《欧洲中世纪生活：7—13世纪》，王亚平 译，北京：东方出版社，2002，第18页。

族女孩的死亡率是 29%，男孩是 36%，① 接生婆随时要准备为不能存活的孩子洗礼。以伦敦为例。当时的伦敦有大量来自国外的富人，他们是法国人、佛兰德人、意大利人和德国人。这些人生活条件优越，孩子的死亡率自然非常低，但伦敦妓女、体力劳动者、小商人、仆人和其他社会底层人的孩子死亡率高，因为母亲的饮食质量很差，他们又无法照顾好孩子。② 伦敦人对男孩的关注显然多于女孩，因为男孩有更高的社会价值，女孩长大出嫁时还需要嫁妆，但伦敦法律对孤儿的生活和财产特别重视。③ 塞西莉·克拉克指出，没有几位女性能在家中抚养许多孩子，孩子死亡率特别高，尤其在城镇地区，幸存下来的孩子会早早结婚，会根据社会阶层，通过做学徒和服役的方式做女仆或侍从。④ 这对母亲—子女之间的纽带关系的建立和巩固产生一定影响。值得注意的是，中世纪理论家更关心的是如何提高生育率的问题。虽然世俗法和教会法不愿意人们因为没有孩子而离婚，但这是中世纪离婚案的重要因素之一。人们通常认为不孕的问题出在女性身上，男性却很少被提及。身怀有孕和母亲身份不仅可以使女性免于离婚，而且，当她守寡的时候可以有更多的物质保证。⑤ 另外，中世纪英国也存在杀婴现象，这主要发生在女孩身上。⑥ 杀婴对象中当然还包括让当事人感到蒙羞的非婚生子以及那些被父母遗弃而无人抱养的孩子。由于受到教会教义的影响，一些普通信徒甚至把孩子看作是生活负担，没有子嗣甚至被看作是一种贞洁行为。

无论是在现实生活中还是思想观念上，母亲需要孩子作为客体对象，帮助她完成母性角色的界定。随着中世纪情感虔诚表达方式的改变，人们对幼年时期的耶稣表现出强烈的虔诚，对为母之道的看法有所改变，

---

① Amy Livingstone, "Powerful Allies and Dangerous Adversaries: Noblewomen in Medieval Society", in *Women in Medieval Western European Culture*, p. 12.

② Barbara A. Hanawalt, *Growing Up in Medieval London*. Oxford: Oxford University Press, 1993. p. 57.

③ Clarissa W. Atkinson, *The Oldest Vocation: Christian Motherhood in the Middle Ages*. Ithaca: Cornell University Press, 1991. p. 83.

④ Christine Fell, Cecely Clark and Elizabeth Williams, *Women in Anglo-Saxon England and the Impact of 1066*. Oxford: Basil Blackwell Ltd. , 1986. p. 167.

⑤ Patricia Skinner and Elisabeth Adoble Sabon, *Medieval Writings on Secular Women*. London: The Penguin Group, 2011. pp. 5–6.

⑥ 〔德〕汉斯-维尔纳·格茨:《欧洲中世纪生活:7—13 世纪》，王亚平 译，北京:东方出版社，2002，第 59 页。

对母子关系的认识逐渐理想化了。在视觉艺术中，人们常常可以看到圣母玛利亚怀抱耶稣的绘画或雕像。修女或母性殉道者在异象中或角色的幻想中把耶稣想象成婴儿，把他看作是需要母亲照顾的孩子。这说明人们在对待孩子的态度上发生了一定的转变，女性企图成为圣母玛利亚式的母亲，甚至模仿圣母玛利亚，在意念上追求作为"上帝之母"的卓越感。12 世纪，英格兰林肯地区的一位女性无法生育孩子，但又担心丈夫去世后他的弟弟继承财产，遂把枕头绑在腰上假装怀孕，临产时生下一个女孩格蕾丝，其实是偷偷抱养邻村一位女性的女儿。[①] 这个故事说明，女性不仅需要孩子来证明自己的母亲身份，孩子更是母亲获得财产的有力保证。

盎格鲁-诺曼时期的女性如同今天的女性一样同样会读相关育婴书籍。当时的育婴手册是专门为贵族母亲或富裕家庭的母亲书写的，并没有专门针对农村母亲的指导手册。11 世纪到 14 世纪，英国出现许多用拉丁语或盎格鲁-诺曼语书写的书籍，主要是关于女性与医学。[②] 12 世纪起，许多有关抚养孩子和教育孩子的书籍大量出现，但基本上都是男性撰写，对女性如何扮演母亲角色起着指导作用。礼仪书，比如《孩童之书》（*Babees Book*），教孩子们如何注重自己的行为举止。[③] 中世纪晚期，英国人通过礼节诗（courtesy poems）教育孩子，使他们知道如何有得体的行为举止。印刷术的出现把孩子和家庭阅读、童年史和书的历史紧密结合起来了。威廉·卡克斯顿印刷的一些书籍反映了古老的礼节传统，他所选择的材料中包括如何培养孩子良好的行为规范。[④] 可见，人们更加强调外在行为和内在美德的重要性，而商人和上流社会人士在这一方面产生了很大的影响力。逐渐地，人们对孩子美德的培养取代了对礼节

① Patricia Skinner and Elisabeth Adoble Sabon, *Medieval Writings on Secular Women*. London： The Penguin Group, 2011. p. 28.

② 参见 Monica H. Green, "Making Motherhood in Medieval England： The Evidence from Medicine", in *Motherhood, Religion and Society in Medieval Europe, 400 – 1400*, pp. 173 – 203. Tony Hunt, "Obstacles to Motherhood", in *Motherhood, Religion and Society in Medieval Europe, 400 – 1400*, pp. 205 – 12.

③ 参见 Frederick James Furnival, ed. *The Babess Book： Early English Meals and Manners*. Cambridge： D. S. Brewer, 2006. Mary R. Price, *A Portrait of Britain in the Middle Ages： 1066 – 1485*. Oxford： Oxford University Press, 1982. pp. 182 – 3.

④ Merridee L. Bailey, *Socialising the Child in Late Medieval England ： 1400 – 1600*. Wodbridge： York Medieval Press, 2012. *pp. 1 – 127*.

的过度关注。

在中世纪英国，城市母亲和农村母亲的为母之道大相径庭。记载农村母亲的文献甚至寥寥无几。农村母亲亲自给孩子哺乳，并把孩子抚养成人。农村男孩和女孩去田间劳动，干一些力所能及的农活。母亲还要教女儿如何干家务、纺织、酿酒、用草药治病。贵族家庭出生的孩子成长方式则不同。他们出生的时候，贵族母亲不必亲自哺乳，而由奶妈完成，这在当时被看作是社会地位的象征。孩子 7 岁的时候就被送到离家较远的某个领地、贵族的城堡或宫廷抚养。男孩有时会被父母送到修道院，女孩被送到修女院。男孩可以成为某个贵族的侍童，为将来成为骑士做训练和前期准备。事实上，孩子被送到贵族家庭或别人家庭抚养的例子并不少见。乔叟曾经做过国王爱德华三世的儿媳厄尔斯特伯爵夫人的侍童。亨利三世的女儿碧特里斯参加十字军东征的时候把孩子托付给母亲普罗旺斯的埃莉诺来照料。[1] 在这种情况下，贵族母亲和孩子处于隔离状态，母子之间也很难建立亲密关系。不过，母子之间的这种隔离关系在当时可以避免由于孩子过高的死亡率带来的情感伤害。贵族母亲一般要对女儿的成长负责，她们既要给女儿传授基本的社会行为规范，还要教会她们如何做家务。富裕家庭的女儿还要学习刺绣、音乐和舞蹈，更要学会如何监督和管理仆人。贵族母亲比穷人家庭的母亲更关心女儿的贞洁问题。[2]

中世纪英国女性—母亲的地位和身份受到宗教话语、文化变迁、母性意识、政治语境的多重影响，而体制化的母性和其他体制处于对话、协商、融合的过程之中。鉴于不同的社会话语和禁忌，母亲既是帮助孩子走向社会的第一位对象，也因为各种原因在她们身上发生了反母性的行为。因此，为母之道呈现多样化特点，背负中世纪英国的文化特色。在这样的历史、文化、宗教语境下，圣母玛利亚在中世纪英国母性意识的形成和文学作品中母亲形象的塑造方面起着不容忽视的作用。

二 玛利亚崇拜：中世纪英国文学中的书写与再现

中世纪英国文学中经久不衰的母亲形象是圣母玛利亚。托尼·亨特

---

[1] Anne Crawford, ed. *Letters of Medieval Women*. Stround：Sutton Publishing, 2002. p. 35.

[2] Jennifer Ward, *Women in England in the Middle Ages*. London：Hambledon Continuum, 2006. pp. 53 – 7.

指出，中世纪占据核心地位的母性就是圣母玛利亚卓越的母性。① 事实上，圣母玛利亚不仅频繁地出现在朱丽安、乔叟、兰格伦和坎普这些经典作家的作品之中，也出现在劝喻文学和世俗文学作品之中。这些作家以文本叙述的方式表达他们对圣母玛利亚这一形象的看法和态度，探讨圣母玛利亚在文化中扮演的各种不同角色：希伯来女孩、童贞女母亲、神圣家庭的母亲和天堂女王。

这些作家的文本叙述几乎都与朝圣之旅有关。朱丽安的朝圣之旅是一种心灵之旅，目的是走向代表着爱的上帝。乔叟笔下的香客们从一个充满世俗意味的小酒馆出发，终点是圣托马斯·贝克特的神龛。这是从世俗空间到神圣空间的旅行。《农夫皮尔斯》中的威尔在梦中受神圣教会女士的点化决定追随皮尔斯的脚步探求善、中善和至善的真谛。坎普在耶稣的指引下游走在不同的圣地之间。他们的朝圣之旅旨在追求神圣感和精神圆满。在文本叙述或身体的模仿之中，圣母玛利亚和耶稣分别被看作母亲。他们作为母亲的共同点之一在于他们身上体现的都是中世纪人界定的具有中世纪特色的女性气质，它具有保护、抚养、无私奉献、忍受为母之苦等特点。另外一个共同点在于圣母玛利亚和耶稣都是童贞之身。由此可见，中世纪英国文化把母性、女性气质和童贞联系在一起。母亲不仅是"温暖"、"哺育"、"给予生命"的象征，而且是"神圣"、"纯洁"和"完整而为一体"的表征。沃勒指出，圣母玛利亚也有属于她自己的骑士文学样式，用来讲述她在人类生活中能够产生的奇迹故事。在中世纪，一个主要的流行文学样式就是玛利亚骑士文学（Marian romance），不仅口头传播，也被写下来，还反复被抄写。② 《坎特伯雷故事》之《修女院院长的故事》就是一个典型的例子，而中世纪英国的约克剧（York Plays）、切斯特剧（Chester Plays）或 N 镇剧（N-Town Plays）中有关圣母的故事更多，这些故事更多展示的是圣母领报和耶稣出生的故事。③

①　Tony Hunt, "Obstacles to Motherhood", in *Motherhood*, *Religion and Society in Medieval Europe*, *400 – 1400*, p. 205.

②　Gary Waller, *The Virgin Mary in Late Medieval and Early Modern English Literature and Popular Culture*. Cambridge：Cambridge University Press, 2011. pp. 58 – 9.

③　关于中世纪戏剧中圣母玛利亚的再现，参看 Gary Waller, *The Virgin Mary in Late Medieval and Early Modern English Literature and Popular Culture*. Cambridge：Cambridge University Press, 2011. pp. 63 – 79.

　　阿特金森指出，在中世纪时期，玛利亚崇拜主要由宗教人士，尤其是西多会修士促成。玛利亚崇拜出现在各种艺术、圣餐仪式、文学作品以及自传性作品中。这些作品说明了人们对上帝之母的态度，对普通母亲以及她们之间的关系的想法。① 在中世纪的视觉文化和诗歌描述中，圣母玛利亚的形象总是这样："耶稣的母亲在道德上毫无瑕疵，她总是站在明月的上方，身披太阳金光，四周明星环绕……在这些对圣母玛利亚的各种阐释中，她的长袍是蓝色，她的长裙是白色或淡色。"② 在西方，月亮经常被看作是女神的象征，基督教显然继承了这一点，把它赋予圣母玛利亚。③ 事实上，圣母玛利亚崇拜在英国从产生到盛行有其历史渊源。吉布森指出，在中世纪，英国的神学家比欧洲大陆的神学家更急切地宣告玛利亚的力量和她的救赎能力，因为她没有原罪。英国本笃会修士坎特伯雷的圣安瑟尔姆、伊德玛、纽波格的威廉和西多会修士圣艾尔雷德极力为玛利亚的圣灵感孕辩护，英国神学家坚持天堂四位一体的说法。④ 英国人在现实生活中也表现出对她的崇拜，例如：1326 年，牛津大学建立奥瑞儿学院，目的就是献给圣母玛利亚；亨利七世的妻子伊丽莎白给几个和圣母玛利亚有关的神龛捐过钱。

　　我们知道，圣母玛利亚无论是在基督教历史中，在宗教仪式中，还是在信徒个人追求信仰的生活中，都享有无与伦比的地位，她对女性气质的界定产生了持续性影响。12 世纪的经文注释《奥姆鲁姆》（Ormulum）⑤中的布道词就说明她一直保持着天堂女王和统治者的形象。在头韵体诗歌《亚瑟王之死》中，亚瑟几次把圣母玛利亚称作"天堂谦卑的女王"。中世纪英语诗歌《我歌颂耶稣基督》中写道："圣母玛利亚

　　① Clarissa W. Atkinson, *The Oldest Vocation : Christian Motherhood in the Middle Ages.* New York : Cornell University Press, 1991. p. 103.

　　② Jacqueline Orsini, *Mary : Images of the Holy Mother.* San Francisco : Chronicle Books, 2000. pp. vii – viii.

　　③ Marina Warner, *Alone of All Her Sex : The Myth and the Cult of the Virgin Mary.* London : Weidenfeld and Nicolson, 1976, p. 256.

　　④ Gail McMurry Gibson, *The Theater of Devotion : East Anglian Drama and Society in the Late Middle Ages.* Chicago : University of Chicago Press, 1989. p. 138.

　　⑤ 这是一本 12 世纪的《圣经》评注，共计 18956 行。作者是修士奥姆（Orm），他的名字属于英国东部丹麦区的典型名字。这本评注用英格兰中东部方言写成，里面包括许多古挪威语，对研究诺曼征服之后早期中世纪英语的发音很有价值。

甜蜜的玛利亚/ 你是如此美丽，如此光彩夺目。/ 谦卑的母亲和童贞女，为了爱你的孩子/为我们赢得天堂的光明。"① 约翰·奥得雷写道："这朵花美丽而色彩鲜艳/ 她永远不会凋谢，永远光鲜；/ 长在这个树枝上的花朵是/ 谦卑的玛利亚，她生育了耶稣。"② 中世纪英语诗歌《天堂女王》中写道："您（圣母玛利亚）引领我们走出夏娃/带来的恐惧/您引领我们进入天堂/像甜蜜的露珠。"③ 诺曼征服之后，圣母玛利亚作为具有英国特色的表达宗教虔诚的形象出现，把盎格鲁-撒克逊时期的英国和盎格鲁-诺曼时期的英国联系起来。④ 在文本中，朱丽安、乔叟、兰格伦和坎普等作家直接或间接地赞美既是童贞女又是母亲的圣母玛利亚。

事实上，在 1066 年之前，玛利亚崇拜已经开始在英国盛行。这和盎格鲁-撒克逊晚期人们对圣徒和圣母玛利亚的崇拜一脉相承。在这个时期，有关玛利亚的描写主要来自布道集。玛丽·克莱顿指出，这在很大程度上受到罗马文化的影响，无论是在艺术领域还是在宗教仪式中，圣母玛利亚通常被看作是站在基督右手边的调解人，或是耶稣受难时的目击者，或是悲恸不已的母亲。在克莱顿看来，这种崇拜和当时的修道院体制有关，修士出于情感虔诚来表现他们对玛利亚纯粹的信仰。⑤ 1087 年，圣奥古斯丁修道院院长埃辛勒斯（Elsinus）从流放地返回英格兰，引入 12 月 8 号的庆祝节，纪念圣母玛利亚。坎特伯雷的圣安瑟尔姆认为玛利亚独一无二而纯洁。他的弟子埃德玛和神学家奥斯博特认为她并无原罪。"圣母无原罪受胎说"的崇拜就从英格兰传到了法国。⑥ 另外，在中世纪盛期，玛利亚崇拜和家庭结构及亲属关系有关。如果说 11 到 12 世纪玛利亚崇拜和亲属关系的范围缩小有关，那也和当时的虔诚文化有关。母亲及其亲属仍然是家庭的核心人物，而教会人士和普通的统治者并没有完全和他们分开，圣母玛利亚自然

---

① Lines 44 –50, in *The Oxford Book of Medieval English Verse*, p. 45.

② Ibid. Lines 5 –9. p. 388.

③ Ibid. Lines 29 –32, p. 43.

④ C. Warren Hollister, Robert C. Stacey, Robin Chapman Stacey, *The Making of England to 1399*. Boston: Houghton Mifflin, 2001. p. 231.

⑤ Mary Clayton, *The Cult of the Virgin Mary in Anglo-Saxon England*. Cambridge: Cambridge University Press, 1990. pp. 271 –74.

⑥ Marina Warner, *Alone of All Her Sex: The Myth and the Cult of the Virgin Mary*. London: Weidenfeld and Nicolson, 1976. p. 241.

就以母亲身份和皇家血统出现在核心位置。①

　　一些男性圣徒或作家在信仰的道路上受到母亲的极大影响，进入修道院后甚至出现心理移情，把对亲生母亲的情感依赖转嫁到对圣母玛利亚的虔诚崇拜上。圣安瑟尔姆就是一个典型的例子。另外，这种崇拜和中世纪时期相关宗教规定有关。1123 年举行的第一届拉特兰会议（First Lanteran Council）第七条规定，所有牧师除了可以和自己的母亲、姐妹、姨母、姑母生活在一起之外，不能和任何其他女性生活在一起。麦圭尔指出，他们原来可以和妻子或情人建立的情感纽带现在被这种母子纽带关系所取代。在对母亲生活方式的模仿或对母亲的追忆中，他们或尽力取悦圣母玛利亚或为圣母玛利亚写祷告词。② 对于这个时期的男性牧师来说，他们可能把自己的母亲看成另外一个玛利亚。麦圭尔进一步说明，她把儿子交付给教会，从而让上帝的恩典得以实现。母亲因此成为赋予自己儿子恩典的工具，圣母玛利亚在牧师的生活中扮演着越来越重要的角色。③ 12 世纪著名修女克里斯汀娜因为宗教信仰而受到母亲虐待，在她的笔下，圣母玛利亚取代了无情残忍的亲生母亲，在她的异象中打败了没有爱心的亲生母亲。

　　中世纪时期的十字军东征不仅重绘了世界政治和文化版图，改变了西方人看待自己的方式，也对十字军东征者看待女性产生很大的影响。第一次东征的时候，罗马教皇乌尔班二世就号召士兵向圣母玛利亚祈祷胜利，若能参加圣母崇拜仪式，他们的罪恶就会得到谅解。骑士文学中虚构的无法企及的理想化女性形象就是第一次十字军东征后产生的。④ 虽然人们对十字军东征的动机猜想颇多，但宗教虔诚和精神上的理想主义是主要原因。耶路撒冷城是基督徒朝圣最为神圣的终点，在许多人的想象中，它就像宝贵的珍珠，像碧玉，清澈而透明，它的 12 个大门就是 12 颗珍珠。⑤ 圣母玛利亚也被比作珍珠。第二次东征的时

　　① Marina Warner, *Alone of All Her Sex: The Myth and the Cult of the Virgin Mary*. London: Weidenfeld and Nicolson, 1976. pp. 23 - 4.

　　② Brian Patrick McGuire, "In Search of Good Mother: Twelfth-century Celibacy and Affectivity", in *Motherhood, Religion and Society in Medieval Europe, 400 - 1400*, pp. 86 - 94.

　　③ Ibid. pp. 101 - 2.

　　④ Lynn Reese, "Women and Crusades", < http://www.womeninworldhistory.com/heroine3.html >. Sept. 12, 2012.

　　⑤ James Harpur, *The Crusades, the Two Hundred War: the Clash between the Cross and the Crescent in the Middle East 1096 - 1291*. London: Carlton Books, 2005. pp. 24 - 5.

候，在战场的士兵祈祷道："欢迎圣洁的女王，仁慈之母，我们的生命，我们的甜蜜，我们的希望。我们是可怜的被放逐的夏娃之子，我们面对您哭泣；面对您，我们叹息，悲痛哭泣，泪水似河。请把您仁慈的眼睛看向我们吧，让我们看到您子宫的果实，耶稣。哦，甜蜜的圣母玛利亚。"① 圣母玛利亚不仅存在于东征军的内心之中，而且她对基督徒产生积极影响，被他们不断美化，而东方艺术为圣母崇拜的再现留下巨大财富。

这里需要探讨一下玛利亚崇拜产生的根源及其意义。迈克·卡罗尔认为圣母玛利亚在罗马天主教传统中被看作是最重要的超自然调停者，她本质上展示的是庇护人—被庇护人之间的关系，而这种关系的盛行导致人们反复强调圣母玛利亚的作用。他认为男性对圣母玛利亚表现出的虔诚是强烈压制的恋母情结的表现。② 特里莎·里德指出，圣母玛利亚是文化焦虑的继承者，这种焦虑来自"女性身体（所犯）的错误"③。玛丽娜·沃勒认为，作为理想化的崇拜对象，圣母玛利亚不过是另外一个夏娃，她肯定了普通人的低贱地位。作为两个女性形象的象征，她们激发了一种感情，这就是人类堕落的故事企图解释、上帝的化身（即基督）企图拯救世界想要表达的感情而已。④ 中世纪盛行的玛利亚崇拜是对母亲形象的浪漫化幻想，是对夏娃这位越界的母亲形象的一种修补。她们身上体现出孕育生命、哺育生命的特点，把女性气质和母性功能联系起来。夏娃为中世纪文化带来焦虑，但圣母玛利亚这一形象的出现在某种程度上削减了这种焦虑感，从中可以看出中世纪人具有的矛盾情绪。这在中世纪英国作家再现圣母玛利亚式的母亲、女性模仿圣母玛利亚的过程中可见一斑。

劳莉·艾·芬克把精神性的母性（比如说耶稣作为母亲和玛利亚崇拜）归结为已经女性化了的中世纪文化，它重在强调女性经验。历史学

---

① Jenny Schroedel and Reverend John Schroedel, "The Crusades", < http://www. netplaces. Com/virgin-mary/medieval-mary/the-crusades. htm >. Sept. 27, 2011.

② Michael P. Carroll, *The Cult of the Virgin Mary: Psychological Origins*. Princeton: Princeton: Princeton University Press, 1992. pp. 49 – 74.

③ Teresa P. Reed, *Shadows of Mary: Reading the Virgin Mary in Medieval Texts*. Cardiff: University of Wales Press, 2003. p. 6. 这里的错误主要指夏娃的越界行为导致的人类罪恶。

④ Marina Warner, *Alone of All Her Sex: The Myth and the Cult of the Virgin Mary*. London: Weidenfeld and Nicolson, 1976. p. 254.

家凯洛琳·沃克·贝纳姆认为，当宗教性文学作品美化母亲的作用和角色的时候，母亲的正面形象实际上和现实生活中女性扮演的正面角色之间没有直接而必然的联系。贝纳姆指出："没有任何证据表明中世纪盛期流行的女性形象和母亲形象反映了男性对现实世界中女性与日俱增的尊重。"① 巴丽·斯珀尔研究了从中世纪到现代各个时期英语诗歌中圣母玛利亚形象演变的特点和趋势，指出有关圣母玛利亚的主题挖掘不仅满足了男性渴望通过一种理想的形式满足赞美女性的愿望，把圣母玛利亚从上帝之母和圣徒心目中的女王地位降低到从属地位，地位低于三位一体。② 事实上，这种理想化了的母亲形象与现实生活中的母亲本身无关。但是，它作为一种观念，联袂男性化的神职文化，为现实生活中的女性提供了行为举止的规范和原则，使她们在男性化的神职文化中保持屈从地位。从另外一个层面上来说，中世纪人或作家把母亲—子女间的理想化关系通过想象来再现，凸显了中世纪人对精神性母亲的崇拜和敬畏，是母亲—子女关系的理想化移位。具体地说，男性升华圣母玛利亚的母性，是把圣母玛利亚和普通信徒联系起来的一种幻想，是对母子关系中前俄狄浦斯状态的一种重构。现实生活中，许多母亲对圣母玛利亚表现出崇拜和模仿，甚至要求孩子歌颂圣母，比如乔叟的《修女院院长的故事》，就是中世纪人对理想母亲形象代言人圣母玛利亚的一种尊崇。

另外，这些作家在作品中塑造圣母玛利亚式的母亲的原因还在于圣母玛利亚生活在这样一个光环中：即她是"圣子—上帝"的母亲。在英国民谣《樱桃树之歌》中，耶稣对圣母玛利亚说道："在复活节，母亲，／我将重返人间，／那时太阳与月亮，母亲，／将随我一同升起。"③ 他被称作天堂之王和救世主，圣母玛利亚的母亲身份因为儿子的卓越地位和与日月同辉的永恒而得以显现。在宗教诗歌中，圣母玛利亚受到极

---

① 有关中世纪文化女性化的观点，参见 Laurie A. Finke, *Women's Writing in English*: *Medieval England*. pp. 10 – 21. Caroline Walker Bynum, *Jesus as Mother*: *Studies in the Spirituality of the High Middle Ages*. Berkeley: University of California Press, 1982. pp. 135 – 46. Meg Bogin, *The Women Troubadours*. New York: W. W. Norton& Company. Inc. pp. 44 – 5. Sarah McNamer, *Affective Meditation and the Invention of Medieval Compassion*. Philadelphia: University of Pennsylvania Press, 2010. p. 143.

② Barry Spurr, *See the Virgin Blest*: *The Virgin Mary in English Poetry*. New York: Palgrave Macmillan, 2007. p. 77.

③ 《樱桃树之歌》(*The Cherry-Tree Carol*) 有 A, B, C, D 不同的版本。本段出自 A 版本的第 12 到 15 行。参见 *The English and Scottish Popular Ballads* 第 54 首。

大的赞美："王中之王来自她／他来自纯洁的母亲／像四月的露珠滴在青草上……既是母亲又是童贞女的人不是别人而是她。"① 成为"王中之王"的孕育者，圣母玛利亚的母亲身份自然得到提升。普通女信徒在意念上追求上帝之母这一耀眼光环，自我的理想化形象得以实现，可以在心理上体验到一种卓越感和优越感。当基督占据主导地位的时候，耶稣的母亲圣母玛利亚借此俯瞰世界，从而实现母性权威。坎普在异象中认为自己是耶稣的母亲，这就是她在意念上实现成为"世界之母"的途径。

圣母玛利亚在中世纪英国文学中被作家反复歌颂，她的母性得到升华，另外一个原因就在于她既是童贞女，又是母亲。她身上体现的这种矛盾性是基督教构建的产物。这种矛盾产生的一个原因是基督教认为女性气质体现在童贞和母性之上，这涉及中世纪文化中的身体理论。这种理论强调母亲身体的卑贱性，抑制母亲对愉悦的追求。迈克·卡罗尔认为圣母玛利亚之所以颇受欢迎，主要是因为"她是母亲—女神，与性无关"②。中世纪时期，圣哲罗姆谈论童贞的信件和论文不断地被引用，指导虔诚女性的生活。对于教会作家来说，这种童贞文学（Virginity Literature）提供了自由而不受官方限制的写作空间。在那里，专业知识以非正式的方式传播。③

可以看出，以圣母玛利亚为核心建立起来的基督教母性一方面贬低母亲的身体，同时，又把母亲看作是神圣的、无性的、哺育生命的源头。这种自相矛盾的看法使人们相信普通母亲身上具有卑贱性，而圣母玛利亚是圣洁的母亲，这种观念对当时的文学产生一定的影响。中世纪英国诗歌《珍珠》中的主题同样符合这种观念。珍珠诗人在梦幻中反复地赞美"没有斑点的宝贵的珍珠"，"完美无瑕的珍珠"。事实上，诗歌中的珍珠女既是圣城耶路撒冷的象征，也是被禁锢在城中的"流血的羔羊"（暗指耶稣）的化身，实际上是对纯洁无瑕的圣母玛利亚的一种向往。

---

① Douglas Gray, *A Selection of Religious Lyrics*. Oxford：Oxford University Press，1975．p. 5.

② Michael P. Carroll, *The Cult of the Virgin Mary*：*Psychological Origins*. Princeton：Princeton University Press，1992．p. 224.

③ Jocelyn Wogan-Browne, *Saints' Lives and Women's Literary Culture*：*1150 － 1300*. Oxford：Oxford University Press，2001．p. 4.

珍珠诗人在诗歌中用"珍珠"这个意象进一步凸显神圣和世俗之间的区别。① 里德认为珍珠诗人在珍珠女的身上重新复制了玛利亚的身体，她们的身体承载着救赎理念和美德构建。② 在 13 世纪的英语辩论诗《画眉与夜莺》中，画眉与夜莺关于女性问题进行争辩，画眉贬低女性，夜莺最终以歌颂圣母玛利亚赢得辩论。总结起来看，圣母玛利亚身上既体现了中世纪人对世俗母亲的亲近之情，又暗含了他们对理想化的、纯洁无瑕的母亲的向往，以此证明自身本源的洁净。乔叟笔下的母亲与圣母玛利亚的谦卑、顺从与富有同情心的母性特点联系在一起。这表明乔叟在作品中表现出对圣母玛利亚的崇拜，真正的母亲身份伴随着宗教虔诚，它与圣母玛利亚的母性权力相呼应。③

　　对圣母玛利亚的理想化叙述其实质是在强调身体的"贞洁"和"洁净"。这在《亚瑟王之死》中可略见一斑。当母亲奥科尼王后和拉姆莱克爵士幽会的时候，高海里斯爵士挥剑砍掉母亲奥科尼王后的头颅，洗刷他感到的强烈耻辱感。这不仅是对母亲的一种暴力侵犯，更以实际行动证明母亲应该压抑女性欲望。王后桂尼薇儿和兰斯洛的恋情被亚瑟宫廷的骑士们发现，这导致兰斯洛和众骑士之间的厮杀，最终她去了修女院。这也是典型的一例，将在第六章讨论。里奇指出："劳动的分工和权力的分配不仅要求有一位受苦受难的母亲，而且是一位被剥夺性的母亲：圣母玛利亚，未与人交结过的童贞女，完全贞洁。"④ 圣母玛利亚作为一

---

① 《修女院院长的故事》中提到红宝石、绿宝石和珍珠，它们都具有象征意义。绿宝石象征着母性和贞洁，红宝石象征基督之血，珍珠代表着圣母玛利亚的纯洁无瑕。James J. Lynch, "The Prioress's Gems." *Modern Language Notes* 57（1942）：440 - 1.

② Teresa P. Reed, *Shadows of Mary*：*Reading the Virgin Mary in Medieval Texts*. Cardiff：University of Wales Press, 2003. pp. 125 - 6. 17 世纪中期，人们争论如何用具体的实物展示"圣母玛利亚无罪怀胎说"，一位神父认为应该用珍珠，因为珍珠明亮闪光、洁白、浑圆，完全是月亮的象征和海洋的产物。这样说的原因是圣母通常会和月亮、天空、海洋联系在一起。但这个建议并没有被采纳，因为人们从《圣经》中找不到理论依据。参见 Marina Warner, *Alone of All Her Sex*：*The Myth and the Cult of the Virgin Mary*. London：Weidenfeld and Nicolson, 1976. p. 267.

③ Robert Worth Frank Jr, "The Canterbury Tales III：Pathos", in *The Cambridge Chaucer Companion*, pp. 143 - 58. Elizabeth Robertson, "Nonviolent Christianity and the Strangeness of Female Power in Geoffrey Chaucer's Man of Law's Tale", in *Gender and Difference in the Middle Ages*, pp. 322 - 52. Susan Signe Morrison, *Women Pilgrims in Late Medieval England*. London and New York：Routledge, 2000. pp. 144 - 8. Kathy Lavezzo, *Angels on the Edge of the World*：*Geography*, *Literature and English Community 1000 - 1534*. London：Cornell University Press, 2006. pp. 93 - 113.

④ Adrienne Rich, *Of Woman Born*：*Motherhood as Experience and Institution*. New York and London：W. W. Norton & Company, 1976. p. 183.

位无性的母亲，不仅是男权社会构建的产物，也是对夏娃越界行为的一种修正。在《坎特伯雷故事》之《堂区长的故事》中，堂区长认为第三种贞洁就是"童贞"，因为这样的女性不仅要心灵圣洁，而且身体要纯洁，这就是一个明显的例证。

中世纪英国文学对圣母玛利亚或圣母玛利亚式女性充满理想化描述。这种理想化描述意味着人们企图在意念上回归到完整而纯洁的社会之中，回归这样的母亲也意味着中世纪英国人及其作家对社会混乱秩序的抗拒。在这些作品中，乔叟再现了一些不合适的母亲，朱丽安对耶稣的母性进行冥想，兰格伦塑造了缺场的母亲，坎普进行母性表演，马洛礼书写了魔法和母性的关系。这些表明中世纪英国人徘徊在自相矛盾的情绪之中：在意念上想脱离真正的、地位低下的母亲而实现个体的自主性，但是，又渴望回归到作为自己生命本源的母亲，以便恢复自我的完整性。《坎特伯雷故事》之《律师的故事》中的阿拉斌母之后悔恨不已，坎普的儿子顶嘴之后又回到母亲身边道歉谢罪。他们的举动实际上是自我通过母亲逐渐融入社会、寻找自我完整性而作出的努力。

圣母玛利亚在中世纪英国文学文本中被直接或间接地书写、歌颂和赞美。普通女性信徒在意念上追求"上帝之母"这一耀眼光环，模仿圣母玛利亚或与圣母玛利亚认同以使自己的母性得以升华。上帝和耶稣之间的关系就是父亲与儿子的关系，而圣母玛利亚只是作为沉默的调节者和过渡性的媒介存在。这些表明中世纪男性化的神职文化强调父亲崇拜、男权话语的权力以及与父亲之间的关系。不该忽视的是玛利亚崇拜不仅变为控制普通女性的一种话语，同时也构建起对母亲身体或真实的女性气质在道德上的厌恶感。虽然中世纪的女性殉道者、女性隐士、女性圣徒和女性朝圣者从某种程度上来说成为宗教话语的牺牲品，但是在模仿圣母玛利亚或冥想圣母玛利亚母性的过程之中，她们减少了社会对女性所持的焦虑感，满足了男性对理想化的女性—母亲的幻想。女神秘主义者或殉道者（比如坎普）在异象中让耶稣返回婴儿时代（reinfantilization of Jesus Christ）或者把身边的男孩子看作是耶稣的化身。这可以看作是重新扮演母亲角色的一种尝试。她们放弃了现实世界中自己应该扮演的母亲角色，却在意念上借助神圣家庭成员或周围的客体对象来进行角色的心理转移。这说明这些母亲通过此种方式进入以父亲为代表的基督教象征秩序之中，使自己成为高高在上的"上帝之母"，实现母亲身份的转换。对她们来说，圣母玛利亚又成为行动的榜样，她身上所体现出的优越感和卓越感是众多女性模仿她的原因之一。这将在第五章进行详细分析。

三 母亲：徘徊在个体经验和意识形态之间

中世纪英国文学作品绘制了形形色色的母亲—子女关系图。在韦斯的《布鲁特传奇》和莱亚门的《布鲁特》中，国王高博迪阿尼斯的两个儿子因为权力问题争执不休，菲若斯在战斗中被泼若斯杀害。愤怒的母亲卢敦[①]不满儿子互相残杀，深夜用利刃把泼若斯杀死在睡梦之中。韦斯写道："上帝！有这样疯狂的母亲吗？谁看到过如此的罪恶！她们把他剁成碎片。"[②] 贝林和布莱尼兄弟在母亲托文娜的劝说之下，念及手足之情，和平相处，一起率军征服了法国，并使罗马人闻风丧胆。在中世纪英语诗歌《好妻子去朝圣》（*The Good Wyfe Wold a Pylgremage*）中，准备去欧洲大陆圣地朝圣的母亲出发前反复叮咛女儿要注意言谈举止，避免和男性接触，以免招惹是非。法兰西的玛丽在《籁歌》中讲述了无名母亲出于保护自己的名声而抛弃双胞胎女儿之一的故事，她在寓言诗《狼与猪》中通过阐释狼和猪的关系说明母亲应该明智地保护孩子而使孩子免于灾祸。《坎特伯雷故事》之《伙食采购人的故事》借助无名母亲教导儿子的故事告诉人们说话要谨慎。民谣《爱学斯维尔的妇人》中的母亲为三个奔赴海外营生的儿子的安全祈祷。在《甜蜜的摇篮曲》中，被抛弃的母亲在哀怨中祝福儿子，《爱德华》中的母亲希望儿子为弑父赎罪，却受到儿子的诅咒。在头韵体诗歌《帕拉恩的威廉》（*William of Palerne*）中，继母通过施展魔法把王子安尔法斯变成狼人。在《亚瑟王之死》中，十二位修女把兰斯洛的儿子加拉哈德抚养成人，特里斯丹的继母为了继承权企图毒死特里斯丹却毒死了亲生儿子。在《约翰·曼德维尔游记》中，大希律王杀死了自己的母亲，亚马逊王国的女性会把儿子送到王国外的男性那里，甚至杀死他们；如果是女孩，就会割去其乳房以便于将来射箭。从以上的例

---

① 韦斯写为 Ludon，莱亚门写为 Judon。

② Wace, *Roman de Brut: A History of the British* (revised edt.). Trans. Judith Weiss. Exeter: University of Exeter Press, 2002, p. 56.

子可以看出，中世纪英国文学中的母亲形象和母亲—子女关系从个体经验描述或意识形态的再现中略见一斑。母性既可以为她们赋权，又使她们肩负为母之道的责任感。这种母性的再现又和作家本人的生活经历和文学创作关联。

中世纪晚期，英国工商业的发展与市民阶层的出现、黑死病的爆发以及英法百年战争、农民起义、玫瑰之战、教会的腐败对英国的社会发展、文化人格的形成、人的意识观念产生了很大的冲击，人们逐渐对教会和神权产生怀疑。一方面，人们徘徊在恪守基督教信仰的精神体系和追求个人自由矛盾之间，宗教文化逐渐向世俗文化妥协，人们见证了教权与俗权之间的斗争和消长。另一方面，城市化的世俗文学逐渐出现。乔叟的《坎特伯雷故事》是他继承通俗文学传统的杰作，它是世俗化和神圣化融合的产物，诗歌中表现出不同程度的娱乐倾向和讽刺寓意，是走向转型时期的英国人精神风貌的再现，预示着转型时期的英国呈现出的精神分裂状态。政治、经济、文化、宗教话语以不同的方式对文学的再现和叙述方式产生影响，母亲形象的再现、母子关系的挖掘不仅含有基督教根深蒂固的影响，又有世俗文学的倾向。因此，在大多数情况下，有关中世纪母亲的研究会涉及当时的宗教倾向和厌女传统，对于中世纪文本中的母亲的研究不可避免地"受制于男权社会和宗教的母性概念"①。乔治·达比指出，因为教会和贵族阶层的存在，中世纪人对婚姻持两种不同的理解。神学家重在强调婚姻中两人心灵的结合，贵族强调典雅爱情。② 婚姻基督教化，更为主要的是人们对婚姻的想法不是简单地对政治和宗教压力的直接反应，人们更关注的是社会结构中个体之间关系的本质，而文学就成为重估这种关系的工具。③

事实上，身处修道院或修女院的作家更注重对理想化母子关系的体验、挖掘和再阐释。他们离开亲生母亲去修道院或修女院，需要借助外在的客体实现角色的转嫁和情感的投射。当修道院院长、教父、

① Mary Dockray-Miller, *Motherhood and Mothering in Anglo-Saxon England*. New York: St. Martin's Press, 2000. p. 1.

② Georges Duby, *Medieval Marriage: Two Models from Twelfth-Century France*. Trans. Elborg Forster. Baltimore and London: Johns Hopkins University Press, 1978. pp. 1–22.

③ Neil Cartlidge, *Medieval Marriage: Literary Approaches, 1100–1300*. Cambridge: D. S. Brewer, 1997. p. 11.

耶稣被看作母亲或可以扮演母亲角色的时候，这种性别弯曲（gender bending）就是一种母性政治。它关联的是母性实践活动，和性别没有直接关系，男性也可以扮演母亲的角色。从理论上来说，它解构了社会性别劳动分工和心理劳动分工。进一步说，为母之道是一种不分性别的母性实践活动。这在中世纪英国文学中有不少这样典型的例子。在珍珠诗人所写的《忍耐》中，上帝同时扮演父亲与母亲的角色。①《律师的故事》中的格里泽尔达的两个孩子由姑母帕纳哥伯爵夫人抚养成人。在《亚瑟王之死》中，亚瑟王出生后由艾可特爵士抚养。在一些骑士文学中，英雄人物自幼起就被遗弃或不小心丢失，动物（比如母狮、熊）、国王、牧羊人或湖中仙女把这些孩子抚养成人。这些例子说明为母之道的实现方式呈现多样化特点，其核心内容是抚育、培养、引导孩子，既要满足孩子在物质方面的需求，又要在心理和思想成长上进行指导。

我们知道，中世纪大多数手抄本抒情诗的作者和抄写员是修士、神父、托钵士或一些小型修会的教士。这些诗歌自然具有很强的宗教色彩。在研究西多会修士的作品之后，贝纳姆认为对这些修士而言，母性是一种理解宗教的隐喻，母亲形象帮助中世纪人进一步理解上帝和上帝存在的意义，并认为"耶稣作为母亲"这一形象有助于强化教会的权威感，创建一个融洽和谐的宗教社区，使西多会修士感知他们身上所具备的女性气质。克拉丽莎·阿特金森指出："修道院的人在写作中宁可把'真正的'或重要的母性描写为精神性的母性，也不愿意书写具有生物性特点的母子关系。"② 实际上，西多会修士与中世纪英国女性作家在描述"耶稣作为母亲"这一形象方面出现性别化叙述差异。这将在第三章进行详述。

中世纪英国女性作家积极参与文学创作活动，她们为当时文学的发展作出不容忽视的贡献，但在当时并未像男性作家一样得到广泛认可。她们在作品中对母性、母性经验、女性化意象尤其表现出极大的兴趣，玛丽、朱丽安和坎普以不同的写作策略表现出她们对母亲—子女关系的

---

① A. C. Spearing, "The Subtext of *Patience*: God as Mother and the Whale's Belly. " *Journal of Medieval and Early Modern Studies* 29. 2 (1999): 293 – 323.

② Clarissa W. Atkinson, *The Oldest Vocation: Christian Motherhood in the Middle Ages*. Ithaca: Cornell University Press, 1991.

关注和思考。① 玛丽在诗作中对母性的表述携带有凯尔特文化和基督教文化融合的痕迹，她笔下的母性充满魔幻色彩，又有基督教潜移默化的影响。朱丽安在《诺里奇的朱丽安的启示》中把上帝看作慈爱的母亲，把耶稣看作在痛苦中分娩的母亲。这种独特的视角说明神性中具有女性气质，她对"母亲"的定义充满一定的性别流动性。她在异象和神学思考中把母性经验和她的冥想对象上帝和耶稣联系起来，在写作中把他们女性化了，把女性经验转嫁到男性身体之上，把母性聚焦在女性气质和真实的母性经验之上。虽然中世纪人没有明确地提出这种想法，但从深层次上看，这是对家庭结构中夫妻共同养育（co-parenting）孩子模式的一种潜在的鼓励与倡导。坎普是一位女性主义母亲，自如地穿梭在精神性母亲角色与生物性母亲角色之间，大胆地塑造理想化的自我形象。坎普引起欧洲大陆和英国本土人群和社区的不满和谴责，但从她个人的角度来说，她实现了中世纪母亲追求的最高精神境界，体验到作为上帝之母的卓越感和成就感。大卫·阿尔斯对她模仿圣母玛利亚的做法持有异议，指出母亲的权威最终转变为权力，认为她企图通过在异象中把耶稣幼儿化来控制男性，说明现实世界中男女之间并不平等。② 事实上，母亲—子女关系中彰显的就是一种权力关系，母亲通过控制孩子而实现自我的权威感和角色认同，而坎普的朝圣之旅就和她的母性经历有关。

在中世纪英国作家中，朱丽安自 20 世纪 90 年代尤其引起国外学界的广泛关注，受欢迎程度不亚于乔叟。"母性"这个词在朱丽安的《诺里奇的朱丽安的启示》中出现，拼写为"moderhood"。她对母性的思考基本上表达了中世纪英国母性的本质。于她而言，母性表现在母亲有"温柔的爱、智慧和知识"③。可见，母亲不仅要履行母亲的义务，随时满足孩子的需要，奉献母亲无私的爱，还需要具备一定的智慧和知识，

① 事实上，玛丽的同时代有一位女作家是威尔士公主桂恩莲（Gwenllian, 1098 - 1137），她写的《马比诺吉昂的四个分支》（*The Four Branches of the Mabinog*）对养育孩子、寄养孩子、奶妈哺乳进行了细致描述。桂恩莲的父亲是威尔士格温内思王国的国王。她对皇家宫廷生活颇为了解，她的作品比杰弗里的《英国国王史》的出现还早。但 12 世纪威尔士对英格兰国王称臣，我们的研究暂时不把把她纳入研究范围。参见 Andrew Breeze, *Medieval Welsh Literature*. Dublin: Four Courts Press, 1997. pp. 75 - 9.

② David Aers, *Community, Gender and Individual Identity: English Writing* 1360 - 1430. New York: Routledge, 1988. p. 105

③ Julian of Norwich. *The Showings of Julian of Norwich*. Ed. Denise N. Baker. W. W. Norton & Company, Inc. , 2005, p. 142.

在孩子的身心成长过程之中，能够灌输给他们知识，推动孩子融入社会的进程。她认为上帝和耶稣都是真正意义上的母亲，而非精神性母亲。她对母性经验的细描非常具有颠覆特质，说明神性中具有女性特质。这对占据主导地位的教会提出了挑战，在当时是一种非常前卫的想法。当然，这和当时流行的神秘主义思潮和她的女性身份有着密切的关系。通过书写母亲的身体，朱丽安挑战了传统意义上的宗教话语，发展了女性主义神学。坎普可谓是英国本土神秘主义者，她在异象中把基督婴儿化，实现了母亲角色的双向转换。这些有名有姓的女性作家在写作策略方面不同于乔叟和兰格伦等男性作家，原因在于她们非常机智地把神秘主义与母性经验巧妙地联系在一起，成功重构母亲身份。① 朱丽安和坎普超越各自所处空间，进入以男性占据主导地位而排斥女性的宗教领域，重新界定可以为人们所接受的女性空间，获得个人和文本的权威性。这种权威性在很大程度上依赖于文本中所展示的女性身体经验。13 世纪到 15世纪，欧洲一些典型的文学文本描述的母亲是圣徒式母亲，母亲身份不仅是女性身份的一个组成部分，也是一个宗教隐喻。朱丽安和坎普意识到了这一点，她们通过积极参与宗教活动，以基督教为平台进行突围，以神秘主义为突破口，通过静坐冥想或朝圣的方式探索母性的本质意义，她们在寻找真实的母亲和发挥母亲的权威中施展了女性在精神上的权威，使她们的文本有了权威感，最终步入中世纪英国文学经典之列。

中世纪时期，许多世俗母亲渴望成为圣徒或母性殉道者，甚至想通过殉教的方式对教会、政治、社会产生影响，实现女性的自我价值，更甚者想把子女培养成对教会有影响力的人物。当这些母亲通过自己的实际行动来阐释母性意识和为母之道的时候，生理性母性、精神性母性和神学意义上的母性对她们的孩子在思想和行动方面产生一定的影响。芭芭拉·纽曼通过研究母性殉道者指出，中世纪时期的母爱必须屈从于宗教信仰，即便是把孩子作为宗教祭品，这样的母亲仍然可以被看作是好母亲。于纽曼而言，女性圣徒在异象中或个人的冥想中扮演耶稣的新娘和母亲的角色，"在隐喻的意义上来说，有助于（她们）与神性融合"②。

---

① Monica Brzezinski Potkay and Regula Meryer Evitt, *Minding the Body*: *Women and Literature in the Middle Ages. 800 – 1500.* New York: Twayne Publishers, 1997. pp. 166 – 87.

② Barbara Newman, *From Virile Woman to Woman Christ*: *Studies in Medieval Religion.* Philadelphia: University of Pennsylvania Press, 1995. p. 93.

这些角色认同并没有脱离母性殉道者在社会性别劳动分工中需要扮演的女性角色，更说明心理劳动分工已经性别化了，女性心理上自然而然地认同母性角色。坎普就是典型的例子。她游走在精神性母性角色和生物性母性角色之间，是十足的卑贱的母亲，她的朝圣文本展示的是受基督教影响的母性的特点。但是，在圣约翰·曼德维尔的游记中，他描写的东方式母性不同于西方的母性特质。可见，作家的个人经历和所处的文化空间对理解、阐释、再现母性有一定的影响。

中世纪英国人对女性的评价和理解受到亚里士多德的影响，对女性持有偏见，不管是在精神上还是身体上，女性意味着低劣、附属、被动，这种偏见影响到作家对母亲的再现方式。《坎特伯雷故事》中几位典型的母亲的消音或者死亡指向了家庭、宗教、政治和文化谋杀，苏丹之母和多纳吉为了维护血统的纯正性而拒绝儿子迎娶基督徒康斯坦丝。这些母亲身上的反母性特征是对理想化母性体制的祛魅。在《修士的故事》中，尼禄派人杀死亲生母亲，这是对男权政治秩序的稳定构成威胁的母亲的一种全盘否定。《学士的故事》中的母性异化行为表明母性意识中渗透了男权社会话语，母亲似乎应该成为格里泽尔达式的理想女性，满足男权社会企图维持的一种男尊女卑的理想秩序，但女性的伪装成为一种策略，从某种程度上来说又解构了这种压制行为。

我们知道，中世纪文化推崇的理想秩序和厌女文学通常把女性——母亲和怪物（monstrosity）联系在一起。安娜·罗博茨指出："针对女性的暴力并不是中世纪社会的典型特点，也不是明显地限于厌女话语。它是一种潜藏的感觉，无论是在装饰品、隐喻、情节或假设命题中，都很容易发觉。"[1] 在和孩子的互动关系中，她们可能是深情、残忍、令人憎恶、反常、变态、非道德或异化的母亲。这些关系体现了各种各样的母性变体，既表征了施加在她们身上的可见的或不可见的各种暴力，又可能表现出母亲在母亲—子女关系中的主导位置。这些暴力在中世纪的文化逻辑和文本政治（这里指具有互文性特点的社会、历史和文学文本）中发挥着作用。《坎特伯雷故事》中的巴斯妇有过五次婚姻，但是膝下无子，她对男性所写的书表现出蔑视：

---

① Anna Roberts, "Introduction: Violence against Women and the Habits of Thought", in *Violence against Women in Medieval Texts*. p. 20.

　　　　读书人不可能称赞我们女人，

　　　　除非他们谈到的是女圣人，

　　　　对于其他的女人就不可能。

　　　　是谁画的狮子，告诉我是谁？

　　　　凭上帝起誓，如果女人写故事，

　　　　就如同读书人在高谈阔论一样，

　　　　那么她们记下的男人的罪孽，

　　　　远远多于亚当所犯的罪过。（第 6270 - 7 行）①

　　巴斯妇的质问指向中世纪文学作品的书写策略和功用。凯瑟琳娜·威尔逊指出："中世纪文学由男性书写，是为男性书写……在教会文学中，女性一般被描写为任性放纵、淫荡、奸诈而变化莫测……除非她们是修道院的圣徒或贞洁的女性。"② 思维定势、社会意识和文化话语在中世纪英国文学的产生和作家的文学试验之中再现了对女性—母亲的体制化暴力。故事的叙述者或讲述者具有不同的叙述策略，他们的文字暴力和叙述策略表现出对母亲的消音。男性作家在这方面表现比较明显。这不仅直接导致母亲的缺场和不可见性，也是对母亲主体地位的否决。威尔逊指出，英国神秘剧中的夏娃和法国神秘剧中有预言救赎能力的夏娃完全不同。她把自己的预言能力拱手让给亚当和六翼天使，自己身上没有了女性的特点，成为男性的笑柄。③ 叙述者的个人立场与中世纪英国厌女传统联袂，构成了对母亲和母亲形象的文字和文化上的暴力。这种境况在坎普的母性角色转换中大为改观。作为母亲—女性作家，她以文本为武器，积极地参与到文本写作政治之中，大胆再现那些不可言说的东西，模糊了生活与文学创作之间的界限，削弱了针对女性—母亲的文学和文字暴力，在异象中把圣母玛利亚塑造为勇敢无畏而敢于讲话的母亲，把自己重塑为"上帝之母"。

　　中世纪文化中存在着禁锢（enclosure）和排斥（exclusion）逻辑，

---

①　Geoffrey Chaucer, *The Canterbury Tales*. Ed. W. W. Skeat. Encyclopedia Britannica, 1952.

②　Katharina M. Wilson, "Figmenta vs. Veritas: Dame Alice and the Medieval Literary Depiction of Women by Women." *Tulsa Studies in Women's Literature* 4 (1985): 17 - 32. p. 18.

③　Maureen Fries, "The Evolution of Eve in Medieval French and English Religious Drama." *Studies in Philology* 1 (2002): 1 - 16.

影响着作家对母亲形象和母性再现的方式和模式。具体地说，作家的生活方式、体裁需要、讲述者的视角、文化话语禁锢着故事的展开模式和讲述模式，母性的再现自然受制于这些模式。莎丽·豪勒指出："'禁锢'是一种广义的思想结构体系。换句话来说，修女院中禁锢的具体实践行为是引导或构成文学文本女性的再现方式。"① 这个结论来自她对古英语文学研究的成果。她所研究的隐修生活方式和修道院生活方式在盎格鲁-诺曼时期仍然非常盛行，这种生活方式在中世纪英语文学中得到了广泛的描述，一些作家本人（如朱丽安）就亲身体验这样的生活方式。"禁锢"不仅是一种生活方式，而且是中世纪的一种思维方式和文学文本展开的手段。它使中世纪人更好地理解他们的生活，影响到作家构思文本的叙述策略。同时，我们发现这些母亲形象的塑造受到情节需要、故事讲述者的目的与动机、有关女性的社会—文化话语的禁锢。乔叟对《律师的故事》中的康斯坦丝故事的改编就说明禁锢模式是如何朝着有利于故事的叙述者的方向发展的。《学士的故事》中的格里泽尔达的母亲身份经历了从被剥夺到最终恢复的过程，情节安排和发展受到故事的讲述者学士的个人动机的影响，也是乔叟个人思想观念的外化。

在文本的叙述中，乔叟和兰格伦笔下的母亲受制于文本结构和主题挖掘的需要。她们作为工具或中介存在，有助于建立起一个有利于象征秩序或男权社会的秩序：苏丹之母、多纳吉、尼禄的母亲阿格丽品娜都是具有母性权威的母亲，既爱自己的儿子，又和儿子之间产生了矛盾，但她们的非自然死亡在故事发展中显得非常必要。她们已经跨越中世纪男权社会为女性建立起来的疆界，把母亲对儿子的保护转变为政治干预。她们的死亡或无声恰恰平息了男权社会对具有控制欲望的母亲产生的焦虑感。虽然坎普是一位勇敢而大胆地云游四方的母性殉道者，拒绝把自己禁锢在男权社会为母亲设立的家庭空间位置和家庭角色之中，但是，她同样不可避免地受到教会和男权社会的不断压制和谴责而最终走向毁灭。当然，中世纪英国文学文本中对母亲的消音是在中世纪文化的排斥逻辑中完成的，既有可见的排斥行为，也有不可见的排斥行为。这种消音以几种方式进行：真实的弑母、隐喻性弑母、排斥母亲、压制母亲。这些表明人们从身体、文化、隐喻性意义上对母亲进行否定。因此，这

---

① Shari Horner, *The Discourse of Enclosure: Representing Women in Old English Literature*. New York: State University of New York Press. 2001. p. 14.

些文本中的弑母冲动是对母亲作为生命之源的极端否定，是对母亲权威和权力的拒绝和压制。

另外，中世纪英国城市文学和骑士文学大多侧重探讨男女两性关系，母亲和父亲的角色较少受到关注。这和体裁需要有关。历史学家萨哈指出，骑士文学或贵族文学把女性当成崇拜的偶像，并没有提到母亲的温柔、细腻和自我牺牲精神。① 宗教文学重在说教，母亲受制于基督教教义。骑士文学中也有女性成为母亲的描述，带有现实主义特点，但重在美化男女之间的精神之恋。朱迪丝·韦斯认为，在盎格鲁-诺曼时期的骑士文学中，这些女性的出身、家庭、地位、财产和个人品味赋予她们以权力，她们之所以受到欢迎是因为她们敢于挑战当时文化中的传统女性形象。② 但是，典雅爱情故事中的贵族女性一般不具备生物性母亲身份。在亚瑟王文学中，王后桂尼薇尔和伊瑟就是典型的例子。城市文学不同于宗教文学和骑士文学。它具有很强的现实性和娱乐性，满足了普通市民的精神诉求和文化需要，呈现出世俗化特征，甚至比较粗俗，对女性持敌意和歧视态度。詹妮弗·费洛斯考察了中世纪英语骑士文学作品中再现的母亲，认为骑士文学不过是重复了传统的故事模式，母亲展示力量和尊严，现实生活中的母亲望尘莫及，母亲不像教会文学中那样被贬低或被神圣化。她指出，相对于教会文学来说，中世纪社会很少表现出对女性的厌恶，它对女性面临的困境或多或少抱以同情态度。③ 她的结论忽略了一个重要的事实：中世纪骑士文学迎合了男权社会把女性理想化或浪漫化这一思维模式，并追捧以圣母玛利亚为核心的基督教母性神话。

不管是 12 世纪盎格鲁-诺曼语写成的诗歌（如《法兰西的玛丽的籁歌》），还是 14 世纪流行的骑士文学（比如《特亚默尔骑士》、《爱格拉默骑士》、《奥克塔维亚皇帝》），它们基本遵循了一个故事讲述模式：母亲生育子女——母亲—子女分离——母亲—子女团聚，经过复杂的合—分—合过程，最终母亲—子女关系重新复位，演绎皆大欢喜的结局。这

---

① Shulamith Shahar, *The Fourth Estate*: *A History of Women in the Middle Ages* (revised edt.). Trans. Chaya Galai. London: Methuen Young Books, 2002. p. 99.

② Judith Weiss, "The Power and Weakness of Women in Anglo-Norman Romance", in *Women and Literature in Britain*: *1150 - 1500*, pp. 7 - 23.

③ Jennifer Fellows, "Mothers in Middle English Romance", in *Women and Literature in Britain 1150 - 1500*, p. 60.

种故事叙述模式和骑士文学的特点有一定的关系。它们强调主人公的成长历程，孩子成为父母相认、全家团圆的中介人物，父亲通过成人后的孩子找到了孩子的母亲。孩子从离开母亲到回归母亲具有象征意义，即，从离开人生的"起点 = 本源（母亲）"到回归"起点 = 本源（母亲）"是一个循环发展的过程。这种循环发展的模式说明：母亲是一个原创性符号，是生命和意义的开端，回归母亲预示着生命再生。从这些诗歌中可以看出，导致母亲—子女分离的原因很多，原因可能是为保全童贞女身份、非婚生子、祭祀性杀戮、遭受公婆诟病、丈夫流放妻子等，但结果是那些暂时缺场的母亲不仅在母亲—子女重聚中恢复了母亲的角色和母亲—子女关系，还重树了作为母亲的权威感。需要注意的是，在《法兰西的玛丽的籁歌》中，超自然力量赋予女性以母亲身份，其折射出凯尔特文化和基督教文化对母性的双重影响，除此之外，还有骑士文学和贵族听众品味的影响。这将在第一章详细讨论。

除了如上探讨的禁锢模式对中世纪英国文学的影响之外，中世纪法国文学对英国文学也产生了潜移默化的影响，这和当时的语言、文化、政治语境有关。在这里，我们有必要回顾法国文化对英国逐渐产生了影响的历史过程和原因。中世纪英国作家处于多元文化的氛围之中，其创作根植于本土文化，又有欧洲大陆文化的渗透，同时受到基督教文化和异教文化的影响。这些因素对他们的文学创作，尤其是作品中母性的再现或多或少产生了影响。肖明翰指出，基督教精神和各种异质文化成分之间的矛盾与统一是英国中世纪文学的基本特色和它能取得成就的根源。[①]在诺曼征服之前，肯特郡和欧洲大陆文化保持紧密联系，默西亚王国和阿尔弗莱德的威塞克斯王国及法兰克王国保持外交关系和商贸往来。[②]当时的贵族孩子一般由讲盎格鲁-撒克逊语的奶妈喂养，许多人生长在这种双语环境之中。罗伯特·斯坦恩指出，在诺曼征服之后，讲凯尔特语的人是少数民族，英国东部和北部的人还在使用丹麦语，大部分人讲英语，皇室成员讲法语，但是出于交际需要，这些贵族都能讲双语。随着移民潮的出现，征服者的后裔和本土精英通婚，虽然他们讲法语，但已

---

① 肖明翰，《英语文学传统之形成》，北京：社会科学文献出版社，2009，第 37 页。
② R. M. Wilson, *Early Middle English Literature*. London: Methuen & Co. Ltd. 1939. p. 7.

经认为自己是英国人了。① 爱德华·弗里曼指出："被征服者没有变成诺曼人；征服者却成为了英国人。"② 事实上，英法之间的交往从第一位皈依为基督教的国王阿尔德波特就开始了。他迎娶了法兰克福的公主为妻，她在这个异教宫廷保持基督教信仰，这也说明英格兰肯特郡和巴黎在这个时候有许多通婚的例子。③ 国王忏悔者爱德华一直在诺曼底过着流亡生活，成为英国国王的时候，对英国知之甚少，他"更是诺曼人，而非撒克逊人"④。1051 年，因为无子嗣继承王位，他指定诺曼底公爵威廉一世为王位继承人，在英国王室核心位置安插了许多诺曼人，为自己缔结政治势力，与以撒克逊—丹麦人葛德文为首的侍臣之间形成两派。当威廉一世到达英国的时候，英国已经是一个大熔炉式的民族。玛丽·普赖斯指出，一千多年来，长有不同面孔、操着不同口音的民族来到英国，袭击、抢劫之后匆匆离去，随后又定居下来。诺曼人不过是最后的到达者而已。⑤

据《盎格鲁—撒克逊编年史》记载，1097 年到 1099 年，国王威廉在诺曼底庆祝圣诞节，国王亨利经常在诺曼底庆祝节日。⑥ 英国金雀花王朝第一位国王亨利二世其实就是典型的法国人。他统治的横跨英吉利海峡的疆域是几种文化的大融合。国王理查德一世在位期间（1189—1199）只去过英伦岛两次，加起来不过六个月而已。亨利三世的宫廷中布满妻子的法国—意大利关系网，他对这些外国人的偏袒使英格兰本土的伯爵大为不快。⑦ 12 世纪早期，英国人恐怕考虑的是民族身份的形成问题。当时的社会是许多种族的大融合：英格兰居住有凯尔特人、盎格鲁—撒克逊人、挪威人、丹麦人、诺曼人和不列颠人，他们在寻找自我身份，逐

① Robert M. Stein, "Multilinguism", in *Middle English*: *Oxford Twenty – First Century Approaches to literature*. , pp. 24 – 5.

② Edward A. Freeman, *Norman Conquest of England*, *Its Cause and Its Results*, Vol. 1 (3rd edt.). Oxford: The Clarendon Press, 1877. p. 9.

③ Ibid. p. 31.

④ R. M. Wilson, *Early Middle English Literature*. London: Methuen & Co. Ltd. . 1939. p. 7.

⑤ Mary R. Price, *A Portrait of Britain in the Middle Ages*: *1066 – 1485*. Oxford: Oxford University Press, 1982. p. 10.

⑥ Dorothy Whitelock and David Douglas, *The Anglo-Saxon Chronicle*. London: Eyre and Spottiswoode, 1961. pp. 174 – 5; pp. 178 – 86.

⑦ Mary R. Price, *A Portrait of Britain in the Middle Ages*: *1066 – 1485*. Oxford: Oxford University Press, 1982. p. 159.

渐形成自己的民族意识。杰弗里的《英国国王史》（拉丁文），韦斯的《布鲁特传奇》（盎格鲁－诺曼语）和莱亚门的《布鲁特》（中世纪英语）的先后出现对这种意识的形成产生了推动作用，也展示了不同语言环境中的文本生产特点。这些作品中的母性带有一定的超自然色彩，甚至与魔法相关，梅林和亚瑟的出生故事就带有魔幻色彩。法兰西的玛丽用盎格鲁－诺曼语创作的籁歌就是文化翻译的典型例子。可以看到，诺曼征服之前，英国本土已呈现多元化特征，英国和欧洲大陆的关系依靠贵族联姻完成。诺曼征服之后，亨利二世特殊的个人身份和他包括英法在内的广袤疆域使英国和法国在文学的发展上紧密相关。在某种程度上来说，英国文学的发轫对法国文学产生极大的依赖性，直到最终走向独立。①

　　约翰·韦尔斯指出，要谈论 12 世纪真正的英语文学是不可能的，因为这个时期用英语创作既不可取，也没什么好处。为了得到认可和回报，作家转向宫廷贵族和那些受过教育的人。这些人品味优雅，喜听悦耳之音，钟爱法国和普罗旺斯的艺术。自从塔里夫登陆英国后②，上流社会和有教养的听众就对古英语那枯燥而刺耳的歌曲不感兴趣了③。诺曼征服之后，存在用三种语言写的诗歌，甚至在同一首抒情诗中会出现几种不同的语言。据估计，1154 年到 1206 年间，三分之二的法国作家是英国人或和英国宫廷有一定的关系，许多声名显赫的普罗旺斯吟游诗人都住在英格兰。④ 13 世纪，英国人的民族意识逐渐苏醒，法国领土的丧失和《大宪章》的颁布使那些讲英语的人觉得需要有属于他们自己的本土文学。另外，12 到 13 世纪，教会人士堕落的生活方式让民众日趋不满，为了生存，他们不再使用拉丁语，而是改用通俗语。在这种情况下，拉丁语只是用来保存和传播科学，修士和宫廷中的人书写优雅诗歌，那些没有受过教育的歌谣作者和民歌作者人数剧增。他们表达内心最美好的东西，为讲英语的大众说教和娱乐。这才是真正的英语文学的开始：产生了 13 世纪的《布鲁特》、《奥姆鲁姆》、《猫头鹰与夜莺》、各类抒情诗、散文和诗歌体骑士文学等。英格兰南部保留了真正的盎格鲁－撒克逊

---

① Ardis Butterield, "England and France", in *A Companion to Medieval English Literature and Culture*: *1350 - 1500*, p. 200.

② 1066 年，塔里夫（Taillefer）随威廉一世一起到达英国，在海斯汀之战中，给诺曼士兵朗诵了《罗兰之歌》。韦斯提到了擅长于唱歌的塔里夫。

③ John Edwin Wells, "Introduction", in *The Owl and the Nightingale*. p. xxx.

④ Ibid. p. xxxi.

精神，成为真正的新的英语作家的摇篮，产生了许多优秀的诗歌和散文，其中就有《阿尔弗莱德的格言》。只有在《阿尔弗雷德的格言》和《猫头鹰与夜莺》中，人们才可以看到普通老百姓的感受，他们的世界观和人对生命的认识才得以展现。① 有趣的是，《猫头鹰与夜莺》这首辩论诗更多关注的是社会话语，但从动物论的角度出发，贬低猫头鹰的育婴方式。

14 世纪起，用中世纪英语书写的作品数量骤增，远远超过用拉丁语和盎格鲁-诺曼语写成的作品。乔叟和高厄的创作显示出多元文化对他们的影响。以乔叟为例，他的文学生涯经历了"法国阶段"、"意大利阶段"和"英国阶段"。14 世纪意大利文坛的三位文学巨匠但丁、彼特拉克和薄伽丘是人文主义在意大利的奠基人，是以通俗语言从事文学创作的先驱。② 乔叟对欧洲大陆人文作家的模仿和借鉴以及对材料的取舍中既有欧洲大陆文化的同化过程，又有英国文学本土化创新的过程，是两种文化体系对话而生成文本的过程。从乔叟翻译的作品和诗歌引用中可以看出，乔叟熟谙盎格鲁-诺曼语和拉丁语，但他用英语写作也不是特别新鲜的事情。③ 中世纪英国与东方文化（比如中国、叙利亚）、非欧洲民族（比如撒拉逊人，即广义上的阿拉伯人）、非基督教国家（比如伊斯兰国家）之间的交流和矛盾体现在和犹太人、撒拉逊人、鞑靼人的错综复杂的关系之中。④ 在这种文化移植、抵制、吸收、创新的过程之中，文本书写和人物塑造是互文的混合产物。乔叟的写作自然含有叙述策略和个人喜好痕迹，又深刻地包含有对其他文化的想象性书写，比如《律师的故事》中的苏丹之母、《修女院院长故事》中犹太人杀死小学童的故事。母亲形象的塑造或母性的再现是文化撞击、文化想象和写作政治共同作用而产生的。这些母亲既是诗歌中的具体人物，又是某种异质文

---

① John Edwin Wells, "Introduction", in *The Owl and the Nightingale*. pp. xxxiii – vi.

② 沈萼梅：《意大利文学》，北京：外语教学与研究出版社，1998，第 12 页。

③ Simon Horobin, *Chaucer's Language*. Basingstoke：Palgrave Macmillan, 2007. pp. 13 – 5.

④ 关于此方面内容，参见 Geraldine Heng, "Jews, Saracesn, 'Black Men', Tartars：England in a World of Racial Difference", in *A Companion to Medieval English Literature and Culture*：*1350 – 1500*, pp. 247 – 69. Norman Daniel, *Islam and the West：The Making of an Image*. Edinburgh：Edinburgh University Press, 1993. Debra Higgs Strickland, *Saracens, Demons, and Jews：Making Monsters in Medieval Art*. Princeton：Princeton University Press, 2003. Jeffrey Jerome Cohen, *The Postcolonial Middle Ages*. New York：St. Martin's Press, 2000. 王本立：《中世纪英国反犹现象的演变及其特征》，载《历史教学》，2009 年第 4 期。

化的携带者，但她们之间形成的母性群体和乔叟参考的原文本中的母性群体之间存在着某种差异。虽然这些文本之间具有互文性，但很难把中世纪英国母性和欧洲大陆母性、非欧洲母性严格地区分开来。

　　中世纪兴起的朝圣文化和人群流动对母性产生了很大的影响。11 世纪到 12 世纪起，西欧开始了一个流动、旅行的时代，不同社会阶层的朝圣者、流浪艺人和学生挤满修缮过的道路。① 人的生活空间散布在修道院、修女院、领地、城堡、宫廷、城市和乡村等地。他们可以去商贸市场，也可以去圣地，就近可以去伦敦或托马斯·贝克特的墓冢，或圣母玛利亚的神龛，甚至漂洋过海去西班牙、罗马和耶路撒冷朝圣。在威尼斯，用船运送朝圣者成为重要的商业活动。旅行不仅仅局限于国王、男爵和骑士这些人群，普通老百姓也去旅行。② 年轻人的流动性更强。③ 14 世纪中后期，英格兰骑士圣约翰·曼德维尔在游记中记载了自己在东方看到的充满异域风情的所见所闻。《坎特伯雷故事》中来自社会不同阶层的香客骑马从伦敦去坎特伯雷朝圣就是一个典型的例子。巴斯妇不仅参加各种宗教游行，而且去耶路撒冷朝圣。这种朝圣文化的兴起使一些母亲携带子女共同朝圣。她们以参与这种流行文化的方式教导子女，把子女带入对基督教文化的认识之中，灌输基督教理念，帮助子女树立正确的价值观，有更多机会感受杂糅而多元的文化氛围。以坎普为例。她在欧洲大陆的朝圣不仅使她经历国内和国外朝圣文化带来的思想冲击和影响，更要经历欧洲大陆和英国之间存在的地域文化、宗教文化、政治和人文环境之间的差异，所以，她游走在精神性母性角色和世俗性母性角色所产生的模糊性或卑贱性并不为奇。这从另外一个方面说明女性的宗教事业和母亲身份之间的矛盾性：这些母亲既想虔诚地服务于上帝，又无法摆脱世俗社会中母亲角色的约束。但是，坎普成功地改变了儿子的看法，使他在欧洲大陆顺着她的足迹朝圣，成为虔诚的基督徒。

　　母性不仅仅是一种个人经历，还是一种社会体制。这种体制中包含

---

　　① 〔德〕汉斯–维尔纳·格茨：《欧洲中世纪生活：7—13 世纪》，王亚平 译，北京：东方出版社，2002，第 12 页。

　　② Mary R. Price, *A Portrait of Britain in the Middle Ages: 1066 – 1485*. Oxford: Oxford University Press, 1982. p. 157. 有关中世纪英国普通人的旅行生活，参见 J. J. Jusserand, *English Wayfaring Life in the Middle Ages*. London: Methuen & Co Ltd., 1961.

　　③ P. J. P. Goldberg, "Migration, Youth and Gender", in *Youth in the Middle Ages*, pp. 85 – 100.

特定的意识观念、传统和法律，它们直接影响着女性履行母性义务、扮演母亲角色和实现为母之道的方式。作为一种体制，中世纪英国母性具有一套理念，它使这些母亲知道怎样在基督教文化中扮演母亲角色，怎样在基督教文化中实现为母之道。米切尔·克兰西指出，圣安妮教导玛利亚这一形象尤其在 14 世纪的英国和法国流行。这使圣母玛利亚既扮演着学习者的角色，又扮演着老师的角色。① 这说明母亲在孩子成长过程中应该扮演教育者的角色。另外，中世纪英国女性被灌输了"泪水之子"这一观念。母亲通过祈祷、引导、灌输的方式教育孩子，要为孩子的身心成长和精神救赎付出努力。为母之道就像其他的社会关系和体制一样，是社会和文化构建的结果，不一定要亲生母亲履行义务。朱丽安认为母性的本质在于母亲和蔼而可亲地指导和教育孩子，发现孩子的需要，温和地扮演母亲的角色。格里泽尔达式的母亲徘徊在角色认同和男权社会的价值观之间，这些直接地影响到她们母性角色再生的方式。不管是耶稣作为母亲，还是坎普作为母亲，都指向中世纪为母之道的核心内容，说明母亲要具有生育、哺育、抚养、培养孩子的能力和责任。《坎特伯雷故事》之《医生的故事》清楚地指出父母要身体力行，在培养孩子过程中应该承担教育义务。在《伙食采购人的故事》中，武士的母亲教他如何小心说话，免得陷入人生的困境。《亚瑟王之死》中，亚瑟的姐姐摩根斯谴责亚瑟把自己的儿子没有照顾好，尤力骑士的母亲四处寻找能够治愈儿子伤口的人。显然，母亲在母亲—子女关系中扮演着哺育、教导、保护的角色。

中世纪英国文学文本中还出现了赞美年轻母亲而贬低年老母亲的迹象。可以发现，以康斯坦丝、格里泽尔达为代表的母亲都是年轻母亲，而年老的母亲，比如多纳吉、苏丹之母却被看作是邪恶之源。在乔叟笔下，康斯坦丝是一位年轻美丽、具有高贵的品性且圣洁的女性，格里泽尔达纯洁，有着童贞女的心灵，圣母玛利亚被称赞为美好的童贞女，具有"女性的荣光"，具有仁爱和怜悯的美德。相反，苏丹之母被谴责为"罪恶之根"和"恶鬼"，多纳吉是"专横"和"狠毒的恶婆"。在《巴斯妇的故事》中，亚瑟王宫廷的武士把见到的老妇人称作"亲爱的老妈妈"，被迫娶她为妻。武士因为妻子丑陋而无精打采，他提出只要

① Michael Clanchy, "Did Mothers Teach Their Child to Read?" in *Motherhood, Religion and Society in Medieval Europe, 400 – 1400*, pp. 129 – 53.

妻子"对我最惬意最体面"就可以,当又老又丑的妻子突然变得"年轻"而"美丽"的时候,武士狂喜不已。在《亚瑟王之死》中,圆桌骑士帕西瓦尔梦中见到一老一少两名女性,她们分别骑着毒蛇和狮子出现。解梦人告诉他,骑着狮子的少女,象征着神圣教会的新律法,意味着信仰、希望、信念和洗礼。年老女性骑着毒蛇,代表旧的律法,蛇象征着仇敌和魔鬼。一老一少两名女性骑着含有不同文化寓意的动物,同样也展示出了人们对不同年龄阶段女性的偏见。圣杯英雄加拉哈德的母亲爱莲娜就是一位年轻、美丽而富有智慧的女性,受到亚瑟宫廷众人的称赞,他的父亲兰斯洛称赞她是"非常漂亮的女性,充满活力而年轻"。这些典型的例子说明人们对不同年龄阶段女性所持的审美观。

我们知道,中世纪人通常把"少女身份"或"童贞女"看作是女性最完美的阶段。事实上,有关女性年少时期的故事一般出现在文学作品和圣徒传中,人们只能想象,原因在于女性的少年时光很难捕捉到,因为从童年到结婚的生活阶段短暂而有限。① 很难想象在十二三岁就要结婚的中世纪女性所面临的这一情境。中世纪的视觉艺术表现出对年轻貌美、富有青春活力的理想化女性的青睐。在有关圣母玛利亚的绘画中,她怀抱年幼的耶稣,看起来年轻而满脸纯洁,精神饱满,浑身散发着青春活力。她身上展现出的青春、纯洁和活力正是中世纪人追求的女性特质的核心。年老母亲意味着衰老,人们赋予她们的不是圣母玛利亚式的美德,而是邪恶、疯癫、控制欲强烈等特点。显然,对于年老母亲的厌恶感源自中世纪人对"衰老"这一概念的构建。衰老意味着疾病、萎靡、孤独、僵化、死亡,这从另外一个侧面反映了中世纪人潜意识中对理想化女性和女性气质的想象性构建:母亲应该年轻纯洁,美丽优雅,高贵仁爱,散发着青春的魅力。同时,中世纪英国文学作品中对年轻美丽的圣母玛利亚式的母亲表现出喜爱之情。这说明人们对体面、活力、生命力的追求,因为母亲是个体生命的本源,以此表明个体生命产生的本源体面、惬意而充满生命活力。这种对外表美的追求也许和早期凯尔特人对外表的重视有关,因为,他们对长相好看的人形成了一种刻板印象:青春、富有魅力而多产。

---

① Patricia Skinner and Elisabeth van Hounts, *Medieval Writings on Secular Women.* London: The Peguin Books, 2011. p. 44.

"母亲"与爱、女性气质和女性原则密切相连，受限于男权的宇宙进化论，因此被表征为黑暗、无意识和睡眠状态。在 14 世纪英国头韵体训诫诗《耐心》中，约拿被从"那条鱼的子宫"的"黑暗"中吐了出来。象征性地说，他实际上是被从母性子宫的"黑暗"中吐了出来，是个体生命重生和母亲联系起来的典型例子。大卫·阿尔斯在研究了乔叟的《特洛伊罗斯与克瑞西达》后得出结论：女性气质具有哺育者和医师的作用，是赋予生命的源泉。① 乔叟在他的诗歌《ABC》中写道："母亲，我们的欢乐由你而来，/请你作我的法官，作我灵魂的医师。"（第133—4 行）这从一个侧面说明女性气质既具有哺育、养育生命的作用，还具有治疗、安慰和保护作用。它具有给予生命和拯救生命的意义，中世纪女性在性别角色的划分之中成为女性气质的载体，体现了"母性"的本质意义。这在法兰西的玛丽的籁歌《兰瓦尔骑士》中也可见一斑。兰瓦尔骑士是圆桌骑士，因受王后桂尼薇尔诟病，来自凯尔特他界的美丽少女救他于危机之中，带他去了传说中的西方乐土阿瓦隆。同样，在《亚瑟王之死》中，亚瑟王受伤后，许多贵妇人用船带他去阿瓦隆岛疗伤。这些例子说明，中世纪人通常把女性气质和母亲等同起来，因此，女性气质被赋予了给予生命、拯救生命、呵护生命的价值。

另外一个有趣的现象是中世纪英国作家以不同方式描写女性受到神灵或某种神秘力量的召唤而感孕在身的故事，她们成为英雄或传奇人物的母亲。12 世纪，玛丽创作出《法兰西的玛丽的籁歌》，在其中的一个籁歌中，骑士尧奈克的父亲穆尔杜玛埃克（半鹰半人）来自凯尔特传说中的他界，和现实世界中的无名女性相恋，共眠后生育了尧奈克。这是超自然力量和现实世界中的人类结合、联姻的典型例子。这将在第一章讨论。英国亚瑟王文学传统书写了亚瑟王和魔法师梅林奇特的出生经历。显然，中世纪英国作家继承了凯尔特文化传统，把超自然现象和母性关联起来，魔法介入母性，以此证明英雄或伟人有非同寻常的孕育过程和出生故事。他们必将肩负使命，叱咤风云，改写历史，预言未来，成为英雄豪杰。虽然早期人们相信万物有灵，持有图腾崇拜，但这从另外一个侧面说明中世纪人相信伟人的母亲是在遭遇某种神秘力量而孕育他们，伟人的诞生就是这种神秘力量在现实世界中无所不能的典型表现。这是

---

① David Aers, "The Self Mourning: Reflections on *Pearl*." *Speculum* 68 (1993): 54 – 73. p. 54.

对生育奇迹的敬仰。母亲不仅是创造力的象征，也是生命之源，而一些和母亲意象关联的物体具有神秘的转化功能，亚瑟王王后桂尼薇尔的嫁妆圆桌就是一个典型的例子。亚瑟王的骑士围坐在圆桌旁，体现了平等和谐的关系，是对前俄狄浦斯关系的重构，更肯定了母亲的特殊意义，但渗透了基督教的贞洁理念。这将在第六章详述。

四 超时空对话：后现代母性理论与中世纪英国文学

"母性"既是一种经历，也是一种体制。作为母亲的经历，母性以关注母亲—子女关系为核心。当代女性主义者提出的相关理论和观点有助于深度理解盎格鲁-诺曼时期的母亲以及文本中再现的母性。笔者以为，女性主义母性理论和中世纪英国文学文本之间是一种跨越时空的对话，是盎格鲁-诺曼时期文本中出现的母亲与当今母亲以及女性主义者之间的对话，而不是玛丽·道克丽-米勒所认为的"令人倍感不适的介入"①。我们知道，女性主义者研究母亲与母性话语受到弗洛伊德精神分析理论的影响，把研究的焦点从俄狄浦斯阶段的父子关系转移到前俄狄浦斯阶段的母亲—子女关系。② 亚德里安·里奇、南茜·乔德罗、露丝·伊里加蕾和朱丽娅·克里斯蒂娃的母性理论为我们研究中世纪文学文本中的母亲和母性提供理论依据。这些女性主义者恰好是在第二次女性主义浪潮的影响下思考、撰写自己的理论著作。弗吉尼亚·布莱尼和帕特西亚·克莱蒙斯指出，在西方，第二次女性主义的浪潮推动了重估女性的历史贡献的活动和各种各样学术分支的发展，比如说女性的历史（或者说她的故事）与女性的写作，这种做法回应了女性的生活与女性的贡献在学术领域没有得到充分再现的观点。③

本研究的要点是母性在中世纪英国文学文本中的再生产和再现过程。这种母性与中世纪折磨逻辑（logic of torture）、意识形态和文本叙述策略

---

① Mary Dockray-Miller, *Motherhood and Mothering in Anglo-Saxon England.* New York: St. Martin's Press, 2000. p. 1.

② Naoko Sugiyama, "Postmodern Motherhood and Ethnicity: Maternal Discourse in Late Twentieth-Century American Literature." *The Japanese Journal of American Studies* 11 (2000): 71 - 90. p. 73.

③ Virginia Blain, et al. . *The Feminist Companion to Literature in English: Women Writers from the Middle Ages to the Present.* New Haven: Yale University Press, 1990. p. 1231.

等紧密相连。露丝·伊里加蕾的"弑母"（matricide）概念有助于说明上帝在本体意义上的自我创造、母女纽带的断裂和所选的中世纪文本中的母亲消音这些现象出现的原因。亚德里安·里奇对"母性"这一概念的界定有助于说明中世纪体制化的母性如何为男权社会服务。南茜·乔德罗提出的母性再生理论有助于我们进一步对抚育子女或在角色转换中过着自相矛盾生活的中世纪母亲的心理进行研究。朱丽娅·克里斯蒂娃对中世纪盛行的玛利亚崇拜和母亲身体有着独特的见解，她对"科拉"（chora）概念的发掘和"卑贱"（the abject）理论的阐述都能更好地帮助我们说明母性的构建方式以及道德上人们对母亲身体厌恶的主要原因。

法国女性主义者露丝·伊里加蕾在驳斥弗洛伊德在《图腾与禁忌》（1913）中提出的把弑父看作文化起源的概念的时候，提出了惊人的论断："他忘记了一个更为古老的谋杀，即弑母，这才是建构城邦秩序的基础。"① 她重新解读悲剧《奥瑞斯忒亚》中的母亲克吕泰涅斯特拉被谋杀的情节，论证了西方文化起源于弑母这一观点。母亲不仅被谋杀，从象征的意义上来说，母亲被排除在权力中心之外。克吕泰涅斯特拉的形象并不符合忠于婚姻的母亲形象，她被儿子俄瑞斯忒斯和女儿伊莱克特拉杀害。在阿波罗的帮助下，俄瑞斯忒斯逃脱了惩罚，恢复了神志，而伊莱克特拉却始终处于疯癫的状态之中。按照伊里加蕾的观点，母亲所扮演的角色在于支撑社会秩序和欲望秩序，在满足个人和集体需要的过程中，母亲的权力被否定了。基于这一点，她呼吁道："我们一定不能再次谋杀母亲了，她已经为我们文化的起源牺牲过一次了。我们必须赋予她新的生命，赋予母亲以新的生命，赋予我们内心的母亲和我们之间的母亲以新的生命。"②

伊里加蕾针对弗洛伊德提出的阉割情结理论指出："在任何情况下，文化的、社会的、经济所认同的女性特点总是和母性与为母之道相互联系在一起：乳汁喂养孩子，恢复人类。"③ 作为"看不见的"和"没有形式的"存在，母亲在场的认同过程中，孩子必须与父亲分离，以避免冲

---

① Luce Irigaray, *Sexes and Genealogies*. Trans. Gillian C. Gill. New York: Columbia University Press, 1993. p. 11.

② Ibid. pp. 192 – 3.

③ Ibid. p. 25.

突与权力危机感。在男权社会，为了维持秩序，父亲的权力必须取代母亲的权力。伊里加蕾认为柏拉图的岩洞说可以看作是对女性进行消音的隐喻："岩洞体现着总是已经在那里的东西……代表着母体或子宫……我们认为通过反射的方式，那个子宫是被再生的、可再生的、具有生殖能力的。"① 伊里加蕾认为岩洞是作为一个反射镜存在的，在那里，理性与男性气质的运动超越物质与母体，"真理的观念（理式）—像，不像岩洞—是反射镜的或者为反射镜而存在的空间／子宫……自我屈服于观念（理式）。"②

　　母女关系一直是伊里加蕾关注的焦点所在。在强调母女纽带在当代西方文化中被切断的时候，她转向希腊神话来论述这一问题。她认为男权社会摧毁了母女之间的纽带关系。在她看来，建立最公正的社会的最好方式就是"恢复文化中这一缺失的支柱：即，恢复母女关系以及对女性话语与女性童贞女身份的尊重之上"③。母亲总是在和儿子的关系之中才得到认可，女儿身份在与父亲的关系之中才得以认同，显然，母女纽带在男权文化中受到压制。她呼吁建立女性谱系，以此对抗男权社会的压制与压迫。

　　1976 年，美国女性主义者兼诗人亚德里安·里奇出版了里程碑式著作《生于女性：经历与制度化的母性》。这部著作融合了学术的精确性、女性视角以及她对母性的个人反思。自这本著作出版起，母性话题就成为"女性主义研究的中心议题"④。里奇特别指出女性作为母亲这一角色的独特性。她从历史、生理、宗教、体制、政治、个人的角度出发，分析了女性怀孕、生育孩子和母性等话题。她认为母性（motherhood）有两层意义："一种意义反映在任何一位女性具备的生育能力和子女之间的潜在关系之中；另外一个意义体现在保证这样的潜在关系以及所有女性都处于男性控制下的体制上。"⑤ 可见，母性具有双重矛盾意义：作为一种体制，它由一定的意识观念、传统和法律等因素组成，它影响女性扮

---

① Luce Irigaray, *Sexes and Genealogies*. Trans. Gillian C. Gill. New York: Columbia University Press, 1993. p. 244; p. 279.

② Ibid. p. 291.

③ Luce Irigaray, "The Forgotten Mystery of Female Ancestry", in *Thinking the Difference*: Toward a Peaceful Revolution. pp. 111 – 12.

④ Andrea O'Reilly, ed. *From Motherhood to Mothering*: *The Legacy of Adrienne Rich's Of Woman Born*. State University of New York Press. 2004. p. 1.

⑤ Adrienne Rich, *Of Woman Born*: *Motherhood as Experience and Institution*. New York and London: W. W. Norton & Company, 1976. p. 13.

演母亲角色、履行母亲义务、实现为母之道的过程，展示意识观念如何影响社会对女性—母亲所持的期待值。这些通过法律、宗教、家庭、育儿理念、劳动分工、阶级、种族、地理位置、科学、文化人格等来塑造、强化人们的观念，它可能压制并限定女性的权力。但是，作为成为母亲或即将成为母亲的女性的一种个人经历，母性又可以为母亲赋权。通过教育孩子、哺育孩子，使孩子走向社会，女性可以通过发挥母亲的权力，有意识地解构、超越男权社会为母道所界定的特定的价值体系，变被动和顺从为积极承担责任。这种做法展示了母亲对孩子、对家庭、对世界产生的权威、权力和潜在的影响力。里奇认为母亲的力量表现在两个方面："母亲具有生育和哺育人类生命的潜能或能力；男性赋予女性以神秘力量，这是通过女神崇拜或是在害怕被女性控制和战胜中出现的。"① 母亲既可以给予孩子生命，又可以拒绝或放弃对孩子的培育。在某种程度上来说，母亲不是被男权社会美化，就是被妖魔化，原因在于男性一方面渴望回归自己的"源头"或"本源"；另一方面，又对母亲抱以恐惧心理。她认为女性受到压制的原因是男权社会企图美化这种让他们感到恐惧而又神秘的母性力量。对里奇来说，母性作为一种体制"激发并更新所有其他体制"②。她同时很尖锐地指出母性作为一种体制本身具有压制特点。作为一种体制，母性有自己的意识观念与历史渊源，可以说比部落主义或民族主义更为基本，它在某种程度上来说是男权社会社会意识形态观念的外化。

里奇认为男权神话或男性想象为女性的身体赋予了两层意义：作为女性身体，它是道德败坏与身体败坏的源头；作为母亲，她有成为母亲的身体潜力。里奇指出："体制化的母性要求女性具有母亲的'本能'而不具有智慧，要求她们无私而不要实现自我，要求她们建立同他人的关系而不是创造自我。只有孩子是合法的—也就是说，只有孩子随着父亲姓，父亲和母亲的关系是合法的，母性才能体现出它的神圣性。"③ 所以，既没有权力又没有自我的母亲把为母之道看作是通向权力的通道。

---

① Adrienne Rich, *Of Woman Born: Motherhood as Experience and Institution.* New York and London: W. W. Norton & Company, 1976. p. 13.

② Ibid. p. 45. 玛丽安·赫什认为里奇有关母性的观点非常具有革命性。Marianne Hirsch, "Mothers and Daughters." *Signs: Journal of Women in Culture and Society* 7 (1981): 200–22.

③ Adrienne Rich, *Of Woman Born: Motherhood as Experience and Institution.* New York and London: W. W. Norton & Company, 1976. p. 42.

对于母亲来说，孩子代表着一个可以受母亲控制的现实世界，这表明母亲—子女关系反映的是权力关系。里奇进一步指出，女性在满足体制化的母性与体制化的两性关系中遭遇矛盾与冲突。这两种体制的划分涉及人们期待女性扮演的两个互相关联的角色：母亲和妻子。里奇认为母性经历与女性的性经历都是服务于男权社会。于她而言，男权社会意味着"父亲的权力：一种家庭—社会、意识形态、政治系统，通过武力、直接施压，或通过仪式、传统、法律、语言、习俗、礼仪、教育与劳动分工，来决定女性应该或不该扮演什么角色，无论在何处，女性始终处于男性的控制之下"[1]。

对里奇而言，母爱需要源源不断且无条件地付出，但母爱与母亲的愤怒不能共存。她指出："女性的愤怒威胁着母性体制。"[2] 她从母亲与男权意识形态的关系、母亲与儿子的关系这些角度出发，针对弗洛伊德提出的俄狄浦斯情结与恋父情结，表达了自己的观点，她认为母子关系就像其他的任何关系一样在不断变化。她同时指出对自己本源（即母亲）的认可伴随着痛苦与考验，对男性来说，回归女性或母亲不可避免地涉及痛苦、恐惧和积极主动的反抗。女性被看作是某种具有威胁性的东西而被抵抗和压制，但是，矛盾的是，同时又为男性所渴望和崇拜。她指出，女儿被系统化地消音或被杀死，从而削减了她们能够发挥的任何作用，但是，母女纽带关系的建立从深远的意义上来说对男性和男权社会充满威胁。

美国女性主义者、社会学家和精神分析学家南茜·乔德罗的母性理论来自精神分析学说。她最具影响力的著作《母道的再生》基于客体关系理论而完成，阐述了母性角色、为母之道、社会性别结构以及母性的再生等问题。她介绍了精神分析理论，发掘了两个心理学流派的理论，认为客体关系理论为弗洛伊德、克莱恩、自我心理学家坚持的本能主义决定论、环境决定主义决定论和文化决定主义决定论提供了动态性说明。[3] 客体关系理论学家认为孩子早期的社会关系经验对他们的心理成

---

① Adrienne Rich, *Of Woman Born*: *Motherhood as Experience and Institution*. New York and London: W. W. Norton & Company, 1976. p. 57.

② Ibid. p. 46.

③ Nancy Chodorow, *The Reproduction of Mothering*: *Psychoanalysis and the Sociology of Gender*. Berkeley: University of California Press, 1978. p. 47.

长和人格形成具有决定意义。基于此，乔德罗得出结论："心理结构、性格、情感和性爱关系的各个方面具有社会性特点，是通过'客体选择的历史'建立起来的。这个历史依赖于个人人格形成与孩子有互动关系的人的行为，也按照家庭结构和社会中普遍的心理模式形成了自己的范式。"① 除此之外，孩子可以在情感上和一个客体相联系。作为孩子的监管人和已经内化了的客体对象，母亲在孩子步入社会方面扮演着极其重要的角色，而他们之间的关系首先是通过前俄狄浦斯关系建立起来的。母亲—子女早期的互动关系影响到孩子自我的形成和后期的客体关系，还影响到孩子对母亲及其他女性的看法与态度。母亲需要对孩子进行社会化培养，即引导孩子适应社会角色。这个过程涉及孩子的社会价值观、道德伦理观、性别关系、有关男女的意识观念、社会劳动分工等观念的形成。可见，为母之道具有改变社会、促进社会进步的作用，对大的社会结构的建立具有举足轻重的意义。

"女性要做母亲"是《母道的再生》开篇第一句话，它清楚地表明了乔德罗的立场，引申出了她的观点："女性扮演母性角色，这是性别劳动分工中最为普遍、最为持久的少数因素之一。"② 乔德罗从理论上说明女性有责任照管孩子。从心理上来说，女性渴望成为母亲，并希望从为母之道中获取心理上的满足感。于她而言，母性角色对女性的生活、意识形态对女性的认识、男性气质与两性不平等的再生以及劳动权力形式的再生都有着很深远的影响。她从心理学角度说明女性作为母亲的能力和从中获得满足感的能力都被强烈内化，并逐渐在女性的心理结构中形成，③ 因为她们同孩子一起体验同一感，把孩子看作自我的延伸。乔德罗指出："母性最突出的一点是它是基于心理过程的产物。在与孩子的关系之中，它依赖于心理上和个人角度对自我的体验。"④ "足够好"的母性是母亲对孩子的母性移情。⑤

---

① Nancy Chodorow, *The Reproduction of Mothering: Psychoanalysis and the Sociology of Gender*. Berkeley: University of California Press, 1978. p. 50.

② Ibid. p. 3.

③ Ibid. p. 34.

④ Ibid. p. 32.

⑤ 术语"足够好（good-enough）的母亲"来自著名的心理学家唐诺·温尼考特（1896—1971）。这和"完美的母亲"（perfect mother）形成对比。"完美的母亲"会立即满足孩子的任何要求，因此阻碍了孩子的成长历程。相反，"足够好的母亲"尽力提供孩子所需要的东西，但是，她会本能性地拉长孩子需要和满足孩子之间的时间。

按照乔德罗的观点，男孩与女孩在角色习得上存在着差异。男孩一般趋于否定与母亲之间的认同感，拒绝女性化的世界，而女孩恰恰相反。女性气质的形成基于情感形成和角色习得之间的联系，但对于男孩来说，这种联系处于断裂状态。女性气质的认同过程是关联性的，因此，男性气质的认同过程趋于否定这种关系。女性气质表现出的关系性和男性对关系的否定使女性扮演家庭角色，而男性扮演非家庭角色。乔德罗在《女性主义与精神分析理论》中说明人们对无所不能的母亲的向往已经产生了一种循环的趋势，"指责母亲和美化母亲已经成为我们文化中的意识"①。这种意识形态从孩子的幻想中获得意义，也就是说，母亲只是作为能够作为母亲的能力存在，母亲的个人兴趣与快乐在于提高孩子的身心成长，并为之牺牲自我。

朱丽娅·克里斯蒂娃是法国女性主义精神分析学家和哲学家，她呼吁建立新的母性话语，旨在证明母性具有的作用。正如她所言，母性是诗歌语言和颠覆性权力的源头所在。她在《语言中的欲望》中指出，西方存在两种话语，即基督教和科学，它们可以说明母性的本质，前者"把母性定义为不可能之外的其他地方，是神圣之外的东西，是神性的容器，是与无法形容的神性之间的联系纽带，是超验的终极支持—必须是童贞女，（母性）忠于这个假设命题。"② 对于克里斯蒂娃来说，母亲的身体作为没有得到认同的、分裂的自我的符号而被压制，也被其他的社会话语所消音。在父权制的影响下，"通过母亲的身体，作为主体的女性，女性与其他人相比是一个过滤器——一个完全的存在，一道门槛，在那里自然与文化交锋"③。她进一步指出母性是主体处于模糊位置而享有特权的领域，它产生于感官上的前俄狄浦斯的母性依恋和有原则性的俄狄浦斯分离或象征性的疏离之间。④ 这样的结果是，母亲的身体反映出了其中的矛盾所在："（它）既是具有破坏性的语言的来源，又是生产系统的前提条件。"⑤ 按照克里斯蒂娃的观点，母性"仅仅是到达母亲原型

---

① Nancy Chodorow, *Feminism and Psychoanalytic Theory.* New Haven：Yale University Press, 1989．p. 90.

② Julia Kristeva, *Desire in Language—A Semiotic Approach to Literature.* Ed. Leon S. Roudiez. Trans. Thomas Gora, Alice Jardine and Leon S. Roudiez. New York：Columbia University Press, 1980．p. 237.

③ Kelly Oliver, ed. *The Portable Kristeva.* New York：Columbia University Press, 2002．p. 304.

④ Ibid.

⑤ Michelle Boulous Walker, *Philosophy and the Maternal Body：Reading Silence.* New York：Routledge, 1998．p. 145.

的一个阳具尝试,在那里,社会身份和生物身份引退"①。她指出:"我们生活在女性气质的神圣再现(宗教的或世俗的)由母性来承载这样一个文明之中。然而,如果更仔细地看,这种母性是由那些不计边界的成年男性或女性所酝酿的'幻想'。更甚者,它涉及的与其说是理想化了古老母亲,还不如说是那种把我们和她联系起来的关系理想化了了,这种关系并不能定位—它是原始自恋的理想化形式。"② 她认为在基督教的象征性构建中,"女性气质集中在母性之上"③。克里斯蒂娃在《恐怖的权力》中指出,男性权力的建立通常受到另外一个性别的威胁:"另外一个性别,女性,成为必须被压制的极端罪恶的同义词。"④ 对于古老母亲的恐惧最终转变为对她生育能力的惧怕。她认为宗教禁忌与性禁忌相辅相成,目的就是为了确保男性控制女性这一特权,可以说,这是一种深层次的心理惧母的表现。受人类学家玛利·道格拉斯理论的影响,克里斯蒂娃认为《圣经》里的"洁"与"不洁"的二元对立指向母性功能,目的就是使它屈从于母亲的权力。⑤ 她还指出,"癫狂"和"抑郁"是基督教的两种女性原型,是女性参与基督教秩序的两种主要模式。在"癫狂"状态中,母亲的特性由于屈从于父亲而被否定,使自己成为缺乏性别特征的无性人或雌雄同体者。在"抑郁"状态中,由于女性有着不同于男性的身体,对父亲的屈从行动上表现为忍受惩罚、痛苦和不幸。⑥ 母亲可以通过母性殉难为身体愉悦赎罪。⑦ 她认为母亲的身体愉悦总是被贬低,母亲被"放在社会—象征的社区的边缘:以父亲的名义生

---

① Kelly Oliver, ed. *The Portable Kristeva*. New York: Columbia University Press, 2002. p. 307.

② Ibid, p. 310.

③ Ibid.

④ qtd. in Kristeva, *Power of Horror*, p. 70。莫伊指出,女性气质通常总是被定义为缺失、否定性、意义缺失、非理性、混乱和黑暗。她认为克里斯蒂瓦把女性气质看作是边缘性这一说法允许我们从关系结构中认识对女性的压抑。里奇也有相同的观点。她认为伟大的母亲、女性化原则受到人类的制约,与黑暗、无意识和睡眠联系在一起。Toril Moi, *Sexual/ Textual Politics: Feminist Literary Theory*. Methuen Co. Ltd., 1985. pp. 163 – 7. Adrienne Rich, *Of Woman Born*. New York and London: W. W. Norton & Company, 1976. p. 109.

⑤ Mary Douglas, *Purity and Danger: An Analysis of Concept of Pollution and Taboo*. New York: Routledge & Kegan Paul, 1966. pp. 8 – 71.

⑥ Julia Kristeva, *Powers of Horror: an Essay on Abjection*. Trans. Leon. S. Roudies. New York: Columbia University Perss, 1982. p. 147.

⑦ 简·盖洛普认为法语单词 jouissance 拒绝任何形式的翻译和归类,因为英语中缺乏一个对等的词语。Jane Gallop, "Beyond the Jouissannce Principle." *Representations* 7 (1984): 110 – 15.

育孩子"①。

克里斯蒂娃借用了柏拉图在《蒂迈欧篇》中提出的概念"科拉"（chora）②。"科拉"在希腊语中指"封闭的空间"、"子宫"和"容器"。③ 克里斯蒂娃用它来描述母亲和母亲的身体。对克里斯蒂娃来说，"科拉"与身体和母性联系在一起，通过不断流动和节奏的变化，人内在的驱动力得到应有的释放。艾布拉姆斯指出，克里斯蒂娃所说的"科拉"是一个"前语言的、前俄狄浦斯的、非系统化的意义指涉过程，它集中体现在母亲的身上。她把这标示为'身体性'。在我们学习由父亲掌控、坚持句法顺序和逻辑的语言的时候，（她把这称作'象征'）这个过程被压制了"④。

克里斯蒂娃关于"卑贱"（abjection）的理论为我们理解母亲—子女关系提供了新的视角。卑贱者不可能被带入象征秩序，因为它是男权社会秩序存在的前提条件。在与父亲的认同之中，我们贬低了母亲和母亲的身体。为了和母体分离而进入父亲占据主导地位的象征秩序，孩子弃却了母体，母亲成为卑贱者。克里斯蒂娃指出："使人卑贱的并不是洁净或健康的缺乏，而是那些搅混身份、干扰体系、破坏秩序的东西。它是那些不遵守边界、位置和规则的东西。它是处于二者之间、似是而非、混杂不清的东西。它是叛徒、骗子、知法犯法的凶犯、不知廉耻的奸夫，声称救人的杀手。"⑤ 卑贱的特点在于"越界"，越过神圣与世俗的边界，干扰身份体系，挑战传统观念和习俗，既打破了边界划分界限，又在边界之内。简单地说，卑贱意味着模棱两可、模糊性、边界界限的泛滥和秩序的混乱。在这种状态之中，任何东西都难以归类，出现了归类危机

① Julia Kristeva, *About Chinese Women*. Trans. Anita Barrows. New York：Marion Boyars Publishers, 1977. p. 26.

② 伊里加蕾把它拼写为"khora"，参见 *Speculum of the Other Woman*, p. 294.

③ 《蒂迈欧篇》（*Timaeus*）是柏拉图的一部讨论自然哲学的对话，写于公元前360年。约翰·萨里斯认为它主要是关于宇宙起源的探讨。柏拉图把"科拉"定义为"一种看不见的、无形的存在，它接受任何东西，以一种神秘的方式参与到一切可理解的事物之中，这是最令人费解的。""科拉"中包含的女性特质和母性意义引起了许多女性主义者的注意，但德里达拒绝把"科拉"看作是一种女性原则，他认为这是一种中性空间。参见 Emanuela Bianchi, "Receptacle/Chora：Figuring the Errant Feminine in Plato's *Timaeus*." *Hypatia* 21 (2006)：124–46.

④ M. H. Abrams, *A Glossary of Literary Terms*. Beijing：Foreign Language Teaching and Research Press, 2004. p. 93.

⑤ Julia Kristeva, *Powers of Horror：an Essay on Abjection*. Trans. Leon. S. Roudies. New York：Columbia University Perss, 1982. p. 4.

感，成为不伦不类的代名词。她指出："在这个限度内，如果卑贱可以被看作人而不必保证净化的话，它就是女性，'任何女性'，'女性整体'。"① 由此可见，女性本身就体现出一种模糊性：一方面，女性因为母性而受到崇拜，因此而变得神圣；另外一个方面，因为女性体内的血液穿越了身体的界限，被看作身体的残余物，女性因此又成为世俗、污秽的载体，她的身体因此令人生厌。总之，女性成为卑贱者的原因在于她成为一个既令人崇拜而又厌恶的越界者，既体现了某种升华了的特点，又在男权文化的界定中成为卑贱者。克里斯蒂娃进一步指出，污秽作为神圣的他者而被仪式排斥，那么，卑贱还可以以另外一种方式实现，即，由于误读法律规则而越界，卑贱者总是威胁个人和社会的完整性。② 关于母亲的身体，迈克·布鲁斯·沃克表示："母性是张力、矛盾性和模糊性的一种隐喻。更具体地说，母性的身体、母亲的身体占据了这种张力所处的位置。"③

这几位女性主义者提出的母性理论和概念成为本研究进行再语境化研究的理论支点。本研究遵循三个基本点：第一，作为一种体制，中世纪英国母性拥有一套机制和理念，具有一定的社会目的和持久性，用以调控母亲的行为模式，制定和推行具体规则。这有可能系统性地压制、约束女性，甚至有可能引发抵制母性体制的母性行为。但作为一种个人经历，母性又潜在地为女性赋权。女性不仅有哺育生命的能力，又可以拒绝履行任何母性职责。第二，从女性心理结构、社会性别劳动分工和心理劳动分工的角度来看，女性渴望成为母亲，扮演母亲的角色是获得心理满足感的一种途径，直接或间接地恢复了前俄狄浦斯阶段的母亲—子女关系。第三，母亲是孩子成长过程之中第一个爱的客体和认同对象，孩子想回归自己的生命本源，寻找前俄狄浦斯的依附感，恢复和母亲之间的原初认同感和同一感。通常情况下，母亲把孩子看作是自我生命的延伸，在与孩子的互动关系中定位自我身份，在孩子社会化过程中起着举足轻重的作用。

---

① Ibid. p. 85.

② Ibid. p. 88.

③ Michelle Boulous Walker, *Philosophy and the Maternal Body：Reading Silence.* New York：Routledge, 1998. p. 135.

第一章　母性与多元文化：《法兰西的玛丽的籁歌》

　　《诺顿中世纪英国文集》（2000）收录了法兰西的玛丽（Marie de France）① 的籁歌《兰瓦尔骑士》和她翻译的两则伊索寓言故事。玛丽② 的生平并无确切记录，但从她的代表作《法兰西的玛丽的籁歌》（*Lais of Marie de France*，1160 年，以下简称为《籁歌》）③ 的第一首籁歌《桂盖玛骑士》开头一句话就指出她叫玛丽："有好素材而没有把故事讲好的

---

　　① 关于她的名字 Marie de France，国内现在没有较为统一的翻译。陈振尧翻译为"玛丽·德·法郎士"，参见陈振尧：《法国文学史》，北京：外语教学与研究出版社，1989，第 17 页。他认为玛丽是法国第一位女诗人。陈才宇翻译为"法兰西的玛丽"，参见 陈才宇：《古英语与中古英语文学通论》，北京：商务印数馆，2007，第 131 页。王继辉未提及她的名字，提到"12 世纪法国的一位著名女诗人"一句，参见 李赋宁、何其莘：《英国中古时期文学史》，北京：外语教学与研究出版社，2006，第 148 页。沈弘翻译为"法兰西的玛丽"，参见 J. A. 伯罗：《中世纪作家和作品：中古英语文学及其背景》，沈弘 译，北京：北京大学出版社，2007，第 113 页。杨宁和李韵翻译为"法兰西的玛丽"，参见 朱迪斯·M. 本内特、C. 沃伦·霍利斯特：《欧洲中世纪史》，杨宁、李韵 译，上海：上海社会科学出版社，2007，第 323 页。茅盾翻译为"玛利亚"，参见 茅盾：《西洋文学通论》，南京：凤凰出版传媒集团/江苏文艺出版社，2010，第 11 页。冯象翻译为"法兰西的玛丽"，参见冯象：《玻璃岛》（第二版），北京：生活 读书 新知三联书店，2013，第 244 页。本章中，她的名字均采用"法兰西的玛丽"，简写为"玛丽"。

　　② 玛丽创作的时间正是英国金雀花王朝第一任国王亨利二世在位的时间（1154—1189）。当时，英国横跨英吉利海峡的广袤疆域为玛丽的创作提供了跨文化背景。从她的作品中看出，她可能住在英格兰，用盎格鲁-诺曼语重写英国的籁歌。从国籍文学的划分来说，其创作属于中世纪英国文学的一部分，所以归类在中世纪英国作家之列较妥。

　　③ 《法兰西的玛丽的籁歌》包含有 12 首押韵的叙述型诗歌，用盎格鲁-诺曼语写成，八音节双行体，主题涉及爱情、骑士精神和婚姻等。Breton lai（不列颠籁歌）是一种叙事诗歌，是中世纪法国和英国骑士文学的一种形式，主题多关于爱情和骑士精神，一般较为简短，包含有超自然现象和骑士精神的描述，显然受凯尔特神话的影响。有学者认为 lai 或 lay 来自古德语或古爱尔兰语，意为"歌曲"、"乐曲"。它是当时颇受法国北部诗人欢迎的一种诗歌和音乐结合的形式，较长的诗歌一般是每行 4 到 8 个音节、6 到 16 行押韵诗节组成。艾米丽·姚达指出不列颠籁歌是盎格鲁-撒克逊入侵时的古不列颠人或后来的威尔士人或康沃尔人所作并吟唱的诗歌。Emily K. Yodar, "Chaucer and the 'Breton' Lay." *The Chaucer Review* 1 (1977)：74 –7。关于

人是令人痛心的。我的主，听玛丽一席话，当机遇来临的时候，她没有浪费才华。"① 玛丽在《籁歌》的前言中指出写籁歌的动机，认为把拉丁文作品翻译为法语已无任何价值，因为别人已经做过同样的事情，而她本人听说过许多讲述冒险故事的籁歌，非常熟悉它们，遂决定写成诗行。关于玛丽的作者身份现在仍存有争议。英国文学史家把她看作是盎格鲁-诺曼时期的英国诗人，法国文学史家把她看作是法国第一位女诗人。目前，她的作品以英文版和法文版同时出版发行。② 玛丽擅长于描写故事情节，罗拉特·汉宁和琼·费兰特指出，她是早于薄伽丘和乔叟而创作最佳短篇小说的高手，她也许是中世纪最伟大的女作家。她的籁歌是 12 世纪文艺复兴的典型体现。③ 我们知道，12 世纪最重要的创新之一就是"爱情"成为文学主题。玛丽的女性视角把她和当时的法国文坛重量级诗人克雷蒂安·德·特罗亚区别开来。④

玛丽天资卓越，才情出众，在女作家寥若晨星的中世纪英国可谓独领风骚。她用盎格鲁-诺曼语进行诗歌创作。⑤ 现代学者从玛丽的诗作中推断出她出生于法国，生活在英国国王亨利二世在位期间的英国宫廷。

---

* （接上注）lai，国内目前还没有统一的翻译。陈才宇译为"莱歌"，王继辉译为"（布立吞）谣"，冯象翻译为"弹词"。因为这种诗歌由吟游诗人或竖琴手拿着竖琴伴奏歌唱，考虑到 lai 的读音，笔者翻译为"籁歌"，以显其优美动听之音乐特色。《奥菲厄王》（*Sir Orfeo*）中写道："籁歌写令人愉快的事情/有的关于快乐，有的关于悲伤/有的关于快乐欣喜/有的关于背叛和诡计/有些事情时而发生/有些是笑话和粗话/有些有仙女出现。"（第3—10 行）在马洛礼的《亚瑟王之死》中，圆桌骑士特里斯丹到达爱尔兰后，用竖琴为国王和王后弹唱籁歌。骑士迪那丹写了一首有关爱尔兰国王马克的籁歌，给竖琴手艾略特教，艾略特又教给其他竖琴手，他们受亚瑟王和兰斯洛授意去康沃尔弹唱。艾略特本人亲自在马克面前弹唱，使他勃然大怒。

① Marie de France, *The Lais of Marie de France*. The Penguin Group, 1999. p. 41.

② 目前有"法兰西的玛丽国际协会"（International Marie de France Society，缩写为 IMFS），该协会办有刊物《天鹅》（*Le Cygne*），主要用来刊发评论她和同时代盎格鲁-诺曼作家的相关文章。

③ Robert Hanning and Joan Ferrante, "Introduction", in *The Lais of Marie de France*. Baker Books, 1995. p. 1,

④ 克雷蒂安·德·特罗亚（Christien de Troyes, 1135-1190）是 12 世纪最伟大的法国诗人，为自己的资助人写过不少骑士故事，其中亚瑟王故事最富盛名。在他笔下，骑士不再为得到贵妇人的爱情而俯首贴耳。

⑤ 盎格鲁-诺曼语（Anglo-Norman Language）也被称作盎格鲁-诺曼法语（Anglo-Norman French）。1066 年之后，来自诺曼底的威廉一世、贵族和他的随从在英格兰讲这种法国北部方言，即奥依语（Langues d'oïl），它属于中古时期法国地区使用的三大语言之一，即古法语的一种。在这种文化背景下，英国产生了两位用盎格鲁-诺曼语创作的重要诗人韦斯和玛丽。

朱丽安·哈里斯指出，玛丽和其他的法国诗人一样从法国来到英国，因为当时诗人在英国宫廷比在法国宫廷更受欢迎。①她在几部作品中的署名表明她是一位"有自我意识的艺术家"②。事实上，早在 12 世纪，玛丽就引起了人们的关注，尤其是上流社会的关注。玛丽的同时代诗人、本笃会修士戴尼斯·裴若姆斯（Denis Piramus）在用盎格鲁-诺曼语创作的诗歌中提到了当时颇负盛名的玛丽，指出宫廷的贵族非常喜欢她的籁歌，并大声朗读或背诵这些籁歌③，可见玛丽在当时英国上流社会的接受度和影响力。从 13 世纪到 14 世纪，不计其数的手抄本说明玛丽是一位非常受欢迎的诗人。克洛德·福谢在 1581 年编撰的《法语诗歌和语言集》中含有"法兰西的玛丽"部分，称她为"法兰西的玛丽"，不是因为她有皇家血统，而是因为她出生在法国。④ 200 年后，英国图书馆收藏有《籁歌》的盎格鲁-诺曼版本的手稿，标注为哈雷 978 手抄本（Harley 978 manuscript），确定她的名字就是"法兰西的玛丽"，从此学界达成共识，沿用此名。玛瑞切尔指出，18 世纪末，法国盎格鲁-诺曼文学研究专家热尔韦（Gervais de la Rue）称玛丽为"她那个时代的萨福"，但欧洲大陆学界始终对她显得非常冷漠。19 世纪 70 年代，德法两国就封建制度的开端进行辩论，在"不列颠"（Breton）一词的意义上争执不休。玛丽的诗歌就成为用来说服对方的有力证据。自此以后，有关她的研究受到朗松主义、象征主义、心理批评、新批评、索绪尔的语言学、结构主义、流派研究、接受美学、口头文学诗学、历史研究、女性

① Julian Harris, *Marie de France: The Lays Gugemar, Lanval and a Fragment of Yonec.* New York: Publications of the Institute of French Studies, Inc. . 1930. p. 12.

② Jill Mann, *From Aesop to Reynard: Beast Literature in Medieval Britain.* Oxford: Oxford University Press, 2009. p. 54.

③ Donald Maddox, "Rewriting Marie de France: The Anonymous 'Lai du conseil'." *Speculum* 2 (2005): 399 – 436. p. 402.

④ Claude Fauchet, *Recueil de L' Origine de la Langue et Poésie Francoise, Ryme et Romans.* Paris: Mamert Patiffon Impremeur du Roy, 1581. pp. 163 – 4. 事实上，法国学界对玛丽关注比较早，克洛德·福谢在 1581 年就提到了她。17 世纪起，因为法国学界对文学史的研究，玛丽引起人们的关注，并在一些学术著作中提到她。理查德·鲍姆对她在法国的接受史进行了概括。参见 Richard Baum, *Recherches sur les œuvres attribuées à Marie de France.* Carl Winter: Heidelberg, 1968。目前，英语学界已经有比较系统的研究，参见 Chantal A Maréchal, ed. *In Quest of Marie de France: a Twelfth-century Poet.* Lewiston and Lampeter: Edwin Mellen Press, 1992. Sharon Kinoshita and Peggy McCracken, *Marie de France: A Critical Companion.* Cambridge: D. S. Brewer, 2012. Logan E Whalen, ed. *A Companion to Marie de France.* Boston : Brill, 2011.

主义的影响。①

国外学界认为她的代表作除了《籁歌》之外，还包括她把中世纪英语版的《伊索寓言》翻译为盎格鲁-诺曼语版的《寓言故事》（*Ysopë*，即 Fables）。她在拉丁文版本的基础上用盎格鲁-诺曼语扩写了诗歌《圣帕特里克的炼狱》，题目为《圣帕特里克的炼狱之故事》（*Espurgatoire Seint Partiz*），这是有关爱尔兰骑士欧文去圣地赎罪的故事。最近有学者认为诗歌《圣奥德丽生平传》（*La Vie Seinte Audree*）也出自她的手笔。这是一本有关盎格鲁-撒克逊时期一名叫奥德丽的圣徒传，玛丽融合了三种拉丁文本而完成对它的创作。玛丽的籁歌对骑士文学《奥菲厄王》（*Sir Orfeo*）和《劳弗尔骑士》（*St. Launfal*）产生很大的影响。英国女诗人马蒂尔德·白汉姆（Matilda Betham，1776 - 1852）曾于 1816 年撰写了一首有关玛丽的长诗《玛丽的籁歌》（*Lay of Marie*）。

玛丽的诗歌创作背景比较复杂。1066 年之后，威廉一世及其随从给英格兰带来了法国西北部方言诺曼语。因为治国需要，英国与欧洲大陆的商贸往来频繁，国际旅行相当普遍，而来自不同地方的人携带不同的方言，比如希伯来语、古奥克语、阿拉伯语、凯尔特语、亚拉姆语等。又因为出于不同的目的，人们不止会说一种语言。玛丽正是在这种多语言文化氛围之中进行创作。因此在那个时期，无论是中世纪英语文学还是盎格鲁-诺曼语文学都只是英国文学的一部分。玛丽既可以用盎格鲁-诺曼语写作，又可用拉丁语和古英语进行翻译，语言水平颇高。从写作内容和风格可以看出，她熟谙上流社会华贵的宫廷生活、贵族的消遣方式和艺术品位。她不仅辞藻非常考究，而且对女性话题表现出很强的敏感性。这些说明她是一位颇具语言天赋、有着良好教育背景的诗人。这在当时并不多见。我们知道，从 12 世纪到 13 世纪，由于人们识字水平的不断提高，普通百姓的口头文学和教会的书面文学之间的界线变得逐渐模糊。通俗文学的写作主要以娱乐和说教为主，所以玛丽的写作符合当时文学大潮的发展趋势。

玛丽的诗歌创作受到法国骑士文学发展的影响，而骑士文学的产

① Chantal A. Maréchal, "Introduction", in *In Quest of Marie de France: a Twelfth-Century Poet*, pp. 1 - 27. 朗松主义（Lansonism）指 20 世纪初统治法国高校的文科教育，来自法国著名文学史家、教育家古斯塔夫·朗松（Gustave Lanson），他提倡以作者生平研究和社会反映论为内容的教育思想，推动了法国高校制度改革和实证主义研究。

生有其历史背景。陈振尧指出，男性的出征使女性有机会从事家庭管理工作和社会事务，生活空间不断扩大，社会地位大幅度提升，她们的喜好相应地转向了阅读或听取浪漫的爱情故事，骑士文学应运而生。① 男性在经历十字军东征之后不再热衷于战争带来的荣誉。这种认识上的改变使人们产生厌战心理，转而追捧风花雪月、温文尔雅的生活。骑士文学反对基督教提倡的禁欲主义，提倡歌颂现实生活和浪漫的爱情，但还保留着骑士参加圣战、冒险、效忠的思想。同时，法国南方的许多封建主夫人成为游吟诗人的赞助人，这些诗人为了取悦封建主和贵夫人，大量书写歌颂贵夫人和骑士之间的浪漫爱情故事。玛丽写作的时候武功歌已走向衰落，爱情抒情诗在法国盛行，12 世纪中叶随着南方文化北迁，玛丽正好在这种抒情诗处于发展巅峰的时候写作，而 12 世纪后半期又是骑士文学发展的重要阶段②，爱情成为宫廷文学的核心主题。我们知道，12 世纪的法国文坛可谓百花齐放：有歌颂英雄事迹的武功歌、以古希腊和罗马为题材的骑士文学、亚瑟王文学、南方行吟诗人的爱情诗和北部的叙事诗、宗教和世俗戏剧、编年史、圣徒传、大量的宗教作品，这些作品都以方言形式大量写成。③ 这对玛丽的创作产生了一定的影响。

在《籁歌》中，玛丽对爱情故事的讲述可谓荡气回肠，赋予爱情以梦幻色彩和童话故事结构，超越了文化疆界，展示出永恒性和普遍性。约翰·费里认为她是"伟大的文学家和爱情心理学家"，既展示了男女两性之间的微妙关系，又使作品产生一种审美统一感。④ 阿迪斯·巴特菲尔德认为这些籁歌是超现实主义色彩的爱情魔幻故事，其中融合了幻想、道德和艺术。⑤ 艾娃·罗森认为玛丽在《籁歌》中的叙述声音在许多方面是"女性化的，她以幻想对抗现实，建立起作为女性的她可以发出自己声音的世界，在那里，她可以探索社会传统之下的个人行为。正是在和以男性作家文本为权威的对话中，玛丽最清晰地表达了个人话语"⑥。

---

① 陈振尧：《法国文学史》，北京：外语教学与研究出版社，1989，第 10 页。

② Glyn S. Burgess and Keith Busby, "Introduction", in *The Lais of Marie de France*, p. 21.

③ Ibid. p. 20.

④ John A. Fery, "Linguistic and Psychological Couplings in *The Lays of Marie de France*", *Studies in Philology* 1 (1964): 3 – 18.

⑤ Ardis Butterield, "England and France", in *A Companion to Medieval English Literature and Culture: 1350 – 1500*, pp. 201 – 2.

⑥ Eva Rosenn, "The Sexual and Textual Politics of Marie's Poetics", in *In Quest of Marie de France: a Twelfth-Century Poet*, p. 225.

《籁歌》以诗行写成，长度从 118 行到 1184 行不等，平均长度为 477 行，它"是短篇故事集，受到凯尔特传说故事和宫廷文学的影响"①。《籁歌》囊括了十二个故事，以婚姻、爱情和骑士冒险为主题，其中有三个故事刻画了三位不同的母亲：在《白蜡树》（Le Fresne）中，无名母亲把双胞胎和婚姻不忠联系起来，为了避免公众的指责，她遗弃了其中一个女儿"白蜡树"，多年后母女再次团圆。在《尧奈克》（Yonec）中，被丈夫囚禁起来的年轻贵妇幻想着和骑士之间的浪漫爱情，来自他界（Other World）的国王穆尔杜玛埃克变成雄鹰飞进窗户，摇身变为她心目中的骑士，他们约会并相爱，但被她的丈夫发现。这位骑士再次变为鹰飞进时受伤，他预言她已身怀六甲。她在他界找到受伤的穆尔杜玛埃克。他赠给她一身华服、一枚魔戒和一把利剑。他们的儿子尧奈克长大后用这把剑杀死继父，替父母报仇，并被拥立为王。这个离奇的故事是典型的凯尔特文化的产物。在《米伦》（Milun）中，米伦因英勇善战在国内外赫赫有名，和一位仰慕他的少女相恋，但少女不幸怀孕，孩子出生后被偷偷送到他处抚养。米伦和她二十年通过天鹅传递情书，后全家团聚。

这些故事涉及双胞胎出生、超自然力量、女性荣誉感和耻辱感的构建等话题，折射出体制化的母性和婚姻体制、道德伦理、文化偏见、人与超自然力量之间的复杂关系。本部分以《白蜡树》和《尧奈克》为主，研究母性与双胞胎出生、变形人与母亲身份构建之间的关系，分析基督教、中世纪育婴理论、超自然力量与中世纪英国母性之间的关系，研究多元文化对母性的影响，说明玛丽对法国骑士文学传统的继承和凯尔特文化精髓的发扬。

一　母亲遗弃"白蜡树"：母亲的恐惧和母女疏离

《白蜡树》共计 518 行，大约在 1230 年被扩充为较长的古法语骑士文学《布列塔尼的伽莱茹的故事》（Le Roman de Galeran de Bretagne）。14 世纪，这个故事被翻译为中世纪英语，中世纪英语版的《白蜡树》长为 408 行，现存唯一的手抄本被称作奥金莱克手抄本（Auchinleck MS），

---

① Sharon Kinoshita and Peggy McCracken, *Marie de France: a Critical Companion*. Cambridge: D. S. Brewer, 2012. p. 1.

译者名字不详，但语言接近乔叟使用的英语。① 在《白蜡树》这个故事中，母亲因为双胞胎的出生而感到蒙羞，遂遗弃了其中的一个女儿"白蜡树"②，直到多年后母女相认团聚。在这个故事中，"母亲"与"女儿"的疏离关系背后蕴含着权力话语的运作和中世纪英国文化—宗教的影响。

里奇指出，母女之间的互相关注没有得到充分书写，她们之间容易产生共鸣，既有最深的亲密感，又有最痛苦的隔阂。对男性来说，母女之间的密切关系具有威胁感。女儿不仅被消音，而且被父亲和母亲杀害。③ 伊里加蕾同样指出："（我们）没有女性上帝，没有女性三位一体：母亲，女儿，精神。"④ 她进一步指出，改变母女关系就等于"摇动男权社会秩序的基石"⑤。实际上，在中世纪英国文学作品中，母亲和女儿的故事多少有所提及：《坎特伯雷故事》之《管家的故事》中的母女都受到性骚扰，《修女院教士的故事》中的寡居母亲和两个女儿共同追抓狐狸，《巴斯妇的故事》中的巴斯妇的母亲教她如何在和男性打交道的过程中取胜，在《梅利别斯的故事》中，梅利别斯离家去野外游玩，其妻普鲁登斯和女儿索菲亚被他的宿敌痛打出气，《农夫皮尔斯》中的母亲"不识闲儿"痛打女儿。这些故事都提到了母亲和女儿，但并未切实展示母女关系。在《白蜡树》中，无名母亲对双胞胎的出生带有根深蒂固的文化偏见。她为了维护自己的名声而遗弃了其中一个女儿"白蜡树"。母女纽带断裂的背后潜藏着中世纪文化对双胞胎这一社会现象的偏见。

---

① Anne Laskaya and Eve Salisbury, "Lay le Freine: An Introduction", in *The Middle English Breton Lays*. Kalamazoo: Medieval Institute Publications, 1995, < http: //www. lib. rochester. edu/camelot/teams//freiint. htm >. May 5, 2012. 缩写的中世纪英语版的《白蜡树》题目为 Lay le Freine，藏于爱丁堡的律师图书馆（Advocates' Library）。阿尔弗莱德·尤尔特指出，故事的主人公被抱走或遗弃的故事在苏格兰、丹麦、荷兰、冰岛、德国和瑞典的民谣中很多，但很难肯定它们源自玛丽的这首籁歌，而玛丽在写作的时候看不出是否借鉴了不列颠故事。参见 Marie de France. *Lais*. Ed. Alfred Ewert. Bristol: Bristol Classical Press, 1995. p. 170.

② 故事主人公被遗弃在教堂外面的白蜡树中，取名为"白蜡树"，她的妹妹名字为"槭树"。文中她们的名字均加引号，以示人名和树名的区别。

③ Adrienne Rich, *Of Woman Born: Motherhood as Experience and Institution*. New York and London: W. W. Norton & Company, 1976. p. 237. p. 225 – 6.

④ Luce Irigaray, *Sexes and Genealogies*. Trans. Gillian C. Gill. New York: Columbia University Press, 1993. p. 62.

⑤ Luce Irigaray, *The Irigaray Reader*. Trans. David Mecey. Ed. Margeret Whitford. Cambridge: Blackwell Publishers, 1991. p. 50.

身为母亲的这位无名女性在男权社会婚姻体制和体制化的母性中寻找心理平衡点。显然，"母亲遗弃女儿"这一事实成为中世纪文化的又一个象征符号，显示出母亲身份建构中的悖论。

在《白蜡树》这个故事中，布列塔尼两位英勇善战的骑士成为邻居，骑士甲的妻子生育了双胞胎儿子，他准备把其中的一个儿子给朋友骑士乙抚养。骑士乙的妻子为人虚伪骄横，喜诽谤他人，她在大庭广众之下指出双胞胎的出生是女性和两个男性私通的结果，这只会给丈夫带来耻辱。不料，很快她自己也生育了双胞胎女儿。情急之下，她企图杀死其中的一个女儿来保全自己的名声。她的女仆趁着夜色把女儿放到修女院门口的白蜡树上。修女院院长知道此事后，给这个弃婴起名为"白蜡树"，因为她是在白蜡树上被发现的。"白蜡树"长大后出落得亭亭玉立，谈吐不凡。布列塔尼的一位王子咖荣喜欢上"白蜡树"，两人相爱，他决定娶她为妻，但周围人都认为他应该娶一位出身高贵的女子。迫于压力，他准备迎娶贵族女子"槭树"，她实际上是"白蜡树"的双胞胎妹妹。她们的母亲在不知情的情况下企图赶走"白蜡树"以使"槭树"得到婚姻幸福。在检查婚房的时候，这位母亲发现了自己当年遗弃"白蜡树"时用来包裹她的丝绸。和"白蜡树"交谈之后，这位母亲方知"白蜡树"是她的亲生女儿，当即晕倒在地。最后，在她的恳求之下，她得到丈夫的原谅，全家团聚。他们夫妇同意女儿"白蜡树"嫁给咖荣，女儿"槭树"嫁给另外一位富家子弟。

这个故事属于中世纪典型的遗弃文学题材。故事的情节模式经历了如下环节：母女融合（母亲怀胎）—母女分离（母亲生育女儿）—母亲遗弃/流放女儿（为保名声）—母女疏离（亲生母亲缺席）—母女相见—母亲想赶走"白蜡树"（因保护"槭树"的婚姻）—母女相认（借助信物丝绸）。从地理空间的转变上来看，"白蜡树"经过以下空间位置的不断转换：母亲子宫→夜晚小径→白蜡树→看门人的家→修女院→咖荣的家。这种空间位置的变化是从边缘到中心的转变，展现了她从遭遇遗弃到最后获得认可的成长过程。约翰·博斯韦尔指出："中世纪盛期遗弃文学最大的特点是满怀希望……那些被遗弃的孩子不仅幸存下来，而且还会飞黄腾达；不仅能够克服被遗弃的各种困境，还会在困境中崛起，成为教皇、圣徒、国王，通常情况下，在这个过程中，他们和亲生父母高兴地团圆。"① 于"白蜡树"而言，作为女性的冒险经历是从女儿身份模糊到被父母认可、被接纳、被合法化的艰辛过程。

"白蜡树"的命运不同于 13 世纪英国骑士文学中的男性主人公。这些男性主人公经历了从被抛弃、被绑架或被流放到最终恢复身份的复杂过程，这种主题的故事在当时的英国和北欧民谣中有所体现。在《霍恩王》(*King Horn*) 中，霍恩的父亲被撒拉逊人残杀，母亲迫不得已藏匿在山洞之中，他沦为撒拉逊人的俘虏，在成为国王之前一直处于受人支配的地位。在《丹麦王子哈夫洛克》(*Havelok the Dane*) 中，王子哈夫洛克被篡权的摄政王戈达德投入大海，但有幸被格里姆夫妇相救，最终成为国王。这些主人公由于政治原因被边缘化，而"白蜡树"被流放和政治没有关系，更不是父亲所为，而是亲生母亲遗弃了她，其后潜藏着母亲复杂的心理动机。"白蜡树"的母亲的动机在于避免别人怀疑她对婚姻的忠贞程度，从而维护自己和家庭的名声。在故事中，这个无名母亲反复提到的关键词是"耻辱"、"荣誉"和"好名声"。骑士甲的妻子生下双胞胎儿子之后，"白蜡树"的母亲对对方报信人说道：

> 愿上帝助我，我感到惊奇
> 这位绅士在哪里找到贤人，
> 告诉他叫我丈夫收养
> 这个生于耻辱行为的男孩。
> 这个女人生育两个而非一个
> 使他蒙羞，使她自己名誉受损。
> 事实如此，我们都清楚地知道，
> 这永远不可能，我们未曾听说，
> 这个世界上从未发生过，
> 女人一胎生育
> 两个儿子，除非是

---

① John Boswell, *The Kindness of Strangers*. New York: Vintage, 1990. p. 394.

　　两个男人把他们放在那里。（第 31—42 行）①

　　"白蜡树"的母亲表达的耻辱感具有其文化背景。在她看来，"双胞胎"就意味着对婚姻不忠。这和中世纪根深蒂固的文化偏见有关。中世纪人认为具有美德的女性一次只生育一个健康的孩子，一次生育多个孩子说明他们有多个父亲。这种观念说明中世纪盛期和晚期人们对性行为的约束程度。女性生育怪胎、死胎、残疾儿童必然是罪孽深重的性行为的产物，说明女性与多人私通或性行为不检点。这种看法在当时的民间文学中也屡见不鲜。② 人们甚至认为双胞胎是邪恶的象征，多胞胎被看作是某种超自然力量所致，当然不可能是同一个父亲。③ 在当时的文化背景之下，教会要求夫妻彼此忠诚。世俗法庭和教会法庭一般对犯有通奸罪的男性比较宽容，犯有此罪的妻子若能得到丈夫的谅解就会免于酷刑或受人羞辱。在法国，丈夫甚至可以取消妻子孀居财产权，伦敦法律规定剪去通奸者的头发，游行后投入监狱，而劝喻文学的目的就是保护女性的贞节。④ 对通奸者的惩罚和仇恨在《亚瑟王之死》中也可见一斑。在 14 世纪骑士文学《特亚默尔骑士》（Sir Tryamour）和《奥克塔维亚》（Octavian）中，两位母亲被流放的原因就是人们怀疑她们和他人私通。违反婚姻法和婚姻体制的行为会引起人们的指责和法律的惩罚，若被在公共场合曝光或被公开羞辱，当事人在心理上会产生耻辱感，而教会和世俗法庭通常以引起这种耻辱感来维持婚姻秩序。

---

　　① 　关于这首籁歌，有散文和诗歌等不同英译本。尤金·梅森（Eugene Mason）1911 年以散文形式翻译并出版了整个《籁歌》。1978 年，琼·费兰特（Joan Ferrante）和罗伯特·汉宁（Robert Hanning）以无韵体诗歌的形式翻译了《籁歌》。1986 年，伯吉斯和巴斯比（Glyn S. Burgess and Keith Busby）以散文形式翻译出版《籁歌》，并在文末附有三个籁歌的古法语版。本章引文参照《籁歌》的法语版，翻译参照了英译本。Marie de France, Lais. Ed. Alfred Ewert. Bristol: Bristol Classical Press, 1995。凡出自该本的引文，只在文后标明诗行，不再另行做注，译文为笔者自译。

　　② 　Anne Laskaya and Eve Salisbury, 'Lay le Freine: An Introduction', in The Middle English Breton Lays, Kalamazoo: Medieval Institute Publications, 1995, < http: //www. lib. rochester. edu/camelot/teams//freiint. htm >. May 5, 2012.

　　③ 　Dennis M. O'Connor, 'The History of Obstetrics in the Western World from 15000 BC to the Twentieth Century ', < http: //www. innominatesociety. com/Articles/The% 20History% 20of% 20Obstretrics% 20in% 20the% 20Western% 20World. htm >, Aug, 24, 2011.

　　④ 　Shulamith Shahar, The Fourth Estate: A History of Women in the Middle Ages (revised edt.). Trans. Chaya Galai. London: Methuen Young Books, 2002. pp. 106 – 13.

　　"白蜡树"的母亲有关双胞胎的一席话在布列塔尼传开，人人皆知，"不管是穷人之妻或富人之妻/每个听到此言的人对她的话痛恨不已"，（第56—7行）引起整个女性社区对她的反感。她的诽谤是对女性群体的污蔑和诋毁，也是对女性自我的贬低，迎合了约束女性的中世纪婚姻法和世俗法，把成为母亲的女性置于公众批判和讨伐之中。骑士甲听到此传言倍感"折磨、迷茫而痛苦不堪"（第63行），遂对妻子心生怀疑，把她关押起来，日夜监视。这个丈夫的关押和监视行为进一步说明当时人们对双胞胎出生所持的偏见和人们对女性贞节的期待度。显然，处于母性体制和婚姻体制矛盾冲突中的母亲成为牺牲品。母亲身份的产生有悖于婚姻体制对妻子的要求：前者要求在男权社会和基督教教义要求的背景下成为合法、自然的母亲；后者要求女性忠实于婚姻体制。这种意识观念强化了人们对母亲—妻子这两种女性角色要同时达到男权社会话语的要求。生育双胞胎而致母亲被囚禁的悲剧是两种体制互相作用而引起的产物，而生育双胞胎儿子的这位母亲所处的隔离空间和孤立状态是男权社会母性神话对女性压制的典型写照。

　　当"白蜡树"的母亲生育双胞胎女儿之后，她的恐惧感、负罪感、绝望感和精神分裂感迅速出现。她既为自己过去诋毁邻居女性的言论懊悔不已，同时又担心丈夫和家人对她失去信任，于是作出决定：

> 为了避免耻辱
> 我必须杀死一个。
> 我宁愿弥补上帝
> 也不愿生活在耻辱的乌云里。（第92—5行）

　　多出的一个女儿引发她强烈的耻辱感和恐慌感。这和生育非婚生子引发的母亲的耻辱感不同。非婚生子母亲杀婴的动机是为了消除自己的非法母亲身份，证明自己是童贞女，以便以这样的有利身份进入合法婚姻。这将在第四章详细讨论。"白蜡树"的母亲欲杀害"白蜡树"的动机表明多余的一个孩子体现了文化偏见对女性的压制和约束。"白蜡树"的母亲提到"上帝"，这表明她不仅知道教会禁止遗弃或杀戮孩子，尤其是还未洗礼的孩子，而且在心理上已经内化了基督教影响下的婚姻观念和两性关系。她决定杀死一个女儿的想法是挽回自己的名声、祛除耻辱感、证明自己对婚姻的忠贞、换取丈夫信任的权宜之举。这在一定程度上缓解了她作为双胞胎母亲所产生的恐惧感，消除了丧失名誉的可能性，肯定了她的母亲身份的神圣性，满足了她祛除任何威胁自身生存利益的障碍。可见，成为合法的母亲牵扯到社会伦理问题。母亲以主体身份出现，而女儿成为母亲权力控制范围内的客体对象。

需要注意的是，在她感到百般焦虑决心杀死"白蜡树"的时候，照顾她多年的女仆为她分忧解愁。这位女仆"来自贵族家庭/ 非常细心地把她抚养大/非常爱她"（第 101—3 行），因为"白蜡树"母亲的哭泣、忧伤和叹息"折磨"着她（第 106 行）。于是这位女仆提议把孩子送到教堂：

> 把这两个孩子中的一个给我—
> 我抱走它，你不用管。
> 我要看到你不必再为此感到耻辱或痛苦，
> 或者再看到她。
> 我会将把她撂在教堂某处，
> （我会把她安然无恙地抱到那里）。
> 某个圣人会在教堂发现她；
> 上帝保佑，他会为她找到奶妈。（第 110—17 行）

这不仅是关键时刻姐妹情谊或友谊的展现，还是这位"养母"对她的指导。说这位女仆是"养母"，是因为她作为仆人一直在"白蜡树"母亲的生活中扮演着母亲的角色。尼科·斯蒂勒指出，在中世纪英国文学中读者随处可见有关兄弟情谊的描述，他们遵从"荣誉、尊严和忠诚"的信条，但在中世纪时期，女性的友谊观似乎是一个空白概念，但"力量、忠诚和荣誉"是维系女性关系的法宝，"力量"就是要学会保密，"忠诚"普遍而非个人行为，"荣誉"就是囚犯不向权威机构出卖朋友。① 斯蒂勒强调的女性之间的友谊观恰好在这个女仆身上得到典型体现。从故事的结尾可以知道，"白蜡树"的父亲并不知道她母亲当年遗"白蜡树"的行为。从某种程度上来说，女性之间的同性关系是女性

① Nikker Stiller, *Eve's Orphans*: *Mothers and Daughters in Medieval English Literature*. Westport: Greenwood Press, 1980. p. 93.

力量的来源和颠覆父权制的有效途径，否则，"白蜡树"的母亲将面临着失去名声、遭遇丈夫囚禁的厄运。她构建起来的是一种她个人看起来理想化的母亲身份，但这种母性角色的疏离再生了母女纽带关系的断裂。

中世纪杀婴的普遍做法就是遗弃孩子或把孩子抛弃在某个地方。人们认为收养孩子最可靠的人就是教堂的主教或大主教。遗弃"白蜡树"的行为实际上是西方文学中母亲杀婴母题的一种变体。当女儿被送走的时候，母亲给女儿身上包裹丈夫从君士坦丁堡带回送给她的丝绸，佩戴镶有红宝石的黄金戒指。这些用来表明她的女儿出身高贵。她在心理上期待女儿能被抱养者以贵族女子的身份抚养成人。这种心理一方面把自己从生育双胞胎而有可能引发社会对她是否忠于婚姻的猜疑的困境中解脱出来，同时又展示了母爱，潜意识中履行了母亲对女儿的保护责任。中世纪文化认为杀婴是一种罪恶行为，认为女性必然和魔鬼有合约，而对杀婴的母亲的惩罚非常严酷，可能活埋或活活烧死。《白蜡树》中的母亲顾忌到双胞胎会引发人们对她忠贞度的怀疑和杀死孩子会产生的后果，所以在女仆提出遗弃孩子这一做法时她"非常欣喜"（第119行）。

女仆趁着夜色走出她们所在的小镇，避开大路而行走在树林之中，直到她到达"美丽而富饶"的另外一个小镇，最后把孩子放入枝叶茂盛的白蜡树里。"夜晚"、"树林"、"茂盛的白蜡树"都掩盖了孩子被遗弃的真实情景。孩子在这个过程中一直处于不可见、无声、无名、身份模糊的状态之中。从离开母亲到被放入白蜡树，她处于被放逐的极端状态。虽然与本源（即母亲）之间的认同关系被切断，但白蜡树作为自然的象征成为接受她的外界力量。她被遗弃的过程是暂时回归母亲的举动，因为自然和母亲一样是孕育生命的源泉，"白蜡树"以变相的方式回归到作为本源符号的母亲身边，但不可避免地成为中世纪文化与自然交锋的中介。

教堂守门人和修女院院长收养了"白蜡树"。这说明教会在当时社会—文化背景下对抚养弃婴所持的积极态度。修女院院长禁止守门人告诉他人收养经过，给这个弃婴起名"白蜡树"，因为她是在白蜡树上被发现的。白蜡树于这位被遗弃的女孩而言，是一个原创性符号，是身世不明、身份不确定的孩子生命意义重新开始的地方。修女院院长"把她长期藏在修女院"（第233行），直到她出落成为布列塔尼无人媲美的美丽女子。里奇指出，许多女性有两位母亲，自身甚至非常分裂，一位是亲生母亲，她代表着以家庭生活和传统价值观为主的文化，另外一位母亲是"反母亲"（counter-mother），她让女孩感觉到自身的力量和思想。①显然，修女院院长和以她为代表的教会扮演着"白蜡树"的反母亲的角色，进一步说明教会在"白蜡树"的身心成长中起着极其重要的作用。"白蜡树"离开修女院的时候，修女院院长告诉了她被收养的经过，而"白蜡树"离开的时候带走了丝绸和戒指。这说明她对亲生母亲怀有潜意识的寻找，企图解开身世之谜，回答"我从哪里来"这一问题。这种怀旧式的思维方式旨在找到自己的生物本源，在恢复前俄狄浦斯母女之间的同一感的时候，回归自我生命的出发点，从而在母亲那里证实生命意义的连续性。

王子咖荣准备迎娶"白蜡树"为妻，但宫廷的各位公爵要驱逐"白蜡树"，希望他迎娶出身高贵的女子为妻，并威胁他说若娶"白蜡树"为妻，他可能就无法获得合法的继承人，他们不再视他为王，他将失去土地和权力。咖荣在这种劝说和威胁之下放弃了"白蜡树"而欲娶出身高贵的女子"槭树"。这也许是一个巧合：她们姐妹俩都以树木来命名。② 那些公爵在说服咖荣的时候充分利用这两位女性的名字大做文章：

> 槭树结香甜的果实，给人带来欢喜，
> 光秃秃的白蜡树不结果实，不值得珍惜。（第340—41行）

艾曼纽尔·迈克尔认为"白蜡树"的名字富有讽刺意味，在某种意义上来说，令人痛心的现实是由她母亲无情的行为导致的。如果"白蜡树"不能"结果实"，那是因为她母亲使她"没有名字"，剥夺了她的贵族身份，致使她不能成为王子咖荣的妻子。"白蜡树"内在的美和她母亲施加在她身上的"贫瘠、不孕"对立，她对咖荣无私的爱和对他幸福的关心使她奇迹般地摆脱了被遗弃的厄运，并救赎了母亲。③ 诗人玛丽

---

① Adrienne Rich, *Of Woman Born: Motherhood as Experience and Institution.* New York and London: W. W. Norton & Company, 1976. p. 247.

② 从植物学意义上来说，白蜡树木质坚韧，无花瓣，树干通直，多长在溪水山洞旁，现在多用于湖岸和矿区绿化；槭树树姿优美，色彩多样，轻盈美丽，多做庇荫树、行道树和园林树。

③ Emanuel J. Mickel, Jr., "Marie de France's Use of Irony as a Stylistic and Narrative Device." *Studies in Philology* 3 (1974): 265–290, p. 270.

不禁感叹道："天啦！命运是多么残忍/甚至没有人知道/这两个女孩的过去/ 她们是姐妹！"（第 346—9 行）事实上，当"白蜡树"知道咖荣要娶另外一位女子为妻的时候，"她从不给脸色看/但甜蜜而耐心地侍奉她的主人（咖荣）"（第 354—5 行），甚至把原来包裹自己的丝绸铺在国王的婚床上，"她这样做是为了让这对夫妻（感到）荣耀"（第 406 行）。"白蜡树"面对被抛弃的厄运所表现出的非同寻常的耐心在乔叟的《学士的故事》中的格里泽尔达的身上同样得到完美体现。这种耐心最终使她们获得两性博弈的胜利。婚礼当天，"白蜡树"的母亲来了：

> 她本人害怕那个年轻女子，
> 他们说她占据着国王的心；
> 若可能，她肯定要在他和她之间
> 搬弄是非，挑拨离间。
> 他们会抛弃她，撵她出去，
> 她会拐弯抹角说服女婿
> 把她嫁给某个绅士，
> 那时他就离开了她。她计划如此。（第 366—73 行）

可以看出，"白蜡树"母亲的"恶"和"白蜡树"的"善"之间形成鲜明对比，她母亲企图实现的计谋是再次剥夺她获取个人身份和社会地位的机会。在这种不知情的情况下，母亲第二次扮演着压制和驱逐女儿的角色。里奇指出，母亲为女儿能做的事情就是说明和扩大现实中的各种可能性，并亲身力行，而女儿从母亲身上需要的东西是信任和温柔情感。① 实际上，"白蜡树"的母亲驱逐"白蜡树"的做法不失是为女儿"槭树"争取幸福和地位的母性行为。隐除"白蜡树"的过程既显示了女性之间相互漠视的关系，又展现了前俄狄浦斯母女关系中的原初认同感，因为"白蜡树"的母亲的排他性思维方式旨在使女儿"槭树"进入男性占据主导地位的权力中心，是母亲语言和欲望的表征。她一直在维护男权社会强加在女性身上的话语束缚，企图通过国王这个男权社会的代表人物进一步实现她排斥"白蜡树"的计划。于女儿"槭树"而言，

---

① Adrienne Rich, *Of Woman Born: Motherhood as Experience and Institution*. New York and London: W. W. Norton & Company, 1976. p. 247.

母亲正是通过这种行为把女性实现自我价值的可能性进一步扩大化。

当母亲带领"槭树"进入婚房的时候,她发现了铺在床上的丝绸,便命管家叫来"白蜡树"询问丝绸的来历。我们可以发现,在长达 518 行的《白蜡树》这首籁歌中,"白蜡树"在文本叙述中一直处于沉默、无语的状态之中,直到母亲询问丝绸的来历,她只讲了一句话:

> 我姑母是修女院院长——我是她的侄女——
> 她抚养了我,把这个给我
> 让我千万细心保留它。
> 她把送我到修女院的人送的这个和金戒指
> 还给了我,我是弃婴。(第 436—41 行)

母亲在仔细看过丝绸和戒指之后确信"白蜡树"就是自己的亲生女儿,"你是我的女儿,漂亮的朋友(belle amie)"(第 451 行)。我们知道一般恋人之间才会用 belle amie 以示亲密关系,此处显示出母亲对前俄狄浦斯母女关系的认同。出于"痛苦和怜悯"(第 452 行),这位母亲昏厥在地,不省人事。她的昏厥是母女关系在多年空白后重建时出现的弥合性障碍。这种失语状态是母亲处于狂喜和悲恸两极情感之间的极端表现。母女认同和母女纽带的恢复完成了她对自我完整性的建立,也是对抹杀母女历史社会话语的无力反抗,恢复了女性之间的主体关系,填补了文化中母女关系的缺失,从而建立起一个女性谱系。此刻,女儿多年无声、沉默的状态在母亲的身上再次上演,这种失语状态恰恰再现了"白蜡树"在现实生活中的不可见性。克里斯蒂娃指出,在保持母女关系的连续性的时候,女儿实际上把母性的同性恋的一面变成了现实,通过它,女性靠近自己的本能性记忆,接近她的精神状态,否定了社会与象征秩序之间的关系。① "白蜡树"和母亲的相认还原了女性之间的亲密关系。

母女关系的修复和"白蜡树"身世揭秘的过程得益于丈夫送给妻子的丝绸和戒指。有学者认为"白蜡树"继承了父亲遗留给她的礼貌举止

---

① Julia Kristeva, *Desire in Language—A Semiotic Approach to Literature*. Ed. Leon S. Roudiez. Trans. Thomas Gora, Alice Jardine and Leon S. Roudiez. New York: Columbia University Press, 1980. p. 239.

和慷慨，① 但这些信物的存在其实说明在中世纪男权社会中，母女关系的持续与否在很大程度上依赖于以父亲占据主导地位的社会话语，她们传递的是男权社会的价值观。从某种程度上来说，这位无名母亲是一位男权社会母亲，参与内化、实践和附和男权社会价值观，操纵着整个事态的发展。她身上的双重性一方面体现在维护女儿"槭树"的利益，一方面又以向丈夫隐瞒遗弃"白蜡树"的事实挑战、颠覆男权社会话语。这种人格分裂也是她认出"白蜡树"的时候昏厥的一个重要原因。她从昏厥状态中清醒后所做的第一件事情就是叫来丈夫，交代了隐瞒丈夫而遗弃"白蜡树"这一秘密事件，祈求丈夫的谅解：

> 她双膝跪地，紧抱他的膝盖，
> 一边亲吻，一边请求，
> 为自己的罪恶祈求原谅。（第 458—60 行）

她这种做法既让她逃脱了邻居妻子因为生育双胞胎被囚禁的厄运，又在得到丈夫认可的前提下恢复了母女关系。丈夫在听完讲述后不仅原谅了妻子，还对女儿说道："女儿，到我这里来"（第 491 行），"女儿心中非常高兴。"（第 492 行）父亲对"白蜡树"的召唤和"白蜡树"的"高兴"是女儿进入以父亲为代表的象征秩序的开始。与父亲的认同使她摈弃了母亲具备的被动性和缺乏自主性特点。父亲给国王和主持婚礼的大主教讲了事情的原委，他们决定让咖荣迎娶"白蜡树"，父亲还"让她成为半个遗产继承人"（第 509 行）。"白蜡树"在身世之谜解开瞬间成功地获得了家庭、婚姻、财富、地位和身份，进入以父亲、国王、大主教等男性占据主导位置的象征秩序，既恢复了女儿身份，又获得合法的妻子身份。这再次证明"成为父亲的女儿"才是女儿得以进入象征秩序的有效途径。

在这个母女疏离的故事中，"白蜡树"扮演着救赎者的角色，从深层次上看，这对母女的分离是中世纪强有力的文化象征，母亲生育她的时候自认是有罪的人，通过遗弃她而把证明自己对婚姻不忠的客体对象

---

① Anne Laskaya and Eve Salisbury, 'Lay le Freine: An Introduction', in *The Middle English Breton Lays*. Kalamazoo: Medieval Institute Publications, 1995. < http://www.lib.rochester.edu/camelot/teams//freiint.htm >. May 5, 2012.

"白蜡树"祛除。但在母女相认的瞬间,母亲的昏厥行为说明她一直因为遗弃女儿而承受着母女分离这一悲剧结果的拷问。"白蜡树"的母亲与"白蜡树"的分离与希腊神话中德墨忒耳和女儿普西芬尼分离的故事似乎如出一辙:母女团聚才会赋予对方以生命和意义。母女分离最根本的原因是男权社会和男性上帝之间建立了一种排斥女性的关系,而这种排斥逻辑把母亲生育双胞胎或多胞胎和对婚姻的忠贞度联系起来,进一步表明中世纪文化把女性看作是身体或肉体的代表,其必然是低贱的存在。在 12 世纪骑士文学《艾米斯和艾米伦》中,艾米斯在异象中感觉到上帝的旨意,在妻子不知情的情况下杀死两个儿子,用儿子的鲜血治疗朋友艾米伦的麻风病。他的妻子听到这个消息的时候,"高兴地晕倒过去","并伸手感谢上帝",不断安慰丈夫,为康复的艾米伦高兴。回家后,出乎他们的意料,孩子复活,在阳光下玩耍。阳光是基督的象征,而母亲同意杀子的故事并不多见。这位母亲同意杀子是对中世纪人圣徒情结的一种有力阐释,放弃母亲角色就是对上帝的顺服。在《白蜡树》中,其实"白蜡树"的女儿身份并不是影响母女关系的主要因素,真正的原因是中世纪文化中的身体理论对女性存在文化偏见,而她的存在把这种偏见给外化出来。如果说《艾米斯和艾米伦》讲述了由男性主导、女性间接参与的救赎性祭祀,那么,《白蜡树》同样是一个救赎故事,通过母亲放逐女儿—女儿隐姓埋名(象征意义上的杀戮)—母女相认这样一个过程,母亲的女仆把"白蜡树"送到修女院,修女院看门人发现她,修女院院长收养了她。这些过程表明"白蜡树"就是教会的祭祀品。相应地,"白蜡树"成为基督教教义和文化偏见的牺牲品,其后隐含着男权社会对女性的偏见以及女性对这种价值观的内化和逃避现实的过程。

"白蜡树"的母亲是在丈夫不知情的情况下送走女儿的,甚至想杀死女儿,她的做法表面上看似乎具有神圣感,她把女儿放在了基督教的祭坛上,以显示她对婚姻的忠贞。"白蜡树"在修女院的生活实际上是一种掩盖母亲不忠于婚姻的方式,多年后与母亲的相认实际上是把母亲从当年有可能被丈夫、被公众惩罚的厄运中解救出来。"白蜡树"如同《艾米斯和艾米伦》中的两个孩子一样最终"复活",这得益于教会的抚养。虽然"白蜡树"和母亲的分离是象征意义上的祭祀,但是母女的团聚重新恢复了她们的生命力,祛除了"白蜡树"的无名状态。在这一点上来说，故事又具有希腊神话的结构和主题意义。

二　"安慰母亲"：超自然力量和母亲身份

《尧奈克》的故事场景设在英国杜埃纳斯河畔的凯尔文特市。一位富有而年事已高的男性拥有大片领地，他决定娶妻生子来继承他的家产。他最后娶了一位出身于贵族家庭的少女，她"智慧、优雅而非常漂亮"（第22行）。由于她美丽高贵，他担心她会背叛他。出于嫉妒，他把她单独关在城堡中的单间屋子中，派年老守寡的姐姐专门看管，不允许和他人接触交流。这位丈夫结婚的目的是让她"生育孩子，生育继承人"（第19行）。七年之后，"他们仍然没有（生育）继承人"（第37行）。其实，在中世纪这种老夫少妻的家庭模式并不在少数，这种情况下女性似乎很难生育子嗣。这位无名少女在悲伤和叹息中花容尽失，甚至期盼以死亡结束生命。她幻想着自己能像其他女性一样有和骑士之间的浪漫爱情。恰在此时，一只鹰从窗口飞进她的屋子，摇身变成英俊而高贵的骑士，这位骑士坦白他已爱她很久。玛丽在故事的开头交代他叫穆尔杜玛埃克（Muldumarec）。穆尔杜玛埃克指出，他们的爱情要是被发现，他就会面临死亡的威胁。爱情使这位女性恢复了美貌，她更喜欢独守空房而等待骑士的到来。这引起丈夫的疑心，就派姐姐暗中监视，遂知道了事情的真相。这位丈夫派人做了铁钉和倒钩，安置在穆尔杜玛埃克要飞进来的窗口。穆尔杜玛埃克飞进窗口时受伤，但他预言这位无名女子怀有他的孩子，并为其取名"尧奈克"（Yonec）①。他拖着受伤的身体离开，她尾随他到了他的王国。穆尔杜玛埃克交给她一枚魔戒和一把利剑。魔戒可以使她的丈夫忘记她和穆尔杜玛埃克之间的恋情。儿子尧奈克长大成人后，母亲带他去参加一个宴会。正如穆尔杜玛埃克当初叮嘱的那样，她在修道院见到了他的墓冢，便把尧奈克的身世告诉了他，随即死在墓旁。尧奈克知道了自己的身世后用穆尔杜玛埃克留给他的利剑砍掉继父的头，替父母

---

①　根据词源学的研究，"Yonec"意为"能够给人以安慰的人"。Urban T. Holmes，"Old French 'Yonec'." *Modern Philology* 2（1931）：225 - 9. 原文为：

De lui est enceinte d'enfant，（By him her pregnancy began）

un fil avra preu et vaillant.（she will bear his strong and valiant son.）

Icil la reconfortera；（This child will comfort her.）

Yonec numer le fera.（Yonec was his name）

报仇，并被拥立为王。

据考证，这个故事有四种不同的手抄本。① 克罗斯经过对几种文本故事框架和母题的考证指出，《尧奈克》的故事来自凯尔特文化。② 也有学者认为这个故事的母题与俄罗斯和东方文学（比如印度的《铁扇王子》）在某些方面有些相似，故事中变形人的出现和爱尔兰神话故事《达的咖旅馆的毁灭》（*Togail Bruidne Daderga*）中《嫉妒的继母》有着相同的母题，说明玛丽从吟游诗人的弹唱中得知了这个故事，并纳入自己的作品之中。③ 事实上，情人以鸟的形象出现在中世纪民间传说中非常常见。在中世纪英国民谣《马尔伯爵的女儿》（*The Earl of Mar's Daughter*）中，马尔伯爵的女儿看到树上有只可爱的鸟，便承诺给它做纯金的鸟笼。这只鸟在晚上变为英俊的王子。其实，这是由会变魔法的王子母亲所为，目的是吸引这位美丽的女子。马尔伯爵的女儿和这位王子生育的七个儿子都被他带给会魔法的母亲。马尔伯爵见女儿拒绝求婚者，发誓要杀死这只鸟，随后，这位王子让母亲把他变为鹰，把他的儿子们变为天鹅，其他大臣也变形为鸟，在婚礼上夺走了新娘。"半鸟半人"这一形象的出现在当时的传统文化中并不奇怪，它同样也出现在意大利和瑞典等民间故事中。在《尧奈克》中，这位年轻的无名女子苦于囚禁生活而痛苦不已，她对浪漫爱情的渴望在瞬间变为真实。虽然籁歌在一定程度上夸张地描述男女恋情，但在这个故事中，玛丽有意识地突出"上帝"在这位无名女性实现愿望过程中的作用：

> 那个爱嫉妒的老头，他怕什么，
> 把我关在这个城堡？
> 他是个傻子，愚蠢，总提心吊胆
> 不知如何，不知何时，我会背叛他。
> 我甚至不能去教堂
> 听弥撒，为上帝服务干活。
> 若我能和人说话，

---

① Urban T. Holmes, "Old French 'Yonec'. " *Modern Philology* 2 (1931): 225 – 9.

② Tom Peete Cross, "The Celtic Origin of the *Lay of Yonec*. " *Studies in Philology* 11 (1913): 26 – 60. p. 53

③ Oliver M. Johnson, "Sources of the *Lay of Yonec*. " *PMLA* 2 (1905): 322 – 38.

出去享受平静欢乐的生活,

即使我心情不佳,

我也会对他温存有加。(第71—80行)

可以看出,她是一个虔诚的基督徒。在抱怨之后,这位痛苦的女性想起英俊勇敢的骑士和美丽高贵的女子之间的浪漫故事,渴望自己也拥有这样的爱情,遂乞求道:"上帝,全知全能的上帝,/请您倾听,请您回应我的呼求。"(第103—4行)这是孤独无助的女性在男性设立的困境中对个人命运进行改变的一种幻想。在这种幻想之中,她表达了对完美爱情的追求和对个人悲惨际遇的乌托邦逃离。她的这种幻想类似于籁歌《兰瓦尔骑士》中的情节:失意的人通过幻想和梦境的方式和某个神秘的力量相遇,这个神秘的力量能够帮助失意的人摆脱困境。当她自言自语的时候,一只鹰从窗口飞入,变成"英俊、文雅而彬彬有礼"的骑士(第115行),他就是穆尔杜玛埃克。他坦白已深爱她很久,只要她"祈祷"(第133行),他随时就会出现在她面前,"她告诉他如果他皈依上帝,/她会使他成为她的恋人,/这才可以使他们的爱情成为可能"(第138—40行)。显然,在她祈祷的瞬间,幻想变为现实。这彰显的事实是宗教情感虔诚和人们在意念上对上帝的依赖。他们在困境中的虔诚和祈祷可以使愿望变为现实,由此证明上帝的全知全能。这个细节同时说明,困境中的基督徒对自我的认识依赖于上帝。这也是这位女性后来能够具备母亲身份的前提和必要条件。她要求穆尔杜玛埃克相信上帝,鲍娜·克利福德认为这是异教和基督教超自然力量的融合。[1]

在故事中,骑士承认自己相信上帝,认为上帝是"每一个罪人的光和生命"(第154行)。他劝说她佯装有病:"说你突然病了,你要圣餐饼,/这是上帝在世界上建立的,/这样有罪者才可以治愈,/我会变成你的样子和脸,/在你的地方接受基督的身体。"(第158—62行)牧师来的时候随身携带圣餐饼,骑士替她吃了圣餐,并从圣餐杯中喝了酒。骑士从鹰变为骑士,又从骑士变为这位女性的样子接受圣餐。从骑士的变形方式("鹰→男性→女性→男性→鹰"的过程)来看,这个故事既打

---

[1]　Paula Clifford, *Marie de France: Lais*. London: Grant & Cutler Ltd., 1982. p. 62.

破了人与动物之间的等级划分，又模糊了男性与女性之间的区别，更凸显了故事的超自然色彩。可以看出，骑士在和这位女性相爱之前已皈依基督教，这种皈依说明他们严格遵从基督教的婚姻理念。当她口念祈祷词的时候，这位骑士便如约而至。从骑士的出现到他们确定恋人关系，这个故事的发展模式既有童话故事的成分，又含有很强的基督教色彩：骑士从一只优雅的鹰变为骑士对这位贵妇人说话的时候，同《圣经》中的天使加百列向圣母报喜时的情景非常相似。圣母玛利亚就圣灵怀孕，巧合的是穆尔杜玛埃克的出现是上帝听到这位贵妇人祈祷而显灵的表现。在《圣经》故事中，向玛利亚报喜的信使加百列在艺术的再现中通常是一位有着双翼的男性天使，他是上帝的代言人，是"人"与"鸟"的混合体，而"三位一体"中的圣灵在艺术中一般以鸽子的形象再现。在某些艺术作品的再现中，基督拥有双翼，表明他来自天国。这似乎说明穆尔杜玛埃克就是基督在现实世界中的化身。在这位女性祈祷的瞬间，上帝就派来"鸟"与"人"的结合体——骑士穆尔杜玛埃克来完成她的夙愿，具有很强的宗教色彩。苏珊·约翰逊指出，穆尔杜玛埃克是上帝和天使的代表，他回应这位女性的祈祷，她的丈夫是黑暗、邪恶、地狱的代表，尧奈克复仇显然是上帝的旨意所在，正义最后得到伸张。① 米歇尔·弗里曼认为玛丽的构思塑造了三位"玛丽"：基督教原型人物玛利亚，故事的无名女主人公和诗人玛丽，而玛丽和这位无名女性都是讲故事的人。② 当然，这位无名女性并非是真正意义上的"童贞女母亲"圣母玛利亚。从她痛哭抱怨→幻想→祈祷→鹰的出现→鹰变为骑士→骑士皈依基督教→相爱→怀孕→骑士受伤这一系列环节中可以看出，这则故事是对圣母玛利亚受孕故事的粗略模仿。但是，作为由吟游诗人拿着竖琴四处吟唱的籁歌，且听众多为上流社会的法国贵族，它自然倾向于表现骑士文学的特点，强调典雅爱情的浪漫和非现实主义色彩。因此，这个故事情节的设定是骑士文学、听众品味、基督教话语和凯尔特文化共同催生的产物。

骑士穆尔杜玛埃克知道他们的恋情已被发现，就安慰这位无名女性：

---

① Susan M. Johnson, "Christian Allusion and Divine Justice in *Yonec*," in *In Quest of Marie de France: a Twelfth-Century Poet*, pp. 161 - 74.

② Michelle A. Freeman, "The Changing Figure of the Male: The Revenge of the Female Storyteller", in *In Quest of Marie de France: a Twelfth - Century Poet*, p. 250.

　　这不值得她伤心痛苦,

　　她已身怀他的儿子。

　　这个孩子能安慰她。

　　他的名字叫尧奈克。

　　总有一天他会复仇

　　杀死他和她的仇敌。(第 326—31 行)

　　可以看出,穆尔杜玛埃克不仅具有预言能力,而且说明儿子的出生就是以安慰者和复仇者的形象出现。在穆尔杜玛埃克出现之前,这位女性所处的囚禁空间是中世纪女性无声、没有人身自由和个人权力的典型表现,而丈夫娶她只是为了生育继承人。她被看作是男权社会得以延续的中介工具和男性的个人财产,并不具备女性的主体地位。关于男性与儿子之间的关系,里奇指出:"如果他想'知道'他的孩子,他必须控制生育过程,这意味着他必须占有他们的母亲。'合法'问题甚至可能比传递血缘的欲望更深刻。"① 在这则故事中,这位女性被丈夫看作是生育男性继承人的工具,她的"不孕"是对这种男性价值观的隐性对抗。她祈祷时穆尔杜玛埃克的出现和她后来的怀孕说明当女性具备主体身份的时候才有可能成为母亲,这种母性角色的实现依赖于女性对自身境遇和自我欲望的清醒认识。无名女性的丈夫捕鹰进行报复,受伤的穆尔杜玛埃克期待儿子尧奈克替他复仇,穆尔杜玛埃克送给她戒指和剑,这三件事情表明男性对于子嗣的合法性、父亲权力和精神的继承和发扬、女性母亲身份所持的心理期待。这位无名女性的母亲身份不仅来自个人的母性经历,更是体制化母性与超自然力量对话的产物,而儿子正如骑士穆尔杜玛埃克预言的那样,会给她以精神安慰,这是对母子关系同一性的确立。

　　为了追随受伤的骑士穆尔杜玛埃克,这位女子跳下 20 英尺高的窗户,浑身赤裸,竟然奇迹般地安然无恙(第 341 行),顺着血迹寻找他。来到一座山前,有一山口可以进入,她看到四处的血迹,在里面,"她看不到一丝光亮"(第 353 行),"美丽的草地蔓延开来,/绿草中浸着鲜

---

　　① Adrienne Rich, *Of Woman Born: Motherhood as Experience and Institution*. New York and London: W. W. Norton & Company, 1976. p. 119.

血"（第 356—7 行）。她看到附近有一座城市，"四周被围墙包围。／房屋、城堡和大厅都是银色"（第 362—4 行），"城市边上是沼泽地，／城堡旁是茂密的森林和整齐的篱笆"（第 365—6 行），城市的另外一头是"宽阔的河流，船可以停泊"（第 368—9 行）。克罗斯认为这位女性亲眼目睹的地方是典型的凯尔特文化中的他界，而凡人寻找某人或某物也是爱尔兰文学中常见的题材类型。① 他的血滴是超自然的象征。② 事实上，凯尔特文化中的"他界"概念接近地中海地区"地下世界"这一概念。它是死人的世界，但更是神灵、仙女和精灵的住地。从凯尔特文化遗留的材料中可以看出，人们相信人死后生命可以延续。通常情况下，文学和民间传说把他界看作是位于西海中的乐土，古希腊−罗马地理学家认为威尔士西海岸的安格尔西岛就是凯尔特人的祭司德鲁伊特居住的圣地。拜占庭学者指出古代高卢人认为死者之乡位于英国的西部，欧洲大陆的凯尔特神话认为亡魂会离开躯体，乘坐渔夫准备的幽灵船越过英吉利海峡到达英国。早期爱尔兰和威尔士文学传统把这种观念进行了拓宽，灵魂转世的观念使人们相信人可以变形，快乐的来世和现世生命同时发生。其实，他界的具体位置无法具体确定，它可能在遥远的孤岛之上，可能在茫茫的大海之下，冒险者有可能因进入某个山口或神灵的住地而进入他界。爱尔兰和威尔士文化中的他界如同仙境，有美味佳肴、莺歌燕舞和绝代佳人，他界的统治者通常贤达、慷慨而热爱和平，那里充满和谐。当然，不是所有去过他界的冒险者都会取得满意的收获。③

这位无名女性去他界之时裸露着有孕的身体，这象征着她有意脱离以丈夫为代表的现实世界对女性—母亲的桎梏和羁绊。她以这种极端的方式祛除施加在她身上的猜忌和怀疑，凸显她的母亲身份，寻找母亲—妻子角色的最佳融合点。这不仅是一种巧妙的逃离，更是一种有效的抵

---

① Tom Peete Cross, "The Celtic Origin of the Lay of Yonec." *Studies in Philology* 11 (1913): 26 - 60. p. 53.

② Hannah Priest, "Marie de France's *Yonec*: Sex, Blood and Shapeshifting in a Twelfth Century Verse", paper given at the First Global Conference: Magic and the Supernatural, p. 6, < http: // www. medievalists. net/2011/03/24/marie-de-france% e2% 80% 99s-yonec-sex-blood-and-shapeshifting-in-a-twelfth-century-verse/ > . Sept. 30, 2011. 受贝纳姆的启发，普利斯特认为这位骑士身上的血接近基督的血，他扮演多重角色：鹰，骑士，神圣的救世主和秘密恋人，身份很难确定。

③ James Mackillop, "Otherworld", in *A Dictionary of Celtic Mythology*. Oxford: Oxford University Press, 2004. p. 21, p. 205, p. 270, pp. 322 - 3, p. 346, pp. 359 - 60. "Celtic Otherworld", < http: //en. wikipedia. org / wiki/Celtic_Otherworld > . Sept. 20, 2011.

制和对抗。我们知道,在中世纪文化中,女性总是和身体联系在一起。她追寻骑士的历程是对女性愉悦的表征,彻底摆脱了象征秩序对女性身体的压制。这个细节进而说明玛丽善于超越特定文化的限定,细致地展示男女之间的爱情关系,以这种方式表明女性的母亲身份是建立在男女双方相爱的基础之上,任何强制行为只会导致女性生命力的枯竭。在玛丽的笔下,爱情是双方共同付出的情感的表现。约翰·弗里指出:"在男女的爱情中,和谐、平衡和比例平衡几乎编织在艺术结构的各个部分之中。"① 但从另外一个角度看,她的身体和突出的腹部恰恰承载着穆尔杜玛埃克的男性梦想。

这位无名女性继续顺着血迹寻找,发现了受伤的骑士穆尔杜玛埃克,"他的床是纯金做的"(第 387 行),"价值整个城的宝物"(第 392 行)。她看到穆尔杜玛埃克的时候晕厥了过去。穆尔杜玛埃克让她回到丈夫身边,而她祈求留下来,因为她相信回去丈夫"会杀了我"(第 413 行)。穆尔杜玛埃克赠给她一枚可以让她丈夫忘记一切的魔戒,并送给她一把利剑,这位女性离开时身着他赠送的华服。显然,她和并未出生的儿子一起经历了生命的再生。在这种与超自然力量相遇、结合、分离、再次相遇、再次分离的过程之中,她的母亲身份被赋予了神秘色彩,而她回到现实世界时携带的魔戒、剑、华服都是身处他界的骑士赋予她以使命的过程。她要把儿子抚养成人,把剑交给他,完成复仇的使命:

> 他把利剑委托给她
> 严肃命令她
> 不准把它送给他人
> 必须为他的儿子保留。(第 421—4 行)
> ……
> 然后她必须把剑给他,
> 一字一句地告诉他,
> 他出生的故事,他父亲的名字。
> 他们会看到他怎么做。
> 说完这些话,

---

① John A. Fery, "Linguistic and Psychological Couplings in *The Lays of Marie de France*." *Studies in Philology* 1 (1964): 3 –18. p. 6.

　　　　他赠给她一件华贵的真丝长袍，

　　　　他让她穿上，

　　　　送她离开那里。（第433—40行）

　　这位母亲在这次冒险之旅中不仅有效地免除了在现实世界中有可能要遭受的惩罚之苦，更为自己的母亲身份找到可以依赖的保证。这充满了魔幻色彩和反现实倾向，说明她的母亲身份是某种超自然力量协助而成的。里奇指出，父亲通常把孩子看作是自己力量的象征，孩子是遗产的未来继承人，他们能够保证父亲的精神得以传承，而男性需要孩子，尤其是儿子，加强他在世界上的位置。① 这位女性所承担的责任就是传承穆尔杜玛埃克赋予儿子的力量，并使他作为国王的地位得到巩固。在故事的最后，当儿子杀死继父而被拥立为王的时候，父亲的力量得到进一步彰显。这个故事就像《籁歌》中的其他故事一样具有典雅爱情故事的特点和童话故事的框架，充满魔幻色彩和幻想成分。埃里克·奥尔巴克指出："宫廷骑士文学既不是由现实造就，也不是艺术使然，而是逃入寓言故事和童话故事之中。从开始到文化的全盛时期，统治阶级就采用了覆盖其真正功能的思想信仰和理想。它继续用历史范畴以外的词语来描述生活，追求没有任何实际目的而绝对化的审美维度。"② 《尧奈克》就具备这样的审美维度。

　　克罗斯指出，寻人或寻物的故事模式同样发生在爱尔兰神话故事之中。在爱尔兰神话故事《丹努之子》（Tuatha De Danann）中，他界的佛茉莉人（Fomorians）③ 的国王戴尔巴斯的儿子爱罗萨（Elotha）乘船从海上神秘而来，心仪的女子怀孕之后，他送给她一枚戒指，预言她要生育一个出色的儿子，并起名为艾奥柴德·布雷斯（Eochaid Bress）。爱尔兰神话故事《独子之死》（Aidead Ainfir Aife）中，英雄库楚林恩（Cuchulainn）去了他界，赢得神秘女战士艾弗（Aife）的芳心，回去之前预言她要生一个儿子，并送了她一枚戒指，让儿子长大后去爱尔兰找他。

---

　　① Ibid. p. 6.

　　② Erich Auerbath, *Mimesis*: *The Representation of Reality in Western Culture*. Trans. Willard R. Trask. Princeton: Princeton University Press, 1953. p. 138.

　　③ 在爱尔兰神话中，Fomorians 意为"住在海下的人"，据说他们长着羊头人身，或一只眼、一只胳膊和一条腿，有点像希腊神话中的大力神，是自然和混沌世界的象征，丹努人是人类文明的象征。

不料,在父子之战中,儿子不知道库楚林恩是亲生父亲,被库楚林恩杀死。在 13 世纪的籁歌《都恩骑士》(*Doon*)中,都恩历尽考验终于赢得爱丁堡一位貌若天仙的女继承人的芳心,结婚四天后,他准备返回法国,告诉她她已身怀有孕。他送给她一枚戒指,他们的儿子长大之后,父子通过这枚戒指相认,全家团聚。这些故事的共同点在于父亲送给母亲一个信物,比如戒指或剑,儿子长大成人后通过这些信物在某个特殊场合与父亲相认,这个寻找父亲的过程母亲有可能相伴。

《尧奈克》在这方面的叙事模式和这些故事大同小异。这位无名女性同样拿到了魔戒和神剑,不同的是魔戒可以让她的丈夫忘记她的越界行为,维持一种和谐和平衡的伙伴关系,而利剑是用来复仇的工具。魔戒是对母亲身份的保护,利剑是对母亲尊严的维护。正如法国女性主义者伊里加蕾所说的那样,从象征意义上来看,"'母亲'可以体现在圆圈、环形、球体、包围圈和封闭的东西中,在那里,自诞生起,生命就一直处在其中"[①]。圆形的戒指是母亲的象征,而母亲是孕育和哺育力量的代表,它显示了神圣母亲的超人力量,女性作为生命之源被赋予了最高价值,而戒指同样意味着母亲对孩子的责任、关爱和呵护。在其他骑士故事或神话故事中,父子通过戒指相认,确切地表达了戒指所包含的"和谐"之意。在《尧奈克》中,戒指用来掩饰有悖于中世纪母性体制和婚姻体制的越界行为,维持一种有助于抚养儿子成长的和谐关系,从而使这位女性的母亲身份以变相的方式处于合法地位。这种叙述方式看起来非常理想化,说明女性对自身愉悦的追求可以借助超自然力量得到实现。这从一个侧面表明中世纪母性意识对普通女性的极端压抑,她们的摆脱方式竟然是依赖外界超自然力量或幻想的力量完成。这种越界行为是童话叙事的深度衍生,但她的母亲身份同样依赖于男性的预言和保护。我们不能说这是诗人玛丽无法摆脱当时的意识形态而作,恰恰相反,这种模式印证了中世纪时期女性—母亲的困境和她们所作的突围。从心理上来说,这首籁歌是处于男权社会压制下的女性(这里包括诗人玛丽和故事中的无名女性)的乌托邦幻想的产物。

这位无名女性的使命在于抚养儿子成人,在适当的时候把利剑交给儿子尧奈克。儿子成人之后,他们一家三口去参加一个节日的时候在修

---

① Luce Irigaray, *Speculum of the Other Woman*. Trans. Gillian C. Gill. New York: Cornell University Press, 1985. p. 340.

道院发现了一个墓冢。询问之下方知是这个王国国王的墓冢，众人都知道他因爱某个女性而死，他在等待那位女士为他而生的儿子。听到这里，这位女性不由得道出实情：

> 这位女性对着儿子大声哭喊道：
> "儿子"，她说，"你听见
> 上帝是怎样引领我们到这里吗？
> 这个墓里躺着你的父亲，
> 这个可恶的老头杀死了他。
> 我给你的这把剑是他的，
> 我一直为你保留着它。"（第525—31行）

她告诉儿子整个事情的来龙去脉后，就晕厥过去，随之，趴在骑士穆尔杜玛埃克的墓冢上离世而去。这个家庭的团圆方式不同于前面提到的神话或骑士文学中描述的团聚模式。从关怀经济学的角度来看，利剑在西方文化中是男性的力量的象征，代表着统治和毁灭的力量。显然，她保存、传递、延续的是骑士穆尔杜玛埃克的精神，儿子举剑杀死继父的瞬间是替母亲复仇的举动：

> 当她的儿子看到她死了，
> 他取下了继父的首级。
> 他用父亲的剑
> 为母亲的痛苦复仇。（第541—4行）

他们的儿子取名"尧奈克"的本意就是"安慰"的意思。尧奈克后来成为无人媲美的勇敢骑士，最终成为国王。母子关系给母亲带来原初认同感，他们之间建立起来的前俄狄浦斯情感依赖在母亲死亡的瞬间彻底断裂。他知道继父是导致母亲悲恸和死亡的罪魁祸首，杀死继父是祛除导致母性悲恸源头的有力尝试，是企图挽救母子纽带、回归母亲的举动。反过来看，这位母亲在修道院讲述她和骑士穆尔杜玛埃克之间的故事是重新定位母亲身份的做法，以此证明她的母亲角色是由一位高贵的骑士所赋予，因为穆尔杜玛埃克在众人眼里是"最好的骑士，/最强壮，最自豪,战斗中永远第一,/是受天底下所有人爱戴的/最英俊的,最被尊重的,最值得爱的(骑士)"(第513—6行)。这些人最终把这位"充满荣誉的女士"(第547行)放入穆尔杜玛埃克的墓冢合葬,然后拥立尧奈克为王。从某种程度上看,这位母亲扮演了穆尔杜玛埃克—尧奈克父子关系的中介人,因为穆尔杜玛埃克把儿子看作是自己力量的继承人。他留给儿子的遗产"剑"在劈杀尧奈克的继父的时候彰显了他的精神,而尧奈克成为国王再次延续、强化了父亲的统治地位。虽然这首籁歌以"尧奈克"的名字命名,但在文中始终未见其讲话,只在故事结束时告诉读者他替母亲复仇。默里指出,读者可以把这个故事看作是"有关尧奈克的血统和出生的故事,玛丽从开头就诗意地表明这首籁歌不仅是有关爱情的故事,还是有关'尧奈克被合法接受'为他父亲王国的统治者的故事"①。

　　虽然这位母亲一直在努力强调自己的母亲身份,但她的死亡说明虽然母亲是意义开始的符号,但体现了女性的无声地位:缺场、沉默、迷失和不可见性。她成为一个强有力的文化象征:既是占据主导地位的男性的生命本源,即国王尧奈克的母亲,又携带着中世纪政治和意识形态中性别建构的差异性。原文中写道:

> 她讲述事情的真相,
> 然后她完全晕厥在墓冢上。
> 在晕厥的时候,她撒手人寰;
> 她永远没有再和任何人说话。(第537—40行)

　　显然,她讲述真相的过程完成了骑士穆尔杜玛埃克委托的使命,她的死亡更象征性地说明母亲就是和死亡联系在一起的存在性符号。她的死亡和儿子被拥立为王之间形成鲜明的对比:处于优越位置的英雄人物或男性(这里指尧奈克)身后是存在为零的母亲;母亲既是生命的源

----

① K. Sarah-Jane Murray, "The Ring and the Sword: Reading Marie de France's Yonec in Light of the Vie de Saint Alexis." *Romance Quarterly* 1 (2006): 25 –42. p. 26 –7. 诺曼・劳尔・古德里奇认为尧奈克是亚瑟王的敌人尤里恩国王(King Urien)的非婚生子,尤里恩变成一只鸟去见这位被丈夫关闭起来的无名女性,生育了尧奈克,可能是尧奈克杀死了亚瑟最优秀的骑士兰斯洛,他在凯尔武特一道格拉斯称王,他的哥哥占据了兰斯洛的城堡。参见 Norma Lorre Goodrich, *King Arthur.* New York: Harper & Row, Publishers, 1986. p. 299.

头，又代表着生命周期后的终极死亡。

也许对诗人玛丽来说，这则充满魔幻色彩的故事传递的不过是人们对于爱情和自由的追求。有学者甚至认为她不过是把原材料进行了再整理、再加工，使它具备结构上的一致性和艺术美感，"原来的传说故事被转换为艺术作品，从心理上集中探讨爱情的复杂性"①。波拉·尼尔森认为故事中这位无名女性具有宗教热情，憎恨丈夫，渴望秘密恋情，所以才想象出一位具有超自然力量的恋人，是一种婚外恋。雅克·理查德认为这位被囚禁的女性代表着渴望爱情的人的灵魂。② 在这首籁歌中，当他们被监视的时候，故事的叙述者玛丽这样写道："天啦！他们（丈夫和看管人）是坏人！/她躺在那里等待着/他们（这位女性和骑士穆尔杜玛埃克）将被欺骗，是啊，被背叛！"（第 254—6 行）当这位女性的丈夫准备捕捉将要飞进房子的鹰的时候，玛丽写道："上帝啊！为什么他（穆尔杜玛埃克）不能知道这个恶人/准备好的背叛？"（第 295—6 行）。在故事的结尾，玛丽写道：

> 听说这个故事的人
> 最后把它写成有关
> 他们为了爱情而
> 遗憾、痛苦和伤心的籁歌。（第 551—54 行）

可见，玛丽赞同建立在爱情之上的婚姻关系和家庭结构的组成模式，字里行间流露出的批判和讽刺表明了她的道德立场。我们可以发现，穆尔杜玛埃克和无名女性的爱情故事充满超现实主义色彩，游离在传统的爱情故事框架之外。这里除了基督教文化和凯尔特文化元素之外，故事以非同寻常的叙述方式给这位无名女性赋予了承载男性社会理想的使命。在凸显她的女性困境和母性愉悦方面形成一种张力，与超自然力量的融合是处于被压抑位置的女性—母亲个人意识和自我身份得以实现的乌托邦幻想。当读者沉浸在对这位无名女性的爱情故事欣赏的过程中的时候，

---

① John A. Fery, "Linguistic and Psychological Couplings in *The Lays of Marie de France.* " *Studies in Philology* 1 (1964): 3 – 18. p. 17.

② Qtd. in Michelle A. Freeman, "The Changing Figure of the Male: The Revenge of the Female Storyteller," in *In Quest of Marie de France: a Twelfth-Century Poet*, p. 258.

"她使自己成为具有影响力的讲故事者，了解像她一样的女性的困境，并为此复仇"①。从这个层面上来说，无论是故事中的无名女性还是诗人玛丽，都通过这个故事对女性的性别角色和社会劳动分工做了一次尝试性调整。

在这则看似描写浪漫爱情故事的后面，还隐含着一种怀旧结构：男性（半人半鸟的骑士穆尔杜玛埃克）通过这位女性还原了他回归母亲的欲望，却最终导致自我毁灭，但恰是通过这位无名女性，他的个人精神为儿子所传承。半人半鸟（鹰）更进一步证明男性是世界力量的象征，其变形穿越了物种差异的界限，而他来自他界的事实表明男权社会仍然以这种阴魂不散的方式再生产、再延续男性的辉煌史，其有效途径是通过让女性生育男性继承人成为现实。这种男性占据主导地位的历史呈循环态势，过去拒绝被忘记，保持着对现在和未来的持续影响。这位无名女性自然成为一个典型的象征符号：处于被压抑状态下的女性借助基督教的力量企图追求女性自身的自主性，实现个人社会角色的最大化，最终不可避免地沦为体制化母性的牺牲品。她起初从现实世界中逃避的禁锢（即离开丈夫）从一种显性状态转变为隐性的存在（即她为穆尔杜玛埃克生育儿子）。尧奈克杀死继父的过程就是这种隐性力量再次转换为显性力量的表现，而母亲最终却在这个过程中是缺场、无意义和失语的存在。身在墓冢中的无名母亲再次验证母亲被屏蔽的悲剧，她的命运和《白蜡树》或《米伦》中的母亲不同。这两首籁歌中的母亲受制于中世纪带有偏见的育婴理论和宗教偏见，而《尧奈克》中这位母亲最终不过是中世纪男权文化中父—子纽带中的中介人，起的是过渡作用。

《尧奈克》中的无名女性和骑士穆尔杜玛埃克的结合以及其特殊的母亲身份再次证明了凯尔特文化对神话和超自然力量的信奉。根据玛丽的叙述，尧奈克成为无人媲美的英勇骑士，最终又成为国王，他充满传奇色彩的身世为他的身份披上一层神秘的色彩。克罗斯指出，早期的凯尔特文学传统中充满了他界女性或仙女在现实世界中寻找意中人的故事。在凯尔特文学中，女性大多是主动而勇敢的追求者。她们可能已经预先看中现实世界中的意中人，而在日耳曼传统中，女性通常会变为天鹅出现在现实世界意中人的面前，这种典型的日耳曼传统12世纪之前已经出

---

① Michelle A. Freeman, "The Changing Figure of the Male: The Revenge of the Female Storyteller", in *In Quest of Marie de France: a Twelfth-Century Poet*, p. 252.

现在凯尔特通俗文学之中。另外一个类型是凯尔特的仙女—公主逐渐演变为宫廷爱情故事中的主要人物，女性大多以动物的样子出现，且人与动物联姻并不为奇。这些例子表明人们相信来自仙界或他界的人会带来好运，并能送给人们期待的礼物。这种故事的灵魂是凯尔特文化，法国文学不过对其进行了包装而已。① 马修·博伊德认为《尧奈克》在歌颂典雅爱情和基督教精神。② 有趣的是，我们发现在玛丽的《尧奈克》中，来自他界的来访者是半人半鸟的骑士，并非克罗斯提到的他界的来者为美丽动人的女性。这是不是玛丽的写作政治呢？艾娃·罗森认为，玛丽反对现实主义，幻想可以为她创作讲话的空间。在"他界"这样的背景下，玛丽可以坦然地谈论性别角色，在想象中解决矛盾，通过这种方式，她以女性诗人的身份说话。③

小　结

虽然玛丽的作者身份受到质疑，但从这两个故事的细读中我们发现，玛丽的诗歌创作不仅受到法国骑士文学的影响，还是凯尔特文化和基督教文化综合影响下的产物。《白蜡树》中母女纽带的断裂和母女谱系的重建是基督教观念影响下的婚姻观、贞节观、育婴理论的再现，更是中世纪母亲面对个人荣誉、身份、地位受到挑战时所做的无奈选择。从某种程度上说，基督教和男权社会对 12 世纪的母性再现产生一定的影响，而已内化这种价值观的女性成为这种体制的牺牲品、试验品和实践者，其荒谬性映照出中世纪母亲所处的历史—文化困境。

在《尧奈克》中，半人半鸟的骑士穆尔杜玛埃克和现实世界无名女子之间的故事赋予她的母亲身份以神秘色彩，在魔幻和离奇的故事情节中，我们看到玛丽对凯尔特文化精髓的继承。在故事的讲述中，她使人的世界（故事中无名女性的现实世界）和超自然力量（半人半鸟的骑士

---

① Tom Peete Cross, "The Celtic Origin of the Lays of *Lanval* and *Graelent*." *Modern Philology* 10 (1915): 585 – 644.

② Matthieu Boyd, "The Ring, the Sword, the Fancy Dress and the Posthumous Child: Background to the Heroic Biography in Marie de France's Yonec." *Romance Quarterly* 3 (2008): 205 – 230. p. 206.

③ Eva Rosenn, "The Sexual and Textual Politics of Marie's Poetics", in *In Quest of Marie de France: a Twelfth-Century Poet*, pp. 234 – 5.

代表的世界)之间的界限彻底消融。当然,这中间也显示出早期人类普遍的思维逻辑,即,"在文化的融合中,万物有灵论或图腾崇拜使人们相信人与动物的结合显得自然、完美而容易接受"[1]。但有趣的是,这位遭遇边缘情境的无名母亲借助基督教的力量(祈祷,让骑士皈依)实现了母性角色,却同时落入基督教崇尚的母性神话之中。她身上既承载着凯尔特文化和神话故事对人与宇宙关系、人与动物关系的独特理解,又诠释了基督教影响下的中世纪母性的本质。

玛丽的《籁歌》中既有凯尔特文化元素,又背负着基督教的影响。对于那些背着竖琴四处吟唱的吟游诗人来说,面对高雅的法国贵族听众,他们所能做的选择也许是融合各种离奇的故事素材,以某种噱头,比如"双胞胎"或"半人半鸟"的骑士,来取得故事讲述的接受度,博得听众的喜欢,满足法国贵族的文化品位需求。在这些籁歌的背后,隐藏着中世纪人对母亲身份理解的多重维度。她们既可以是现实世界中诽谤他人的母亲(比如"白蜡树"的母亲),也可以是借助祈祷就能够获得母亲身份的贵族女性(比如尧奈克的母亲),或因为非婚生子而出生竭尽全力保护名声和贞洁的母亲(比如米伦的母亲)。

玛丽所处的时代是多语言、多文化的时代,她是一位典型的文化翻译者。她在文本的书写中融合多种文化元素,对母性再现自然带有多元文化特征。在这种看似多元文化糅合的叙述维度中,我们看到基督教对母性的潜移默化的影响,更看到有着自我意识的女性诗人玛丽在男性化的 12 世纪英国文坛所做出的不懈努力。

---

[1]　Tom Peete Cross, "The Celtic Origin of the Lays of *Lanval* and *Graelent*." *Modern Philology* 10 (1915): 585 – 644. p. 619.

第二章 "不合适"的母亲:《坎特伯雷故事》

　　玛丽展示了多元文化背景下的母性,杰弗里·乔叟却借鉴欧洲大陆文学传统,在《坎特伯雷故事》中讲述了世俗母亲与孩子的故事。[①]在对乔叟作品的研究中,学界通常认为女性和两性关系是他个人对伦理、社会和宗教问题探讨的核心所在。[②] 赛斯·勒雷指出,在过去 30 年对乔叟的研究中,学界公认他是一位关注两性关系和权力问题的诗人,他对女性人物的塑造和叙述者的描写通常被放在中世纪女性写作的历史背景下重新解读,这些人物的塑造也引起了女性主义角度的反思。[③] 从国外近年出版的专著中可以看出,自 20 世纪 90 年代起,《坎特伯雷故事》的研究受到女性主义思潮的影响,研究乔叟诗作中的女性与性别研究成为一个巨大的产业。[④]

---

　　① 安妮·斯·汉斯克尔指出,自乔叟开始,女性的生活在文学中得到充分展现。Ann S. Hanskell, "The Portrayal of Women by Chaucer and His Age", in *What Manner of Woman*: *Essays on English and American Life and Literature*, pp. 1 – 14.

　　② Ethan Knapp, "Chaucer Criticism and Its Legacies", in *The Yale Companion to Chaucer*, p. 349. Jill Mann, *Geoffrey Chaucer*. Hemel Hempstead: Harvester Wheatsheaf, 1991, p. vii. Priscilla Martin, *Chaucer's Women*: *Nuns*, *Wives and Amazons*. Basingstoke: Macmillan Press Ltd. , 1990. p. xiii. Susan Signe Morrison, *Women Pilgrims in Late Medieval England*. London and New York: Routledge, 2000. p. 145.

　　③ Seth Lerer, "Introduction", in *The Yale Companion to Chaucer*, p. 6.

　　④ 20 世纪 90 年代起相继出版的这方面著作大致如下: Carolyn Dinshaw, *Chaucer's Sexual Poetics* (1990), Priscilla Martin, *Chaucer's Women*: *Nuns*, *Wives and Amazons* (1990), Jill Mann, *Feminizing Chaucer* (1991), Tuttle Hansen, *Chaucer and the Fiction of Gender* (1992), Halissy, *Clean Maids*, *True Wives*, *Steadfast Widows*: *Chaucer's Women and Medieval Codes of Conduct* (1993), Evans, *Feminist Reading in Middle English Literature*: *The Wife of Bath and All Her Sect* (1994), Chance, *The*

《坎特伯雷故事》的《序言》中提到三位女性朝圣者:修女院院长,巴斯妇和第二位修女。似乎乔叟的现实世界中只有两类女性:修女和已婚女性。遗憾的是,她们中没有一位真正具备生物性母亲身份。不可否认的是,乔叟对各类体裁表现出的兴趣对他在母亲形象的刻画和母性的认识与叙述方面产生了一定的影响,这些的确需要孩子缺场。① 但是,究竟是什么导致诗歌中苏丹之母的愤怒、阿格丽品娜的惨死、寡居母亲的晕厥和格里泽尔达的伪装呢?《坎特伯雷故事》中这几位典型的母亲成为"不合适"的母亲。戴安娜·L.吉斯塔夫森指出,"不合适"(unbecoming)用来描述从已经自然化并得到证实的母亲身份转移到丧失合法母亲身份这一过程。这个过程涉及女性在身体上、情感上、社会上,甚至是法律上与所生孩子之间的关系在本质和质量上的改变。"不合适"这个概念同样表达了附加在那些被看作不合适的女性身上的社会恶名,因为人们认为她没有履行母亲的义务和责任。②

本章选取了《坎特伯雷故事》中四个涉及母亲的故事。第一部分重点探讨《律师的故事》中的反母性行为与血统纯正性之间的关系,展示三位母亲康斯坦丝、苏丹之母和多纳吉的再现政治。第二部分讨论《修女院院长的故事》中修女院院长的为母之道和寡居母亲的母性悲恸。第三部分参考历史文献资料,研究《修道士的故事》中两位跨性别母亲芝诺比亚和阿格丽品娜,探讨她们在参与政治事务过程中所遭遇的消音和边缘化命运。第四部分研究《学士的故事》中令当代读者也许无法接受的母亲格里泽尔达,她在丈夫沃尔特的考验中经历了母性异化,却采用伪装策略,最终成功恢复母亲身份。整体来说,本章重点就母亲形象的

---

* (接上注)*Mythographic Sexual Politics* (1994), Weisl, *Conquering the Reign of Femeny: Gender and Genre in Chaucer's Romance* (1995), Laskaya, *Chaucer's Approach to Gender in the Canterbury Tales* (1995), Cox, *Gender and Language in Chaucer* (1997), Sturges, *Chaucer's Pardoner and Gender Theory: Bodies of Discourse* (2000), Miller, *Philosophical Chaucer: Love, Sex and Agency in the Canterbury Tales* (2004), Blamires, *Chaucer, Ethics and Gender* (2006) and Shibanoff, *Chaucer's Queer Poetics: Rereading the Dream Troi* (2006). 艾森·纳普概括了四种解读乔叟的主要理论和方法,它们是新历史主义、女性主义、酷儿理论和精神分析。参见 Ethan Knapp, "Chaucer Criticism and Its Legacies", in *The Yale Companion to Chaucer*, pp. 324 - 58.

① Jane Cowgill, "Chaucer's Missing Children." 她认为孩子不适合在骑士传奇和寓言故事中出现。参见 < http: //www. illinoismedieval. org /EMS/ VOL12 /12ch3. html >. April 20, 2008.

② Diana L. Gustafson, *Unbecoming Mothers: The Social Production of Maternal Absence*. New York: The Haworth Clinical Practice Press, 2005. p. 24.

妖魔化或浪漫化过程、母亲角色的扮演与疏离、体制化的母性与文本实验、母亲与母性等话题进行研究，旨在进一步阐释《坎特伯雷故事》中的母性与种族、民族、婚姻、宗教等体制之间的互动关系，观照乔叟的女性观。

一　维护血统：异教母性与基督教母性的对抗

在《律师的故事》中，苏丹之母和多纳吉先后拒绝儿子迎娶罗马公主康斯坦丝。作为异教母亲，苏丹之母和多纳吉身上具备反母性特点，这恰好衬托出乔叟对以康斯坦丝为代表的基督教母性的极力推崇和拥护。① 从母性研究的角度看，《律师的故事》具有双重意义：第一，故事中的母亲（苏丹之母和多纳吉）在文字、文学和文化表述层面上都遭遇边缘化情境，她们是文化他者的代表；第二，乔叟对故事的改写反映了乔叟和律师对基督教母性所持的幻想和对异教母亲的丑化行为和排斥心理。丁肖指出，对故事讲述者律师个人来说，讲述的故事就如同叙利亚商人的商品一样，而故事和商品的利润，无论是道德还是金钱，都紧密关联。故事讲述介入法律之中，在契约、商业和家庭结构方面保持并再生了社会权力。② 这些其实涉及乔叟的写作政治和律师讲述故事的策略。

康斯坦丝是罗马皇帝"既有德性而又非常美丽"的女儿，先后两次被公婆流放到茫茫大海之上。她反复地经历地理空间和文化空间的转换，直到最终回到故乡罗马。故事以叙利亚商人向苏丹描述美丽的康斯坦丝开始。叙利亚苏丹很快在意念上迷恋上了罗马公主康斯坦丝。他请来枢密大臣，把自己的想法全部告诉给了他们，声明除非短期内有幸得到康斯坦丝，否则他自己必死无疑，下令要他们尽快救他一命。群臣最终想出的唯一良方就是苏丹同康斯坦丝结婚，而他迎娶康斯坦丝的条件是他和所有大臣及大批贵族放弃伊斯兰教，全部接受基督教的洗礼：

---

① 这里所采用的术语"反母性"（anti-motherhood）不同于女性主义者所用的术语"反母性"。前者重在强调母亲的行为举止违背了男权社会母性体制，后者意在指对母亲身份的抵制，因为母亲身份通常被看作是女性受压迫的最重要的根源。

② Carolyn Dinshaw, *Chaucer's Sexual Poetics.* Madison：The University of Wisconsin Press, 1989. p. 92.

> 苏丹说道:"与其失去康斯坦丝,
> 毫无疑问,我愿受基督教洗礼——
> 我不会选别人,只要康斯坦丝;
> 我请求你们安静地讨论问题,
> 救救我的命,为赢得她而努力,
> 因为我的命只有她才能拯救,
> 而这种痛苦我不能长久忍受。"(第4645—51行)①

很明显,苏丹已经无法控制对罗马公主康斯坦丝的渴望之情。在叙利亚商人的讲述中,康斯坦丝不仅存在于叙述之中,而且是作为叙述存在;她不仅是"真正"的人物,还是一种语言形式。② 这首诗歌不仅是在分析两性之间权力的不均衡,更是为这种不均衡辩护,而这种不均衡是以交换女性为基础的。③ 丁肖的论述虽然带有一定的女性主义思想倾向,但并未指出康斯坦丝实际上是基督教母性的代言人。

从律师的讲述之中我们可以看到,他并没有提及苏丹的父亲,苏丹有可能和母亲相依为命。从精神分析理论的角度来说,通常在这种情况下,儿子会有强烈的恋母情结,母亲会有很强的恋子情结。④ 这种情况尤其会在单亲母亲或寡居母亲与儿子的生活中出现。母亲在实现自我的母亲角色中履行责任和义务,儿子在个人成长、情感发展和日常生活等方面对母亲产生较强的情感依赖,这样就建立起牢固的母子情感纽带。可以想象,母亲对儿子的过度保护和儿子对母亲的过分依赖逐渐使他们产生了极端强烈的同一感。这种母子关系需要一种持续的情感上的平衡性,它排斥任何有可能破坏这种他们已经习惯并且希望一直延续的关系。乔德罗认为,通常来说,在儿子的成长过程之中,面对母亲对自己的习惯性控制,儿子可以有两种选择:"一种就是永远保持处于被压制的状态,和母亲保持一致;另外一个选择就是儿子完全拒绝母亲,即使母亲

---

① 本章原文引文均选自 Geoffrey Chaucer, *The Canterbury Tales*. Ed. W. W. Skeat. Encyclopedia Britannica, 1952. 凡出自本书的引文,只在文后标明诗行,不再另行做注。引文中的中文翻译参考了黄杲炘翻译的《坎特伯雷故事》(南京:译林出版社,1999)。

② Carolyn Dinshaw, *Chaucer's Sexual Poetics*. The University of Wisconsin Press, 1989. p. 95.

③ Ibid. pp. 96 – 7.

④ 恋子情结(Jocasta Complex)是瑞士精神分析家雷蒙德·德·索绪尔1920年提出的,重在强调母亲对儿子的情感依赖程度。

已经是一位足够好的母亲。"① 苏丹的话"我必须是她的（康斯坦丝
的）"表明他想从过去与母亲具有相同的精神关注转移到现在对另外一
个人或客体（这里指康斯坦丝）的情感依赖之上，多年形成的稳定的母
子关系面临着瓦解的可能。

苏丹之母认为儿子已经步入歧途，故召集谋士密谋如何阻止这场带
有基督教色彩的婚姻。苏丹的母亲说道：

> "各位大人，"她说，"你们知道
> 我的那个儿子已决意要背弃
> 我们《可兰经》的那些神圣教导
> 这是先知穆罕默德给我们的。
> 我向伟大的真主愿立一个誓：
> 宁可不要我躯体里的这条命，
> 也不让伊斯兰信仰离开我心！"（第 4751—7 行）

苏丹的母亲认为儿子放弃伊斯兰教是对民族宗教统一性的背叛。此
刻，苏丹和母亲之间建立起来的牢固的母子关系面临新的威胁和挑战。
他不仅要迎娶康斯坦丝，还要放弃伊斯兰教，把整个国家皈依为基督教。
母子之间的信任趋于瓦解，这种危机感引发了苏丹母亲内心极大的焦虑，
打乱了他们固有的、持续的母子之间的相互依赖关系。当苏丹邀请母亲
参加他为即将到来的基督徒一行举行的宴会的时候，他双膝跪地。当母
亲同意的时候，他内心充满感激之情，兴奋之余，不知所云。这些基督
徒初到叙利亚的时候，他第一时间告知母亲这个令他兴奋异常的消息，
央求她骑马出去欢迎康斯坦丝一行。可以看出，苏丹在处理这件事情上
显得非常矛盾：一方面，他通过"双膝跪地"和"央求"的方式，目的
在于征求母亲的意见，企图得到她的首肯，足见苏丹之母的权威，其后
隐藏着母亲在母子关系中的主导地位和控制能力；另外一个方面，他又
企图不经过母亲的同意，提前自作主张，以全国人皈依基督教为条件迎
娶康斯坦丝，属于典型的先斩后奏行为，这是导致他最后丧命于愤怒的
母亲之剑的直接原因。苏丹的母亲通过伪装的方式，佯装答应儿子的要

---

① Nancy Chodorow, *The Reproduction of Mothering*: *Psychoanalysis and the Sociology of Gender*. Berkeley: University of California Press, 1978. p. 84.

求,完成了儿子对"母亲"角色的期待。令人感到震惊的是,在宴会上,除了康斯坦丝,苏丹之母屠杀了所有改信基督教的谋臣,自己的亲生儿子亦未能幸免,康斯坦丝则被捆绑起来扔在一条船上,在茫茫无际而波涛汹涌的大海上漂游了三年,直到被救。通常的观点认为,坏母亲是一位缺场的母亲,她无论在情感上还是在实际的日常生活中都没有扮演好母亲的角色。苏丹之母假装愿意履行母亲的责任,最终非但没有保护儿子,反而亲手置他于死地。当然,把苏丹之母界定为坏母亲实有简单概括之嫌,原因是,在这种情形下,母性与宗教信仰和民族身份之间产生了难以融合的矛盾。通常情况下,母亲身份是通过与孩子的互动关系得以确立和界定的。苏丹之母拒绝了儿子提出的要求,劈杀了自己的儿子,有意拒绝履行母亲的职责。在这个过程中,她成为一位"不合适"的母亲。

我们知道,西方文化通常认为好母亲总是具有谦卑、无私、富有同情心且无条件地爱自己的孩子的美德。她应该本能性地满足孩子对爱和养育的各种需求,并在日常生活中加以实践,且孩子的要求永远高于母亲的要求。从文中可以看出,苏丹之母对康斯坦丝持有敌意。滨口惠子认为这主要是因为儿子自私地做出与异族通婚的决定,同时儿子的叛教行为使她为文化的丧失和"身份的来源"感到焦虑。她进一步指出:"她的爱国主义和民族精神与儿子追求的自由主义无法达成一致。"① 从表面上看,苏丹之母杀死自己的儿子似乎是为了维持国家宗教的统一,彰显了爱国主义情结,但是,从深层次上来分析,以下几点值得考虑和关注:第一,在苏丹和母亲之间已经持续多年、稳定的情感依赖关系面临着破坏、失衡和重新调整的可能。对于一位母亲来说,她需要一定的时间来接受儿子迎娶康斯坦丝这一事实,但成功迎娶康斯坦丝的前提条件是他需要经过母亲点头同意方可进行。第二,苏丹私自决定全国放弃伊斯兰教而皈依基督教,这实际上否定了他自己坚守的宗教信仰,个人主义与集体利益产生矛盾,而他对伊斯兰教的放弃实际上是对他和母亲

---

① Keiko Hamaguchi, *Non-European Women in Chaucer: A Postcolonial Study*. New York: Peter Lang Publishing, 2006. p. 39. 根据滨口惠子的观点,乔叟在性别、宗教、种族和文化方面,把非欧洲女性再现为多重的他者。她这一论述是以她个人作为定居在北美作为西方人的他者或者非西方女性为出发点的。这也可以看作解释她的立足点,即苏丹之母的抵制是可以理解的、是爱国的表现。

在精神上共同拥有、坚持的信念的全盘否定，是对民族精神文化遗产的彻底放弃。第三，母亲通常在心理上把孩子看作是自我生命的延续，是自我的再生。叙利亚国王是自己的儿子，通过自己的儿子她从家庭走出来，作为国王的母亲所具有的光环是她认识自我的有效途径。苏丹的叛教行为就是对他和母亲在精神上共享的东西的彻底否决，因此，这意味着他否定了自己和母亲之间精神信仰传承的完整性，否定了母亲对伊斯兰文化的坚守，母子纽带面临崩溃，而这种崩溃实际上是两种信仰和文化在个体冲突中的具体外化。显然，苏丹对有可能出现的危机感有着清醒的认识和充分的思想准备，这从他给母亲"跪拜"和"央求"的举动中可见一斑。第四，苏丹的母亲佯装同意，这种模棱两可的态度表明：作为母亲，她深爱自己的儿子，但企图发挥母亲的权威，阻止儿子作出背叛以她为代表的伊斯兰文化。她的心理上伴有对叙利亚政治稳定和信仰一致的民族忧虑感。从另外一个层面上来看，她杀死儿子是母亲的愤怒、母亲的权力的一种极端而消极的表现，在面临儿子不听从她的建议的时候潜意识地寻求作为母亲的身份和母亲的优越感，清除破坏文化纯正性的任何外在威胁，企图维持她所渴望的母子关系中所具有的情感和精神的延续性和纯粹性。

苏丹之母的反母性行为印证了西方传统文学中复杂的杀子母题。她的行为举止是对西方母性神话的一种颠覆。这种母性神话认为在漫长的男权社会的历史长河中，理想的母亲就是无条件地为孩子付出母爱，牺牲自我。苏丹在母亲面前显得非常女性化，苏丹之母在极端的愤怒和强烈的仇恨中残忍地"劈杀"了自己的亲生儿子。事实上，故事的讲述者律师并未谈及苏丹之母失去儿子的痛苦，而是认为苏丹之母企图篡权，密谋统治整个国家。其实，中世纪英国文学中描述的母亲杀子的事例并不少见。苏丹之母是一位美狄亚式的母亲，以杀子的方式来宣泄情感失衡带来的负面情绪。由于儿子放弃了他们精神上共享的东西和这种精神财产的延续，她放弃了女性气质和母亲对孩子的爱，转而杀死了亲生儿子，保持她所坚守的精神信念的完整性和纯粹性，是对文化血统纯正性的极力坚守。

正如里奇所言，母亲的愤怒是对母性体制的一种威胁。在一定程度上来说，苏丹之母的愤怒引发了我们对体制化了的母性的进一步思考。苏丹之母推翻了隐藏在男权母性体制后的某种固有的、潜在的东西。她并不是一位男权母亲,而是一位脱离了男权社会体制约束的母亲。在这里,母亲的恐惧、焦虑和愤怒以一种非自然的方式得以释放。儿子是母亲生命的延续,是她得以进入以男性为主导的象征秩序的出口,苏丹的死亡必然会给苏丹之母带来巨大的心灵痛苦和创伤,她与儿子之间的母子同一感彻底断裂,而她的自我其实在"劈杀"儿子的过程中被阉割。但是,不得不承认,苏丹之母的残忍杀戮行为是卑贱者的极端体现,因为她是一位典型的"两面派"或"笑里藏刀"的母亲:她内心对来自罗马的康斯坦丝一行充满仇恨,但表面上却面带笑容热烈迎接康斯坦丝。儿子恳求她的时候,她点头同意这桩婚事,最后却劈杀了儿子,彻底拒绝了儿子的请求。她在传统的母亲角色上进行了非常规的越界,打破了固有的身份、体系和秩序,是一种强有力地解构母性体制的潜在力量的表现。律师在描述苏丹之母杀子之后的情感反应所表现出的沉默并不表明他不了解母亲失子之痛,恰恰说明他对那些具有男性气质、控制欲望强烈、意志坚强的女性——母亲的恐惧和排斥心理。

康斯坦丝最后嫁给诺森伯兰之王阿拉,同样引起了公婆多纳吉的敌意。多纳吉对这样的婚事感到非常恼怒,对儿子的做法倍感不满:

> 要是说实话,那么只有一个人——
> 就是国王专横的母亲多纳吉,
> 想起这样的婚事歹毒的心就憋足了火气,
> 对儿子的做法心存疑虑,
> 使她感到丢人的是她的儿子
> 竟然娶这种外邦女子为妻(strange a creature)。(第5114—19行)

同苏丹一样,律师没有谈及阿拉的父亲,很有可能他和母亲相依为命。原文中的单词"爆发"(brast)和"丢人"(despit)表明多纳吉内心对康斯坦丝的极端厌恶和排外心理。我们知道中世纪英语单词"strange"来自古法语 estrange,意为"外面的,外来的"。在多纳吉看来,康斯坦丝属于外国人,她在文化概念上首先不予以认同。不同的评论家对康斯坦丝再次遭遇敌意的原因持有不同的看法。滨口惠子指出多纳吉对康斯坦丝的敌意来自"她对文化上的他者的强烈偏见"以及"对外国人的个人仇恨"①，凯若琳·丁肖认为多纳吉不喜欢康斯坦丝，原因在于"母亲对儿子有乱伦欲望"，玛格丽特·舒劳诗把多纳吉的敌意归结为"充满嫉妒的王室婆婆压制、摧残儿媳的文学传统"②，凯西·拉韦佐认为多纳吉作为一个支持同族通婚的母亲，讲出了"外国女性所带来的血统焦虑感"问题，支持国内社会成员的"合适"的生物繁殖与生育，拒绝"像康斯坦丝一样流浪的异乡人"③。有评论者一致认为宗教分歧是多纳吉反对康斯坦丝嫁给儿子的直接原因。④ 这些评论家对苏丹之母和多纳吉的全方位的解读非常有助于我们理解多纳吉对康斯坦丝的敌意和排斥心理。

事实上，从母子关系的角度来看，阿拉和康斯坦丝的婚姻使多纳吉内心充满儿子与母亲分离的心理危机感，先前持续的母子关系的平衡被打破。这使多纳吉绞尽脑汁破坏儿子阿拉和康斯坦丝的关系，保护母子之间的血统关系。康斯坦丝生了儿子莫里斯之后，多纳吉灌醉使者，先后两次在自己的住所伪造给阿拉的信件：⑤

> 据这信上说："王后虽已生产，
> 但产下妖魔一般的可怕怪物，
> 结果城堡里的人哪怕再大胆，

---

① Keiko Hamaguchi, *Non – European Women in Chaucer: A Postcolonial Study*. New York: Peter Lang, 2006. p. 24, p. 44.

② Carolyn Dinshaw, *Chaucer's Sexual Poetics*. Madison: University of Wisconsin Press, 1989, p. 105. Margeret Schlauch, *Chaucer's Constance and Accused Queens*. New York: New York University Press, 1927. p. 113.

③ Kathy Lavezzo, *Angels on the Edge of the World: Geography, Literature and English Community 1000 – 1534*. London: Cornell University Press, 2006. p. 110.

④ 参见 Suzanne Conklin Akbari, "From Due East to True North: Orientalism and Orientation", in *The Postcolonial Middle Ages*, pp. 19 – 34. Elizabeth Robertson, "Nonviolent Christianity and the Strangeness of Female Power in Geoffrey Chaucer's *Man of Law's Tale*", in *Gender and Difference in the Middle Ages*, pp. 322 – 51. J. L. Laynesmith, *The Last Medieval Queens: English Queen 1445 – 1503*. Oxford: Oxford University Press, 2004. Keiko Hamaguchi, *Non – European Women in Chaucer: A Postcolonial Study*. New York: Peter Lang Gmbh, 2006. p. 20.

⑤ 乔叟在文中并没有提及具体地名，这恰恰显示出他的政治敏感性。纳尔斯伯勒城堡（Knaresborough Castle）是位于英格兰和苏格兰之间的一座城堡。多纳吉在这个城堡中伪造了两封信，但是乔叟的保护人冈特的约翰是这座城堡的主人，这就是乔叟在诗中委婉地用了"多纳吉的宫廷"这个词语指涉的原因。A. C. Edwards, "Knaresborough Castle and 'The Kynges Moodres Court'", in *Chaucer: Modern Essays in Criticism*, pp. 83 – 7.

也不敢再在这个城堡里居住。

孩子的母亲是个女巫,凭着妖术

或凭着巫术碰巧来到这里,

所以人人讨厌与她为伴。"(第5170—6 行)

多纳吉把莫里斯描述为可怕的怪物,把康斯坦丝说成是具有巫术的女性。不难看出,母子纽带的突然疏离在多纳吉的生活中产生了一个极大的空缺。失去母子关系的恐惧心理似乎显得不自然,但是多纳吉却以"血缘"为挡箭牌企图维持她和儿子阿拉之间的关系。这背后潜藏着他们母子共有的东西:她和儿子阿拉之间有共同的生物血统关系,而这种关系表明他们母子关系的一致性,儿子阿拉是她自己生物血统的延续,她希望这种血统一直延续下去,保持其连贯性和纯正性。多纳吉拒绝任何意义上对这种持续性、连贯性的破坏和扰乱,以康斯坦丝为代表的异族血统被妖魔化。我们可以说多纳吉排外心理的动机在于延续和儿子之间的纯正的生物血统关系,保持自我的完整性。面对母亲的控制,阿拉并不像苏丹一样屈服于母亲的威严,却以弑母收场。虽然他最终为自己残忍的举止感到懊悔不已而去罗马教皇那里忏悔,但这种弑母行为不仅是儿子对母亲施加的具体的、真实的暴力行为,同时也是看不见的情感上的暴力,更是文化意义上对母亲的谋杀。

苏丹和阿拉迎娶罗马公主康斯坦丝激起了两位母亲心中强烈的嫉妒感和仇恨感,但是,母性已经不是压制她们的根源,相反,却成为她们控制儿子行为的权力之源。事实上,这两位母亲在心理上所寻找的东西是儿子需要得到她们的同意后再迎娶康斯坦丝,前提条件是未来的儿媳不能改变本族文化血统和生物血统,且他们母子长期建立的关系没有任何动摇。我们知道,母亲的自我延伸感在自己的儿子身上得到体现。她们的注意力集中在母子关系的保持和延续上,情感客体依赖的焦点是母子关系的稳定性。有趣的是,在这两个典型的个案中,儿子的婚姻大事成为母子关系破裂的直接导火线,这两位母亲都把报复的对象指向矛盾的直接引发者康斯坦丝,最终的结果是苏丹之母无情地杀死了自己的儿子,而多纳吉被儿子阿拉所杀。

苏丹之母和多纳吉两人最终结局不同，主要是因为她们对待康斯坦丝的时候所持的动机和采取的策略不同。苏丹之母杀子是因为文化血统面临着被改写的可能，多纳吉企图破坏这场婚姻是因为生物血统的纯正性要被打破。她们两人企图维护的东西是"血统的纯正性"。对她们而言，无论是文化血统还是生物血统，它们的纯正性是以母子之间血统关系的纯正性为基础的。在反对康斯坦丝、维持母子关系的过程中，她们最终不可避免地成为"不合适的母亲"。在这两个个案中，母爱体现在情感上对儿子的控制，对儿子情感转移和其他精神依赖客体的极端排斥，对儿子有违母亲意愿行为的极端控制与干涉。她们是反母性的母亲，因为她们的行为举止与中世纪传统文化中理想的母亲形象和体制化的母性格格不入。

雪莉·德兰内认为苏丹之母和多纳吉的目的是"寻求权力，毫不犹豫地滥用权力来保护自己的私人利益"①。"宗教分歧"和"文化他者"不足以成为她们发挥母亲的权力、保护自己私人利益的确凿理由。当母亲面临着儿子独掌权力而自己缺乏安全感的时候，这种所谓的"私人利益"背后潜藏的心理动机值得推敲。蒲瑞丝拉·马丁和吉尔·曼把这两位母亲看作是"狂笑的美杜莎"。蒲瑞丝拉·马丁认为苏丹之母身上体现了一种可怕的原型人物形象，她是敢于对抗权威的反抗者，若她有罪，那她的罪应该归因于个人抱负而不是宗教信仰。她颠覆了男权社会期待所有女性应该扮演的角色，在这方面和年轻而顺从的康斯坦丝形成巨大的对比。② 克莉丝汀·罗斯指出，这两位母亲表现出对康斯坦丝的嫉妒心理，是因为康斯坦丝是孤独的东征者，企图让她们的儿子皈依基督教。当她们的儿子接受新的教义的时候，她们被儿子否决。她们被塑造成对政治权力非常渴望的人物，挑战以儿子和他的妻子为代表的男权社会规则，她们害怕儿子和康斯坦丝生育基督继承人来夺权。③ 事实上，这两位母亲企图重新恢复前俄狄浦斯阶段的母子关系，重建在儿子小时候她们所具有的控制儿子的母亲权威和权力。

---

① qtd. in Hamaguchi, *Non-European Women in Chaucer: A Postcolonial Study.* New York: Peter Lang, 2006. p. 20.

② Priscilla Martin, *Chaucer's Women: Nuns, Wives and Amazons.* Basingstoke: Macmillan Press Ltd. , 1990. pp. 132 – 5.

③ Christine M. Rose, "The Jewish Mothers-in-Law: Synagoga and the *Man of Law's Tale*", in *Chaucer and the Jews*, pp. 15 – 6.

在当下情境下,母亲的权力体现在有意识地停止自己以前对儿子的母性关怀和精神支持。她们把儿子当作需要"保护"和"控制"的客体对象,表明自己是他们的母亲,而儿子恰恰是占主导地位的男权社会及其意识形态和体制的代言人。通过他们,母亲可以触及男权社会,发出自己的声音,为自己的母亲身份披上一层光环,由此表明由于她们和自己的儿子之间有着共同的精神关注和依赖,她们的后母性生活因此被赋予意义和价值。

至于乔叟对苏丹之母和多纳吉的妖魔化问题,伊丽莎白·罗宾逊认为,在再现她们的过程中,乔叟批判的矛头不仅是"女性企图夺取权力"这样一个事实,而且批判"她们身上具有的男性力量,它具有暴力、欺骗和残忍的特点"①。从原文中可以看到,苏丹之母和多纳吉在文本的叙述中被贬低为邪恶的母亲,而康斯坦丝被描述为一位有德行的基督教母亲。在文本的叙述中,苏丹之母和多纳吉遭遇语言暴力,而律师美化了康斯坦丝。按照律师的说法,他的故事主要是讲述康斯坦丝的故事,康斯坦丝始终是故事发展和叙述的焦点人物,这两位非基督教母亲在意识形态和文字的叙述上被边缘化。文字叙述差异和乔叟的叙述意图与律师的个人视角有关(从下面的表中就略见一斑)。凯西·拉韦佐得出如下结论:"(律师的)故事中的女性缺席表明没有女性的生育,英国仍然会非常繁荣昌盛。"② 事实上,从故事中可以看到,多纳吉和赫曼吉被杀,康斯坦丝最终返回罗马,具有生育能力的女性在英国彻底消失。凯西·拉韦佐进一步认为故事讲述者律师把英国想象为充满兄弟情谊的集体和社区。在那里,生物性的繁衍行为被非生物性的、象征性的、男性的生产所取代。这正是律师讲述故事的目的,即在男性朝圣者之间形成一个男性纽带,潜在地产生了一个男性社区。她认为康斯坦丝身上所体现出的天使般的品质说明"英国律师希望脱离罗马(因为罗马是他们宗教和文化上的'母亲'),脱离女性身上所具备的重要性"③。

---

① Elizabeth Robertson, "Nonviolent Christianity and the Strangeness of Female Power in Geoffrey Chaucer's *Man of Law's Tale*", in *Gender and Difference in the Middle Ages*, p. 332.

② Kathy Lavezzo, *Angels on the Edge of the World*: *Geography, Literature and English Community 1000 – 1534*. London: Cornell University Press, 2006. p. 107.

③ Ibid.

苏丹之母	多纳吉	康斯坦丝
1. 邪恶之源 2. 泼妇 3. 罪恶之根 4. 塞米勒米丝第二 ① 5. 长得像女人的毒蛇 6. 罪孽之源 7. 恶鬼 8. 花言巧语的毒蝎子 9. 撒旦 10. 可诅咒的丑老太婆 11. 恶毒	1. 专横 2. 歹毒 3. 凶狠与恶毒 4. 魔鬼 5. 狠毒的恶婆 6. 妖魔 7. 灵魂已在地狱 8. 邪恶	1. 天下独一无二 2. 既有德性又非常美丽 3. 年轻、美丽、成熟、稳重、谦逊 4. 圣洁、慷慨 5. 金枝玉叶、皇家之女 6. 仁慈、温柔、虔诚 7. 弱女子 8. 崇高 9. 谦恭婉转 10. 行善积德
她劈杀了儿子，也许在罗马皇帝为康斯坦丝报仇雪恨的烧杀中丧生。	她被儿子阿拉所杀。	儿子莫里斯受罗马教皇之封成为皇帝，是个好基督徒，事迹被记入古罗马史。她后来回到罗马，和父亲一起过着行善积德的生活。

事实上，乔叟通过这三位母亲想要传达的意义带有一定的宗教色彩和政治倾向，表达了他对具有男性气质的女性的厌恶以及从夏娃到圣母玛利亚的女性原型的两极对立书写。这三位母亲虽然看起来都非常"不自然"，但是，她们整体上表达了人们对基督教理想母亲的向往。从文字层面上看，苏丹之母和多纳吉被刻画为令人恐怖而吞噬一切的魔鬼形象，无情屠杀或严格控制自己的儿子，流放了具有美德的基督徒康斯坦丝。阿拉杀死母亲多纳吉是男权社会对没有履行自己责任、没有满足儿子的要求的母亲的一种愤怒的谴责，然而，他还是逃脱了法律和宗教的惩罚与制裁。凯若琳·丁肖认为她们对以律师为代表的男性社会造成一种威胁，因此，他竭尽全力把她们排除在基督教、女性气质和人类之外。她们渴望获得权力，而她们施加给男权社会的威胁是非常彻底的：不仅涉

---

① 塞米勒米丝（Semiramis）是传说中的人物，想与儿子成婚，却不幸为子所杀。滨口惠子认为这是对多纳吉被儿子所杀的暗示，丁肖却认为安拉国王杀害母亲和她对他的乱伦之爱有关，并且指出在苏丹之母和多纳吉身上都有这种欲望存在。Carolyn Dinshaw, "Pale Faces: Race, Religion, and Affect in Chaucer's Texts and Their Readers", *Studies in the Age of Chaucer* 23 (2001): 19 – 41. Carolyn Dinshaw, *Chaucer's Sexual Poetics*. Madison: The University of Wisconsin Press. 1989, pp. 104 – 5.

及王国的统治,或者家族的结构或继承权的问题,甚至是语言的权威感。在阿拉赎罪的路上,他洗刷了身上和这个"不自然的生物",这个具有独立意志的女性关联的污点。① 凯若琳·丁肖进一步指出,这两位公婆被排斥的原因并不是因为她们是异教徒,也不是因为她们不具备女性气质,而是因为她们想保持支配儿子的权力,她们想控制社会秩序,她们具有脱离社会秩序并违背社会秩序的性欲望。②

相比之下,康斯坦丝被塑造成一位完美的圣母玛利亚式母亲,她知道如何疼爱自己的儿子,对儿子施展母亲的怜悯之情,具有恻隐之心,屈从于男权社会话语。里奇指出,几个世纪以来,"(人们)仇恨女性身上显示出的力量,强悍而独立的女性被看作是本性变态,害怕'控制'欲强的母亲,偏爱那些依赖性强、可塑性强、'女性化的'了的女性"③。里奇的观点有助于说明苏丹之母和多纳吉对抗权力后产生的后果,表明男权社会对那些男性化、控制欲强烈、敢于反抗的女性的仇恨与排斥。康斯坦丝作为一个基督徒,在乔叟的笔下成为一位被动的、女性化的、完美的男权社会中的女主角,是谦卑的圣母玛利亚式的母亲。杰罗尔丁·亨指出,康斯坦丝有两次婚姻。在第一次和穆斯林国王的婚姻中,她没有生育子嗣,相比之下,她嫁给异教徒盎格鲁-撒克逊国王的时候,生育了儿子。这使康斯坦丝成为虔诚的玛利亚式母亲,为英格兰造就了皇室家庭④,而她和儿子就组成了"神圣家庭"⑤。显然,这个和母子关系有关的细节说明了这两种宗教之间的不可调和性,又成为东方文化与西方文化撞击产生的矛盾。康斯坦丝成为基督教文化的传播者,她是基督教母性的代言人。

母亲的愤怒(比如苏丹之母和多纳吉的愤怒)威胁着男权社会母性体制的正常运转,但是,我们不得不说康斯坦丝是中世纪文化推崇的完美母亲的标本。肖尔瓦特认为,占主导地位的男权社会话语总是把女性

---

① Carolyn Dinshaw, *Chaucer's Sexual Poetics*. Madison: The University of Wisconsin Press, 1989, p. 103.

② Ibid. p. 106.

③ Adrienne Rich, *Of Woman Born: Motherhood as Experience and Institution*. New York and London: W. W. Norton & Company, 1976. pp. 70 – 1.

④ Geraldine Heng, *Empire of Magic: Medieval Romance and the Politics of Cultural Fantasy*. New York: Columbia University Press, 2003. p. 20.

⑤ Ibid. p. 206.

与"疯癫、自相矛盾、流动性，或沉默"联系在一起。[1] 因此，母亲的疯狂，这里指苏丹之母与多纳吉的愤怒，必须得以压制和消除，而康斯坦丝是一位处于服从和沉默地位的女性。盖尔·阿什顿指出："确保自己是男性继承人的母亲之后，她（康斯坦丝）斡旋在父亲与儿子之间形成的、有特权的再生纽带之间。"[2] 康斯坦丝似乎只是家族传宗接代的过渡性中介，而雪莉·德拉尼却认为康斯坦丝不仅是受害者，她是普通女性，只不过展示了"面对苦难时基督教所要求的被动性而已"[3]。故事中，苏丹之母和多纳吉的愤怒与康斯坦丝的仁慈形成鲜明对比。康斯坦丝对儿子莫里斯表现出深情的母爱：

> 这时她怀中的婴儿啼哭起来
> 她双膝跪地，可怜巴巴地对孩子说话：
> "孩子别哭，我不会害你。"
> 说着她把她披着的头巾拉下，
> 盖住儿子眼睛也盖住了他。
> 她很快把怀中孩子哄得安静下来，
> 她的双眼仰望天空。（第 5254—60 行）

直到后来，康斯坦丝嘴里都不停地念叨着"我幼小的孩子"。从中可以看出母亲对爱子无限的母爱与深情。她并没有像绝望的美狄亚一样杀死孩子来惩罚看似无情的丈夫阿拉，却哀求在场的长官放过她的孩子，不断地为孩子祈祷，"说着求孩子别哭的话"。但是，她们三个同为母亲，苏丹之母和多纳吉被妖魔化，而康斯坦丝却被美化、被浪漫化。

事实上，乔叟笔下的康斯坦丝和他参考的原始资料中的女主角康斯坦丝（Constaunce）截然不同。《律师的故事》取材于英国盎格鲁-诺曼时期的编年史家、多明我会教派的托钵修士尼古拉斯·特里维特于1334年完成的编年史。特里维特是以国王爱德华一世的女儿玛丽的生平为蓝

---

[1]　Elaine Showalter, *The New Feminist Criticism*. New York: New York: Pantheon, 1985. p. 3.

[2]　Gail Ashton, "Her Father's Daughter: the Realignment of Father-Daughter Kinship in Three Romance Tales." *Chaucer Review* 34 (2000): 416 –27. p. 417.

[3]　Sheila Delany, "Womanliness in *The Man of Law's Tale*." *Chaucer Review* 9 (1974): 63 – 72. p. 64.

本塑造了康斯坦丝这一角色。① 乔叟当然知道好友约翰·高厄的代表作
《情人的坦白》中也讲述过康斯坦丝的故事。② 伯纳德·艾·杜菲指出：
"她的（康斯坦丝的）无助、被动、完全女性化，正如所再现的那样，
和特里维特笔下那位在道德观念上、在社会地位上高贵的康斯坦丝形成
极端鲜明的对比。"③ 文献和编年史的记载明显要比乔叟尝试性的虚构与
改编更加可信。在特里维特的编年史中，四处布道的康斯坦丝身体强壮，
政治上强势有力，聪明而又博学。克莉丝汀·姆·罗斯指出："乔叟在叙
述中系统地剥夺了他的女主人公'康斯坦丝'的权力，使她变得更加
'女性化'（这从"被动性"上可以看出），更加依赖于上帝的力量，寻
求自己的权威，实现现实世界中的命运。"④ 弗兰克认为乔叟笔下的康斯
坦丝被塑造为"具有古典韵味的悲惨女主角，她漂亮、圣洁、纯真、无
助，成为牺牲品"，约翰·艾·雅克认为康斯坦丝是"上帝恩典的承载
者"⑤。凯若琳·丁肖认为康斯坦丝是一件在男性中传递的商品，一张等
待意义的白纸。⑥

　　显然，乔叟在故事的讲述中重点强调康斯坦丝的无力、女性气质和
被动性，抹杀了《盎格鲁-诺曼编年史》中康斯坦丝身上的男性气质，
把她塑造成身处中世纪男权社会中一位完美的女性，让她内化并坚持
"女人生来得受苦受难，生来就得受男人的拘管"的看法。乔叟对原材
料的这种改编引起了评论家的不同看法。阿尔弗雷德·戴维认为这种改
写"强化了故事的宗教色彩，使故事尽可能有尊严感和道德感"，而约

---

　　① 尼古拉斯·特里维特（Nicholas Trivet or Trevet, 1257 – 1334）在伦敦成为多明我会的托
钵修士，先在牛津学习，后在巴黎学习，对英国和法国编年史感兴趣。他编写的编年史是为伍
斯多克的玛丽公主（Mary de Woodsdock）所写，她是爱德华二世的妹妹，是埃姆斯伯里的修女，
文中叙述多有迎合修女的倾向。

　　② 有关康斯坦丝的故事有三个版本：乔叟的《律师的故事》（The Man of Law's Tale），约
翰·高厄的《情人的坦白》中的《康斯坦丝的故事》（"Tale of Constance" in Confessio Amantis）
和托马斯·切斯特的《流放者》（Thomas le Chestre's Emare）。

　　③ Bernard I. Duffey, "The Intention and Art of The Man of Law's Tale." ELH 14 (1947):
181 – 93. p. 184.

　　④ Ibid.

　　⑤ Robert Worth Frank Jr, "The Canterbury Tales III: Pathos", in The Cambridge Chaucer Com-
panion, pp. 143 – 58. John A. Yunck, "Religious Elements in Chaucer's Man of Law's Tale." ELH 27
(1960): 249 – 61.

　　⑥ Carolyn Dinshaw, Chaucer's Sexual Poetics. Madison: University of Wisconsin Press, 1989.
pp. 88 – 112.

翰·扬克认为这种改编"服从于乔叟的说教目的或信仰追求",。① 这符合律师所认同的诗歌的说教作用和由故事阅读中获得某种道德教训的期待心理。乔叟把康斯坦丝塑造成为谦卑且被动的圣母玛利亚式女性,她在形象上最终战胜了两位被东方化了的母亲,即苏丹之母和多纳吉,由此证明,康斯坦丝不同于"男性化"的、"疯癫的"苏丹之母和多纳吉。这些事实进一步说明,乔叟作为一位开始崇尚人文主义的诗人,仍然为基督教和男权社会唱赞美词,成为它们的忠实代言人。这两类两极化了的母亲形象表明乔叟和律师都极力拥护基督教母性和相应的母亲形象。乔叟笔下的康斯坦丝如同圣母玛利亚一样,身上体现的是女性的被动、服从和谦卑。这是对基督教母亲的赞颂,从一个侧面否定异教母亲苏丹之母和多纳吉。结合当时的历史文化背景,康斯坦丝"实现了成功的东征,具有文化风格和女性风格",就像那些东征军一样,为了上帝而忍受创伤,缺失和不幸②,成为文化帝国主义者的代表。

苏丹之母和多纳吉身上体现出的男性化气质及"母亲的愤怒"成为文本叙述中极其重要的部分,成功地反衬出康斯坦丝身上所具有的理想化基督教女性所具有的一切美德。这也和故事的讲述者律师的个人身份有着密切的联系。正如沃尔特·赛普斯所说的那样,康斯坦丝这一个案是"他的(律师的)职业的一种理想化的"表现,律师几乎再也找不到"比康斯坦丝还好的客户了"③。里德指出律师通过讲述康斯坦丝的故事,重新确立基督教法律和道德观念,他反复谈及康斯坦丝的死亡,以此作为他所拥护的道德体制和价值观的模板,康斯坦丝不过是一个幽灵式的存在,承载的是法律话语。④ 苏丹之母、多纳吉和康斯坦丝都是王后,文本政治把对女性的消极态度移位到了异教母亲的身上。苏丹之母和多纳吉作为王后—母亲遭到谴责,作为文化他者遭遇边缘化情境。她们企图恢复母子之间的纽带,却以悲剧性结局而收场,她们的死亡不仅源自

---

① Alfred David, "The Man of Law vs. Chaucer: A Case in Poetics." *PMLA* 82 (1967): 217 – 25. p. 222. John A. Yunck, "Religious Elements in Chaucer's *Man of Law's Tale.*" *ELH* 27 (1960): 249 – 61. p. 250. 理查德二世是乔叟的赞助人。

② Geraldine Heng, *Empire of Magic: Medieval Romance and the Politics of Cultural Fantasy.* New York: Columbia University Press, 2003, p. 189.

③ Walter Scheps, "Chaucer's Man of Law and the Tale of Constance." *PMLA* 89 (1974): 285 – 95. p. 292.

④ Teresa P. Reed, *Shadows of Mary: Reading the Virgin Mary in Medieval Texts.* Cardiff: University of Wales Press, 2003. pp. 16 – 39.

杀戮,也源自文化谋杀和文字暴力。

《律师的故事》中的母亲一方面被妖魔化了,比如苏丹之母和多纳吉;另一方面,又被浪漫化了,比如康斯坦丝。这种形象塑造上的差异源自两个方面:第一,故事的讲述者律师对母亲—女性身上产生的力量所持的强烈的神秘感以及揭秘冲动;第二,人们渴望回归母亲、渴望回归自己本源过程中所伴随的恐惧感和焦虑感。因此,苏丹之母、多纳吉和康斯坦丝之间强烈的对比实际上印证了圣母玛利亚和夏娃两种女性原型之间的对立,也是中世纪人在基督教影响下对女性怀有的一种矛盾情结的有力阐释。更为重要的是,在康斯坦丝和儿子的关系中,传统观念认为父亲主宰文化和占据后代生育的主导位置被忽略。这从阿拉从儿子莫里斯脸上认出他是康斯坦丝的儿子、儿子最后成为罗马皇帝可以看出莫里斯从母亲康斯坦丝那里继承了生物特征和文化遗产,父亲却成为缺场的存在。康斯坦丝成为罗马皇帝的母亲,这种文本叙述表达了一种理想化的母性幻想。

康斯坦丝先后两次乘坐无舵的小船被流放到波涛汹涌的大海之上,期间多次面临死亡威胁,第一次漂泊三年多,第二次漂泊五年,海流送着她漂泊无数黑夜白昼,她都免于任何灾难而幸存下来。律师在故事的讲述中认为是"上帝在她身上显奇迹"和圣母玛利亚出于慈爱而不让她承受磨难。我们知道,在中世纪传说故事中,圣母玛利亚通常和星体关联,作为星体可以指引水手,作为女神,她有能力止风,平息波浪,具有驾驭海洋的能力。[1] 这是人在面临灾难时所幻想的一种神圣的力量,也是中世纪基督教文化对人所持的命运价值观影响的直接体现。"船"所具备的空间容纳性和"大海"的流动性具有一定的象征意义,它们直接关联母性意象。里奇指出:"海洋相当于人类生命开始的羊水……她自然地产生生命,肥沃而富有营养。"[2] 康斯坦丝所漂流过的海洋体现出的流动性相当于母体而具有流动性,它具有生命再生能力和滋养生命的作用。康斯坦丝在海上的漂泊生活就是返回无形的科拉和恢复母女前俄狄浦斯关系的一种举动。在和母体或象征意义

---

[1] Marina Warner, *Alone of All Her Sex: The Myth and the Cult of the Virgin Mary*. London: Weidenfeld and Nicolson, 1976. p. 266.

[2] Adrienne Rich, *Of Woman Born: Motherhood as Experience and Institution*. New York and London: W. W. Norton & Company, 1976. p. 108.

上的母亲相融合同一化过程之中，她免于任何外在的致命威胁，"大海
—母亲"一直在保护着她的生命安全。可以说，海洋作为一种母体成
为她的庇护所，直到她最终回到故国。

康斯坦丝在丈夫死后重新返回故国，见到父亲不禁双膝跪地，"心
中的悲喜化作满眼的泪水"，决定和年老的父亲生活在一起，"从此就
不再分离而守在一处"。① 康斯坦丝是圣母玛利亚式女性的典型代表，
她和父亲之间的关系实际上又反映出一幅具有中世纪色彩的画面：圣
父对年轻的玛利亚的情感培养和关爱。换句话说，这是一种对中世纪
文化中老夫少妻婚姻模式的潜在影射（比如巴斯妇的前四任丈夫均比
她年长许多），丈夫在婚姻中扮演着对年轻妻子的思想提升和情感关爱
的角色，而妻子处于从属地位和被"教导"的角色之中。但我们知道，
中世纪母性体制要求母亲在孩子的身心成长，尤其是子女在皈依宗教
和信奉上帝方面扮演极其重要的推动作用，而康斯坦丝和父亲一起
"始终行善积德"，这说明父亲同样起着母亲引导孩子步入社会的作用，
实现了为母之道。

《律师的故事》的后面还隐藏着另外一个有趣的话题：年老的女性
总是被妖魔化，被描写为魔鬼式的人物。例如，故事中的苏丹之母和
多纳吉，《绿衣骑士与高文爵士》中年老色衰的摩根，等等。显然，中
世纪世俗文学和宗教文学把少女身份看作是女性最珍贵的年龄段②，苏
丹之母和多纳吉身上所展现出的反母性特质部分地说明中世纪人对年
老女性所持的文化偏见，把她们和死亡联系起来，而圣母玛利亚式的
女性康斯坦丝保留了中世纪人对充满青春活力的母亲的眷恋之情。

二　母性角色的迷失：现实重建与再生

《修女院院长的故事》是《坎特伯雷故事》中唯一以孩子作为主
角的故事，它描述了孩子的纯真和犹太人的暴力，赞颂圣母玛利亚的
母性。本部分主要探讨两个问题：一，修女院院长埃格兰提妮夫人通

---

① 丁肖认为他们父女之间存在一种乱伦关系，参见 Carolyn Dinshaw, *Chaucer's Sexual Po-etics*. Madison：The University of Wisconsin Press，1989. pp. 100 - 2.

② Kim M. Phillips, "Margery Kempe and the Ages of Woman", in *The Cambridge Companion to The Book of Margery Kempe*, pp. 17 - 34.

过照顾宠物狗来扮演母亲角色,重构母亲身份;二,由于犹太人杀死了歌颂圣母玛利亚的儿子,寡居母亲承受母性悲恸,成为典型中世纪艺术中"圣母晕厥"(Mary' Swoon)形象的现实再生。整体来看,由于宗教戒律、种族和信仰冲突,她们最终都成为"不合适的"母亲。

在《坎特伯雷故事》的《序言》中,乔叟把修女院院长埃格兰提妮夫人描绘成一位优雅而谦和的女士,对餐桌礼仪甚为讲究,举止得体,风度翩翩,典雅迷人,颇受尊敬。乔叟对她表现出的赏识说明他精于世故,展示了上流社会生活才该有的奢侈与豪华。① 修女院院长充满慈悲和仁爱,会为夹在捕鼠机上死去的老鼠或为挨揍的小狗流泪。作为修女院院长,她不可能拥有自己的亲生孩子。这和当时的文化背景有一定的关系。苏拉密斯·萨哈在《第四等级—中世纪欧洲妇女史》中指出,中世纪女性除了宗教原因、不能结婚等原因被送进女修道院之外,私生女、残疾女性和智障女性也会进入修女院,有些女性由于惧怕婚姻所带来的种种罪恶感而产生对婚姻的恐惧也进入修女院。因此,修女在很大程度上不受男性权威的束缚,有些修女甚至非常喜欢这种自由的生活。13 世纪到 14 世纪的许多女性都希望加入修女院。一些圣徒传表明有些伟大的修女一生中最大的理想就是嫁给基督,这显然是受当时占主导地位的禁欲思想的影响。② 教会虽然不断强调父母抚养子女的义务,但是,孩子却被看作是神圣崇拜和人们想献身于宗教生活的最大障碍。按照萨哈的分析,中世纪社会之所以如此否定母亲角色同中世纪社会对待孩子的态度有很大关系。儿童在基督教占据主导地位的中世纪文化中毫无地位可言,"教会文学常把孩子当成负担,间接地说,也是引起罪孽的祸根……中世纪文学很少视孩子为快乐的源泉"③。对于那些选择了宗教生活的修女来说,追求灵魂的快乐和生活完美的过程必然意味着主动放弃世俗生活,全身心投入到宗教信仰之中,通过崇拜上帝以获得精神救赎,真正的母亲身份自然就很难实现。

修女院院长埃格兰提妮女士处在这样的社会与宗教背景之下,不

---

① E. Talbot Donaldson, "Chaucer the Pilgrim." *PMLA* 69 (1954): 928 – 36. p. 930.

② Shulamith Shahar, *The Fourth Estate*: *A History of Women in the Middle Ages* (revised edt.). Trans. Chaya Galai. London: Methuen Young Books, 2002. p. 33.

③ Ibid. p. 105

太可能成为一位真正意义上的生物性母亲。这种母亲身份的实现受阻于中世纪人追求的灵魂的救赎、永恒的生活、他们对上帝的爱的崇拜与幻想，但她豢养宠物狗，向往世俗世界中普通女性的生活。这些表明她在心理上拒绝把她与世俗世界里她可以扮演的角色彻底分离。虽然她常为缺少对基督教的虔诚而备受指责，维多利亚·微克汉姆认为："她的故事中不断地重复'母亲'，这明显地说明了她的非修女的言谈举止和她对普通女性生活的向往，其中一个就包括她自己的孩子。"①她把豢养的宠物狗看作孩子，从而实现了个人角色的转换与投射。把角色期待转移到她身边的客体上，而她的宠物狗是她在日常生活中可以接触到的客体。在悉心照顾和喂养这些小狗的过程中，她扮演着母亲角色，心理上获得一种作为母亲的满足感。显然，这是一种有效地重构母子纽带的途径。

修女院院长埃格兰提妮女士和女作家朱丽安不同。朱丽安身处狭小的禁室，在冥想之中度过余生，她在启示中把上帝和耶稣看作母亲。修女院院长没有被关闭在狭小的空间之中，她有更多的自由和机会接触修女院以外的世界，能够和修女院外面的人和世界进行一定的思想交流和接触。表面上看，她在为死去的宠物狗哭泣，实际上，她真正感到痛心的是她们之间建立起来的情感纽带的断裂，是她的情感依赖、寄托的客体的彻底消失，是"母亲"与"孩子"情感纽带的瓦解。进一步说，"宠物狗"不仅是她的情感依赖的客体所在，而且是她自我的一种延伸。在喂养、抚摸宠物狗的过程中，她以母亲的温柔情感来观照外化在狗身上的自我，延续自我，扮演母亲角色。爱德华·艾·孔德利指出："她给动物喂的食物让我们感到吃惊……因为用牛奶泡软的肉和面包是断奶的孩子的理想食物。"②她所具备的爱的天性使她不由自主地想保护她的宠物狗，这种自发的母爱延伸到故事中的小学童身上，因为她对他产生怜悯之心，不断地使用"幼小的"、"小的"、"天真的"等词来表达她对小学童表现出的同情、怜悯与母性情怀。

修女院院长角色的双重性可以追溯到圣母玛利亚形象的历史演变过

---

① Victoria Wickham, "Chaucer's Prioress: Simple and Conscientious, or Shallow and Counterfeit?" < http: //www. luminarium. org/medlit/wickham. htm >. April 23, 2008.

② Edward I. Condren, "The Prioress: A Legend of Spirit, A Life of Flesh." *Chaucer Review* 23 (1989): 192 – 18. p. 194.

程。克厄弗所大公会议（Council of Ephesus）于 451 年正式宣布玛利亚为上帝之母和童贞女生子（Virgin Birth）这一观点，迦克墩公会议（Council of Chalcedonia）又重申了此点。克里斯蒂娃认为基督教对圣母玛利亚的理想化和后来封她为"我们的夫人"（Our Lady）的做法类似于骑士故事中的贵夫人所具备的世俗权力，她们之间具有共同点：都是男性欲望和幻想的焦点所在。倡导禁欲主义的基督教理念和 1328 年宣布的萨利克继承法（Salic law）使玛利亚崇拜和典雅爱情模式融合在一起。她进一步指出："大约在法国国王路易斯八世的妻子布兰奇时代，圣母很明显成为骑士爱情故事的核心，整体上具备了世俗女性和神圣母亲的双重特征，永远不可企及。"① 应该说，修女院院长扮演了双重角色，只不过是在现实世界中保留了修女身份，她所认同的角色观照了当时的男权社会话语：圣母玛利亚和贵夫人永不可及，这使男性在想象中对理想女性和母性进行升华。

候蒲·费丽思·威丝曼认为修女院院长在两个已经被接受认可的角色模型中作出了错误的选择：宫廷贵夫人与圣母玛利亚。② 我们知道修女院院长名字叫埃格兰提妮夫人（Madame Eglentyne）。"Eglentyne"在英文中与野玫瑰关联，而野玫瑰是圣母玛利亚的象征。③ 凯瑟利·郝伯斯认为修女院院长在肯定自己性别的同时又否定了自己的性别。她进一步指出："她（修女院院长）紧紧地处在圣母玛利亚—妓女的二分法之中，完全成为卑贱的存在。"④ 这里指涉的是她身上体现出的卑贱性。

修女院院长把圣母玛利亚比作"洁白的百合花，/她虽然生下你，/却一直是童贞女"（第 13391—3 行）。她祈求圣母玛利亚引导她唱歌的方式和圣母玛利亚在小男孩舌头上放一粒珍珠让他唱歌的方式相同。修女院院长和这个纯真的男孩产生心理上的认同感，然而，恰恰是这种认同感使她在心理上觉得自己就是圣母玛利亚的孩子。必须指出的是修女

① Kelly Oliver, ed. *The Portable Kristeva*. New York: Columbia University Press, 2002. p. 319.

② Hope Phyllis Weissman, "Antifeminism and Chaucer's Characterization of Women," in *Geoffrey Chaucer: A Collection of Original Articles*, pp. 93 – 110.

③ 伊·皮·库尔认为修女院院长的名字表达了对这位年轻的殉道士的同情，因为耶稣头上佩戴有野玫瑰。参见 E. P. Kuhl, "Chaucer's Madame Eglantine." *Modern Language Notes* 60 (1945): 325 – 26.

④ Kathleen M. Hobbs, "Blood and Rosaries: Virginity, Violence, and Desire in Chaucer's 'Prioress's Tale,'" in *Constructions of Widowhood and Virginity in the Middle Ages*, p. 189.

院院长在这里经历了角色的转换：作为一位"不合适"的母亲，她企图通过照料自己的宠物狗来扮演母亲角色，并对小学童充满了母爱；作为圣母玛利亚的孩子，她身上体现了孩子的纯真和自己的宗教虔诚；作为一名修女，她的身份又被她身上所佩戴的具有世俗特点的胸针所解构。

修女院院长通过喂养宠物狗扮演母亲角色，但对于故事中伤心欲绝的寡居母亲来说，真正该受到谴责而为儿子的死亡负责的是残忍的犹太人。故事发生在亚细亚的一座城市，在该城市中，基督徒社区中有一个犹太区。故事的主人公小学童是唱诗班的成员，在教室中朗读识字的时候，年龄较大的孩子学唱赞美诗，耳濡目染，他学会了唱这首歌，字正腔圆，因为他敬奉圣母之心非常真挚。每次放学回家，他不得不穿过犹太区，回家的路上他总是情不自禁地欢唱这首盛赞圣母玛利亚的对经《救世主的慈爱之母》（*Alma Redemptoris Mater*）。犹太人对此怀恨在心，最终密谋把他抛进一个粪坑，致其死亡。

修女院院长讲述的这个故事一般被归类在"圣母的奇迹"叙述故事和孩子作为祭品的主题之中（child-as-Host motif）①，是当时民谣中流行的"唱诗班歌手的故事"②。其实，这个故事并非乔叟大胆杜撰，它和欧洲历史上误传的犹太人"血污案"（blood-libel of the Jews）和中世纪欧洲反犹思潮有关。当时人们认为犹太人把基督徒的（尤其是儿童的）鲜血用于秘密的犹太邪教祭祀，并将肉做成犹太人的无酵面球，成为犹太人的逾越节食物，这引起了普通人对犹太人的仇恨情绪。乔叟时代的文学充满了反犹主题，把犹太人看作是残忍的种族，甚至是魔鬼的代理人。在英国历史上，盎格鲁-撒克逊国王也许有意把犹太人排除在英国之外，正是威廉一世第一次鼓励犹太人定居在伦敦。③ 在 1189 年到 1190 年之间，国王理查德准备率领十字军东征，一系列残忍的反犹行为在英国爆发。这由当时的东征热情和人们对犹太人借钱行为的憎恨情绪引发。④对于中世纪英国来说，1215 年是个分水岭：1215 年之前的反犹行为属于

---

① Denise L. Despres, "Cultic Anti-Judaism and Chaucer's Litel Clergeon." *Modern Philology* 91 (1994): 413 – 27. p. 414.

② Sarah Hopper, *Mothers, Mystics and Merrymakers: Medieval Women Pilgrims*. Stroud: Sutton Publishing Limited, 2006. p. 66.

③ C. Warren Hollister, Robert C. Stacey and Robin Chapman Stacey, *The Making of England to 1399*. Boston : Houghton Mifflin, 2001. p. 149.

④ Ibid. p. 226.

民间行为,次数少且规模小;1215年之后情况大有不同,教会与王权明确推行持久的反犹政策。这种反犹思潮愈演愈烈,本质上是基督教反犹主义思潮在基督教世界引起强烈的民族仇恨而致。[①] 1290年,所有犹太人被驱逐出英国,英国建立了6个因为十字架仪式而失去生命的孩子的神龛。虽然有学者认为乔叟的《修女院院长的故事》可能来自他在婴儿殉教节(Childermas)或圣婴殉道庆日(feast of the Holy Innocents)听到的一个布道文[②],多数评论更多地强调《修女院院长的故事》中的反犹主义思想倾向。[③] 虽然有学者认为在乔叟写作的时候犹太人在英国绝迹,但也有人认为乔叟游历广泛,1366年曾经去过西班牙,至少看到过犹太社区,而他的赞助人高特的约翰和西班牙王室有联姻关系。[④] 在文学传统和知识评论体制之中,《修女院院长的故事》带有很强的种族色彩和政治敏感性,但是,我们又很难脱离背景、脱离历史对它进行中肯评价。哲罗丁·衡认为,基于文化虚构和想象,尤其在14世纪和15世纪之间,"权力技术产生了对英国犹太人进行合法执行的状态,控诉他们的祭祀性杀牲"[⑤]。戴尼斯·德普雷认为犹太人对象征性的模式构建非常必要,因

---

① 有关中世纪英国的反犹现象,参见 王本力:《中世纪反犹现象的演变及其特征》,《历史教学》,2009年第9期,第35—40页。苏珊妮·巴特莱特认为犹太人在诺曼征服之后到达英国,最早住在伦敦,1130年后开始在坎特伯雷、约克、牛津等地出现。截止1159年,英国形成了9个自治的犹太人社区。1290年,所有在英国的犹太人因为经济和政治原因被驱逐,大多定居在法国、荷兰和德国。参见 Suzanne Bartlet and Patricia Skinner, *Licoricia of Winchester: Marriage, Motherhood and Murder in the Medieval Anglo-Jewish Community*. Vallentine Mitchell, 2009. pp. 1 – 5, pp. 141 – 3.

② Marie Padgett Hamilton, "Echoes of Childermas in the *Tale of the Prioress*", in *Chaucer: Modern Essays in Criticism*, p. 89.

③ Philip S. Alexander, "Madame Eglentyne, Geoffrey Chaucer and the Problem of Medieval Anti-Semitism." *John Rylands Library Bulletin* 74 (1992): 109 – 20. John Archer, "The Structure of Anti-Semitism in the *Prioress's Tale*." *Chaucer Review* 1 (1985): 46 – 54. Alan Dundes, *The Blood Libel Legend: A Casebook in Anti-Semitic Folklore*. Madison: University of Wisconsin Press, 1991.

④ Sheida Delany, "Chaucer's Prioress, the Jews and the Muslims." in *Chaucer and the Jews*, p. 51.

⑤ 1290年,爱德华一世开始大规模驱逐犹太人。这是欧洲第一次对犹太人的驱逐。在中世纪英国,犹太人在英国比在西欧其他国家遭受的排斥程度大。Robert C. Stacey, "Anti-Semitism and the Medieval English State", in *The Medieval State: Essays Presented to James Campbell*. Ed. J. R. Maddicott and D. M. Palliser. London: Hambledon. pp. 163 – 77. Geraldine Heng, "Jews, Saracens, 'Black Men,' Tartars: England in a World of Racial Difference", in *A Companion to Medieval English Literature and Culture: c. 1350 – c. 1500*. Ed. Peter Brown. Oxford: Blackwell Publishing Ltd., 2007. pp. 247 – 70.

为这个模式有助于界定中世纪基督徒所在社区的真正本质。① 英国当时具有很强的反犹思潮,社会和政治背景表明寡居母亲成为"不合适的母亲"的过程似乎不可避免。

"不合适"意味着从真正的母亲的身份转变为非母亲(non‑mother)的过程。儿子之死剥夺了这位寡居母亲保护、照顾儿子的责任和义务。这位寡居母亲曾经不断教导自己的儿子要赞美圣母玛利亚,这引起社区犹太人的不满与憎恨,进而引发后来的残杀案。需要注意的是小学童歌唱的对经《救世主的慈爱之母》在故事中先后出现四次:第一次,男孩听到别的孩子唱这首对经,决心学会它;第二次,他在犹太社区欢快地歌唱它,后来被犹太人无情地杀害;第三次,他死后仍然高声吟唱它;第四次,男修道院院长给他身上洒圣水,男孩又一次开始歌唱《救世主的慈爱之母》:

> 救世主的慈爱之母,听听您的信徒的痛哭声,
> 您是夜空闪烁的明星和天堂的入口!
> 救世主的母亲,她从无中生育您。
> 我们在抗争中沉陷,向您呼唤着求救:
> 哦,加百列带给您怎样的欢乐,
> 您是第一位也是最后一位童贞女,让我们看到您的仁慈。
>
> 从基督降临的第一个星期天到圣诞节:
> 上帝的天使给玛利亚带来口信,
> 她因圣灵而孕育。
> ……
> 哦,上帝,他是因着玛利亚的贞洁所生,赋予人类
> 永恒救赎的回报:我们恳求您,我们可以体验到她
> 为我们说情。因为她,我们值得接受生命的创造者,
> 我们的主耶稣,您的儿子。阿门。②

---

① Denise L. Despres, "Cultic Anti‑Judaism and Chaucer's Litel Clergeon." *Modern Philology* 91 (1994): 413–27. p. 417.

② 《救世主的慈爱之母》是圣餐仪式中的玛利亚颂歌之一,其他三个分别为 Ave Regina Caelorum (《万福天主之母》)、Regina Coeli (《天上圣母》) 和 Salve Regina (《祝福圣母》)。

　　这表达了对圣母玛利亚的母性和贞洁的赞美之情。同时，在故事的讲述之中，原文以"撒旦这毒蛇是我们的头号敌人，他在犹太人心中筑有马蜂窝"来鞭笞邪恶的犹太人。这是乔叟对苏丹之母被比作"邪恶之井"和圣母玛利亚被比作"光之灵"的持续呼应。当然，小学童对圣母玛利亚的歌颂显示出当时玛利亚崇拜的狂热程度。

　　在小学童被杀害之后，不知情的寡居母亲整晚都在煎熬中等待他回家，第二天清晨四处寻找，心中含着母亲的"怜悯"（pitee），无助的寡妇如同《律师的故事》中备受折磨的康斯坦丝一样向圣母玛利亚求救。她可怜地（pitously）在所有人居住的地方寻找他，在他尸骨未寒的深坑（pit）周围呼喊。后来小男孩的尸首被抬起的时候，她可怜地（pitiful）恸哭。吉拉·阿洛尼和雪丽·沙伦—赛瑟认为小学童所处的物理空间和母亲内心怜悯情感在结构上和语音学上相互紧密联系，更为主要的是与母体相连：母亲的乳房（brest）。① 其实，这种词语结构或语言节奏的关联性形成了一种科拉，在焦虑的寡居母亲和儿子之间产生了一种独特的精神空间。隐喻性地讲，这种表面上显现的语音关联性实际上在母亲和儿子的内心煎熬中创造了这样一种空间：在母亲寻找儿子的悲痛与儿子在为生命挣扎中的恸哭中形成一种张力。这种科拉具有母亲身体特有的流动性、移动性和节奏感，只有处于前俄狄浦斯阶段的孩子和母亲才可以共同感受到的一种节奏感。

　　寡居母亲就是圣母玛利亚的现实再生。② 她在儿子的棺材旁边痛哭、寻找，最终晕倒在棺材旁边。当她晕倒在地的时候，她作为母亲的悲痛和圣母玛利亚失子之痛是一样的。在《圣经》之《路加福音》中，玛利亚在焦虑中寻找耶稣：

---

　　① Gila Aloni and Shirley Sharon-Zisser, "The Prior Root: The Transit Through Hebrew in *The Prioress's Tale*." < http://www.chass.utoronto.ca/french/as-sa/ASSA-No17/Article3en.html >. April 26, 2008.

　　② 根据阿米·内夫的看法，13世纪后半期"圣母晕厥"的形象在艺术中特别流行。在这之前，中世纪有关十字架的形象都表明圣母玛利亚站在十字架下。"圣母晕厥"这一形象来源于当时的情感虔诚，这种虔诚重在激发人们对圣母玛利亚的"叹息、哭泣、悲伤、痛苦、悲哀、悲恸"做出设身处地的反应。Amy Neff, "The Pain of *Compassio*: Mary's Labor at the Foot of the Cross." *The Art Bulletin* 80 (1998): 254–73.

　　然后，他们开始在亲戚朋友中寻找他。当他们找不到他的时候，他们返回耶路撒冷继续寻找他。三天后他们在寺庙中找到了他，正坐在他的老师中间……当他的父母看到他的时候，他们非常吃惊。他的母亲对他说道："孩子，你为什么要这样对待我们？看，你的父亲和我在焦虑中一直苦苦地寻找你。"①

　　这说明一个问题：母性总是与作为母亲的情感焦虑和痛苦紧密关联。这表明中世纪社会话语总是把被动性、软弱、痛苦与母亲联系在一起。正如中世纪母性意识所构建的那样，"好母亲"不得不经历、承受失子之痛，它使"信徒产生怜悯之情，为了实现救赎，在精神上'生育基督'"②。《修女院院长的故事》中的小学童同样没有父亲，因为歌颂圣母玛利亚而失去性命，可以说，悲痛不已的寡居母亲就是为十字架上受难的耶稣痛哭万分的圣母玛利亚在现实生活中的再生。

　　这位寡居母亲的悲恸实际上是因为她和儿子之间精神上息息相通、长久的亲密感和感情的依赖性突然中断而引起。这种中断对于那些寡居或单身母亲来说打击尤其更深远，因为她们通常把精力更多地用于养育、培养儿子上面，并可能把他看作生活的精神支柱。她的"突然昏厥"不但说明她强烈地拒绝接受儿子死亡这一事实，即自我的死亡和他们的情感上的亲密感与一体感的丧失的事实，而且说明她被动地从自己几年来一直扮演且已经习惯了的母性角色中突然被解除。这导致的结果是她感情依赖的客体突然从她所依赖的儿子转变为无所依靠的空白存在。犹太人的暴力行为导致她的自我瞬间突然崩溃，这表明母亲身份受到种族矛盾、宗教分歧、政治因素的极大影响，而寡居母亲成为这些矛盾的直接受害者，宗教矛盾在她身上得以外化。这也是对福音书中鲜有描述的圣母玛利亚的母性悲恸做了生动的脚注式补充。

　　修女院院长把这位寡居母亲称作"又一个拉结"（newe Rachel），其实指涉的是《圣经》中的"希律王与儿童"部分："是拉结哭她儿女。不肯受安慰，因为他们都不在了。"③ 故事以去掉圣母玛利亚放在男孩舌

---

① Luke. 2：44 – 8.

② Amy Neff, "The Pain of *Compassio*：Mary's Labor at the Foot of the Cross." *The Art Bulletin* 80 (1998)：254 – 73. p. 271, p. 270.

③ Jeremiah. 31：15；Matthew. 2：18.

头上的麦粒（greyn）和仍然唱歌的男孩的死亡结束。罗伯特·汉宁认为圣母玛利亚的介入是"一种喂养举动，最近被人们巧妙地看作是中世纪颇为流行的圣母玛利亚哺乳奇迹（Marian lactation miracles）的故事，同样，提醒修女院院长用制作精良的面包喂养她自己的'宝贝孩子'，小狗"①。显然，小男孩就是基督的化身，在歌唱中赞美圣母玛利亚，而他喉咙中的麦粒象征着道成肉身或逻各斯。我们知道"greyn"通常被译作"珍珠"。在中世纪文化中，它又象征着纯洁、贞洁和谦卑。

《修女院院长的故事》与其说是指责犹太人的残酷，探讨创伤与文本书写的关系，还不如说是美化既是母亲又是童贞女的圣母玛利亚。故事结尾提到年少的圣徒林肯的休（Hugh of Lincoln，1247 - 1255）。休是寡妇比阿特丽斯的儿子，1255 年在英国林肯镇被一位名叫科平（Copin）的犹太人杀害，以后一个多世纪里，英国反犹思潮此起彼伏，非常强烈。② 在谴责犹太人祭祀性杀戮与文化构建后面隐藏着基督教话语需要澄清的问题：在寡居母亲与小学童、圣徒休与母亲比阿特丽斯、基督与圣母玛利亚这三组关系中再现的都是母性失子之痛和犹太人的暴力行径，从而使她们从具有母亲身份的女性转变为"非母亲"、"不合适"的母亲。

寡居母亲实际上是圣母玛利亚在现实世界中的再现，这体现在丧子之后的母性悲恸和保持身体的贞洁方面，而这种贞洁在中世纪通常被看作是等同于童贞。寡居母亲和修女院院长的身体，就是圣母玛利亚身体在现实世界中的翻版，它们转化为一种文本。修女院院长说道：

> 哦，圣徒，童贞之身，
> 你可以永远在天国歌唱
> 追随天国的白羔羊。（第 13509—11 行）

修女院院长和故事中被杀害的小学童产生认同感。她和小学童认同的东西是小学童的天真无邪和童贞，这一点从她的话语"我像个一岁的

① Robert W. Hanning, "From Eva and Ave to Eglentyne and Alsoun: Chaucer's Insight into Role Women Play." *Signs* 2 (1977): 580 - 99. p. 589.

② Deraldine Heng, "Jews, Saracens, 'Black Men', Tartars: England in a World of Racial Difference", in *A Companion to Medieval English Literature and Culture: c. 1350 - c. 1500*, p. 253.

或不满周岁的孩子"（第 13414 行）中得到证实。她对自身纯真的强调进一步想表明自己的纯洁。

修女院院长和寡居母亲都是失去孩子的母亲，成为圣母玛利亚式的母亲，因此，她们的模仿是一种重复模式的再生产：母亲在痛失爱子或情感寄托客体时表现出悲伤、痛苦和无奈。如果说母亲怀孕和生育孩子为她们提供了进入象征秩序的通道，涉及母亲身体与男权社会宗教禁忌之间的矛盾，那么，这则故事中儿子作为情感的客体对象的死亡切断了她们和外部现实世界的联系。最为重要的是，这些母亲被迫放弃母性角色而无法履行作为母亲的义务和责任，出现角色实现中的彻底短路和母亲身份的模糊性。她们的经历使她们成为"不合适"的母亲：从真正的、自然的母亲角色被迫过渡到非自然的、非正常的母性角色。

寡居母亲失去了儿子，从某种程度上来说，乔叟再现了十字架下悲伤的圣母玛利亚的故事。这可以看作是现实与想象融合的产物，是母子纽带断裂后母亲悲恸的典型表征。修女院院长说："啊！圣母童贞女！啊，自由的童贞女圣母！"（mooder Mayde, O mayde Mooder free）（第 13399 行）我们理解了乔叟企图从"母亲"和"童贞女"两个词语中传达的潜在意义。萨拉·萨利赫指出，中世纪英语"virgin"（童贞女）和"meiden"（少女身份）用来指女性的时候，其意义相同，它们主要强调女性的贞洁度，即童贞。① 中世纪英语抒情诗《我歌唱一位少女》中写道："母亲和少女从来不是别人而是她（指圣母玛利亚）。"被浪漫化的圣母玛利亚跪倒在十字架上受难的上帝—儿子的脚下而表现出沉默和顺从，她的眼泪是母亲挫折感的外在表现，所以，寡居母亲见到爱子已死的"晕厥"和修女院院长对自己心爱的小狗的死亡的"哭泣"都是对圣母玛利亚"晕厥"这一母亲形象的呼应和现实再生。巴里·温迪厄特指出，在中世纪英国文学中出现许多有关晕厥的描述，并形成一定持续性的重述、改编和阐释传统。这种晕厥是受传统支配的中世纪身体语言符号，具有自身的规则、模式和期待。② 他进一步指出，作为一种特殊形

---

① Sarah Salih, *Versions of Virginity in Late Medieval England.* Cambridge: D. S. Brewer, 2001. p. 16.

② Barry Windeatt, "The Art of Swooning in Middle English", in *Medieval Latin and Middle English Literature.* p. 211.

式的缺场,晕厥可以通过情景反应者对分离、隔离和迷失作出的表现来观照这些缺场。作为缺场,晕厥模仿他们代表的失落感和分离感。在晕厥中产生的自我缺场可以看作是某些令人憎恶的情景或困境中的自我疏离。① 虽然《圣经》中并没有关于圣母玛利亚晕厥的权威记述,但对于中世纪人来说,人们最为熟悉的晕厥行为是圣母玛利亚在耶稣受难时候的晕厥。② 在中世纪时期,罗伯特·曼宁、理查德·罗尔、圣布里吉特、玛格丽·坎普都提到了圣母玛利亚在看到儿子受难之后而晕厥的情景。

阿米·内夫指出"圣母玛利亚晕厥"这一形象的产生源自中世纪流行的情感虔诚:"她对(耶稣十字架)受难的反应是神圣的母性和她在救赎史中扮演的角色的直接表达。"③ "玛利亚的晕厥表达了她的怜悯、母性和牺牲精神。"④ 显然,因悲痛而晕厥的母亲形象和《律师的故事中》愤怒的异教母亲形象迥然不同。乔叟的高明之处在于接受了当时为大众热衷的这一母亲形象,在个人的文学再创作中展示真正的母亲的痛苦。他使像寡居母亲一样的普通母亲的丧子之痛升华为圣母玛利亚的丧子之痛,由此升华了普通女性的母亲身份,更为圣母玛利亚唱了一首赞歌。乔叟笔下的寡居母亲可以看作是一种象征符号,彰显母子纽带的断裂和母亲的悲恸,以非常犀利的手法谴责犹太人的暴力,歌颂圣母玛利亚的母性。

三 回归角色:跨性别母亲与政治博弈

《修士的故事》涉及了历史上两位真实的母亲芝诺比亚(Zenobia)和阿格丽品娜(Agrippina),她们成为政治斗争和权力攫取中的牺牲品。她们是跨性别母亲。之所以给她们贴上"跨性别"的标签,是因为她们不同于上一部分悲恸不已而无力挽救孩子的寡居母亲。相反,她们充分利用母亲身份,积极参与政治,在实现个人抱负的过程之中把女性气质

---

① Barry Windeatt, "The Art of Swooning in Middle English", in *Medieval Latin and Middle English Literature*. p. 212.

② Gertrud Schiller, *Iconography of Christian Art*. Trans. Janet Seligman. London: Lund Humphries, 1971. pp. 152-3.

③ Amy Neff, "The Pain of *Compassio*: Mary's Labor at the Foot of the Cross." *The Art Bulletin* 80 (1998): 254-73. p. 254.

④ Ibid. p. 255.

和政治体制联系起来，在炫目的辉煌之后，一夜之间成为政治斗争的阶下囚。本部分重在探讨在和政治体制对话的过程中，这两位跨性别母亲走向失败和毁灭之路的原因。

《修士的故事》虽然有几种来源①，但和《坎特伯雷故事》中的其他故事相比，它没有引起学界的足够关注。这种无人问津的困境当然也适用于芝诺比亚和阿格丽品娜这两位母亲，她们既没有得到学界研究的高度关注，又同样在与男权社会对话过程中走向毁灭。故事的讲述者修士提到了几位女性：命运女神、大利拉、德杰妮拉、犹滴、法妮安、伯沙撒王的后妃、芝诺比亚和罗马国王尼禄的母亲阿格丽品娜。但是，除了尼禄的母亲阿格丽品娜（实际上在故事中没有提及她的名字）和女王芝诺比亚之外，《修士的故事》中提到的几位女性几乎都不具备母亲身份。② 芝诺比亚，作为罗马皇帝奥理安的俘虏，在被押解去罗马的路上失去儿子。作为女王，她已经跨越了文化为女性定义的边界和女性应该扮演的角色，身上更多地体现的是男性气质。残忍无情的罗马皇帝尼禄派人杀害了亲生母亲阿格丽品娜，使她在忍受百剑穿肠、剖腹之痛中失去生命。修士对这两个故事的简单说明并不足以让我们了解有关这两位母亲的真实情况，因此，我们有必要借鉴历史记录和文献来进一步证明和阐释体制化的母性和政治体制之间的互动关系。

在主人抱怨他凶悍的妻子之后，修士开始讲述有关历史名人的悲剧故事。朱迪·费尔斯特认为修士所讲的故事只不过是为了"报复主人"③，但是这些说法并不影响我们要研究的这两位母亲。根据修士的讲述，芝诺比亚是帕米拉城的女王，英勇善战，无人比肩。结婚前，她敢于杀死凶猛的狮豹，徒手撕碎熊皮，在兽穴中搜出野兽，黑夜中在深山野林中四处走动，敢于和任何强壮的男士摔跤搏斗。结婚后，丈夫和继子不幸被暗杀，儿子年幼无力承担国事，她遂继承王位统治整个国家，征服了东方的许多强大国家和罗马帝国的许多城市。谈到她的伟大事迹

---

① 故事的来源有薄伽丘的《十日谈》、拉丁版的《圣经》和《玫瑰传奇》等，参见 Pauline Aiken，"Vincent of Beauvais and Chaucer's *Monk's Tale*." *Speculum* 17（1942）：56 – 68. R. W. Babcock，"The Medieval Setting of Chaucer's *Monk's Tale*." *PMLA* 46（1931）：205 – 13.

② 海伦·库珀认为芝诺比亚的故事取自薄伽丘的《名女》，尼禄的故事取自《玫瑰传奇》中的第 6138 行到 6488 行。参见 Helen Cooper, ed. *The Canterbury Tales*. Oxford：Clarendon Press, 1989. p. 330.

③ Judith Ferster, *Chaucer on Interpretation*. London：Cambridge University Press, 1985. p. 147.

的时候,修士停下来说道:

> 我说,她是一位可敬的女子
> 既非常明智又万般慷慨,
> 温文尔雅,打起仗来坚决果断,
> 不屈不挠,忍辱负重。(第14304—7行)

她在战场上威风凛凛,无人匹敌,当时的各国皇帝无人敢直面她的英勇善战,害怕被她亲手屠杀,但罗马皇帝奥理安最终俘虏了她。不难发现,芝诺比亚敢于大胆挑战性别角色,把女性气质和国家政权联系在一起,这在当时有悖于以上帝为中心的基督教教义。这一举动实际上是对基督教教义中有关女性在社会中的角色和定位的实践行为。修士评论道:

> 当初她头戴头盔驰骋疆场,
> 要攻下城堡易如反掌,
> 现在头上只裹着头巾,
> 本来手握刻花的权杖,
> 如今只能拿纺线杆谋生。(第14376—80行)

可以看出,她原来佩戴的象征着权力和力量的皇冠和头盔现在被女性的头巾所代替,她那镶花的、象征权力的权杖被女性常用的纺线杆所代替。她经历了从男性化角色到女性化角色的转变,她的个人经历告诉我们她最终从母亲转变为非母亲。滨口惠子指出,在修士看来,异教徒对男女性别角色的转换和东方的性别等级制度是对宗教、道德和性别的越界,东方是"'类别危机'的典型表现"①。这恰恰适合芝诺比亚个人从政所处的境况。

萨哈·甘姆博认为,社会性别是社会对男性和女性如何举止的观点的一种习得或矛盾的回应。②再看《修士的故事》,芝诺比亚对当时社会

---

① Keiko Hamaguchi, *Non-European Women in Chaucer: A Postcolonial Study.* New York: Peter Lang, 2006. p. 124.

② Sarah Gamble, "Gender and Transgender Criticism", in *Introducing Criticism at the 21st Century*, p. 38.

一文化中所约定的性别文化角色的越界行为不是一种呼应，而是一种有力的反抗。《圣经》之《申命记》中写道："妇女不可穿戴男子所穿戴的；男子也不可穿妇女的衣服，因为这样做都是耶和华神所憎恶的。"①芝诺比亚的行为恰恰是对这种教义的逆反。奥尔森认为："他（修士）通过悲剧式的规则限制了她。"② 在故事的最后，她戴上了女性的头巾，手持中世纪女性在社会性别劳动分工中用的纺线杆。这不仅是她被迫回归传统女性角色的做法，也是修士惩罚她的语言叙述方式。可以看出，芝诺比亚跨越了性别的界限。如果采用现代术语，她不过是一位典型的易装母亲。作为母亲—王后，社会—文化话语期望她身居皇宫，处理好皇宫内私人空间的各种事务，但是，在面对丈夫不幸身亡、儿子幼小不能执政的情况下，母亲身份使她登上政治舞台。事实上，芝诺比亚不仅是一位雄心勃勃的政治家和军事家，而且是一位慈祥可亲的母亲，是一位巾帼不让须眉、企图成就一番事业的女性主义母亲，两个年幼的儿子在等待她去照顾。她身上所体现的跨性别特点触犯了社会相同禁忌③，而且，这种禁忌对她的政治事业和母性扮演角色造成一定的影响。

在《修士的故事》中，她的两个儿子赫曼诺和蒂马拉与她一起被带到了罗马。据历史记载，她有一个儿子瓦巴拉图斯（Vaballanthus, 267 - 273）和一个继子。继子在 267 年和当时的国王伍得奈斯一起被暗杀。在罗马皇帝奥理安的军队到达她的国家以后，她和儿子瓦巴拉图斯在波斯人的帮助下骑着骆驼从埃米萨逃离，但在幼发拉底河被奥理安的军队抓获。芝诺比亚短命的埃及王国和帕尔米拉王国从此瓦解，她和儿子被押往罗马，不幸的是她的儿子在去罗马的路上夭折。《修士的故事》中提到的两个儿子赫曼诺和蒂马拉也被作为俘虏一起带往罗马，但是，修士在讲述故事的时候并没有提及他们最后的下落。这种叙述中的沉默使我们猜想他们是否也像历史上的瓦巴拉图斯一样死于中途。据历史记载，当他的父亲被暗杀的时候，瓦巴拉图斯只有一岁，她的母亲芝诺比亚继承了王位，统治帕尔米拉王国。后来，瓦巴拉图斯在去罗马的路上不幸

---

① Deuteronomy. 22：5.

② Kurt Olsson, "Grammar, Manhood, and Tears: The Curiosity of Chaucer's Monk." *Modern Philology* 76 (1978): 1–17. p. 9.

③ "社会相同禁忌（social taboo against the sameness）"是美国女性学者盖尔·鲁宾所用的术语，出现在她的论文《女人交易：性的政治学初探》中。

死亡。作为一个六岁的孩子,瓦巴拉图斯在心理和身体上还对母亲有着很强的依赖性,却要承受非同寻常的艰难困苦,而他的母亲芝诺比亚却一夜之间成为阶下囚,无力保护儿子的平安。他也许因为某种原因死在母亲的身边。修士在讲述这个故事的时候并未提及她作为母亲的任何反应,却在故事结尾的时候指出她通过纺线杆谋生。

讲述故事的修士是一名神甫成员,是教会的代表性人物。众所周知,亚里士多德、圣安瑟尔姆、圣安布罗斯、雅克·德·维特里和圣奥古斯丁对中世纪文化中的性属构建都产生了很大的影响,他们普遍认为女性应该由男性管制,因为女性生性柔弱低贱。亚里士多德和圣托马斯·阿奎拉认为女性天生是为生育后代而存在的。在这个故事中,芝诺比亚作为一名异教女王—母亲,她游刃有余地处理朝政内外。但是,她的跨性别的角色表演触及了男权社会的男女有别和性别劳动分工的道德底线,导致内外力量共同夹击,置她于不利之地。因此,故事的结尾再现了她不得已被迫恢复作为女性应该扮演的角色,实际上是基督教对她命运的一种宣判。

芝诺比亚的失败和母子关系的终止主要是由她在权力关系中的跨性别表演所导致。但是,尼禄的母亲阿格丽品娜积极参政,扶持儿子尼禄为王,儿子却对她怀恨在心,派人用箭射杀她,惨不忍睹,上演了儿子弑母的悲剧。她也许是历史上最为悲惨的母亲。对乔叟笔下的阿格丽品娜的研究需要放在古代文学传统之中,因为朱迪·金斯博格在研究历史学家塔西佗、苏东尼斯和奥·科克亚努斯笔下的阿格丽品娜的时候忽略了乔叟笔下的修士讲述的有关阿格丽品娜的故事。①

修士在故事的讲述之中不断强调尼禄的堕落、腐败、暴行、专制和邪恶,但对尼禄弑母的过程只字未提。② 我们有必要参照可靠的历史记录来透视他们母子之间的紧张关系和阿格丽品娜死亡后面的真实历史。

---

① Judith Ginsburg, *Representing Agrippina*: *Constructions of Female Power in the Early Roman Empire*. New York: Oxford University Press, Inc., 2006.

② 弗·伊·巴德认为在描写尼禄的残酷和奢侈生活方面,除了莎士比亚,只有乔叟在提到他在台伯河钓鱼后就杀死了母亲。莎士比亚笔下暗指的尼禄的故事只是对乔叟的《修士的故事》的直接回顾。参见 F. E. Budd, "Shakespeare, Chaucer, and Harsnett." *The Review of English Studies* 11 (1935): 421–29。在《哈姆雷特》第三幕第三场中,哈姆雷特说道:"且慢!我还要到我母亲那儿去一趟。心啊!不要失去你的天性之情,永远不要让尼禄的灵魂潜入我这坚定的胸怀;让我做一个凶徒,可是不要做一个逆子。我要用利剑一样的说话刺痛她的心,可是决不伤害她身体上一根毫发;我的舌头和灵魂要在这一次学学伪善者的样子,无论在言语上给她多么严厉的谴责,在行动上却要做得丝毫不让人家指摘。"

据历史记载，阿格丽品娜是第三任罗马皇帝卡利古拉的妹妹。① 当尼禄三岁的时候，他粗俗而残忍的父亲多米提乌斯·阿赫诺巴尔比去世，尼禄过着无名而晦涩的生活，直到罗马皇帝克劳迪亚斯把他的母亲阿格丽品娜从流放地召回。在一次游戏中，尼禄超过克劳迪亚斯的亲生儿子不列塔尼库斯而成为众人瞩目的人物，阿格丽品娜成为王后美撒里娜嫉恨的对象。美撒里娜死后阿格丽品娜嫁给克劳迪亚斯，后来暗杀了他，把尼禄推上了罗马皇帝的宝座。除此之外，阿格丽品娜还绞尽脑汁排斥她的继子不列塔尼库斯，安排尼禄娶她的继女屋大薇娅为妻。作为母亲，她不择手段企图达到的目的就是扫清一切障碍，利用任何有利因素为尼禄成就一个灿烂的政治前途。可以说，她费尽心思、用尽手腕终于达到了自己的目的，但是，尼禄并不喜欢母亲一手为他炮制的婚姻大事，认为母亲不过是拿他的婚姻作为政治筹码。尼禄爱上姿色颇佳的侍女阿克黛，这使他的母亲阿格丽品娜大为光火，担心阿克黛会代替她在儿子心目中的位置。盛怒之余，阿格丽品娜认为在自己的控制之下可以找到良方让儿子和她最宠爱的屋大薇娅改善关系。一方面，她非常疼爱儿子尼禄；一方面，她又为儿子的忘恩负义感到倍受伤害，更为自己无望地深陷自己制定的计划而恼怒疯狂。

在这种日趋恶化的母子关系中，阿格丽品娜改变主意转而支持她的继子不列塔尼库斯，不列塔尼库斯成为她谋取权力、和尼禄抗衡的工具。不料被尼禄发现，尼禄毒死了不列塔尼库斯，这使她内心感到极端恐慌。她最后的杀手锏就是支持继女屋大薇娅打败尼禄的新欢波培娅·萨宾娜，因为后者一直怂恿尼禄摆脱阿格丽品娜对他的控制和影响。尼禄想尽办法把母亲从公众视野中隔离，消除她的政治影响力。阿格丽品娜住在尼禄的出生地安提乌姆的时候，他佯装邀请母亲去旅行，用尽伎俩让阿格丽品娜登上他早已准备好的船，企图中途使计使船沉入水底，造成母亲不幸身亡的现场。岂料阿格丽品娜看穿了他的计谋，中途和侍女换衣，顺利逃到安提乌姆，并未受任何皮肉之伤。尼禄意识到母亲识破了自己的阴谋诡计，遂决定委派亲信杀死母亲。当那些人强行打开她的房门的时候，阿格丽品娜脱掉睡衣，露出自己

① 有关历史材料，参见 Richard Holland, *Nero: The Man Behind the Myth*. Stroud: Sutton Publishing Limited, 2000; Judith Ginsburg, *Representing Agrippina: Constructions of Female Power in the Early Roman Empire*. New York: Oxford University Press, Inc. , 2006.

的身体。她说:"当儿子要杀死母亲的时候,刀子应该插到这里(子宫)。"话音刚落,她便浑身中箭无数,在疼痛中死去。① 她作为母亲的悲惨结局怵目惊心,让人目不忍睹。

如上所述,致阿格丽品娜于死地最直接的原因是因为她竭尽全力控制身为国王的儿子尼禄,而尼禄又不遗余力地想要摆脱母亲的束缚,尤其是当她成为他政治和权力的威胁的时候,他拒绝任何可以加强母子纽带的可能性和机会。由于尼禄的对抗行为、忘恩负义和冷漠无情,阿格丽品娜感觉备受屈辱和不甘。总结起来看,她作为母亲的不安全感主要来自以下两个方面:一,尼禄对母亲包办的婚姻的不满和他对其他女性示爱;二,阿格丽品娜被尼禄囚禁在与世隔离的空间之中,尼禄因此逐渐削弱了她在政治和家庭事务中的影响力,而阿格丽品娜无法接受被亲生儿子囚禁在这种无权、绝望、孤独的困境之中。这些正是矛盾的焦点所在。

朱迪·金斯博格指出:"古代文学中对阿格丽品娜的刻画一律充满敌意。"② 而现代诸多学者的看法也如出一辙。朱迪·金斯博格对阿格丽品娜的分析带有抵制情绪,但笔者更愿意从她作为一位皇帝的母亲的角度出发去解读这位颇有争议的女性。阿格丽品娜作为母亲尽其所能地在尼禄的身心成长和政治仕途发展上作出了巨大的努力来栽培他。她是一位"足够好的母亲",她为儿子的前途扫清一切障碍,直到尼禄成为至高无上的罗马皇帝,成功登上权力的顶峰。她对尼禄的控制进一步说明她确实在心理上和情感上对儿子有着很强的依赖性,同时,尼禄掌管整个国家事务,实现自己的政治抱负和对权力的占有,她又想通过控制成为皇帝的儿子实现作为母亲的优越感,而尼禄的问题在于他并不愿意赋予母亲这样的优越感和成就感。

尼禄企图摆脱控制欲强烈的母亲阿格丽品娜,遂转向其他被动型女性。这在某种程度上来说打破了以往的母子关系模式,使阿格丽品娜觉得自己被亲生儿子冷落和遗弃,从而引起她的嫉妒和敌意,越发使她想控制自己的儿子,达到母子关系中的同一感和原初认同,实现她的权威感。乔德罗指出:"母亲把孩子看作一个确定的他者——一个性别相反

---

① < http://www. mainlesson. com/display. php? author = abbott&book = nero&story = mother >. May 5, 2008.

② Judith Ginsburg, *Representing Agrippina*: *Constructions of Female Power in the Early Roman Empire*. New York: Oxford University Press, Inc.. 2006. p. 4.

的、带有性别的他者。"① 尼禄在她看来不过是她要掌控的他者，而尼禄又拒绝处于他者位置。在边缘与中心的争斗中，母亲处于中心位置，儿子处于边缘位置而实现了阿格丽品娜的自主性，从而实现她在母子关系中的权威感和主导权。从心理角度来说，两任丈夫的死亡使无依无靠的她对儿子尼禄在情感上有着很强的依赖性。她之前作为妻子和母亲的两个互相关联的角色现在压缩成为一个角色——尼禄的母亲。母性移情使她仍然把尼禄当作自我的一个延续。她对儿子的过度依赖和过度保护源自丈夫的缺场，而通过控制尼禄使阿格丽品娜确立了自己的母亲身份和地位，维护自己的自尊和母亲权威。尼禄先后爱上阿克黛和波培娅·萨宾娜，这说明他在寻找那些没有威胁感、没有控制欲而依赖性很强的被动型女性。正如乔德罗所言，男孩的认同过程和男性角色的习得不可能在和父亲的关系中产生，但是，更掺杂着对母亲的感情关系的否定。由此推断，尼禄和这些处于弱势地位的女性之间的关系不仅是在否定、摆脱控制欲强烈的母亲阿格丽品娜，扫清政治仕途上的障碍，而且在这种母子关系疏离之中，他企图建立起一个独立治国、完全凌驾于他人之上的自我理想化形象。

里奇认为母亲从儿子身上想要的东西就是："从深层次上来说，我们（母亲）想让他们一直是母亲的儿子，但是，他们还是要成长为自己。"② 母子之间的权力关系就是男权社会两性权力关系的另外一种再现。为母之道有助于没有权力的母亲—女性采取行动控制孩子，正如里奇所言，因为"（孩子）代表着一种现实，代表着世界的一部分，人们对其施加影响"③。尼禄的角色习得和角色定位经历了早期和母亲的认同到后来彻底贬低和否定母子关系的过程，这尤其体现在母亲被杀害之后他冷漠的表现。尼禄身上展现出的邪恶和母亲对他永无休止的控制都源自他们爱欲的受挫。尼禄对母亲的恐惧和对母亲的妖魔化催生了他后来弑母的一系列阴谋诡计。在尼禄的父亲去世以后，阿格丽品娜既承担着父亲的角色又承担着母亲的角色。出于母亲的愤怒和儿

---

① Nancy Chodorow, *The Reproduction of Mothering: Psychoanalysis and the Sociology of Gender.* Berkeley: University of California Press, 1978. p. 105.

② Adrienne Rich, *Of Woman Born: Motherhood as Experience and Institution.* New York and London: W. W. Norton & Company, 1976. p. 211.

③ Ibid. p. 38.

子的忘恩负义,阿格丽品娜不断干扰尼禄的政治统治,成为儿子政治上充满威胁感的对手。

在《修士的故事》中,尼禄看到母亲的子宫被剖开后的情景而未落点滴伤心之泪,反而说:"多美的女人!"(A fair womman was she)(第14406行)① 中世纪英语单词"fair"包含有"令人满意的"、"外表美丽的"、"品行好的"等意义。于尼禄而言,母亲的尸体不仅赏心悦目,验尸更使他心中倍感满足。从道德伦理和心理接受度来说,他的言行举止触犯了道德底线,但是这一点恰恰体现了他身上所特有的虐待狂特征和对视觉快感的追寻。在他看来,阿格丽品娜并非是他的母亲,而是"女性"或"她"的存在。应该指出的是"女性",作为和"男性"相对立的社会性别,成为男性凝视的焦点和男性欲望的外化客体,而"她"总是无名、无声、无力、沉默的"他者"。这一点恰恰从阿格丽品娜香殒玉消的身体上就可以看出。她代表着以尼禄为代表的男权社会必须压制的某种反抗性力量,那些拒绝附属于男性力量的存在最终被祛除。这同时表明,在男权社会代言人尼禄的眼里,女性疯癫行为要被压制,而母亲的愤怒需要被彻底压制。尼禄在目睹母亲的死亡情景、检验她的尸体的时候,实现了彻底拒绝母亲的目标,完全割断了母子之间的纽带关系。

依照乔德罗的理论,在男孩的成长过程之中,他压制自己身上的女性气质,在现实世界中,只要是他认为是女性的东西,他都会拒绝或贬低。在阿格丽品娜的个案中,被边缘化和消音的东西不仅仅是母亲的身体,而且还有母亲所代表的女性气质。"女性"和"她"在尼禄的眼里只是作为他者而存在,这是对母亲把儿子看做是性别化的他者这一关系的逆转。在某种程度上来说,阿格丽品娜是卑贱的存在:她是尼禄的亲生母亲,但是尼禄并不认可。尼禄感到惧怕、不遗余力祛除的东西不完全是他母亲企图实现的政治权力和自我权威感。事实上,他企图压抑的是"黑色大陆"的潜在威胁,即女性气质的威胁,以此缓解他的恐惧感。弑母平息了尼禄内心的焦虑感,抑制了任何会对保持男权社会秩

① 15世纪法文版薄伽丘的《杰出男性命运》中有一幅插画,画中,阿格丽品娜身体赤裸地被捆绑在硬板上。她的腹部被剖开,肠子清晰可见,双臂被切断,尼禄手端红酒进行验尸,未露任何悲伤之情。图片参见 Caroline Walker Bynum, *Fragmentation and Redemption— Essays on Gender and the Human Body in Medieval Religion.* New York: Zone Books, 1991. p. 281.

序造成威胁的个体行为，尤其是来自母亲方面的控制与干涉，保持了他所具有的至高无上的权力和男权社会秩序。他成功地从母子关系中的他者位置解脱出来。这不仅体现的是男性压制女性的权力关系，也是儿子把母亲改变为他者的举动。尼禄用来庆祝的红酒和"多美的女人"的感叹不仅是在庆祝两性之战中女性屈从于两性的等级秩序的胜利，也是庆祝他成功摆脱充满野心和控制欲望的母亲这一生活模式的终结。

子宫通常被看作是母亲权力的源泉。修士认为尼禄剖开母亲的子宫是为了看"孕育他的地方"（wher he conceyved was）（第 14404 行）。似乎他想通过一种残忍的方式回归自己的本源。露丝·伊里加蕾认为回归自己的本源意味着"占有自己的母亲，进入母亲，因为她是本源的所在，为了重建和它之间的连续性，打探并理解那里究竟发生了什么。此外，在那里再生自我"①。回归母亲是一个复杂而危险的"翻找"过程。尼禄不是通过此举恢复和母亲之间的本源关系。他对自己的本源持蔑视态度，并把它残忍地展示出来，以一种怪异的方式再生自我。在这种看似独立自我形成的背后，在这种敌意的破坏力量的背后，隐藏着男性对母亲的否定和对自己生命本源的鄙视。

我们知道基督教教义禁止孩子"认识"母亲的身体。尼禄母亲的子宫被剖开，这一举动说明这是对母亲权力的最极端的抑制，对自己本源的彻底否认，是有违伦理的行径。无论从身体还是情感上来说，阿格丽品娜被动地成为"不合适"的母亲。修士感叹道："残忍的人若手握大权，/唉，其祸害之深可想而知。"（第 14411—2 行）修士的评价表明，从内心深处他拒绝任何人以任何可怕的暴力方式寻找自己的本源或母亲。尼禄的暴力行为和根除身边那些他认为具有威胁性的、令人厌恶的女性的欲望不该指向亲生母亲，因为她表明她是他的本源，是他生命开始的地方。朱迪·金斯博格认为促使尼禄做出这样的事情的原因在于母亲的威胁和暴力在他内心引起的恐惧感和厌恶感。但是，进一步说，这是由女性—母亲对儿子的控制和威胁、父亲角色的缺场、尼禄想象中的具有男性气质的模范人物的缺乏等因素造成。尼禄经历了夺权中的种种血腥事件，表现出对控制欲望强烈的母亲的内心憎恶和恐惧感。更为重要的

① Luce Irigaray, *Speculum of the Other Woman*. Trans. Gillian C. Gill. New York：Cornell University Press，1985. p. 41.

是,他企图建立起一个完全由男性统治的世界,在那里,具有威胁感的女性—母亲完全缺场。

芝诺比亚和阿格丽品娜是两位典型的跨性别母亲。芝诺比亚丧子和自我女性角色的恢复与阿格丽品娜的母性悲剧引出以下几个话题:作为王后—母亲的女性学会在政治权力和家庭和谐中谈判协商,社会性别劳动分工与政治体制的关系,母子关系中体现的爱的权利与权力政治。可以肯定的是,母亲身份赋予这两位母亲以权力,为她们步入通常属于男性的政坛打通了通道。但这两位母亲身上充满矛盾性,因为她们把国家主权和女性气质在个人抱负的实现之中联系在一起。表面上看,母亲的权力似乎对于这些野心勃勃的女性—母亲充满吸引力,她们可以借机步入政治体制领域,从而完成从权力边缘到权力中心的转移,彰显母亲的身份和权威,实现个人形象塑造中的卓越感和成就感,但是却成为一直排除女性进入权力机构的男权社会的一大威胁。如果母亲成为以男性(儿子)为中心的政治的威胁,她们自然会引起社会、政治、角色的焦虑感和失衡感,最终使自己成为男权社会排除的目标。政治体制对男性气质的肯定和权力的运行是以排斥女性气质和女性介入为基点的。芝诺比亚和阿格丽品娜于男性占主导地位的社会而言,是典型的跨性别母亲,她们最终不可避免地、非自然地成为"不合适"的母亲。

四 母性异化和理想化自我:格里泽尔达的矜持

不同于上一部分研究的两位强势的跨性别母亲芝诺比亚和阿格丽品娜,《学士的故事》中的格里泽尔达对丈夫唯命是从,以超常的耐心经历了母性异化。在一些民间传说故事中,"格里泽尔达"(Griselda)这个名字和"顺从"、"耐心"意思等同。大多数评论家认为格里泽尔达的名字"Griselda"来自古日耳曼语短语"gris hild",意为"暗战"或"暗斗",也有评论家认为这个名字来自古拉丁语"gries",意为"砾石"、

"石头"、"灰色女勇士"。① 弗朗西斯·里·厄特力认为格里泽尔达的故事遵循的是世界童话故事的逻辑，而《学士的故事》的故事来自"魔鬼式新郎故事"传统，极有可能来自被称作《公主的耐心》的希腊和土耳其传说。他甚至把这个故事颇受欢迎的原因归结为五种文学体裁的融合：童话故事、现实主义中篇小说、戏剧背景、训诫文和寓言故事。② 他同时指出《学士的故事》"常常受人攻击，因为它是母性捍卫者和女性在社会中的地位的诅咒"③。故事中，侯爵沃尔特是一位既重视荣誉又彬彬有礼的人，整天沉浸于狩猎的乐趣之中，他在征服和控制猎物的过程中获得游戏的乐趣。格里泽尔达是纯粹的自然之女，在沃尔特狩猎游戏之中，作为沃尔特男性凝视中的目标和客体而存在。沃尔特决心迎娶她，因为在他的眼里，无人与她媲美。《学士的故事》中的沃尔特通常被看作是蛮横的统治者、精神之父和上帝的化身，相应地，格里泽尔达被解读为隶属于统治者的臣民和耶稣的化身。在有关《学士的故事》的研究中，研究者忽略了一点：沃尔特对格里泽尔达的前两次考验是建立在对她的母亲身份进行剥夺的基础之上的。这为本研究提供了切入点。

在过去的几十年里，沃尔特考验格里泽尔达的动机和意图引起学界的广泛争议和热评。海伦·库珀指出，《学士的故事》不是一首人人都可以保持中立的诗歌。她认为沃尔特要求考验格里泽尔达，目的是为了表明"他不愿意牺牲自己的自由而'服务'于婚姻"④。刘乃银指出："在考验自己妻子的过程中，他（沃尔特）实际上是在考验整个社会，不仅是在透视他的权威的极限，也想知道社会对这样一个不平等的婚姻的忍受程度。"⑤ 安莉森·纽顿认为沃尔特企图恢复和子民之间的关系，

---

① ＜http：//en. wikipedia. org/wiki/ Griselda ＞. May 20，2008. 在英国国家图书馆，有"格里泽尔达故事"（Story of Griselda）组画，这三幅画陈列在第 60 号展厅，分为"结婚"（marriage）、"流放"（exile）和"团聚"（reunion）三个主题。此画大约画于 1494 年，根据薄加丘的《十日谈》创作。

② Francis Lee Utley，"Boccaccio, Chaucer and the International Popular Tale." *Western Folklore* 33 (1974)：181–201.

③ Ibid. p. 200.

④ Helen Cooper, ed. *The Canterbury Tales.* Oxford：Clarendon Press，1989. p. 193. p. 195.

⑤ 刘乃银：《巴赫金的理论与〈坎特伯雷故事集〉》，上海：华东师范大学出版社，1999，第 130 页。

因为《学士的故事》的开始表明这种关系似乎濒于瓦解。① 玛格丽特·汉利赛认为,在中世纪,"男女之间的说的话唯一算数的是他们的婚姻誓言,从那以后,妻子要服从于丈夫的意志"②。因为在故事中,格里泽尔达双膝跪地向沃尔特许诺道:"您的心愿就是我的心愿/我在这里发誓我从不故意/在想法或行动上违背您的意愿。"(第 8236—39 行)。吉尔·曼认为格里泽尔达的诺言使她毫无条件地婚后服从于丈夫,而"沃尔特着迷于实现这种承诺,想看看它(诺言)是否有局限性或(格里泽尔达)秘密地保留着什么"③。蒲瑞丝拉·马丁认为《学士的故事》几乎是患幽闭恐怖症的体现,格里泽尔达以修道院信守誓言的精神恪守自己的承诺。④ 苏珊·凯·哈根认为沃尔特真正考验的东西是"她的(格里泽尔达)女性气质的特性"⑤。这一结论的得出来自沃尔特个人的坦白,即,他考验格里泽尔达的女人气质就是想知道她坚定不移的品质和意志力。萨拉·斯丹伯里认为:"和(格里泽尔达)不可思议相似的是对她的身体的压抑—甚至她的内心,从某种形式上来看,成为盘踞在沃尔特心头的一块心病。"⑥ 安尔库恩·布拉迈尔指出:"沃尔特痛苦的根源实际上总是遇到一连串(格里泽尔达)愉快的行为。"⑦ 艾伦·塔特·汉森认为沃尔特考验格里泽尔达目的是"寻找她和他的不确定身份,在格里泽尔达身上找到他既可以驾驭而又可以找到自我的他者"⑧。显然,格里泽尔达只是一种媒介,帮助他寻找自我,成为他和臣民进行关系协商、谈判的中间手段。相反,吉尔·曼相信格里泽尔达的耐心"对沃尔特造

---

① Allyson Newton, "The Occlusion of Maternity in Chaucer's Clerk's Tale", in Medieval Mothering, p. 67.

② Margaret Hallissy, Clean Maids, True Wives, Steadfast Widows: Chaucer's Women and Medieval Codes of Conduct. London: Greenwood Press, 1993. p. 61.

③ Jill Mann, Feminizing Chaucer. Cambridge: D. S. Brewer, 2002. p. 116.

④ Priscilla Martin, Chaucer's Women: Nuns, Wives and Amazons. Basingstoke: Macmillan Press Ltd., 1990. p. 142.

⑤ Susan K. Hagen, "What's Really Being Tested in 'The Clerk's Tale'?" See < http: //panther. bsc. edu/%7Eshagen/gresgend. htm >. May 13, 2008.

⑥ Sarah Stanbury, "Regimes of the Visual in Premodern England: Gaze, Body, and Chaucer's Clerk's Tale." New Literary History. 28 (1997): 261 – 89. p. 281.

⑦ Alcuin Blamires, Chaucer, Ethics, and Gender. Oxford: Oxford University Press, 2006. p. 172.

⑧ Elaine Tuttle Hansen, Chaucer and Fiction of Gender. Berkeley: University of California Press, 1992. p. 92.

成一种无情的压力"①，而沃尔特企图找到某种变化，在格里泽尔达身上实现它。姆·埃尔·沃伦认为格里泽尔达非自然的克制行为是一种自我的实践方式，这使她处于从属地位。② 帕特丽西亚·克莱默声称沃尔特和格里泽尔达是一对具有恋母情结的夫妻，他们在施虐、受虐癖的控制和服从行为之中扮演着性别角色。安兰·米切尔有类似的看法，认为沃尔特一方面代表上帝，一方面又代表残忍的丈夫，格里泽尔达既是圣徒，又是自虐者。③ 詹姆斯·斯莱德把沃尔特和格里泽尔达看作是"怪物的子孙后代"，因为他们两人之间存在着强烈的个性反差。④ 中世纪热衷于通过举例来说明人的品质和德行，弗·恩·罗宾逊认为"格里泽尔达代表'耐心'（这一品质）"⑤。艾利斯把格里泽尔达和美国小说《紫颜色》中的西丽进行了比较研究，认为格里泽尔达体现着和谐原则，为混乱秩序强加某种秩序，而沃尔特是不公正社会的典型代表。⑥ 朱迪·费尔斯特认为沃尔特的满腹狐疑是由"格里泽尔达是否表里一致"的迷惑和好奇使然。⑦ 尼科·斯蒂勒指出，《学士的故事》是一则寓言故事，学士在丈夫和妻子的关系中显示的是人的灵魂和上帝的关系。⑧ 卡瑞尔·丘吉尔在剧本《天之骄女》中通过格里泽尔达的自述说明，沃尔特想证实她是否爱他，她是否总是服从他。⑨ 理查德·弗斯·格林从读者反应批评的角度指出，14 世纪寓言体诗歌《舍瓦里尔·爱伦特先生》由

---

① Jill Mann, *Feminizing Chaucer*. Cambridge：D. S. Brewer, 2002. p. 119.

② M. L. Warren, "Griselda's 'Unnatural Restraint' as a Technology of the Self." ＜http://www.the-orb.net/encyclop/culture/lit/griselda.html＞. May 13, 2008.

③ Patricia Cramer, "Lordship, Bondage, and the Erotic：The Psychological Bases of Chaucer's *Clerk's Tale*." *Journal of English and Germanic Philosophy* 89 (1990)：491 – 511. p. 491. J. Allan Mitchell, "Chaucer's 'Clerk's Talc' and the Question of Ethical Monstrosity." *Studies in Philology* 1 (2005)：1 – 26. p. 3. 安兰·米切尔认为这则故事的魅力在于很难有明确的答案，但可以定义为寓言故事。

④ James Sledd, "*The Clerk's Tale*：The Monsters and the Critics", in *Chaucer：Modern Essays in Criticism*, pp. 226 – 39. p. 230.

⑤ F. N. Robinson, "The Canterbury Tales", in *The Works of Geoffrey Chaucer*. (2nd edt.), 1966. p. 6.

⑥ Deborah S. Ellis, "*The Color Purple* and the Patient Griselda." *College English* 49 (1987)：188 – 201. p. 190, p. 191

⑦ Judith Ferster, *Chaucer on Interpretation*. London：Cambridge：Cambridge University Press, 1985. p. 98.

⑧ Nikker Stiller, *Eve's Orphans：Mothers and Daughters in Medieval English Literature*. Weatport：Greenwood Press, 1980. p. 3.

⑨ Caryl Churchill, *Top Girls*. Samuel French, Inc. (1st edt.). 1982.

托马斯三世（1355－1416）在监狱中改写完成，借助讲述者奥若塞尔斯的口吻讲述幕后故事，说明沃尔特考验妻子的动因在于他的父亲在婚姻中遭受妻子未婚而孕的耻辱。在这个版本中，托马斯三世想证明沃尔特考验妻子的合理性。① 麦克·鲁比认为沃尔特和格里泽尔达的行为都是习惯所致。①

这些评论大致可归结为以下几类：一，他考验格里泽尔达是否在履行听命于丈夫的婚姻承诺；二，考验国王和臣民之间的关系；三，他们扮演性别角色，沃尔特寻找他可以驾驭的他者；四，格里泽尔达是"耐心"和"女性气质"的载体。但是，这些评论和研究忽略了一个极其重要的细节：沃尔特对格里泽尔达的考验是建立在母性异化的基础之上的。"母性异化"（maternal alienation）指男性对女性和儿童进行虐待。这种形式的虐待是男性用来破坏母亲和孩子之间关系的策略，旨在树立自己的英雄形象。② 沃尔特反复"试探"格里泽尔达，绞尽脑汁考验她，内心期待她能够在孩子被杀的情况下具有母亲的"合适"的反应。这一点表明他相信人性中的感性主义、矛盾性及人身上所具有的角色面具。但是，我们可以看到，格里泽尔达在这一系列极端考验下表现出的愉快的克制行为使她成为谜一样的人物，延长了沃尔特对她的理解时限，直到真相被揭穿。进一步说，她的两个相互密切联系的角色（母亲和妻子）经历了被剥夺到恢复的过程，这说明了以沃尔特为代表的男权社会对女性任意的支配、塑造和放逐。沃尔特佯装杀子、离婚、结婚的过程均是他消解角色矛盾的手段，旨在揭去格里泽尔达的角色面具，实现他对格

---

① 在诗歌《舍瓦里尔·爱伦特先生》中，萨卢佐的侯爵伯纳德的儿子威廉喜欢冒险，所以就去俄国帮助俄国国王打仗，战争胜利后，国王奖赏他，把自己的女儿嫁给了他。婚后，威廉发现公主已经怀孕三个月，无奈之下，他还是带她回到英国。妻子先他而去，留下两个儿子。

＊（接上注）在他死之前，他在遗嘱中把继承权留给第二个儿子，让大儿子继承母亲丰厚的嫁妆。按照传统，应该长子继承，兄弟二人为此内战。他们的叔叔把威廉的尸骨挖了出来，通过滴血测试的方法测试：大儿子的血滴在父亲的胳膊上丝毫不粘，如同抹油；二儿子的血完全盖住了父亲的胳膊，如同被胶住。人们由此判定二儿子是威廉的亲生子，他才是合法的继承人，他就是沃尔特。沃尔特决心不结婚，不要陷入父亲的困境。沃尔特虽然不断考验妻子，但还是很钟爱她。参见 Richard Firth Green，"Why Marquis Walter Treats His Wife So Badly." *The Chaucer Review* 3（2012）：48－62.

① Michael Ruby，"*The Clerk's Tale* and the Forces of Habit." *Chaucer Review* 3（2013）：223－46.

② Anne Morris，"Naming Maternal Alienation"，in *Motherhood：Power and Oppression*，pp. 223－35.

里泽尔达的角色期待，消除社会性自我和真实的自我之间的差异。

我们知道，格里泽尔达婚后表现出的善良和仁慈使她好名远扬，四面八方的人到萨卢佐来"看"她，而她此时又出乎意料地特别擅长处理朝政内外大事，自然成为"公众人物—奇观"①。事实上，沃尔特考验格里泽尔达并没有像他坦白的那样是针对她的女性气质。沃尔特考验她的动机源自他的一种"奇怪的冲动"，这种冲动也许是由丈夫或男性对妻子或女性潜在的力量和权力产生的嫉妒感而引起。作为"公众人物—奇观"，她对沃尔特的权威形成威胁，引发了他作为丈夫—男性的焦虑感，尤其是当格里泽尔达成为萨卢佐一个人人膜拜的公众人物，他更渴望通过支配她而恢复自己的权威，平息内心的焦虑与嫉妒。故事的讲述者学士认为沃尔特考验妻子之前发现她是不折不扣的表里一致的人，可以看出沃尔特"奇怪的冲动"使他无法抗拒考验格里泽尔达。对于沃尔特来说，祛除他的焦虑的最好办法就是恢复格里泽尔达原本就应该扮演的女性从属角色，而母性异化显然成为一种有效策略，因为他心中清楚地知道"除了爱他，她最爱自己的孩子"（第 8570—1 行）。这可以帮助他转移焦虑感，保持作为丈夫—男性的优越感和主导地位。从某种程度上来说，格里泽尔达的示弱或失败正可以帮助他找到情感支点，实现某种心理平衡。沃尔特知道母亲身份对格里泽尔达的意义所在，这是他反复进行三次考验的前提条件。前两次以杀死自己的孩子为名，第三次以离婚为据。

格里泽尔达在喂养孩子的过程中感受到了作为母亲的心理满足感，因为为母之道或扮演母亲角色是一种基于心理的最突出的表现。在和孩子的关系中，这种母亲角色在心理上和个人经历中体验自我。安莉森·纽顿指出："沃尔特象征性地杀死孩子与其说是一种否定父亲身份或死亡的做法，还不如说是清除母亲身份的做法。"② 从某些方面来看，格里泽尔达是一位典型的男权社会母亲，她从内心深处期待为沃尔特生养男性继承人，扮演着丈夫和整个男权社会所期待的理想的、服从的被动型女性角色。她徘徊在体制化的母性和体制化的两性关系之间，前者要求女

---

① Sarah Stanbury, "Regimes of the Visual in Premodern England: Gaze, Body, and Chaucer's *Clerk's Tale.*" *New Literary History* 28 (1997): 261 – 89. p. 281.

② Allyson Newton, "The Occlusion of Maternity in Chaucer's *Clerk's Tale*", in *Medieval Mothering*, p. 63.

性具备母性的本能,无条件地生育、照顾、哺育孩子,后者要求女性履行妻子的义务和责任。作为母亲,女性应该积极地照顾孩子;作为妻子,女性又不得不保持被动特性。乔德罗指出:"大部分理论一致认为,作为母亲和妻子,女性再生人类—在身体上,处理家务,照顾孩子。在心理上,在情感上支持丈夫,又是儿女的母亲。"① 体制化的母性期待女性成为传统的相夫教子型的母亲。在《学士的故事》中,当女儿被沃尔特的亲信强行带走的时候,格里泽尔达表现如下:

> 格里泽尔达忍痛割爱同意了,
> 像一只羔羊温顺而安静地坐在那里。(第8413—4行)

> 唉!她视女儿为心头肉手中宝,
> 她想他会立即杀死自己的女儿。
> 然而,她既没有哭泣也没有叹息,
> 只要侯爵高兴她就愿意。(第8419—22行)

格里泽尔达既没有叹息亦没有悲伤,她保持"温顺"(meke)和"安静"(stille),默认了整个事件。她从内心深爱着自己的女儿,却轻声说道:"因为我,今晚你要死了。"(第8437行)她的言外之意是她无力保护女儿而不得已置她于死地。她最终放弃扮演母亲角色,而是服从了丈夫,履行妻子的职责。格里泽尔达的这种反应辜负了人们对母亲角色的期待,尤其是当她的孩子面临被杀害的情形之下。这件事情之后,沃尔特一直仔细观察,期待妻子有某些他所期待的变化,但他却发现:

> 她照旧高兴、谦卑、勤快地侍候他
> 在各个方面,
> 同以往一样深爱着他;
> 女儿的事,她只字不提,
> 脸上看不出悲伤痛苦的表情,

---

① Nancy Chodorow, *The Reproduction of Mothering*: *Psychoanalysis and the Sociology of Gender*. Berkeley: University of California Press, 1978. p. 36.

> 无论是认真或说笑时，
> 她从未提及女儿的名字。(第 8479—85 行)

沃尔特自然知道女儿的下落，意在观察格里泽尔达作为母亲的适当反应。此时，格里泽尔达成为男性"凝视"和"审视"的对象。它并非关联男性凝视中包含的欲望成分，而是彰显了社会权力结构中的等级秩序，是占据社会主导地位的男性对处于从属地位的女性的审视，也是社会强势群体对弱势群体或边缘群体的压制。

乔治·达比指出："母性是不是最终给她权威感呢？不，作为母亲，她必须有用。对谁'有用'呢？对其他的男性，对她的儿子们有用。"[1]对处于男权社会的母亲来说，儿子成为连接她与外部世界的中介，使得她能够有权讲话，发出自己的声音，赋予自己以权力，为人们所认同。依照常理，沃尔特在她生育儿子以后理应停止对她的考验。儿子的出生使全民为此欢呼不已，但沃尔特始终还是没有放弃对格里泽尔达的考验，他对格里泽尔达说道：

> 我准备悄悄地处置这个孩子，
> 就像夜里处理他姐姐一样，
> 我事先提醒你一下，
> 免得你难过而突然失常，
> 我请求你，千万要有耐心。(第 8516—20 行)

显然，他这次提前警告不同于第一次秘密地给亲信的命令。他对格里泽尔达说："我事先提醒你一下，／免得你难过而突然失常。"这表明他内心期待格里泽尔达在听到这个消息后在身体和心理上会出现某种激烈的反应，因为任何一位母亲在听到孩子要被自己的丈夫杀死这样的威胁性的消息的时候都会有一种自然、本能的保护性反应。格里泽尔达的做法却出乎他的期待。没有歇斯底里的大哭或失常的晕厥，格里泽尔达淡淡地说道：

---

① Georges Duby, *The Knight, the Lady, and the Priest: The Making of Modern Marriage.* Trans. Barbara Bray. New York: Pantheon, 1983. p. 234.

> 生他们两个,我没有费什么劲,
>
> 只是先有点恶心,后来有点痛。(第 8526—7 行)

她的观点显然受传统观念的影响。中世纪人普遍接受了亚里士多德有关女性的观点——女性不过是人类繁衍中一个被动存在的质料而已。格里泽尔达生育了儿子,她成为为男权社会生育继承人的中介。

沃尔特看到格里泽尔达依然面不改色,没有表现出任何受挫的痛苦表情,"疑惑"她如何可以做到如此耐心地忍受生活中的任何不幸而未流露出丝毫悲伤和痛苦。沃尔特企图知道她是否会改变对他的心意,但是,似乎很难有别的机会看到她表情变化的任何蛛丝马迹。需要注意的是,沃尔特本人就是一位表里不一的人。在起初听到格里泽尔达承诺婚后对他要百依百顺、唯命是从的话语的时候,他内心异常高兴,但是,他表面上却故作郁郁寡欢。这个细节说明,沃尔特以己度人,坚信格里泽尔达必然是一位表里不一、口是心非的女性,这是他考验格里泽尔达的起点所在。马克·米勒认为《学士的故事》就是"一位妻子对丈夫无条件的爱"的故事①,把他们看作是"患有幽闭恐怖症的强迫性夫妻"②。他进一步指出格里泽尔达的美德是"男权社会幻想的目标",而沃尔特耽于虐待狂的自恋情结之中。③ 他的推断部分地说明了格里泽尔达对沃尔特咄咄逼人的言语和行动的反应。但是,我们可以进一步说格里泽尔达在沃尔特反复的考验之中始终保持一种拒绝态度,她拒绝进入体制化的母性之中,而沃尔特企图通过佯装杀死孩子使她进入到男权社会体制化的母性角色之中,期待她有母亲"适当"的本能性反应,以此达到使格里泽尔达屈服于他的目的。但格里泽尔达的"不动声色"延缓了他实现这种目的的进程,加深了他的疑惑和考验难度。他们之间的这场拉锯战对沃尔特这位男权社会的代言人而言成为一种挑战,迫使他不得不费尽心机再次考验格里泽尔达,直到达到考验极限。

格里泽尔达是坏母亲吗?在传统观念中,坏母亲的刻板形象通常是这样的:"(她)忽略、虐待或不能保护自己的孩子……坏母亲是缺席的

---

① Mark Miller, *Philosophical Chaucer*: *Love*, *Sex*, *and Agency in the Canterbury Tales*. Cambridge: Cambridge University Press, 2004. p. 216.

② Ibid. p. 220.

③ Ibid. pp. 228 – 9.

母亲，无论是在情感上或身体上都远离孩子。"① 格里泽尔达在两个孩子
要被抱走、被杀死时没有采取任何保护行动，甚至连阻止的念头都没有。
英国古英语史诗《贝奥武甫》中的怪物格兰德尔的母亲都会拔出利剑为
子复仇，在与贝奥武甫的拼杀中丧命黄泉。中世纪寓言故事《狼与猪》
中建议所有的母亲在面临敌人威胁的时候如何学会保护自己的孩子。这
样的例子不在少数，但格里泽尔达在丈夫的考验中放弃了母亲身份，而
保留了妻子身份。安莉森·纽顿考虑到格里泽尔达当时面临的情境，得
出结论："问题不是格里泽尔达是一位坏母亲，而是她非常好地证明了亚
里士多德有关母性的被动性和惰性（的道理）。被动性导致人们对格里
泽尔达为人之母的品质产生不安，这种被动性完全体现了中世纪合适的
母性形象。"② 安莉森·纽顿误解了亚里士多德所说的"被动性"这一概
念。亚里士多德主要强调在人类生殖繁衍过程中女性作为被动的"质
料"而具有被动性，而不是在生育孩子之后照顾孩子、实现母道、履行
母亲义务时所表现的被动性。他认为逻各斯和男性代表的形式在本质上
比质料更好、更神圣。这就是男性和女性不同的原因，因为它是更好、
更神圣的东西，它是繁殖世界的运动原则，而女性只是作为质料而存
在。③ 母亲是帮助孩子走向社会的第一人，也是孩子爱的第一个对象。
中世纪有许多著名的母亲（比如圣布里吉特和玛格丽·坎普）费尽苦心
把孩子从精神困境中救出，使他们在身心方面健康地成长。由此看来，
仅仅因为格里泽尔达在两性关系之中处于被支配地位就体现的是"中世
纪合适的母性形象"有待商榷。

虽然格里泽尔达主动放弃了自己作为母亲的角色而保留了妻子身份，
但是，沃尔特仍然在公共场合宣布和她离婚，准备和另外一名年轻的女
子结婚。格里泽尔达依然愉快地接受了他离婚的决定，但是，离开之前
她说道：

> 你不会做这种不光彩的事，

---

① Diana L. Gustafson, *Unbecoming Mothers: The Social Production of Maternal Absence*. New York: The Haworth Clinical Practice Press, 2005, p. 28.

② Allyson Newton, "The Occlusion of Maternity in Chaucer's *Clerk's Tale*", in *Medieval Mothering*, p. 70.

③ Aristotle, *Generation of Animals*. Trans. A. L. Peck. London: William Heinemann Ltd., 1953. pp. 131 – 3.

> 让我这孕育过你的孩子的身体
> 在你的臣民前赤裸地走过。(第 8752—4 行)

> 因此,作为对我童贞的补偿,
> 当初我带它来,现在不可能以童贞之身回去,
> 作为回报,请允许给我
> 我原来穿过的旧内衣,
> 遮遮我这曾经属于你的身体。(第 8759—63 行)

　　"少女身份"、"你的妻子"和"孕育孩子的身体"说明了她曾经扮演的三个角色:童贞女、妻子和母亲。显然,格里泽尔达清楚地知道自己曾经是两个孩子的母亲。她对不可恢复少女身份的强调恰当地表明了她作为孩子母亲的身份,突出了女性欲望的再生能力。① 格里泽尔达显然意识到了它的作用,所以在走之前向沃尔特索要一件旧内衣,以免自己暴露于众。她赤脚归家,回到父亲的房子里,"双眼滴泪未流"(第8775 行)。格里泽尔达身上表现出超常的克制。从"沃尔特的房子"到"父亲的房子"的空间转换说明女性在婚姻中的无能为力,她似乎成为一种可以交换的商品。格里泽尔达的沉默和屈从似乎成为沃尔特榨取的"利润",它是以牺牲她的母亲身份为代价的。

　　格里泽尔达在真相被揭穿之前如同身处梦境之人或演员,而沃尔特就是一位头脑清醒的旁观者或导演。在沃尔特的婚礼上,格里泽尔达在见到亲生儿子的时候竟然没有认出他,男孩的脸并没有让她产生任何怀疑和猜测。我们知道,在《律师的故事》中,从未见过亲生儿子的国王阿拉从康斯坦丝的儿子莫里斯的脸联想到了康斯坦丝,而和儿子一起生活了两年的格里泽尔达却无法辨认出自己的儿子。沃尔特告知格里泽尔达真相,他准备迎娶的女孩是她的女儿,男孩是"你身体(所生)的"孩子。这使格里泽尔达如同梦中惊醒,当即晕倒在场。母亲角色的突然恢复使她"可怜地哭泣","温柔地吻着孩子",泪水弄湿了孩子的脸和头发。沃尔特象征性地杀死孩子、把孩子无情地从格里泽尔达身边带走。这些举动是达到他祛除格里泽尔达母亲身份的方式,但是,从另外一个

---

　　① Geraldine Heng, *Empire of Magic*: *Medieval Romance and the Politics of Cultural Fantasy*. New York: Columbia University Press, 2003. p. 225.

侧面说明，这两个孩子真正回归母亲表明父亲控制着母亲和母亲—子女关系的正常运行。

格里泽尔达在先后失去两个孩子时所表现出的"愉快和平静"（cheerful equanimity）和与孩子相认后她的"晕厥"之间形成了巨大的情感反差，这种反差说明她在身体上和心理上的角色转换是非常自相矛盾。安尔库恩·布拉迈尔认为格里泽尔达把自己的痛苦和悲伤深深地隐藏在斯多葛式的态度之中①，而艾里斯认为她有着圣人般的斯多葛式精神②，即她具有把各种事情当作神意或自然法则的不可避免的结果来坦然地接受的淡泊主义思想。但是，通过文本细读，我们发现，格里泽尔达其实是一位有着温柔之心的仁慈女性，因为她"带着尊敬和宽容"照顾年迈的父亲（第 8097 行）。当女儿被沃尔特的亲信带走的时候，她显得"悲伤不已"（With ful sad face）（第 8428 行），但是，在沃尔特面前，她却始终保持着高兴欢快的表情，脸上不露任何伤心或痛苦。多年以后，她见到自己的两个孩子的时候爆发出的强烈情感反应是长期压抑真正的母爱和对孩子的渴望的有力证明。这些细节恰恰证明她并不是一位表里如一的人。

我们可以借用琼·里维耶在《作为伪装的女性气质》中所采用的术语"伪装"（masquerade）和高夫曼的拟剧论来解释格里泽尔达的行为。③ 高夫曼在《日常生活中的自我表演》④ 中指出一个人总会意识到自己在扮演着某种角色。对于角色的表现会出现要么入戏太深，要么事不关己的态度。社会不同阶层的人在角色认同中会仿造某种生活环境和情景，形成概念化自我。在互动关系中，表演者有为观众提供一种理想化印象的倾向。在绝大多数等级分明的社会中，上流社会都被人们理想化了，而处于社会下层的人会想尽办法进入上流社会。为了达到这个目的，人们就要具备合适的表演和自我牺牲。一旦人们掌握了这种潜规则

---

① Alcuin Blamires, *Chaucer, Ethics, and Gender*. Oxford: Oxford University Press, 2006. p. 173.

② S. Deborah Ellis, "*The Color Purple* and the Patient Griselda." *College English* 49 (1987): 188 – 201. p. 190.

③ Joan Reviere, "Womanliness as Masquerade." *The International Journey of Psychoanalysis* 10 (1929): 303 – 13.

④〔美〕高夫曼:《日常生活中的自我表演》，徐江敏、李姚军 译，台北: 桂冠图书股份有限公司，1987。

或特征符号,就会以一种有利的方式运用这种特征以便于赢得更高的社会地位。某些群体为了达到自己的目的,甚至采用消极理想化的方式装出一种样子,放弃或隐藏与理想化的标准不相符合的行为,把真相隐藏起来,私下放弃某些标准,从而使另外一些标准在公共场合得以实现。他指出,表演者注重在某个情境下的角色表演,借助观众隔离,表演者可以确保观看他的一种角色的观众不会成为另外一个角色的观众。为了避免表演混乱,表演者需要表现出高度的一致性。人类的情感随时发生着变化,但是作为表演者,面临着在观众面前控制、固定自己情绪的活动,必须坚持把情绪与行动的不一致隐藏起来。表演者通过社会约束自发地把这种举止的面具戴在自己的脸上,并且认为这种面具就能够代表自己。但是作为观众来说,他们可以对表演者持怀疑态度或信任态度。他进一步指出所有合法的日常行业或日常关系中的表演者都会隐蔽地从事与表面印象不符合的活动。为了维持一种一致性而要实施自我控制,通过隐瞒一些事实而强调另外一些事实,创造出理想的印象,以防止表演中出现的各种不一致事件。为了保持这种一致性,表演者需要戴上角色面具来保持社会距离,产生神秘化状态。

格里泽尔达实际上以女性的顺从为面具,以中世纪人崇尚的耐心为策略,和以沃尔特为代表的男权社会"谈判对话"从而博取认同,以此表明她在男权社会中所处的绝对从属地位,这一点使沃尔特更加怀疑她那具有男性气质而又平静的外在表现。表面上看,她是一位极端女性化的中世纪女性,这反而使沃尔特对她潜在的女性力量充满疑惑和不确定感。以极端的女性气质作为伪装使她经受了沃尔特的一系列考验,顺从行为最终转变为一种肯定性行为,以克制行为塑造了表面高度一致的自我理想形象,直到沃尔特最终不得不屈从于她的女性气质而中止了这种考验。可以看出,沃尔特事实上期待格里泽尔达表现出母亲的悲痛,尤其是在面对自己的孩子将要被杀的时候。格里泽尔达延长了他的期待视野,使它处于悬而未决的境地。与孩子重聚和真相的显露才使这种悬念彻底结束。格里泽尔达在晕厥状态中解构了自己先前所表现出的高度一致的表演者的形象,这说明她是一位深情而深爱孩子的、真正的母亲,这也正是沃尔特从一开始就想知道和证实的东西。

格里泽尔达并不是一位表里如一的女性,相反她渴望成为母亲,并为能够照顾孩子而感到心理上的满足。作为母亲和妻子两个互相关联角

色的恢复使她感到狂喜。在这个过程中，她反而感激沃尔特救了自己的
孩子：

> 哦，亲爱的孩子们，你们年幼娇小，
> 你们伤心的母亲一直担心，
> 怕你们被凶恶的野狗或凶禽恶兽吃掉，
> 但是，仁慈的上帝
> 和你们体贴的父亲，
> 保全了你们的性命。（第 8942—7 行）

　　我们知道，女性角色主要是在家庭中得以实现，女性重在关注情
感纽带的建立和培养，在家庭生活中，女性主要在情感的培养和孩子
的心理成长上发挥积极作用。母子关系基于他们对这种关系连续性的
期待心理上产生相互作用为基础。但是，沃尔特有意为之的母性异化
行为阻止格里泽尔达履行母亲的责任、扮演母亲的角色。和孩子团聚
之后，格里泽尔达再次体验到母子之间的同一感。"亲爱的孩子们，你
们年幼娇小"是格里泽尔达从沃尔特所施加和默许的压制中得以解脱
的呐喊，也是在孩子失而复得后的狂喜情感的表达。在他们母子分离
多年再次重逢之后，孩子使她发现自我在重逢那一刻成为完整无缺的
存在，她的母亲角色得以重新恢复。这是母亲角色的再生产过程，经
历了最初的母子同一性、为母之道的实现，到中间的母性异化，最终
母亲角色的恢复过程。
　　在和孩子团聚之前，格里泽尔达作为母亲处于消极地位：在母亲角
色的扮演中，她是沉默的，缺场的，失败的。被取消的母亲角色满足了
男权社会强化社会秩序的需求，而这种秩序需要祛除来自女性的任何威
胁，使女性成为真正意义上的他者。因此，沃尔特通过反复考验的方式
彻底削弱了格里泽尔达在萨卢佐作为一位公众人物的社会影响力，平息
了女性潜在力量引发的焦虑感。格里泽尔达相信是"上帝"和"你们和
善的父亲"救了自己孩子的性命，但她忽略了一个重要的事实，是沃尔
特企图杀死她的两个孩子。她把上帝和沃尔特并列起来指向中世纪压制
女性的两种体制，一种是以上帝为中心的教会；一种是以父亲为中心的
男权社会。她本人成为世俗世界中的母性殉道者，把孩子献祭给教会和

男权社会。

格里泽尔达的"晕厥"进一步表明母亲在男性占主导地位的社会中具有的持续性的失语和缺场的极端状态:

> 她的儿女被她紧抱在怀里,
> 晕倒后,她仍然紧抱他们不放,
> 人们费了好大的力气和努力,
> 才让她松开那双儿女。
> 啊,多少同情的人任泪水四溢,
> 站在她周围的人心怀怜悯,
> 几乎没有勇气陪在她身边。(第 8976—82 行)

"紧抱"说明格里泽尔达对失而复得的母子关系的渴望和珍惜以及心理上产生再次有可能失去它的恐惧感。虽然她笃信中世纪妻子和母亲的举动准则和要求,并且表现得非常完美,但是记忆引发了她内心的创伤。两个孩子的回归对她的情感产生很大的冲击,紧紧地拥抱孩子释放母亲没有履行自己的职责所具有的内疚感。因此,格里泽尔达的"晕厥"和"紧抱孩子"的举动是对男权社会和意识形态的一种非言语的谴责和批判,因为这种意识形态系统性地把女性从权力中心驱逐,把女性气质削减为无。她体验到一种分裂的自我和生存的分裂状态。在格里泽尔达的身上,失去与复得、现实与失去知觉、文化与自然交织在一起。格里泽尔达的"晕厥"状态是女性走向崩溃、自我身份模糊、彻底失语的表现,正回应了中世纪男权社会对具有男性气质的女性所持有的排斥感,因此赢得了男权社会的注意、同情和安慰。在这种安慰"弱者"格里泽尔达的过程之中,沃尔特成功恢复强者、控制者、秩序维持者的角色,格里泽尔达则成为弱者、被保护者、被控制的对象,而母性异化成为沃尔特用来维护自我形象的手段。

格里泽尔达的"晕厥"同样满足了围观者的心理期待,即母亲和分离多年的孩子重新团聚就应该出现泪水肆意的动人场面。相应地,这把他们从沃尔特和格里泽尔达上演的令人窒息的考验游戏所体现出的情感张力和不安中解脱了出来。学士插话说道:

> 我相信，要是奶娘处于这种情况下，
> 面对这可怜的婴儿也会心生难过，
> 更不用说母亲会在悲伤中哀叹。（第 8437—9 行）

格里泽尔达见到孩子后的哭泣满足了他们对面临孩子被杀母亲所表现出的"合适"的反应的要求。旁观者起着镜子和目击者的作用，他们目睹了格里泽尔达母子关系遭到破坏和她保持的克制行为。她通过自我克制行为所保持的高度的一致性自发地为自己戴上了面具，塑造了一个理想化的自我形象。所有的观众在她们母子相逢瞬间流出了眼泪，眼泪不仅代表他们对她所表示的怜悯和同情，而且也是统治者给以格里泽尔达为代表的被统治阶层所施加的无形的政治压制的一种即兴情绪释放。此时，在这些旁观者和格里泽尔达之间形成一种身份认同，共同的情境和遭遇此时使他们产生一种惺惺相惜的感觉。格里泽尔达出身卑微，她在沃尔特考验自己的子民的过程起着中介的作用，最终肯定了他对老百姓或者那些被边缘化群体的统治。沃尔特不断地考验格里泽尔达是对两性和群体身份之间等级制的一种象征性维护，但是，在安慰和取悦格里泽尔达的时候，沃尔特对格里泽尔达的母性的悲痛的期待在她的"晕厥"状态中实现了。

故事的讲述者学士并没有提及两个孩子见到亲生母亲格里泽尔达时的反应。对于她的两个孩子来说，格里泽尔达是一位缺场的母亲。从学士的讲述中，我们知道格里泽尔达与年迈的老父相依为命，并没有母亲。通常情况下，在角色的习得过程之中，母亲是女儿角色实现认同的模范。格里泽尔达没有母亲作为自己行动的模范，她放弃挽救或保护两个孩子似乎属无奈之举，实际上这是她摸索进入母性体制的一次盲目尝试，通过这场考验她才知道母亲的角色及其意义。从某种程度上来说，这是她的真正的母性意识的觉醒。但是，我们又不能完全说通过沃尔特的考验她才知道如何保护孩子。她是"不合适"的母亲，这源自丈夫的反复考验、她的默许和故事讲述者修士对原材料的想象性修改。

从《坎特伯雷故事》的《序言》中我们知道，学士是一位贫穷、严肃而不谙世故的人。他喜欢读书学习，这部分地源自他对亚里士多德及其哲学的热爱。他谈话不离道德问题，因此，格里泽尔达的故事很好地证明了基督教有关女性的教义和亚里士多德认为女性低贱这一观点。虽然他不擅辞令,但是却有胆量反驳巴斯妇。我们知道,巴斯妇给朝圣者讲了她和第五任丈夫詹金之间的故事,詹金是一位牛津学士。詹金对她的生活大加限制,而她非常渴望自由自在的生活。巴斯妇和詹金之间的争斗最终以她取胜而告终,从此她完全控制了丈夫詹金,这也许是引起有同样身份的学士心中不满的原因。学士所讲的格里泽尔达的故事可以说是一种策略性反击,达到了男权社会支配女性的想法,但是,矛盾的一点是,沉默且唯命是从的格里泽尔达最终顺利通过沃尔特的各种考验,恢复了她的地位和身份。

学士在社交方面显得沉默寡言而非常矜持,是一位不谙世事的人,从学习和教书之中获得生活的乐趣,但他在潜意识中和身无分文而又非常谦卑的格里泽尔达成某种认同。格里泽尔达的沉默和克制具有很强的颠覆性,为她重新赢得了身份、地位、幸福和财富。凯若琳·丁肖认为学士"并不同情沃尔特,而是(同情)格里泽尔达,不是支持男性,而是女性"①。她的结论是在基于学士和格里泽尔达都非常自我克制这一事实之上而得出的。安吉拉·简·韦斯尔认为学士只是对格里泽尔达做了寓言性的解读,"她得到的回报,无论是字面意义还是隐喻意义上,都来自她对施加在她身上的暴力的忍耐"②。换个角度看,格里泽尔达所遭受的痛苦实际上可以看作是学士个人痛苦和期待的象征性投射与转嫁,尤其是当他不能获取自己该获得的职位的时候。他的个人焦虑体现在忍受折磨的格里泽尔达身上,她的母亲角色被沃尔特取消,但是,她最终在颠覆性的沉默和伪装之中赢得这场两性之战,成功地恢复了母亲角色。

有一点需要注意,乔叟或学士在讲述故事的过程中对原材料进行了一定的修改。学士以彼特拉克的警告结束了故事的讲述。彼特拉克警告说没有女性可以超越格里泽尔达的谦卑,但是,每一个人可以像格里泽尔达一样在面对逆境的时候坚定不移。从《学士的故事》的前言中我们

---

① Carolyn Dinshaw, *Chaucer's Sexual Poetics*. Madison: University of Wisconsin Press, 1989. p. 135.

② Angela Jane Weisl, "'Quiting' Eve: Violence against Women in the *Canterbury Tales*", in *Violence against Women in Medieval Text*, p. 131.

知道格里泽尔达的故事源自彼特拉克的《彼特拉克的故事》。① 事实上，中世纪读者并不期待作者进行原创性创作，他们更喜欢作者能够巧妙地重新整理素材，挖掘新的有趣的主题。安莉森·纽顿认为学士在改造彼特拉克的原材料或"质料"方面施加了男性化的力量。② 因此，在扮演父亲的角色方面，学士和沃尔特非常相似。但是，我们知道彼特拉克笔下的格里泽尔达的故事来自薄伽丘的《十日谈》。罗宾·柯克帕特里克指出，在彼特拉克和乔叟的笔下，"格里泽尔达善于雄辩，敢于谈论自己的地位"，在彼特拉克笔下，"格里泽尔达是人类可以实现的'坚定不移'这一品质的象征"。③ 彼特拉克笔下的格里泽尔达似乎铁石心肠，而沃尔特显得富有感情，充满父爱，他想试探的是格里泽尔达是否对他忠诚。这和薄伽丘笔下的格里泽尔达不同。薄伽丘笔下的格里泽尔达从头到尾是沉默的，没有发出自己的声音，但她会在痛苦的时候哭泣。彼特拉克似乎很少把格里泽尔达同基督教的"善"联系起来，而乔叟似乎有意把格里泽尔达同圣经形象、基督教倡导的耐心和圣母玛利亚的谦卑两种美德联系起来。阿米·古德温做了对比研究并进行了总结："虽然彼特拉克推崇格里泽尔达的坚定不移，乔叟的学士另外挑出她的耐心作为女性独有的美德，但薄伽丘却赋予格里泽尔达一整套美德。"④ 普瑞斯纳·马丁指出乔叟有意修改彼特拉克的版本并把原材料中的某些细节删除忽略，《学士的故事》可以看作是对"一个有等级制的社会怀旧式庆祝或含蓄批判"⑤。

乔叟笔下的讲述者牛津学士充满学究气，严肃而充满同情心。他和

---

① 国外学界就乔叟这个故事的原创性一直存有很大争议，有人认为他不过进行了翻译，有人认为他并不知道薄伽丘的《十日谈》，但是约翰·费莱逊通过比较认为，《学士的故事》是对彼特拉克故事的翻译，同时直接取自《十日谈》，乔叟进行了细小的增添而已。参见 John Finlayson, "Petrarch, Boccaccio, and Chaucer's 'Clerk's Tale'." *Studies in Philology* 3 (2000): 255–275. J. Burke Severs, *The Literary Relationships of Chaucer's "Clerkes Tale"*. New Haven: Yale University Press, 1942. p. 233. David Wallace, *Chaucerian Polity*. Stanford: Stanford University Press, 1997. p. 282. Donald McGrady, "Chaucer and the *Decameron* Reconsidered." *Chaucer Review* 12 (1977): 1–26.

② Allyson Newton, "The Occlusion of Maternity in Chaucer's *Clerk's Tale*", in *Medieval Mothering*, p. 72.

③ Robin Kirkpatrick, "The Griselda Story in Boccaccio, Petrarch and Chaucer", in *Chaucer and the Italian Trecento*, p. 233, p. 234.

④ Amy W. Goodwin, "The Griselda Game." *Chaucer Review* 39 (2004): 41–69. p. 55.

⑤ Priscilla Martin, *Chaucer's Women: Nuns, Wives and Amazons*. Basingstoke: Macmillan Press Ltd., 1990. p. 149.

薄伽丘笔下尖刻的讲述者狄奥尼奥不同。在乔叟的笔下,格里泽尔达被描写为"成熟而具有非凡勇气"(第8097行)。不难看出,乔叟企图凸显女性的美德,把格里泽尔达塑造成一位完美而谦卑的圣母玛利亚式女性。格里泽尔达又是一位典型的母性殉道者,这不仅是由沃尔特的考验造成,还由当时"虐待文化逻辑"(cultural logic of torture)和对女性的系统性暴力所为,也是由女性对男权社会的传统观念的内化和策略性的伪装所致。虽然现代女性对格里泽尔达表现出的非凡的忍耐和克制感到无法接受,但她体现着被统治者对占据主导地位的统治者的策略性服从态度和颠覆行为。

小 结

乔叟的这四个故事更多的讲述的是母亲—儿子的关系(比如苏丹之母和儿子,多纳吉和阿拉,康斯坦丝和莫里斯,寡居母亲和她的儿子,阿格丽品娜和尼禄)和父亲—女儿的关系(比如康斯坦丝和她的父亲,格里泽尔达和她的父亲),很少谈及母亲—女儿之间的关系。在这些故事中,母亲—儿子之间的关系重在表现母亲对儿子的控制和儿子对母亲控制的反抗,而非母子之间共同的依赖和原初认同感。母女之间的纽带关系没有得到充分书写。

乔叟笔下的非欧洲母亲的塑造显得矛盾而复杂,这种情况也适合于他笔下那些来自欧洲大陆的女性—母亲,她们同样被囚禁在男权社会和基督教的话语之中。此外,在乔叟的笔下,性别、种族、民族、文化和宗教体制对的母性产生一定的影响。对于本章中研究的这些母亲来说,从"合适"的母亲到"不合适"的母亲的转变是一个不可避免而又复杂的过程,其中涉及文字叙述策略、体制化的母性、性属观念、宗教和种族等因素对这些母亲施加的影响。她们从拥有真正的、自然化的母亲身份转变到拥有非自然的母亲身份。伊丽莎白·罗伯逊指出:"大部分评论家认为乔叟再现差异的时候非常传统,政治上保守,也就是说,他支持贵族推崇的歧视女性、政治上镇压、宗教上保守且偏狭的普遍观点。"[①]韦恩·舒马克认为乔叟是"一位虔诚的基督徒",艾·斯·斯皮林指出

① Elizabeth Robertson, "Nonviolent Christianity and the Strangeness of Female Power in Geoffrey Chaucer's *Man of Law's Tale*", in *Gender and Difference in the Middle Ages*, p. 323.

乔叟的"目的在于为基督教世界做一点相似的事情"①。约翰·利文斯顿·洛斯认为乔叟"像现代人一样现代",舒梅克认为他"带着浓厚的兴趣展示了充满感官经验的世界"②。虽然乔叟在文学技巧和创作理念方面走在时代的前列,但是,他的思维模式还是受到基督教思想的深刻影响。

乔叟是一位女性主义者还是一位反女性主义者?学界目前在这一方面争议颇多。可以看出,在《坎特伯雷故事》中,他对原材料的重写或改写受到个人喜好、社会地位、社会道德底线、宗教禁忌、政治斗争和文化逻辑等因素的影响。在他的笔下,"母亲"是一个隐喻,它有助于乔叟探讨权力潜在的社会运作机制。母亲身份赋予母亲以权力,但是,在与儿子的相互制约关系之中,这些故事中的母亲处于不可见状态或被压制的状态。表面上看,乔叟笔下再现的母性的本质体现在母爱、母亲的保护、为母之道之中,那些有越界行为的母亲虽然引发了男权社会的焦虑感和恐惧感,但是,却在母亲的苦难之中升华了母亲的形象。一方面,非基督教母亲被妖魔化,成为文化他者的典型代表,比如苏丹之母和多纳吉。这种妖魔化背后隐藏着她们对自己生物血统和文化血统纯正性的维护,对异族血统和基督教文化的抵制。另外一个方面,基督教母亲被美化到了极致,比如康斯坦丝和格里泽尔达。她们身上体现了圣母玛利亚式的美德,是基督教社会极力推崇的理想化母亲形象,是基督教母性神话的现实再生。

乔叟非常推崇基督教母性,这可以从他最早的诗歌《ABC》中略见一斑。这首诗实际上是对圣母玛利亚的赞美和祈祷。全诗以英文字母顺序开始每个诗节。他在这首诗中歌颂圣母玛利亚:"光荣的童贞女!花中之花"、"充满怜悯的女王"、"高尚的童贞女母亲"、"给人以安慰的女王"、"无人匹敌的高贵的公主"。乔叟在故事的再创作中沿袭了女性形象的两级模式,即夏娃—圣母玛利亚模式,但是,他却坚守中世纪男权文化对圣母玛利亚这一形象的幻想和崇拜,从康斯坦丝、寡居母亲和格里泽尔达身上展现了"圣母玛利亚晕厥"这一深入人心的艺术形象。当

---

① Wayne Shumaker, "Alisoun in Wander-Land: A Study in Chaucer's Mind and Literary Method." *ELH* 18 (1951): 77 – 89. p. 89. A. C. Spearing, "Narrative Voice: The Case of Chaucer's *Man of Law's Tale.*" *New Literary History* 32 (2001): 715 –46. p. 739.

② John Livingston Lowes, *Geoffrey Chaucer and the Development of His Genius.* Boston: Houghton Mifflin, 1934. p. 185. Wayne Shumaker, "Alisoun in Wander-Land: A Study in Chaucer's Mind and Literary Method." *ELH* 18 (1951): 77 –89. p. 78.

然,乔叟笔下以康斯坦丝和多纳吉为代表的两类不同类型母亲的背后潜藏着一种更为微妙的东西:中世纪人心理上对年轻母亲的崇拜,对年老母亲的极端丑化;赋予年轻母亲以美德,把年老母亲看作邪恶之源。其中展示的是中世纪人对青春活力的热爱,对死亡所持的恐惧心理。从某种程度上来说,这两类母亲成为中世纪人反思生命与死亡的典型代表。这也许可以说明他在文中反复歌颂圣母玛利亚式女性的根本原因。

有趣的是,《坎特伯雷故事》中没有一位母亲来自中世纪英国。一方面,重构外国母亲的故事把乔叟归类在中世纪欧洲大陆文学传统之中。另外一个方面,乔叟把彼特拉克和薄伽丘的故事"移植"到用中世纪英语写成的《坎特伯雷故事》之中。这种做法填补了英伦岛和欧洲大陆之间在地理、政治、文化和宗教上的鸿沟,削减了英伦岛和在文化和宗教上占主导地位的欧洲大陆之间形成的反差而导致的他者性。这些母亲作为乔叟笔下展示特殊的香客而形成一个母性社群。乔叟策略性地以叙述者和旁观者的身份出现,以这些母亲作为观照对象,进行观察、改写和叙述,最终使英伦岛和欧洲大陆都听到了自己的声音,成为欧洲文学传统中重要的一员。西蒙·霍罗宾认为乔叟对法国和意大利文学的借鉴更可能说明他希望为英格兰提供一种通俗文学文化,可以和欧洲大陆的先进通俗文化比肩,他更关心英语文化在欧洲或国际背景下的地位。① 约翰·鲍尔斯认为《坎特伯雷故事》体现了乔叟作为后殖民作家对占据主导地位的法国文化的文学回应,为民族英语传统提供材料。② 不管乔叟为英国文坛的发展作出多大的贡献,这些典型的母亲形象的塑造为这种文化的互动提供了有效的交流途径。

乔叟笔下展示的世俗母性并未摆脱中世纪英国意识形态和文学叙述层面的禁锢。乔叟的同时代女作家诺里奇的朱丽安身处狭窄的禁室,以基督教为平台,从宗教内部突围,以异象和冥想的方式思考神学,大胆地把上帝和耶稣看作是真正的母亲,探讨神性和母性的关系。这将在第三章讨论。

---

① Simon Horobin, *Chaucer's Language*. Basingstoke:Palgrave Macmillan, 2007. p. 20.

② John M. Bowers, "Chaucer after Smithfield:from Postcolonial Writer to Imperialist Author", in *The Postcolonial Middle Ages*, p. 54.

第三章　"男性"母亲:《诺里奇的朱丽安的启示》

　　诺里奇的朱丽安（Julian of Norwich，1342—1416）是第一位用英语进行写作的女性①，开创了女性英语文学的先河。她是英国女性异象传统中首当其冲的代表性人物②，是"倔强的知识分子"，"拥有精神导师的美名"③，是"英国灵性传统中最被广泛阅读、最有影响力的神秘主义者，是全世界人的鼓励者和安慰者"④。她的代表作是《诺里奇的朱丽安的启示》（*The Showings of Julian of Norwich*，以下简称《启示》），也有学者把它命名为《神圣之爱的启示》。⑤ 虽然朱丽安和英国神秘主义作家理查德·罗尔（Richard Rolle）、沃尔特·希尔顿（Walter Hilton）和《无名之云》（*The Unknown Cloud*）的作者没有直接交往或阅读过对方的作品，但在当时神秘主义盛行的大背景下，她的写作和他们的创作之间有着许多相同之处。她是典型的"城市中的隐居者"，身处禁室

---

　　① 作者名字和作品在国内有不同的翻译。林英翻译为"诺里奇的朱丽安娜"，参见苏拉米斯·萨哈:《第四等级—中世纪欧洲妇女史》，林英 译，广州：广东人民出版社，2003，第68页。吴芬把她的名字和作品分别翻译为"诺里奇的朱利安"和《上帝之爱的启示》，参见李赋宁、何其莘:《英国中古时期文学史》，北京：外语教学与研究出版社，2006，第177页。本文中，她的名字和作品均采用"诺里奇的朱丽安"和《诺里奇的朱丽安的启示》。

　　② Santha Bhattacharji, "Julian of Norwich", in *A Companion to Medieval English Literature and Culture. c1350 – c1500*, p. 522.

　　③ Barbara Newman, *God and the Goddesses*: *Vision*, *Poetry and Belief in the Middle Ages*. Philadelphia: University of Pennsylvania Press, 2003. p. 223, p. 224.

　　④ Michael McLean, "Introduction", in *Julian: Woman of Our Day*, p. 1.

　　⑤ Julian of Norwich, *Revelations of Divine Love*. Trans. Elizabeth Spearing and A. C. Spearing. The Penguin Group, 1998.

(cell)之中①,却又保持着和外界的联系。朱丽安继承了圣奥古斯丁对人类原罪的辩解,探讨了神性与人性、个人信仰与救赎、灵魂与肉体、个体与宇宙的关系等问题,阐释彼岸思想,提出了"一切皆好"(Alle shalle be welle)的宇宙乐观主义思想。

事实上,朱丽安的生平并没有确凿记录,甚至连她的原名都无法考证,唯一有据可查的是自1394年起,当时许多信徒把钱赠送给位于英国诺里奇市圣朱丽安教堂一位叫朱丽安的女士。朱丽安居住在圣朱丽安教堂狭窄的禁室,是诺里奇市人的精神顾问和精神信仰方面的指导者和启蒙者,许多名人志士慕名前去咨询拜访。1937年7月23日,《天主教前锋报》宣布《玛格丽·坎普之书》被发现这一惊人的消息的时候,评论道:"她(坎普),我们所不知道的多么伟大的朋友,是诺里奇的朱丽安的同时代人和朋友。"足见朱丽安的社会影响力和被认可的程度,而坎普曾经特地拜访了她。遗憾的是,她的《启示》在中世纪几乎处于无人问津的状态。纽曼·芭芭娜指出,作为女性作家,朱丽安身处缺乏女性异象作家的传统中写作,而她生活在人们用通俗语思考神学的不利时机。②笔者认为,朱丽安具备现代广义层面上的女性知识分子的特质。她博学而富有智慧,敢于策略性地和教会权威对话,把女性经验和当时盛行的神秘主义结合起来,启蒙虔诚大众,引导信徒。

《启示》是朱丽安感受到十六次异象之后经过不断思考和冥想而写出的。在《启示》的第三章,朱丽安就其创作过程及动因作了详细的描述:重病之中,她在床上躺了三天三夜,人们甚至为她举行了基督教葬礼仪式。随后,她又带病卧床两天两夜。第三天晚上,她自觉行将离世,恰好牧师叫她看十字架,突然间,她似乎看到了神光,觉得疾病之苦离她而去,这是她第一次看到异象。在这之后,她先后又有过十五次异象。于是,她把这些异象记录下来,成为《启示》的短本(Short Text,简称ST)。这个短

---

① 禁室一般靠教堂的一面墙而建,有一个很重的小门,里面非常狭小。隐士进入禁室之后,主教举行象征意义上的葬礼,对外宣布其死亡,有的主教甚至会在墙上盖印。他们与世俗世界隔离,独自冥想和祈祷,通过墙上的小窗口听教堂中的弥撒,通过另外一个窗口接受食物。有人一生身在其中,也有人穿梭在教堂和禁室之间。这些人一般以富有智慧出名,给来访者进行精神指导。朱丽安就是当时比较有名的女隐士(anchoress)。女隐士比修女(nun)的地位高,连修道院院长都会听从她们的建议。女隐士除了祈祷之外,还会绣披肩和圣坛布。朱丽安曾经住过的禁室供人瞻仰,第二次世界大战的时候被破坏,后之外又复修。

② Barbara Newman, *God and the Goddesses: Vision, Poetry and Belief in the Middle Ages*. Philadelphia: University of Pennsylvania Press, 2003, p. 224.

本写于 1373 年到 1388 年之间，用当时英格兰北方方言写成，生动地记述了她在疾病状态中所看到的异象。这个短本和加尔都西会的作品一起流传，但现仅存有一部手抄本，珍藏于英国国家图书馆，被命名为阿默斯特手稿（Amherst Manuscript），从它的开头就可以看出它是 1413 年的手抄本。她进行了长达二十年的冥想与思考，最终写成了《启示》的长本（Long Text，简称 LT）。这个长本于 1393 年用英国东部方言写就，和乔叟所用的英语相似。长本共计八十六章，记载了她对所看到的十六个异象和耶稣给她启示的深刻理解。《启示》的长本现存有四部重要的手抄本：威斯敏斯特手抄本，巴黎手抄本和两个斯诺恩（Sloane）手抄本。威斯敏斯特手抄本大概抄写于 1450 年到 1500 年之间，其中收录了《启示》长本中的部分章节。巴黎手抄本和英国图书馆的两个斯诺恩手抄本（编号分别为 Sloane 2499 和 Sloane 3705）出现在 1650 年左右。① 17 世纪到 18 世纪，《启示》的长本突然又出现，这极有可能是在法国北部流亡的本笃会修女抄写而成。事实上斯诺恩手抄本一所用的语言是英格兰北方方言，斯诺恩手抄本二是用英格兰中东部的方言抄写的。

  1901 年，《启示》第一本编译本出版②，很快就引起神学家、文学评论家和普通读者的高度关注。这离 1670 年本笃会修道院第一次出版它已经过去了二百多年。1977 年，由埃德蒙·柯勒律治和詹姆斯·沃尔什编译出版了《启示》的短本和长本。这把朱丽安推向了学术研究的巅峰，此后国外学界陆续出版了各种不同版本的译本与编写本。③ 但是，非常遗憾的是，她的《启示》在她的时代流通量较小，这也许因为她是一位女性，而不是一位神甫人员的缘故。克里斯托弗·阿博特认为《启示》是一本自传性作品，因为朱丽安把个人的生活经历和神学思考巧妙

---

① Liz Herbert McAvoy, *A Companion to Julian of Norwich*. Cambridge: D. S. Brewer, 2008. p. 8.

② 她编译的书名为《神圣之爱的启示：诺里奇的朱丽安修女记录》，参见 Julian of Norwich, *The Revelation of Divine Love: Recorded by Julian Anchoress at Norwich*. Ed. Grace Warrack. London: Methuen, 1901.

③ Julian of Norwich, *Showings*. Trans. Edmund Colledge and James Walsh. Paulist Press, 1977. Julian of Norwich, *A Book of Showings to the Anchoress Julian of Norwich*. Ed. E. Colledge and James Walsh. Toronto: Pontifical Institute of Medieval Studies, 1978. Julian of Norwich, *Revelations of Divine Love*. Trans. Elizabeth Spearing and A. C. Spearing. The Penguin Group, 1998. Julian of Norwich, *A Lesson of Love: The Revelations of Julian of Norwich*. Ed. and Trans. Father John-Julian. O. J. N. London: Darton, Longman and Todd, 1988. Julian of Norwich, *The Showings of Julian of Norwich*. Ed. Denise N. Baker. W. W. Norton & Company, Inc., 2005. Nicholas Watson and Jaqueline Jenkins, *The Writing of Julian of Norwich: A Vision Showed to a Devout Woman and A Revelation of Love*. The Pennsylvania State University, 2006. Julian of Norwich, *Revelations of Divine Love* (kindle edition), Amazon Digital Services.

地融合在一个文本之中。他把朱丽安称为"英国圣人朱丽安、女权主义者朱丽安、生态神学家朱丽安、新时代的神秘主义者朱丽安、完全自由的基督徒朱丽安"①。著名诗人兼文学评论家 T. S. 爱略特是朱丽安的崇拜者，在他的诗歌《一次小小的眩晕》中，他引用了《启示》中的两句话，"我是你恳求的根基"和"一切皆好"。朱丽安对后来各个时代的作品同样产生了深刻的影响，留下了丰富的精神遗产。②

《启示》对当代读者来说，印象最深的主题之一莫过于朱丽安在上帝和耶稣身上寻找母亲以及她对母性的深刻反思与独特冥想。凯洛琳·沃克·贝纳姆指出："除了朱丽安之外，在中世纪盛期，上帝的母性在所有的中世纪作家作品中显得微乎其微。"詹妮弗·费洛斯认为朱丽安在《启示》中对母亲形象的挖掘与思考是"中世纪人对母性模糊认识的最极端的表达"，克里斯托弗·阿博特认为《启示》长本的核心神学思想表现在朱丽安大胆地对神圣的母性进行彻底探索，尼克·斯蒂勒指出，"中世纪时期最伟大的养母就是朱丽安对神的形象的（描述）"。③帕特西亚·拉夫特指出，朱丽安相比于欧洲大陆女性神秘主义者来说，虽然没有在死后被追封为圣徒，但是朱丽安作品中最惊人的主题就是她把上帝女性化了，截止目前为止，这种看法也是独一无二的。④

本章主要从以下三个方面进行分析研究：第一，朱丽安大胆地把上帝女性化，使上帝一改传统文化中易怒的男性上帝形象，取而代之的是慈爱的母亲形象，研究旨在发掘中世纪人在心理上依赖上帝的情感根源，分析母性与神性的关系。第二，朱丽安在异象中把耶稣看作母亲，从耶稣伤口哺乳和痛苦分娩两个具体细节来描述生理性母性，策略性地展示

---

① Christopher Abbot, *Julian of Norwich*: *Autobiography and Theology*. Cambridge：D. S. Brewer, 1999. p. 2.

② 相关研究和总结，参见 Sarah Salih and Denise N. Baker, eds. *Julian of Norwich's Legacy*: *Medieval Mysticism and Post-medieval Reception*. Basingstoke：Palgrave Macmillan, 2009. Sarah Salih, "Julian's Afterlife", in *A Companion to Julian of Norwich*, pp. 208 – 18.

③ Caroline Walker Bynum, *Jesus as Mother*: *Studies in the Spirituality of the High Middle Ages*. Berkeley：University of California Press. 1982. p. 168. Jennifer Fellows, "Mothers in Middle English Romance", in *Women and Literature in Britain 1150 – 1500*, p. 41. Christopher Abbot, *Julian of Norwich*: *Autobiography and Theology*. Cambridge：D. S. Brewer, 1999. p. 125. Nikki Stiller, *Eve's Orphans*: *Mothers and Daughters in Medieval English Literature*. London：Greenwood Press, 1980. p. 121.

④ Patricia Ranft, *Women and Spiritual Equality in Christian Tradition*. New York：St. Martin's Press, 1998. p. 188.

母性经验。第三，朱丽安通过在禁室中冥想母性，建立起一个独特的女性谱系。

一 慈爱的上帝：爱的本体

国外学界对《启示》中体现的母性的研究主要集中在耶稣作为母亲这一形象上，而忽略了对上帝作为母亲这一形象的挖掘和认识。从文本的叙述中可以看出，朱丽安谦卑地自称为"简单的创造物"（a symple creature），她从孩子的角度出发来思考上帝的母性。在朱丽安看来，上帝不同于传统文学作品和当时人们已经接受并认同了的容易发怒的上帝形象，相反，上帝在她看来是"我们的父亲，是我们真正的母亲"（verely oure Fader and Moder）（92）。① 没有任何证据可以明确证明朱丽安直接受圣奥古斯丁神学思想的影响，但是国外学界仍然有学者认为她是一位圣奥古斯丁式的人物。② 在《启示》中，朱丽安首先认为上帝是人类的创造者，他在本质上并没有自己的本源。我们知道，基督教把生命的本源归结为一位万能的男性上帝身上。露丝·伊里加蕾指出："（上帝）与母亲的身体没有任何联系……他和母亲—母体没有任何关联，在完美的实体中，他既不知道，他也永远不知道。"③ 显然，占据主导地位的中世纪男权宗教文化一直在努力抹杀一个事实，即每一位男性的生命都出自母亲的身体。这是因为在当时的历史背景下，母亲的身体被看作是卑贱的存在，所以他们不愿意把这个卑贱的肉体看作是自己生命的本源。在中世纪身体理论中，男性与女性之间的对立被看作是灵魂与身体的对立。男性与理性相联系，女性与身体关联，而身体在当时的文化界定中

---

① 本文引文均来自 Julian of Norwich, *The Showings of Julian of Norwich*. Ed. Denise N. Baker. New York: W. W. Norton & Company, Inc. , 2005. 凡出自本书的引文，只在文后标明出处页码，不再另行做注。

② 参见 Grace M. Jantzen, *Julian of Norwich: Mystic and Theologian*. London: Paulist Press. 2000. Denise N. Baker, *Julian of Norwich: From Vision to Book*. Princeton: Princeton University Press, 1994. Joan M. Nuth, *Wisdom's Daughter: the Theology of Julian of Norwich*. New York: Crossroad Publishing, 1991. Sandra J. McEntire, "The Likeness of God and the Restoration of Humanity in Julian of Norwich's Showings", in *The Showings of Julian of Norwich: Authoritative Texts, Contexts, Criticism*. Ed. Denise N. Baker. New York: W. W. Norton & Company, Inc. . 2005. pp. 164 – 76.

③ Luce Irigaray, *Speculum of the Other Woman*. Trans. Gillian C. Gill. New York: Cornell University Press, 1985. p. 164.

被看作是卑贱的存在,与堕落、罪恶、欲望、污秽等消极观念联系在一起。上帝的自生神话正是这种观念的有力证明。坎特伯雷大主教圣安瑟尔姆的追随者托马斯·阿奎拉认为有五种方式可以证明上帝是存在的。于他而言,自然界所发生的一切肯定都可以追溯到作为第一动因的上帝身上。基督教对于上帝本体地位的认识使中世纪人相信他们的生命源于一位男性上帝。

朱丽安作为处于神权与父权双重话语控制下的中世纪英国女性,不可避免地受制于男性化的神职文化的影响。我们从她的文本叙述中可以看出她对教会教义在语言表述方面显得非常谨慎。她首先通过认同中世纪哲学和基督教教义对于上帝存在的解释,恰如其分地击中要点。我们知道,在中世纪,神学这一领域通常被看作是男性神甫人员说话的地方,它禁止女性阐释神学或参与神学活动。但是,朱丽安巧妙地避开了对男性上帝作为世界本源的思索,在文本的叙述中,她策略性地转向描述充满了慈母之爱的上帝,使他成为世界的本源。一方面,她清楚地知道在教会占主导话语权的时候应该谨慎小心地表达自己的观点,以免引起教会的不满。另一方面,在对作为母亲的上帝的冥想之中,她打通了进一步了解人性的通道。

在朱丽安看来,上帝不仅是造物主和人类的保护者,更是一位慈善和蔼的母亲。众所周知,在中世纪文化与艺术再现中,上帝向来被看作是无所不在、无所不能的男性。在这方面,朱丽安不同于同时代作家威廉·兰格伦和后起之秀玛格丽·坎普。兰格伦在《农夫皮尔斯》中把上帝看作是威严的父亲,他通过拳头的比喻说明上帝是力量和权威的化身。坎普在《玛格丽·坎普之书》中把上帝看作是坐在金色垫子上的威严父亲。对于朱丽安把上帝看作母亲这一做法,帕米拉·沙因奥指出:"具有哺育能力的圣父构建了对女性有利的关系,因此,作为意识形态中的组成部分,他表达了男权社会的价值观",是"对中世纪社会性别等级和性别差异的再现与复制"。[①] 这种差异其实更能说明中世纪人赋予母亲特有的性别和角色特点。劳莉·艾·芬克对朱丽安的做法大加赞赏,她指出:"朱丽安似乎走在时代的前沿——实际上她似乎预见到了 20 世纪女性主义神学的发展,即,她认为神性必须把女性气质看作是重要的特性

① Pamela Sheingorn, "The Maternal Behavior of God: Divine Father as Fantasy Husband", in *Medieval Mothering*, pp. 77 – 99.

而包括其中。"① 桑德拉·麦克泰尔同样认为《启示》说明朱丽安熟谙当时的意识形态观念，因此能够机智地把自己从男权话语中解放出来。② 朱丽安对上帝的母性的冥想比上帝的父性要多，她积极地思考了女性气质、神性和母性之间的关联性。单就这一点我们就可以把她看作是女权主义神学的先驱，正是这一勇敢之举使朱丽安在神学的冥想中打开了寻找母亲、认识母性的大门。

南茜·乔德罗在《母性角色的再生》中指出，孩子的养育通常由父母双方共同负责，但是幼儿的身心发展完全依赖于母亲，母亲的缺场必然引起孩子的焦虑感。母亲是帮助孩子走向社会化的第一人，是孩子情感依赖的内在客体。③ 在朱丽安的异象中，当上帝温柔地触摸着他的孩子并让他们把他看作是他们的内在客体的时候，他扮演着照顾孩子的母亲角色。通过身体的接触和对孩子的召唤，上帝获得了作为母亲的心理满足感，成功地扮演了母亲角色，而他的"孩子们"也体验到了与母亲之间的同一感。孩子们的悲痛与恐惧在与作为母亲的上帝的融合之中消失。作为孩子的朱丽安和作为母亲的上帝之间形成了一种互相依赖的关系。这种关系就是对母亲权力的尝试性构建和对充满慈爱的母亲的渴望，更是对女性气质的肯定。

在中世纪文化中，人们认为上帝代表着力量、权力和万能。但是，在朱丽安的描述中，我们并未看到易怒的上帝形象和对上帝充满敬畏感的朱丽安。相反，我们看到的是上帝身上所显现的母性的温柔情感和作为母亲的满足感。艾·斯·斯皮林认为朱丽安之所以没有描述易怒的上帝这一父亲形象，是因为"从中世纪发怒和惩罚的概念上来看，她看不到上帝'父性的'一面"④。但是，不能忽略的事实是"朱丽安是中世纪最伟大的神学家之一"⑤。难道她真的看不到上帝的父性或是她有意避谈上帝的父性？朱丽安对"易怒的上帝"这一形象所保持的沉默恰恰显示

① Laurie A. Finke, *Women's Writing in English: Medieval England*. New York: Pantheon, 1999.

② Sandra J. McEntire, "The Likeness of God and the Restoration of Humanity in Julian of Norwich's Showings", in *The Showings of Julian of Norwich: Authoritative Texts, Contexts, Criticism*, pp. 164–76.

③ Nancy Chodorow, *The Reproduction of Mothering: Psychoanalysis and the Sociology of Gender*. Berkeley: University of California Press, 1978. pp. 60–1c.

④ A. C. Spearing, "Introduction", in *Revelations of Divine Love*, pp. ii–x.

⑤ Nicholas Watson and Jaqueline Jenkins, "Preface," in *The Writing of Julian of Norwich: A Vision Showed to a Devout Woman and A Revelation of Love*, pp. ix–x.

了身处禁室冥想的中世纪女性或上帝的"孩子"对母亲般的上帝的向往之情。我们知道,"愤怒"在中世纪文化中通常被看作是男性气质构建中的重要因素,而在这一点的认识上,朱丽安与同时代的作家相比就有不同之处。在《启示》的第四十六章中,朱丽安写道:"上帝永远没有生气过,永远也不会生气。"(64)因为上帝对她而言代表着善、生命、真理、爱与平静,而且他的爱与慈祥并不允许他轻易发怒。在第四十九章,她写道:"我在上帝身上没有看到丝毫的愤怒,不管是短暂性的或长时间的。"(67)上帝永远是以充满爱意、温和、和蔼的形象出现,并带给人们内心永恒的安宁。作为身处狭小禁室中的女性,朱丽安充满自信和勇气,把上帝女性化了,使他显得特别慈爱且充满耐心。因为"耐心"在当时的文化构建上通常被看作是女性特质之一,甚至在今天被更多地看作是母亲该有的美德。① 在训诫诗《耐心》中,上帝对约拿表现出了母亲般的耐心,相形之下,在中世纪隐修读物《修女戒律》中,上帝却表现出了愤怒:"他(耶稣)站在我们和想打我们的父亲中间,像充满怜悯的母亲一样站在孩子和发怒并准备打孩子的父亲之间。"② 从中可以看出,人们一般倾向于描述上帝的愤怒。另外,训诫诗《洁净》、戏剧《诺亚的洪水》和《凡人》中容易发怒的上帝同《启示》中充满母爱的上帝也形成鲜明的对比。

朱丽安笔下母亲般的上帝这一形象表明上帝身上所体现出的母爱和女性特质,这进一步强化了母亲的地位。这说明对于朱丽安式的信徒来说,世界的起源由两部分组成:男性—女性,父亲—母亲,而非单一性别的男性。里特玛丽·布拉德雷认为上帝作为母亲这一比喻只会强化男—女之间的对立模式③,但我们可以看出朱丽安对上帝的母性的反复强调表明母亲在创造人类、繁衍人类方面起着举足轻重的作用。《圣经》之《创世纪》写道:

---

① A. C. Spearing, "The Subtext of *Patience*: God as Mother and the Whale's Belly." *Journal of Medieval and Early Modern Studies* 29. 2 (1999): 293 – 323.

② 《修女戒律》(*Ancrene Riwle*)是专门写给女隐士和女修士的手册和指南,它继承了古英语时期劝诫文的风格,最早是写给 13 世纪居住在威尔士边界附近的北赫里福郡的三位女隐士。它后来被缩改为《修女须知》(*Ancrene Wisse*),供小型隐修团体使用。*Ancrene Wisse*, Trans. M. B. Salu. Notre Dame: University of Notre Dame, 1995. p. 162.

③ Ritamary Bradley, "Julian of Norwich: Everyone's Mystic", in *Mysticism and Spirituality in Medieval England*, pp. 139 – 58.

> 神说：我们要照着我们的形象，按着我们的样式造人。神就照着自己的形象造人，乃是照着他的形象造男造女。①

> 耶和华神就用那人身上所取的肋骨造成一个女人，领她到那人跟前。② 因此，人要离开父母与妻子连合，二人成为一体。③

第一篇说明人类是在"照着神自己的形象"的前提下被创造为男性与女性。这种表述说明上帝身上既具有女性气质与男性气质，又具有生理意义上的女性特征与男性特征。这进一步表明，男性与女性在精神上应该处于相互平等的地位，而把女性看作是地位低下的存在是中世纪男权社会话语和性属构建的产物。如果说中世纪文化界定的母性主要聚焦在女性气质上，那么，作为母亲的上帝就具备母性的特质。但是，我们知道上帝通常在艺术中被再现为威严的男性，这是中世纪男权社会企图通过"威严的男性上帝"这一形象来保持对女性—母亲的统治权力，是西方父性崇拜的典型表现。第二篇表明女性的本源属于男性亚当，女性只是作为男性的一部分存在。他们最终融为一体，而"二人成为一体"意味着男性的身体在某种程度上是双性同体。丹尼尔·博亚林指出，这个具有超验色彩的人应该是男性与女性的结合体，但是，在《圣经》中他却不可思议地是一位男性。④ 这个"真正意义上的男性"亚当的存在说明女性在基督教文化中处于依附地位，男性保持着优越权和主导地位，作为万物之母的夏娃的生命起源是男性。

朱丽安在冥想中颠覆了对上帝单一男性化形象的认识，她把母亲从男权和神权双重社会话语的消音状态中解救出来，在"圣父—创造者"这一极端男性权威形象中为母亲找到一席之地，使上帝的形象之中包含有母亲的特质。麦克·阿盖尔指出，在女性的眼里，上帝总是与爱和耐心联系在一起，通常被幻想成母亲，而男性却更愿意把上帝看作是充满

---

① Genesis. 1：26/27.

② Genesis. 2：22.

③ Genesis. 2：24.

④ Daniel Boyarin, "On the History of the Early Phallus", in *Gender and Difference in the Middle Ages*, pp. 3 –42.

力量而无所不能的人。① 这种结论表明上帝在不同性别的人的视角中有不同的意义,外化了现实生活中不同人的价值观。珍妮-约瑟夫·古认为任何生命的产生与繁衍都是"两种原则结合的结果,即,体现着理性(观念,模版,父亲)的男性原则和代表着母体的女性原则。"② 这是对人类繁衍过程中男性与女性分别扮演角色的一种肯定,也是对亚里士多德把女性定义为母体—质料的认可。朱丽安最具开拓性的一点在于她为人们所接受的男性化的上帝形象赋予了母性化的女性特征。上帝是慈爱的母亲,这表明了男性在基督教中占据主导地位的终结,因此,母亲重新获得人类与宇宙起源中名副其实的母性角色。

对朱丽安来说,作为慈爱母亲的上帝是对传统概念中易怒的上帝形象的修正。在《启示》第八十六章,朱丽安指出她获得启示的原因:

> 你认为上帝意味着什么?要清楚地知道爱就是他的意义所在。是谁展示的它(异象)?是爱。他展示的是什么?是爱。为什么他把它展示给你?为了爱。(153)

于她而言,母性的怜悯和恩典通过爱、保护、忍耐、抚养、鼓励和治愈等方式带给普通大众安慰和荣誉。艾·斯·斯皮林把朱丽安对作为母亲的上帝这一形象的描写归结为"在人类历史上孩子都转向母亲而非转向父亲寻找舒适感,那是一种'一切皆好'的精神"③。凯洛琳·沃克·贝纳姆认为,"作为父亲与母亲的上帝比在创造人类过程中单单作为父亲的上帝更让人觉得可信和容易接受"④。实际上,朱丽安在揭示上帝存在的意义方面走得更远,上帝于她而言代表着爱。费尔巴哈在《基督教的本质》中指出"爱"在本质上具有女性特质,而"最高最深的爱是

---

① [英]阿盖尔:《宗教心理学导论》,陈彪译,北京:中国人民大学出版社,2005,第44到47页。

② Jean-Joseph Goux, "The Phallus: Masculine Identity and 'Exchange of Women.'" Trans. Maria Amuchastegui, Caroline Benforado, Amy Hendrix and Eleanor Kaufman. *Differences* 4 (1992): 40–75. p. 46.

③ A. C. Spearing, "Introduction", in *Revelations of Divine Love*, p. xxv.

④ Caroline Walker Bynum, *Jesus as Mother*: *Studies in the Spirituality of the High Middle Ages.* Berkeley: University of California Press, 1982. p. 134.

母亲的爱"。① 因此，并不是斯皮林所认为的"上帝无可指责，朱丽安为此烦扰"的问题，朱丽安深深地理解居住在诺里奇市备受黑死病与瘟疫折磨的人们的苦难，所以，对于上帝母性的思考也是当时人们对于母爱和母亲保护的渴望和需要。

朱丽安在《启示》中写道："在上帝的爱中，我们的生命开始了。"（81）对朱丽安来说，上帝意味着生命的起源，上帝是母亲，上帝意味着爱。布朗特·佩尔弗里指出："通过她的启示，朱丽安最重要的领悟就是爱不仅是一种心理现实，还是一种本体意义上的现实。神圣之爱等同于神圣的存在。"② 他认为，不像许多中世纪人，朱丽安不是从本质上谈论上帝，而是从上帝做的事情和上帝创作生命之间的关系来谈论。③ 在朱丽安的冥想中，回归上帝就是寻找宇宙起源的过程，是对女性原则的呼唤，它们共同指向中世纪人情感依赖的女性原则，以此释放由代表道德和法律的圣父引起的人的焦虑感。我们知道，在神圣三位一体中，母亲处于消音状态，在圣父与圣子之间存在的只是母性功能。从某种程度上来说，朱丽安对上帝形象中母亲角色的追问挑战了中世纪两性劳动分工的意识构建，映照了她对世俗家庭结构中父母双方共同抚育孩子的角色期待。

二 痛苦的耶稣：真正的母亲

朱丽安在《启示》中对"耶稣作为母亲"这一形象作了生动的细描和再现。相对于中世纪肉眼可见的各种视觉客体来说，耶稣受伤的身体对信徒的心理产生了巨大的影响，成为人们进行身份认同与角色投射的客体对象。关于女性与耶稣的认同问题，目前有两种观点相悖的学派：一派认为这种认同可以为女性赋权；一派认为这种认同剥夺了女性的权力。事实上，耶稣作为母亲并不是朱丽安的大胆设想或即兴想象，最早提出这一观点的是坎特伯雷大主教圣安瑟尔姆。他对于耶稣受难情景的

① Ludwig Feuerbach, *The Essence of Christianity*. Trans. George Eliot. New York: Prometheus Books, 1989. p. 72.

② Brant Pelphrey, "Leaving the Womb of Christ: Love, Doomsday, and Space/Time in Julian of Norwich and Eastern Orthodox Mysticism", in *Julian of Norwich: a Book of Essays*, p. 292.

③ Ibid. p. 297

生动描述对后来的神秘主义者、冥想者和劝喻文学作家都产生了极大的影响,但是除了朱丽安,却几乎没有几个追随者受到激发去深入挖掘这个主题。朱丽安笔下的"耶稣作为母亲"这一形象实际上也为克莱尔沃(明谷)的圣贝尔纳(Bernard of Clairvaux)和圣艾尔雷德(Aelred of Rievaulx)西多会修士所欢迎。弗雷塞泰·里迪指出,朱丽安的异象与世俗文本、西多会和方济会情感虔诚、圣艾尔雷德的《关注修行行为》以及大量的《冥想基督的生平》的英语衍生本等传统中形成的意象有关。①

实际上,疾病为朱丽安打开了冥想耶稣及其母性的通道,但朱丽安想象中的母亲耶稣和其他作家略显不同。圣安瑟尔姆所著的《圣保罗祈祷文》显然受到《马太福音》的启发,他在文中写道:

> 您啊,耶稣,您也是母亲吗?您难道不像是母鸡把她的小鸡揽在自己的翅膀下面的母亲吗?是的,主啊,您是这样的母亲……而您呢,灵魂,您自己已经死亡,却跑到耶稣母亲的翅膀下面倾诉自己的悲伤……耶稣,母亲,您把您的孩子揽在翅膀下面,那些死去的小鸡在您的翅膀下面找到了避难的去处。(153)

同样,在《修女指南》中,无名作者也把耶稣比作母亲:

> 我们的主,当他同意我们受到冒险的诱惑的时候,就像母亲和她的宝贝孩子一起游戏。她从他身边跑开,躲起来,让他独自坐着急切地向四周寻找,大哭着喊"妈妈!妈妈"!并大哭一会儿。然后,她张开双臂笑着跳出来,拥抱他,亲吻他,擦去他眼睛里的泪水。②

可以看到,在《圣保罗祈祷文》中,圣安瑟尔姆把耶稣比作一位保护者,他可以为孩子提供安全的庇护所,就像母鸡保护小鸡一样给予孩

---

① Felicity Riddy, "Women Talking about the Things of God: a Late Medieval Sub-culture", in *Women and Literature in Britain 1150 – 1500*, p. 112.

② *Ancrene Wisse*. Trans. Nicholas Watson, in *The showings of Julian of Norwich: Authoritative Texts, Contexts, Criticism*. Ed. Denise N. Baker. New York: W. W. Norton & Company. Inc. 2005, p. 139.

子身体和心理上的支持与安慰。第二篇说明耶稣和他的孩子的灵魂在玩游戏。他暂时离开了信徒，直到他们急切地表达了对他的需要，他才进行母亲般的安慰。从上面两则可以看出，无论是在现实生活中，还是精神层面，母亲意味着对孩子的保护、安慰与爱。朱丽安在《启示》的第五十七章到第六十三章描写作为母亲的耶稣，把重点放在耶稣"喂养"、"哺育"和"养育"孩子的细节描述之上：

> 他不能再次死去了，但他并不愿意停止做工。因此，他接着喂养我们，因为母亲的爱使他成为我们的欠债人。母亲用自己的奶汁喂养孩子，但是，我们亲爱的母亲耶稣却用他自己喂养我们。他是最慷慨最亲切的，因为他用生命中珍贵的圣餐喂养我们。（94）

> 自从最后审判日起，他喂养和哺育着我们，就像高贵的母亲和儿童所要求的那样。（99）

"喂养"（fede）、"母亲的爱"（love of moderhed）、"圣餐"（sacrament）、"哺育"（fordreth）、"母亲"（moder）这些核心词展示了耶稣对信徒具体的母爱，其中既包含生理性母性，又有精神性母性的反思。14世纪，法尔恩的修士（Monk of Farne）把母亲耶稣这一形象用另外一种很惊人的方式表达了出来。① 于他而言，耶稣像一位仁慈的母亲，他伸开双臂去拥抱自己的孩子，他低垂的头表明他想亲吻他的孩子。法尔恩的修士甚至想吸吮耶稣的胸部，回到他的子宫，使自己得以重生。朱丽安不同于法尔恩的修士。她细腻地描述了耶稣喂养孩子的具体过程，展示了他体侧的伤口，并把这个伤口与女性分娩和哺乳的生理性母性活动联系在一起。麦金纳尼认为朱丽安并没有质问基督教的逻各斯主义，相反，她通过自己独特的叙述方式，策略性地适应男权社会的思维逻辑，机智地指向两个不可再现的东西：神秘主义观念与女性经验。②

---

① 14世纪长期居住在英国法尔恩岛的修士，他可能叫理查德·威特里格（Richard/John Whiterig），曾在牛津大学学习神学，以圣安瑟尔姆祈祷的方式进行冥想，代表作是《冥想受难的基督》。

② Maud Burnett McInerney, "*In the Meydens Womb*: Julian of Norwich and the Poetics of Enclosure", in *Medieval Mothering*, p. 165.

耶稣身体的女性化显示了中世纪社会与宗教话语的广泛影响。朱丽安富有智慧之处就在于她以神秘主义为突破口来再现母性经验。凯洛琳·沃克·贝纳姆把作为母亲的耶稣这一形象的盛行归结为情感虔诚的不断升温和宗教语言的女性化倾向,这种语言集中展示耶稣身上的人性化特点。[1] 中世纪女性神秘主义者宾根的希尔德加德(Hildegard of Bingen)和锡耶纳的凯瑟琳(Catherine of Siena)认为女性象征着人性,男性象征着神性。在神圣三位一体中,圣子的本源来自充满神性的圣父,他并没有生物意义上的父亲,他的母亲圣母玛利亚赋予他以人性。亚里士多德和加伦的理论对当时人们看待女性有着很大的影响,他们认为女性在人类繁衍过程中只能提供原质料的作用,而男性提供的是形式和模式。亚里士多德指出,女性提供质料,男性提供使质料成形的东西,这是每一个性别的不同特点,这是男性或女性的意义所在。因此,身体来自女性,灵魂来自男性,因为灵魂是具体身体的本质。[2] 在《启示》中,朱丽安认为耶稣"跌入到童贞女(玛利亚)山谷似的子宫中,她是亚当最美丽的女儿"(76)。"跌入"的过程赋予耶稣以人性的特点,和上帝之子亚当一起成为上帝的仆人。凯洛琳·沃克·贝纳姆认为圣母玛利亚"成为耶稣身体的来源和容器;耶稣身体上所携带的东西在某种程度上来说是女性的,因为它来自他的母亲"[3]。如果说中世纪流行的情感虔诚使女性借助基督教挑战教会,发出自己的声音,那么,在男性占据主导地位的社会背景下,她们对耶稣人性的思索和赞同模糊了男性与女性之间的性别界限,朝着有利于女性的方向发展。

现代读者和观众倾向于把身体和欲望联系起来,但是,中世纪人对身体有着不同的界定方式和认识。对他们来说,在模仿圣母玛利亚和耶稣的活动之中,身体成为通向中世纪人向往和追求神圣感的通道和有效途径。有一点非常重要,即,"在中世纪文化的再现中,位于视觉中心的身体,能够公开展示的身体,当然不是女性的身体……然而,人们喜欢

---

[1] Caroline Walker Bynum, *Jesus as Mother: Studies in the Spirituality of the High Middle Ages*. Berkeley: University of California Press, 1982, pp. 129 – 46.

[2] Aristotle, *Generation of Animals*. Trans. A. L. Peck. London: William Heinemann Ltd. 1953, p. 185.

[3] Caroline Walker Bynum, *Fragmentation and Redemption— Essays on Gender and the Human Body in Medieval Religion*. New York: Zone Books, 1991. p. 172.

展示的身体……是耶稣的身体"①。考虑到情感虔诚的逐渐盛行和人们对耶稣身上具备的人性特点的思考，人们把耶稣与女性紧密地联系在一起。凯洛琳·沃克·贝纳姆认为中世纪人把耶稣的身体和女性气质联系在一起，这主要体现在以下三个方面：第一，神学家普遍接受了"精神与身体的关系就如同男性与女性的关系"这一论点；第二，基于亚里士多德和加伦的生理学理论，"身体"总是与"女性"联系在一起；第三，由于耶稣无罪成胎于圣母玛利亚，他的身体与女性有关，因此耶稣的身体因为他的母亲而具备了肉体的特点。他自己的身体自然可以做女性可以做到的事情，也就是，他的身体既可以流出食物，也可以生育孩子。② 显然，耶稣的身体和女性特质联系起来成为他作为母亲的前提条件之一。

值得注意的是，朱丽安在文本的书写中，母性主题的挖掘紧随在"仆人比喻"（servant parable）之后。"仆人比喻"可以说是她整个神学思想的核心所在。对朱丽安来说，上帝把他的儿子耶稣和亚当看作一个人，他们都是上帝的仆人。她写道："作为劳动者，穿着破旧，站在上帝的左手边。"（76）尼克那斯·沃松认为："仆人，既是亚当和耶稣，也是上帝和人类，在人类堕落和道成肉身的时候转变为女性……从这个角度来看，对朱丽安来说，成为女性简单地说就是成为人；对于所有在肉体中曾经生活过的生命来说，这是不可避免而恰当的比喻。"③ 桑德拉·麦克泰尔对朱丽安提出"神性源自女性身体"这一点非常赞赏。艾·斯·斯皮林认为朱丽安的这个视角在她所有的启示中最让人感到吃惊。④ 可以说，朱丽安对耶稣身上体现出的人性的反思和叙述是耶稣能够像普通女性一样进行分娩和哺育的前提条件。进一步讲，耶稣作为上帝的仆人说明耶稣首先必须是一位劳动者，他必然要遭受身体疼痛的生育之苦。这是他成为真正的母亲的另外一个前提条件。

---

① Sarah Stanbury, "Regimes of the Visual in Premodern England: Gaze, Body, and Chaucer's *Clerk's Tale.*" *New Literary History* 28 (1997): 261–89. p. 265.

② Caroline Walker Bynum, *Fragmentation and Redemption—Essays on Gender and the Human Body in Medieval Religion.* New York: Zone Books, 1991. pp. 98–101.

③ Nicholas Watson, "'Yf Women Be Double Naturally': Remaking 'Woman' in Julian of Norwich's *Revelation of Love.*" *Exemplaria* 8 (1996): 1–34. p. 25.

④ Sandra J. McEntire, "From the Likeness of God and the Restoration of Humanity in Julian of Norwich's Showings" in *The Showings of Julian of Norwich: Authoritative Texts, Contexts, Criticism,* pp. 164–76. A. C. Spearing, "Introduction", in *Revelations of Divine Love*, pp. xxvii–xi.

在《启示》中,朱丽安大胆地展示耶稣的生理性母性。这首先集中在描述他如何用体侧伤口哺乳的母性实践活动。贝纳姆总结了三种女性或母亲模式:"女性具备生殖能力(胚胎由母体构成),生育的时候要做出牺牲(生育的疼痛);女性充满爱意和温情(母亲会情不自禁地爱自己的孩子);女性要哺育(她用自己身体里流动的液体喂养孩子)。"[①] 朱丽安对耶稣母亲的具体描述并没有脱离这些模式。在她的启示中,耶稣包裹、拥抱、紧搂着他的孩子,展示了深情的母爱。作为生命的给予者,他牺牲自我,忍受着巨大的疼痛,目的就是为了安慰自己的孩子,使他们高兴:

> 然后,满脸的欢喜,我们的主看着自己的体侧,快乐地凝视着;随着他注视的目光,通过他体侧的伤口,他引领着他的孩子对世界进行认识。随后,他露出一个美丽而令人感到赏心悦目的地方,那里大到可以容纳整个人类,在那里他们可以得到救赎并在安宁与爱中歇息。伴随着这些,他给人的心灵带来珍贵的血与水,他愿意为了爱把它们完全倾倒出来。(37)

虽然酷儿理论倾向于把耶稣体侧的伤口看作是封条或处女膜[②],但耶稣体侧的伤口通常被看作是耶稣身体女性化的典型特征。这种看法当时特别受劝喻作家的欢迎。他的伤口在文学和肖像学中通常被看作是女性的乳房,从伤口流出的鲜血被看作是哺育信徒的奶汁。在这个女性化的伤口中,"母亲内在的东西存在于耶稣男性的体侧,人体成为可以庇护一切的家庭空间,死亡与永生融合在一起,使人永生"[③]。这种认识在当时也比较普遍。在《玛格丽·坎普之书》中,坎普向一位隐士坦白自己在异象中获得的启示,隐士说道:"女子,你甚至可以在耶稣的胸部吮吸

---

① Caroline Walker Bynum, *Jesus as Mother: Studies in the Spirituality of the High Middle Ages.* Berkeley: University of California Press, 1982. p. 131.

② Karma Lochrie, "Mystical Acts. Queer Tendencies", in *Constructing Medieval Sexuality*, pp. 180 - 200. 贝纳姆指出,中世纪人对它有两种看法,即它既是生命的源泉,又含有性的色彩。参见 Caroline Walker Bynum, *History of Religions* 53 (2014): 341 - 68. pp. 354 - 6.

③ Sarah Stanbury, "The Body and the City in *Pearl.*" *Representation* 48 (1994): 30 - 47. p. 35.

奶汁。"① 圣教会的圣爱弗坶（St. Ephraem）曾经在关于耶稣诞生的赞美诗中写道：

> 他高高在上
> 但是他吸吮着玛利亚的奶汁
> 在他的祝福中所有的人类都吸吮着奶汁
> 他是所有生命的乳房
> 通过他的生命，他哺育着死者，他们因此获得新生。②

凯文·曼吉指出："在中世纪各种写作中，尤其在女性中间，具有多重意义的伤口意象特别丰富。意义从身体的伤口延伸到子宫的入口和出口、精神性孕育和转化性重生。"③ 在朱丽安看来，母亲耶稣对他的孩子展示出深沉的母爱，随时悉心照顾他们，使他们变得内心安宁而快乐。这不仅是生理母性的展示，更是精神性母性的展示。朱丽安认为耶稣体侧的伤口证明了他对人类的热爱，人们在那里找到了安宁和爱。朱丽安继续写道：

> 母亲可以让自己的孩子吸吮她的奶汁，但是，我们亲爱的母亲耶稣用他自己来喂养我们……母亲可以把孩子温柔地放在自己的胸前，但是我们温柔的母亲耶稣，通过他那甜蜜的体侧伤口，他会很亲密地把我们引领到他那充满祝福的胸前。（94）

其他的中世纪女性神秘主义者，比如佛利诺的安吉拉、锡耶纳的凯瑟琳和奥恩特的玛格丽特，也有在异象中在耶稣的体侧吸吮奶汁的体验。从神学的角度来说，从耶稣体侧的伤口进入他的身体就意味着生命的重生，因为他的身体就是母亲的身体，信徒停留在他的体内就像婴儿身处母亲的子宫一样。波克伦德-拉古普卢指出："自我消融和融入母亲的身

---

① Margery Kempe, *The Book of Margery Kempe* (Annotated edt.). Ed. Barry Windeatt. Cambridge: D. S. Brewer, 2004. p. 74.

② Ephrem the Syrian. *Hymns*. Trans. Kathleen E. McVey. New York: Paulist Press, 1989.

③ Kevin J. Magill, *Julian of Norwich: Mystic or Visionary?*. New York: the Routledge, 2006. p. 88.

体——耶稣的身体或大地母亲——无论是在神秘主义的狂喜之中抑或是人的死亡之中,是人得以重生的前提条件。"① 抛开人们对精神重生的想法,这种回归母亲身体的做法意味着重新创造前俄狄浦斯的母子同一感。对像朱丽安一样放弃了世俗世界中和母亲之间的纽带关系的信徒来说,这种回归尤其显得重要。朱丽安在描述耶稣哺乳的过程中大胆地肯定了进行哺乳的母亲的地位,这非常难得,因为在公共场合哺乳通常被看作是不体面或具有污染性的活动。

在朱丽安的《启示》中,耶稣的生理性母性还体现在他是如何在疼痛中分娩。13 世纪到 14 世纪文学中对母性的强调,正如凯洛琳·沃克·贝纳姆所肯定的那样,"用血,而不是奶液喂养孩子,(人们)信守和耶稣可能的融为一体(的观念),强调痛苦的生育过程"②。可以看到,中世纪文学文本中几乎没有关于对女性分娩文字方面的直接描述。卡罗·泼斯顿认为,人们把分娩和原始野蛮行为联系起来的原因在于人们认为分娩过程血腥而充满动物性。③ 这一结论也说明许多文学文本很少直接描述女性分娩情景的原因所在。芭芭娜·汉娜沃特指出,对于中世纪人来说,生育孩子是女性的仪式,而女性又不愿意在写作中透露相关信息。产房禁止男性进入,因此丈夫只能在外面等待,他们更无法记载。即便是男性医生进入,那也是因为手术需要。④ 但是,朱丽安通过冥想,以特殊的方式书写了女性分娩的经历。在《启示》中,耶稣分娩的过程和《圣经》中提到的女性分娩经验非常符合:"当女人生育的时候,她经历着痛苦,因为她的时间到了。但是,当她的孩子出生以后,因为生了孩子的喜悦,她就会忘记生育之苦。"⑤ 凯洛琳·沃克·贝纳姆采用例图表

① Karin Boklund-Lagopoulou, "Yate of Heven: Conceptions of the Female Body in the Religious Lyrics", in *Writing Religious Women: Female Spiritual and Textual Practices in Late Medieval England*, p. 150.

② Caroline Walker Bynum, *Wonderful Blood*, p. 152. 根据麦克纳马的看法,在 11 世纪之前,宗教文学通常把基督描述为获胜的救世主,充满敬畏感,但是到了 13 世纪这一形象发生了转变,即,基督浑身是血,他成为脆弱的人类牺牲品。她认为这是一次重要的文化转变,基督的存在是为了引起人们的情感上的同情和怜悯。参见 Sarah McNamer, *Affective Meditation and the Invention of Medieval Compassion.* Philadelphia: University of Pennsylvania Press, 2010. p. 2.

③ Carol H. Poston, "Childbirth in Literature." *Feminist Studies* 4 (1978): 18-31.

④ Barbara A. Hanawalt, *Growing Up in Medieval London.* Oxford: Oxford University Press, 1993. p. 42.

⑤ John. 16: 21.

明耶稣正是通过体侧的伤口分娩，而这个伤口也可以看作是子宫的入口。① 里妮·沃特金斯认为，通过对耶稣的血和伤口的虔诚展示，"女性圣徒在身体的神秘感之中寻找能够平衡神性与人性和代表宇宙世界的形象：生育能力，与生育相关的鲜血，庇护新生命的子宫"。② 在《启示》第六十章中，朱丽安写道：

> 我们知道我们的（亲生）母亲仅仅把我们带到这个世界上来受罪并死去，但是，我们真正的母亲耶稣是爱的化身，带给我们欢喜与永生；祝福他！所以，他用爱来支撑我们，在整个时间里他在遭受生育之苦，直到他承受了有史以来或空前的最剧烈的疼痛和痛苦的磨难。最终，他死了。(94)

可以看到，此段充满了描写生育的语言，比如说"最剧烈的疼痛"（sharpyst thornes）、"痛苦的磨难"（grevous paynes）、"承受"（susteyneth）等。无独有偶，中世纪法国著名的加尔都西会唯一的女作家奥恩特的玛格丽特秉持宗教信仰，放弃与亲生母亲之间的亲密关系而转向耶稣：

> 啊，我甜美而可爱的主啊，您究竟是带着多深的爱用您一生的时间生育了我。但是，当您临盆的时间到来的时候，您分娩的疼痛是如此强烈以至于您神圣的汗珠就像您身体里大颗的血滴一样落在了地上……啊！我亲爱的主耶稣，谁曾经看见有母亲像您一样遭受如此巨大的生育之苦！当您生育的时间临近的时候，您被放在了十字架这样的硬床板上……您所有的血管破裂了。当您那天生育了整个世界的时候，真的，您的血管破裂了，这不足为奇。③

相比之下，朱丽安在《启示》中同样描述十字架上的耶稣正在遭受

---

① Caroline Walker Bynum, *Fragmentation and Redemption — Essays on Gender and the Human Body in Medieval Religion*. New York: Zone Books, 1991. pp. 79 –118. pp. 151 –80.

② Renee Neu Watkins, "Two Women Visionaries and Death: Catherine of Siena and Julian of Norwich." *Numen* 30 (1983): 174 –98.

③ qtd. in Bynum, *Wonderful Blood*, p. 160.

生育之苦,在"饥渴"与"水分流失"中,他的脸变干、变色,而他对人类的母爱与牺牲却毫无条件。虽然耶稣流血不断且痛苦不已的身体有助于引起中世纪人内心的同情和怜悯之情,但从象征的意义上来说这不仅是对母性经验的再度肯定,也是大胆地描述女性在流血中痛苦分娩的过程。我们知道情感虔诚尤其受到女性的欢迎,它通常要求笃信宗教者对圣人在身体和精神上的受难进行深思冥想,而中世纪情感虔诚比较大的变化是"从敬畏感转向人性化,从威严的耶稣转向承受痛苦的耶稣"①。中世纪人表现情感虔诚比较流行的做法是信徒身处禁室进行冥想和祈祷,从而获取精神上的想象、意念上的虔诚和情感上的怜悯和慈悲,而十字架上浑身流血的耶稣在视觉上和思想上对中世纪人来说具有很强的冲击力和感召力。戴尼·贝克指出:"朱丽安的冥想方式确实是画家式的,因为她的眼睛一直停留在耶稣遭受痛苦的细节描述上,这在她的读者中引起了同样的怜悯情感。"②

朱丽安式的女性作家在描述女性化的耶稣的身体时与西多会修士(Cisterians)之间存在着很大的分歧。西多会修士关注的并非是耶稣如何在痛苦中生育孩子(childbearing)的过程,而重在描述耶稣如何哺育孩子(childrearing)。麦金纳尼对西多会修士的这种做法作出非常中肯的评价:"这种女性化的作用并不包括把一个性别转换为另外一个性别,它只允许西多会修士从耶稣的男性身体上看到自己的身体。"③ 这里有三点值得考虑:第一,笔者很赞同贝纳姆的观点,作为母亲的耶稣有助于西多会修士或作家发挥他们的权威,创建一个和谐的宗教社区,表达他们依赖上帝的需要和义务感。④ 西多会修士笔下女性化了的耶稣实际上是他们寻找自我的一种有效方式,旨在触摸自己身上的女性气质。⑤ 第二,西多会修士从耶稣身上看到他哺育孩子的行为,这首先是一种母性活动,即,为母之道,因为为母之道的再生是从最早的母亲—子女关系中开始。

---

① C. Warren Hollister, Robert C. Stacey and Robin Chapman Stacey, *The Making of England to 1399.* Boston: Houghton Mifflin, 2001. p. 107.

② Denise N. Baker, "Introduction", in *The Showings of Julian of Norwich*, p. xii.

③ Maud Burnett McInerney, "*In the Meydens Womb*: Julian of Norwich and the Poetics of Enclosure," in *Medieval Mothering*, pp. 157 – 82.

④ Caroline Walker Bynum, *Jesus as Mother: Studies in the Spirituality of the High Middle Ages.* Berkeley: University of California Press, 1982. p. 166.

⑤ Ibid. p. 168.

第三，从心理上来说，西多会修士企图从记忆中重新建立起和母亲之间原来就具有的亲密感和同一感，他们放弃世俗世界而生活在修道院，把他们对母亲的怀念转嫁并投射到他们不断冥想的客体耶稣身上。康拉德·莱泽指出，对于这些修士来说，在运用母性语言的过程之中，像圣安瑟尔姆和伯纳德这样的人希望权威具有哺育作用。[①] 这种做法的前提条件是人们早期和母亲之间的关系使人们更愿意认为女性应该扮演母亲的角色，因此，西多会修士和耶稣母亲之间建立了一种原初认同感，是对前俄狄浦斯的一种尝试性恢复。母亲既是一种形象，亦是一种原型，意味着爱的本源、女性气质和情感的归宿，是无情的世界里温柔情感的象征。西多会修道士在意念上冥想或在文本中侧重描写母亲的哺乳活动就是寻找爱的本体、寻找人类需要的最温柔的情感载体的过程。

西多会修士重点强调耶稣身上所具备的女性特质这一特点，但是，耶稣对他们而言是男性，他们拒绝谈论耶稣在十字架上分娩这一场景。这体现了男性对母亲身体的恐惧与厌恶，因为分娩的过程总是与文化定义的"污染"和"污秽"等概念紧密地联系在一起。他们对此所作出的反应符合中世纪人所推崇的哲学传统，即"思想优于身体，观念优于物质，词语优于血淋淋的、令人恶心的、必将消亡的肉体——这个传统形成了人们对女性可以生育的身体的恐惧与蔑视"。[②] 朱丽安显然不同于西多会修士。她以自己特有的叙述方式在耶稣身上展示了女性经验，尤其是耶稣经受了大量失血和极端疼痛的生育之苦，因此，我们可以说詹妮弗·海姆尔的观点是非常具有说服力的。海姆尔认为耶稣对于朱丽安来说从来不是简单地"像"一位母亲，他就是一位母亲，母亲中的母亲。[③] 耶稣对于西多会的修士来说，是隐喻意义上的为母之道的再现，但是，对朱丽安来说，他是一位真正的生物性母亲。他不仅喂养和哺育他的孩子，而且从体侧的伤口生育了孩子，经受了失血之苦和分娩之痛。

朱丽安对母性经验的大胆描述表现出中世纪人对人的"血"的意义

---

① Conrad Leyser, "From Maternal Kin to Jesus as Mother: Royal Genealogy and Marian Devotion in the Ninth-century West", in *Motherhood*, *Religion and Soceity in Medieval Europe*, 400 – 1400, p. 22.

② Sara Ruddick, *Maternal Thinking: Toward a Politics of Peace*. London: Beacon Press, 1995. p. 40.

③ Jennifer P. Heimmel, *God Is Our Mother: Julian of Norwich and the Medieval Image of Christian Feminine Divinity*. Edwin Mellen Press Ltd. , 1999. p. 51.

和价值的思考。中世纪许多神学家、医学工作者和作家在不同的文本中都描述了血，血液不单是人体血管中流动的液体，它和物质、文本、生命、灵魂、上帝、疾病疗法、社会关系都有一定的关联。血被性别化了，被赋予了不同的文化价值。男性（不包括犹太男性）身体流出的血总是与勇敢、冒险、高贵、牺牲精神紧密相连，而人们对女性身体流出的血持有自相矛盾的看法：它可以孕育生命，但又被看作是污秽的来源。当然，这种看法最早可以追溯到亚里士多德和加伦。他们认为女性的血一方面作为不成形的母体孕育了生命，但是女性的经血是一种残留物质，它具有恶心、不纯洁、有害、有瑕疵等特点。亚里士多德认为奶汁是女性的经血多余出来的部分，它最终转变为净化了的奶汁来喂养孩子。中世纪医学理论甚至认为放血具有净化身体的作用。①

朱丽安也许是有意为之，在第一、第二、第四、第八和第九个启示中，把重心放在耶稣大量失血和脸色改变的描述之上。在第一个启示中，她写道："接着，我看见鲜血从他的荆棘花环下流了下来，滚烫而新鲜，多而鲜活。"（8）紧接着，她把耶稣的身体描述为"流着宝贵的鲜血"的身体，"大量地流着血"，"大滴地流着，就像屋檐上滴落下来的雨滴"（51）②，"耶稣的身上流了很多血，神圣的血，他宝贵的血"（59）。中世纪人也许无法接受一位女性在大庭广众之下流血分娩这一情景，因为这有悖于中世纪人已经认同的传统的、占主导地位的、性别化了的有关血的价值的认识与构建。我们不得不承认朱丽安在接受神学逻辑的情况下，在流血的耶稣身上极尽展示了母性经验。在《启示》中，母亲的血液以耶稣之血的名义获得人们的认可，既流血又能够哺育孩子的耶稣的身体就是母亲的身体。萨拉·艾莉森·米勒认为朱丽安借用并打破中世纪传统对女性可以生育的身体所持的焦虑感，把在流血中分娩的"母亲耶稣"的身体和可怕的女性联系在一起，这是对边界的一种侵犯。③ 戴

---

① 中世纪人认为母亲的血在子宫里喂养孩子，孩子出生后又转变为奶汁。《修女指南》的第八部分指出放血是一种有效的治疗疾病的方式。

② 中世纪晚期的宗教对量化东西很是迷恋，即，人们有很大的热情数数和测量。血通常被描述为大而圆的小球。在第七章，朱丽安强调了"没有人能够数清"的血滴的"浑圆"。依照凯洛琳·沃克·贝纳姆的观点来看，虔诚的基督徒用基督的血滴来计量他们的祈祷。Caroline Walker Bynum, *Wonderful Blood.* pp. 175 – 8.

③ Sarah Alison Miller, *Medieval Monstrosity and the Female Body.* New York and London：Taylor & Francis Group, 2010. pp. 94 – 135

尼斯·贝克同样指出，朱丽安把逻各斯（即耶稣）拟人化为母亲，这实际上肯定了中世纪科学话语与神学话语把女性与物体、身体联系的事实。① 一些劝喻文学作品的作家把耶稣体侧伤口流出的鲜血看作为女性生育孩子流出的血。朱丽安在异象中也把耶稣的鲜血看作是正在分娩的母亲的鲜血："它不仅表明她们（女性神秘主义者）对耶稣身体的渴望，尤其是渴望有一个身体完全可以体现女性特质的特殊经验。"② 朱丽安笔下耶稣的血是女性的血。③ 凯洛琳·沃克·贝纳姆在《美妙的血》中肯定地指出耶稣身上流出的血对朱丽安来说是"经血和生育之血，它孕育生命"④。皮特拉·门罗·亨德里认为："耶稣的血就是朱丽安的血，因此，女性的身体经验被赋予宝贵的价值。结果是，男性经验与女性经验都共同生效，女性的身体得到了认可。"⑤ 因此，可以肯定地说，这成为对女性生育时流血的身体的一种接受和认可，以一种升华的方式肯定了基督教文化影响下的女性的生育权和潜力。如果说男性的血是勇气与特权的象征物，那么，男性的血与女性的血之间的等级与差异在耶稣流血分娩的身体中得以彻底消除。

里奇认为女性的血液不同于男性的血或动物的血，矛盾之处在于女性的血液不仅同月经禁忌的诅咒和神秘相联系，而且也同失去童贞、生命的神秘转变过程和繁殖本身相关联。⑥ 女性的经期被看作是带有污染性质的特殊时间，魔鬼附体，这引起了人们身体上、心理上对流血的女性身体的厌恶，在意识层面强化了社会与文化话语认为女性地位低微的

---

① Denise N. Baker, "Introduction", in *The Showings of Julian of Norwich: Authoritative Text, Contexts, Criticism*, p. xvi.

② Leigh Gilmore, *Autobiographics: a Feminist Theory of Women's Representation*. New York: Cornell University Press, 1994. p. 141.

③ 在 2008 年 6 月 8 号的邮件中，贝纳姆指出朱丽安笔下描述的基督的血是女性的血，是母亲的血。它是普通女性经验的转换，从宗教的角度展示了女性流血的身体所具备的消极意义，当然，这是象征性的转换。在这种象征性的表征中，女性经验成为最高的善的化身：上帝拯救人类。

④ Caroline Walker Bynum, *Wonderful Blood: Theology and Practice in Late Medieval Northern Germany and Beyond*. Philadelphia: University of Pennsylvania Press, 2007. p. 207.

⑤ Petra Munro Hendry, "Disrupting the Subject: Julian of Norwich and Embodied Knowing." *Journal of Curriculum Theorizing* 21 (2005): 95 – 108. p. 104.

⑥ 贝纳姆考虑到中世纪人对血的崇拜与虔诚，认为血是一种不同的象征物："血具有双重性：历史上来看，它被看作是圣餐和神圣的遗物，象征性地被看作生命与死亡。" Caroline Walker Bynum, "The Blood of Christ in the Later Middle Age." *Church History* 71. 4 (2002): 685 – 714. p. 713.

观点。里奇进一步指出:"女性的经期总是与女性怀孕和体制化的母性之间有着深刻而模糊的联系。"[①] 克里斯蒂娃认为惧怕母亲不仅是惧怕母亲的繁殖生育能力,更是惧怕遭遇母亲的身体。因此,社会与宗教在心理与道德上表现出对母亲身体的厌恶感产生了一套拒绝、压制、否定母亲与母亲身体的系统。伊里加蕾更是激进地指出,女性,不管她们是母亲还是童贞女,都代表着血的储存器。当男权社会建立起来的时候,为了利益与权力,女性的血液所体现出的价值遭遇否定和谴责:"血的权利被彻底地忽略,血缘关系现在被定性为'由一位父亲产生',更甚者,它被认为和词语'子宫'相反。"[②] 经血禁忌加强了人们对可以生育的母亲的恐惧心理,人们视女性为不干净和不能接触的存在。在《圣经》之《利未记》中,对母亲身体所持的偏见导致了对产后母亲的厌恶:

> 若有妇人怀孕生男孩,她就不洁净七天,像在月经污秽的日子不洁净一样。第八天要给婴孩行割礼。妇人在产血不洁之中,要家居三十三天。她的洁净的日子未满,不可摸圣物,也不可进入圣所。她若生女孩,就不洁净两个七天,像污秽的时候一样,要在产血不洁之中,家居六十六天。[③]

净化仪式排斥的是产后母亲的身体,人们认为女性分娩的身体不洁净,这主要是由她流血的身体引起。"祭司要献在耶和华面前,为她赎罪,她的血源就洁净了。"[④] 此时母亲的血预示着不洁和污秽。男孩的割礼意味着与文化中界定的母亲的身体脱离关系,以此弃绝母亲,摆脱母亲身上所显示出的卑贱性。同时,从上文中我们发现,如果母亲生育了女孩,净化仪式需要的时间显然比她生育男孩的时间多一倍。正如克里斯蒂瓦所言,《圣经》中所体现出的卑贱话语"把母性看作是不洁的、不合适的组合,毫无差异的权力与威胁,一种需要被切除的

[①] Adrienne Rich, *Of Woman Born: Motherhood as Experience and Institution.* New York and London: W. W. Norton & Company, 1976. p. 108.

[②] Luce Irigaray, *Speculum of the Other Woman.* Trans. Gillian C. Gill. New York: Cornell University Press, 1985. p. 125.

[③] Leviticus . 12: 2–5

[④] Ibid. 12: 7

污秽"①。她指出："被污秽化了的母性……确立了两性之间划分界限的逻辑，区别了男性气质与女性气质，使它们成为确立那是'干净而合适'的'个人'。"② 这种净化仪式的举行无非是为了还原"干净"的母体，切除污秽之源，是人们意念上对"洁"的一种诉求。

在《启示》中，耶稣作为母亲这一形象颠覆了中世纪的洁—不洁的二元对立机制。在男权社会的宗教禁忌下，洁—不洁机制目标似乎指向女性身体中流出的血。女性的血，尤其是女性分娩时流出的血，在文化价值的界定上被看作是对象征秩序的脱离，甚至是一种触犯。在朱丽安的异象中，作为母亲的耶稣在大量流血的情况下分娩，这是对现实社会中母亲分娩情境的一种淋漓尽致的展示。通常情况下，中世纪女性把男权社会对母亲身体的厌恶感内化，朱丽安在她的《启示》中把13世纪与14世纪人们公认的液体，即水、奶汁与血，在描写中融合在了一起。看着耶稣遭受流血、失水之苦，她很高兴耶稣以此方式"喂养"、"哺育"他的信徒。相比之下，西多会修士在写作中回避面对母亲的身体所遭遇的尴尬。如果说母亲的身体是社会各种话语相遇并相互作用的场所，那么，母亲的身体承载了中世纪男权社会各种话语互动的过程，见证了把批判矛头指向女性—母亲的社会现实。因此，处于边缘地位的母亲在耶稣作为母亲这一形象上得到正面、积极的再现。

凯洛琳·沃克·贝纳姆认为耶稣作为母亲这一形象对于西多会修士来说意味着他们从世俗世界中隐退和分离，但是，笔者认为从另外一个角度来说，作为耶稣的母亲对他们来说意味着重建与母亲之间的亲密感，并以此举回归母亲或本源，在不用考虑个人身份的情况下，他们体验到了与母亲之间的原初认同感。但是，我们还有理由相信，对于朱丽安一样的信徒来说，在流血中分娩的耶稣的身体不仅平息了她由于亲生母亲的缺场而产生的焦虑感，而且她找到了真正的母亲，更建立起了隐喻式的女性谱系。

① Julia Kristeva, *Powers of Horror: an Essay on Abjection*. Trans. Leon. S. Roudies. New York: Columbia University Perss, 1982. p. 106.

② Ibid. p. 100.

三 从圣安妮到朱丽安:女性谱系的建立

朱丽安从大病中痊愈之后决定去位于诺里奇市的圣朱丽安教堂当一名女隐士。① 通常情况下,在实施了临终者涂油礼(Extreme Unction)和为死者讲解祈祷词之后,女隐士宣布与世俗世界隔离,会被禁锢在连接教堂的禁室之中。② 这种象征性的仪式或葬礼仪式向世界宣布她们在世界上"死亡",她们将把一生虔诚地奉献给上帝。圣艾尔雷德(St. Aelred)认为耶稣正是在玛利亚的子宫里面才具有了人的特征,而耶稣本人就是第一位隐士。禁室对圣艾尔雷德而言就是子宫。在中世纪基督教文化话语中,禁室的结构和位置通常被赋予道德色彩,具有很强的隐喻意义和感情色彩。即使作为子宫的象征物,禁室也可以被理解为物理性子宫和精神性子宫。身处禁室中的女隐士在冥想中获得新生。麦金纳尼指出,朱丽安把禁锢的概念转变为一种意象体系,这个体系把禁室和子宫联系在一起从而形成一种策略,它把否定法和母性联系在一起。③这在当时并不为奇。《凯瑟琳组诗》、《求爱组诗》与《修女指南》中也有女性身体被禁锢在看似子宫的禁室之中的描述。④

朱丽安在行文中不断地强调"禁锢"(beclosyd)一词。这表明耶稣的信徒都禁锢在母亲耶稣的身体之中。朱丽安写道:

> 我们的救世主就是我们真正的母亲。我们因他而永生,永远不

---

① 在中世纪,隐修生活不仅仅是生活的身体状态,它还帮助人们适应正在变化的体制、政治、个人和社会问题,这从基督教早期到教会改革结束一直存在。现在学界不用 anchorite(男隐士)和 anchoress(女隐士)进行性别区分,而 anchorite 和 hermit 的区别在于,前者强调在空间和身体上人处于固定状态,而后者主要说明人可以自由活动。参见 Liz Herbert McAvoy and Mari Hughes-Edwards, "Introduction: Intersections of Time and Space in Gender and Enclosure", in *Anchorites, Wombs and Tombs: Intersection of Gender and Enclosure in the Middle Ages.* p. 11, p. 13

② 禁室是中世纪女性阈限地位的空间象征。参见 Sarah Beckwith, "A Very Material Mysticism: The Medieval Mysticism of Margery Kempe", in *Medieval Literature: Criticism, Ideology and History*, p. 55.

③ Maud Burnett McInerney, "In the Meydens Womb: Julian of Norwich and the Poetics of Enclosure", in *Medieval Mothering*, p. 158.

④ 《凯瑟琳组诗》(*Katherine Group*)是由无名作者在 13 世纪用中世纪英语写成的文本,主要的目标读者是修女,赞扬贞洁。《求爱组诗》(*Wooing Group*)由四个写给 13 世纪的修女的有关冥想的诗歌组成。

会从他的身体里出来……我们永远禁锢在他的身体里，他也在我们的身体里。（90）

可见，在她看来，耶稣的身体正是信徒生命的本源，他们的生命从那里开始，最终要回归到那里。在朱丽安的异象中，耶稣在她手心放下一粒小而滚圆的榛子（haselnott）。① 虽然它看起来很小，但是它象征着人类所认知的世界的无限性与无界性，形似禁锢修女的狭小禁室。尼克那斯·沃松把这个榛子看作"是禁室或子宫一样的容器，像一个硬壳包着果肉，即，（果肉是）它鲜活的精华"②。这些与母亲相关的意象，无论是狭小的禁室还是榛子，都成为朱丽安认识世界的特殊空间或物体。它们同样可以被看作是母亲的子宫，而她们认识世界的本源来自母亲的身体，因为母亲的身体，作为本源的符号，既是意义开始的地方，又是意义结束的地方。

于朱丽安而言，禁锢在耶稣的身体内就意味着禁锢在圣母玛利亚体内。"我们的圣母就是我们的母亲，我们都禁锢在她的身体里，而耶稣由她而生。"（90）如果说中世纪人追求的禁欲生活或贞洁生活是对耶稣生活的模仿，朱丽安作为一名修女禁锢在禁室中，同样意味着她被禁锢在耶稣的身体里，进一步说就是禁锢在圣母玛利亚的身体里。耶稣身上的人性来自圣母玛利亚，而圣母玛利亚是一位童贞女母亲，耶稣身上体现的"洁"首先来自圣母玛利亚。我们知道耶稣和圣母玛利亚都是"无原罪成胎"或"圣灵感孕"（immaculate conception）而生。③ 耶稣的母亲是童贞女，而他本人也一直保持童贞之身，像朱丽安一样被禁锢在禁室这个狭小的空间中的女性追求贞洁的生活。她们就是圣母玛利亚在现实世界中的代表性人物，象征着母性空间的完整性和统一性。它密封不动、未受外界任何东西玷污，无法穿透而具有神圣感。在精神性的母性中，中世纪文化符号和男性幻想已经把母性理想化到了极限，但是，在朱丽

---

① 她在文中所采用的"榛子"意象很受诗人威廉·布莱克、叶慈、查尔斯·威廉、安道斯·赫绪利和托马斯·默顿的青睐。

② Nicholas Watson, "The Trinitarian Hermeneutic in Julian of Norwich's *Revelations of Love*", in *The Medieval Mystical Tradition in England: Exeter Symposium V*, p. 88.

③ 中世纪晚期也盛行圣安妮崇拜。有关的她的传说故事同样支持"无罪成胎论"这一说法：一种说法认为一个天使出现在她的母亲面前；另外一种说法是圣母玛利亚的父母在耶路撒冷的金门相会拥抱的时候孕育了她。

安所处的被边缘化的文化空间中，她赋予母亲以地位，在个人冥想与叙事中为母子纽带的建立而作出不懈的努力。朱丽安为了保护自己免受教会控诉而顺从男权社会的逻辑，转向拥护中世纪文化视野下的母性。西多会修士声称耶稣是他们的母亲，甚至认为他们自己拥有子宫，以此来加强他们在宗教社区的权威。不同的是，朱丽安竭尽全力想在母亲耶稣身上发现被消音的现实生活中的母亲，通过策略性的书写展示母性经验，并因为能够回归这样的母亲而高兴。她写道："母亲是最亲近的，最有用的，最可靠的，因为她是最忠实的。"（94）

朱丽安用"智慧"（wysdom）这个概念来描述耶稣，这非常符合中世纪人对母亲在家庭结构和孩子成长过程中所扮演角色的认定，并认为女性历来就是智慧的化身。朱丽安把三位一体中的耶稣看作是智慧的化身，同时又是一位真正意义上的母亲，非常大胆地道出了中世纪女性作家对女性智力和创作力的挖掘思路。对她来说，耶稣母亲是智慧上帝，他的信徒禁锢在他的体内等待着他的教导。朱丽安重新肯定了母亲在家庭教育和孩子社会化过程中所产生的积极作用。我们知道，在中世纪肖像学中，耶稣通常被塑造为具有女性外形的"神圣智慧"（Holy Wisdom）：

> 智慧，如果从三位一体的意义上来说，在《旧约》中没有被描述为一位"人"，肯定是被拟人化了，而且和上帝达到认同。在希伯来语、希腊语和圣经语言中，智慧是阴性词。因此，神圣智慧（Divine Wisdom）是"她"。基督徒理解《旧约》时把耶稣看作智慧。①

芭芭拉·纽曼指出，在现实层面上，女性的创造力被埋没或被神秘化，但是它却在神圣的光环下，在象征的意义上得到复原。这些女神通常扮演着老师和母亲的双重角色，具有母亲的权威感。纽曼进一步指出："对这些充满母性的老师的喜爱——她们令人敬畏、严厉、充满智慧、光辉四射、苛刻——把母亲神化了，但在现实生活中，人们勉强相信这些母亲只能教育非常幼小的孩子。"② 母亲能够扮演教育孩子的角色，但

---

① "Christ as Holy Wisdom." < http://www. users. csbsju. edu/ ~ eknuth/xpxx/xpsophia. html >. May 2, 2008.

② Barbara Newman, "More Thoughts on Medieval Women's Intelligence", in *Voices in Dialogue*: *Reading Women in the Middle Ages*, p. 233.

这在现实世界中被贬低，甚至被忽略。但在中世纪晚期基督教艺术中，圣安妮教导玛利亚读书的绘画被看作榜样而深受广大母亲崇拜。这样的例子并不少见。13 世纪，圣奥古斯丁的母亲圣莫妮卡受到基督教徒的狂热崇拜，许多艺术家把她塑造成为老师兼母亲的理想形象，世俗世界中的母亲以她为榜样教导自己的孩子。可见，母亲在孩子的身心成长中起着举足轻重的作用。《坎特伯雷故事》中的巴斯妇之母告诉她如何赢得爱情的秘诀。在《玛格丽·坎普之书》中，圣母玛利亚宣布自己是坎普的精神母亲和老师。圣蒂埃里的威廉（William of Saint Thierry）对耶稣说道："是您的胸部，哦，永恒的智慧，它哺育着你的孩子神圣的童年。"① 朱丽安在《启示》中写道："这个美丽而可爱的词语'母亲'，它本身是如此地亲切、如此地温柔，它真的指的不是任何其他人，而是他（耶稣），他和每个人的真正的母亲。母亲的本质就在于拥有温柔的爱、智慧和知识。"（142）这是对基督教文化中把母亲看作是智慧化身的概述。

朱丽安转向了母亲耶稣，努力重建母女纽带，或者说是女性谱系。在异象中，朱丽安企图建立起一个母亲的王国。我们知道，大多数中世纪女性神秘主义者都愿意把自己看作是耶稣的新娘、母亲或姐妹，但是朱丽安却不同。在角色的认同之中，她把自己看作是耶稣的孩子。虽然有评论家认为朱丽安是一位寡居母亲，孩子和丈夫死于 1369 年的瘟疫②，但是在她的《启示》中，她还是把自己和所有的信徒看作是上帝和耶稣"最可亲的孩子"。显然，她这种想法反映了中世纪社会对父母的家庭角色期待以及孩子在父母面前应该表现出的谦卑。女儿是母亲的再生，是本源的再生。如果说人类的一大悲剧是母女纽带的断裂，在朱丽安的异象中，这个纽带却以特有的方式被建立起来了。

乔德罗认为女孩与母亲认同的目的在于获得母亲的女性气质和文化构建的女性角色，男孩在性别认同方面拒绝与母亲建立任何情感关系。但是，我们知道，母亲在与孩子的关系中体验着同一感与自我的连续性，对孩子来说，与母亲的持续关系才可以保证他的身体与心理得到充分发

---

① 转引自 Caroline Walker Bynum, *Fragmentation and Redemption—Essays on Gender and the Human Body in Medieval Religion*. New York: Zone Books, 1991. p. 93.

② *Late Medieval Englishwomen: Julian of Norwich, Marjorie Kempe and Juliana Berners*. Aldershot: Ashgate Publishing limited, 2007. p. ix.

展,因此,孩子的心理结构与心理需求使孩子对母亲产生了情感依赖。西多会修士虽然对耶稣充满了幻想,喜欢通过耶稣这一母亲形象来增强他们的权威感,在心理上重建与母亲曾有的亲密感,但是,他们更愿意与具有解剖学意义上的男性耶稣认同。朱丽安作为耶稣的女儿,通过对母性经验的细描,在异象中与母亲接触并与她达到情感和经验的融合。在此,母亲身份与女儿身份紧密地联系在一起,讲述的是母亲与女儿的故事。《启示》的短本描述了朱丽安与她的亲生母亲之间关系的疏离,但这在长本中被彻底地清除了。她在长本的叙述中省略了对亲生母亲的描述。这一事实归因于中世纪文化对世俗母亲的文化偏见和朱丽安个人对精神完美的不懈追求。

朱丽安和西多会修士与耶稣认同的东西不同。西多会修士把他们对母亲的幻想投射在耶稣身上,旨在重建与母亲之间的亲密感,但是,他们却拒绝把耶稣看作是一位真正意义上的母亲形象代言人。他们的关系是一个母亲—儿子纽带关系的证明。朱丽安作为耶稣的女儿,在不断描述耶稣身上真正的生理性母性经验的时候建立起一种母女纽带。母亲的身体是自然与文化交界的地方,在和母亲相融合与保持母女之间关系的连续性的时候,朱丽安否定了社会与象征秩序之间的关系。这种母女关系的重建是一种对抗象征秩序的理想方式,也是对象征秩序的解构。朱丽安把自己看作是耶稣谦卑的孩子,耶稣是圣母玛利亚之子,而圣母玛利亚又是圣安妮之女。因此,在《启示》中,在她们之间形成一个谱系。这个谱系始于圣安妮而终于朱丽安,她们都保持着女性的贞洁。从中可以看出,朱丽安对耶稣母亲这一形象的构建是非常谨慎的。这表明她对教会的教义和男权社会的意识形态有着非常清醒的认识,从而敢于策略地表达女性的观点以树立自己的权威。不难看出,在这个女性谱系后面隐藏着中世纪男性化的神职文化极力倡导的"洁—不洁"体系的运作。尼克·斯蒂勒指出:"更重要的是要接受女性自我存在于这个形象之中,它在权力、爱和崇拜方面给予女性应有的尊重。同样重要的是,这个形象中表达的是对母女纽带的认可或恢复的愿望。"①

在朱丽安的《启示》中,男女两性关系的二元对立模式在耶稣一人身上达到融合和统一,反过来,它又解构了两性对立这一传统性属构建

---

① Nikki Stiller, *Eve's Orphans: Mothers and Daughters in Medieval English Literature*. London: Greenwood Press, 1980. p. 122.

模式。中世纪厌女传统强化了女性—母亲在生理和精神等方面表现低劣的观念。正如费尔巴哈所言，耶稣事实上是半女半男，他代表着女性原则，是"温和的、温柔的、宽容的、能够安抚人的存在——上帝显现的是女性感伤和神性中的女性情感"①。然而，中世纪人坚持自己的性别构建方式，这尤其在两性关系中得到充分体现。凯洛琳·沃克·贝纳姆认为中世纪性别形象中存在着性别价值不对称的评价，中世纪思想家和艺术家不仅把耶稣的身体，而且把所有人的身体看作是男性与女性的结合体。② 我们知道，中世纪传统观念把身体或肉体看作是卑贱的存在，并把身体和女性等同起来。但是，朱丽安把人看作是灵魂与身体的组合体，坚持认为耶稣母亲的形象中体现着物质（substance）和情感（sensuality）的统一，没有携带任何性别差异的偏见。朱丽安认为世界的创造过程由两部分组成，灵魂的实体部分就是作为上帝的实体存在，而灵魂的实体和具体表达出来的情感融合，在这一点上，上帝的形象把灵魂的两部分融合了起来。这样，灵魂既包括在上帝之中，又包含着上帝。③ 许多例子表明中世纪男性作家对性别划分很敏感，西多会修士就是典型的例子，而"中世纪女性不是很明显地把自己区别为精神性的一半与物质性的一半。她们把人想象为是身体与灵魂结合的完整的整体"④。在朱丽安的异象中，"耶稣作为母亲"这一形象颠覆了中世纪文化传统中贬低身体与女性特质的二元对立模式，肯定了女性的母性经验和母亲的地位，推翻了中世纪人对女性所持的消极观念和偏见。

《启示》中，耶稣作为母亲是对被文化压制的母亲身体的大胆认可和被掩盖的母性经验的公开展现。综合来看，朱丽安与西多会修士投射在耶稣身上的是一种母性移情。对那些被剥夺了享受世俗母爱的人来说，他们在宗教冥想或意念中返回到自己的本源母亲那里，在意念上实现母亲—子女之间的同一感。同时，"耶稣作为母亲"这一形象有助于人们

---

① Ludwig Feuerbach, *The Essence of Christianity*. Trans. George Eliot. New York: Prometheus Books, 1989. p. 71.

② Caroline Walker Bynum, *Jesus as Mother: Studies in the Spirituality of the High Middle Ages*. Berkeley: University of California Press, 1982. p. 108.

③ Denise N. Baker, "Julian of Norwich and the Varieties of Middle English Mystical Discourse", in *A Companion to Julian of Norwich*, pp. 61 - 2.

④ Monica Brzezinski Potkay and Regula Meryer Evitt, *Minding the Body: Women and Literature in the Middle Ages*. 800 - 1500. New York: Twayne Publishers, 1997. p. 13.

找到被中世纪文化所否定或压制的母亲形象。如果说母亲意味着温暖、哺育生命、温柔情感、安全感、感性和相互依赖感,那么,"耶稣作为母亲"满足了那些被禁锢在禁室中或修道院中与母亲分离的人对母亲的需要,间接地获取了从母亲身上所能得到的稳定感、安全感与生命的延续感。

小 结

朱丽安与西多会修士因为信仰和对禁锢生活方式的追求,放弃了世俗世界的母亲—子女关系,这促使他们需要找到失去的母爱和情感的支点,并给予他们生活以力量。朱丽安把上帝和耶稣女性化的做法恰恰满足了她在心理上、情感上对母亲的渴望和依赖,在想象中实现了母亲—子女之间特有的同一感。在上帝成为母亲和耶稣成为母亲的异象之中,朱丽安描述了两位处于阈限状态下的母亲,他们身上既有男性的特点,更有母亲的仁爱之心和女性的母性经验,是神性与母性的融合。

朱丽安通过冥想的方式表达了自己的情感虔诚,以自己独特的方式改变个人看待问题的方法和人们对教会教义的认识。《启示》不仅诠释了"耶稣神人性"和"三位一体"教义中所包含的这些玄奥的思想和基督教神学的本质特征,更凸显了基督教母性的本质特点,尤其表述了女性视角下母性的独特性。"母亲"是一个原创性符号,体现着生命意义的开端和母体特有的流动性,朱丽安在异象中大胆地肯定了上帝和耶稣作为母亲对人类的伟大意义。朱丽安在上帝和耶稣身上寻找母亲,这个历程同时帮助她开辟了英语女性文学传统。她通过对作为母亲的"上帝"和"耶稣"的冥想重构了被遗忘的母亲的历史。笔者以为,对朱丽安的学术研究意味着我们找到了"英语女性文学之母"。

朱丽安在禁室中冥想母性与神性的关系,突显母性经验,但同时代诗人威廉·兰格伦却对母性表达了相异的看法。他在诗歌中特别强调父亲与子女的纽带关系而忽略了母亲的存在,把批判的矛头指向世俗世界中的未婚母亲和非法母性。这将在第四章讨论。

第四章　卑贱的母亲:《农夫皮尔斯》

　　沈弘在《农夫皮尔斯》(*Piers Plowman*)的译者序中写道:"除乔叟的《坎特伯雷故事集》之外,兰格伦①的宗教长诗《农夫皮尔斯》无疑是英国中世纪文学中最著名和传播最广的一部作品。"②《农夫皮尔斯》是 14 世纪头韵体复兴时期的代表作,是中世纪英国最受欢迎的诗歌之一,"三四个不同版本遗留下的 50 多本手抄本就足以证明此点"③。莫拉·罗兰指出,英国文学史家趋向于把中世纪英语文学传统分为两个部分,即乔叟传统和兰格伦传统,反映了理查德时代两位主要诗人的两种不同的诗歌特点。《农夫皮尔斯》这首诗歌似乎更受不同的读者群的欢迎,奖赏小姐的寓言、加冕仪式和老鼠摇铃的故事说明兰格伦同乔叟一样考虑到了贵族读者的需求。④ 这部作品在国内引介、翻译和研究方面取得了一定的成果。⑤ 1999 年,在美国北卡罗来纳州的阿什维尔市举行的第

---

　　① 关于《农夫皮尔斯》作者的名字 William Langland,沈弘先后译为"威廉·兰格伦"、"威廉·朗格兰",陈才宇在《古英语与中古英语文学通论》译为"朗格兰",肖明翰在《英语文学传统之形成》中译为"兰格伦",侯维瑞、李维屏在《英国小说史》中译为"威廉·朗格兰",常耀信,索金梅在《英国文学通史》中译为"威廉·朗兰德"。本文采用"威廉·兰格伦",作品名翻译为《农夫皮尔斯》。

　　② 〔英〕兰格伦:《农夫皮尔斯》,沈弘 译,中国对外翻译出版公司,1998,第 V 页。

　　③ Helen Barr, *The Piers Plowman Traditon.* London: J. M. Dent Ltd. , 1993. p. 4.

　　④ Maura Nolan, "The Fortune of *Piers Plowman* and Its Readers. " *The Yearbook of Langland Studies* (2006): 1 – 41. p. 3.

　　⑤ 沈弘:《〈农夫皮尔斯的梦幻〉简介》,《国外文学》1993 年第 2 期,第 107—109 页。沈弘:《〈农夫皮尔斯的梦幻〉(B 文本)序曲》,《国外文学》1993 年第 2 期,第 109—112 页。沈弘:《〈农夫皮尔斯〉B 文本汉译本序》,《外国文学评论》1998 年第 1 期,第 91—98 页。李赋宁、何其莘:《英国中古时期文学史》,北京:外语教学与研究出版社,2006,第 134—140 页,沈弘撰写。陈才宇:《古英语与中古英语文学通论》,北京:商务印书馆,2007,第 183—188 页。姚冬莲、陈才宇:《朗格兰和他的〈农夫皮尔斯〉》,《浙江学刊》2007 年第 2 期,第 218—220 页。肖明翰:《英语文学传统之形成》,北京:社会科学文献出

二届国际兰格伦学术会上,"国际《农夫皮尔斯》协会"成立。①

《农夫皮尔斯》的作者威廉·兰格伦的生平其实并无确切文献记载,学界对他的作者身份仍持有异议。詹姆斯·塞姆逊指出,兰格伦在诗作中使用的方言属于沃赛斯特郡西南方言。这首诗是具有一定学术背景的人所写,他对《圣经》和礼拜仪式比较熟悉。② 当代学者借助《农夫皮尔斯》的两个手抄本中的个别诗行进行猜测和推断。安什波汉姆(Ashburnham)手抄本表明这首诗歌是罗伯特或威廉·兰格伦(Robert or William Lanlgland)创作,都柏林三一学院手抄本(MS. D. S. 1)有一条拉丁文写成的注解说明兰格伦的父亲出身名门,名叫罗凯欧的斯丹斯(Stacy de Rokayle),住在牛津郡北部的希普顿-安德-威奇伍德(Shipton-under-Wychwood)。③ 但是,安南·布莱特指出,内外证据表明,《农夫皮尔斯》的 A、B、C 三个版本显然是一位作家所写,只是他在不同时期进行了修改和拓展,作者的名字叫威廉·兰格伦。④ 据推测,兰格伦出生在英格兰中西部,可能在马尔文的某个修道院接受过教育,成年后主要生活在伦敦,以伦敦生活为主题进行创作,用中西部方言写了《农夫皮尔斯》。除此之外,国外学界推测他还写了一首有关理查德二世实施暴政的诗歌。希尼·李对他的评价颇高,认为兰格伦的诗歌在形式上不如但丁

---

* (接上注)版社,2009,第 310—376 页。肖明翰:《寓意陷阱与〈农夫皮尔斯〉的不确定性》,《外国文学研究》2008 年第 3 期,第 79—89 页。李安恒:《探析〈农夫皮尔斯之梦〉与〈天路历程〉的创作关联性》,《安徽文学》2010 年第 3 期,第 3—5 页。

① International *Piers Plowman* Society, 简称 IPPS, 该协会自 1987 年起出版《兰格伦研究年刊》(The Yearbook of Langland Studies), 简称为 YLS, 而 Lagland 在年刊中被简写为 L,《农夫皮尔斯》被缩写为 PPl。目前编委会成员有 John A. Burrow, Jill Mann, Andrew Galloway, Alexandra Gillespie, Simon Horobin, Nicholas Watson, D. Vance Smith, Nicolette Zeeman 等十八位英美加中世纪研究专家。

② James Simpson, *Piers Plowman*. (2nd edt.) Exeter: University of Exeter Press, 2007. p. 5.

③ Sidney Lee, ed. . *Dictionary of National Bibliography*. Vol. xxxii. London: Smith, Elder, & Co. , 15 Waterloo Place, 1892. p. 104. 布莱特认为人们认为是 Robert Langland 这一名字是手抄本抄写员的抄写错误所致。Allan H. Bright, *New Light on "Piers Plowman"*. Oxford University Press, 2004. p. 42. 罗伯特·克罗利(Robert Crowley)在印刷这部诗作的时候指出,作者名字叫罗伯特·兰格伦(Roberte Langelande),而这部作品是在爱德华三世的时候写的。参见 Allan H. Bright, *New Light on "Piers Plowman"*. Oxford: Oxford University Press, 2004. pp. 79 – 81.

④ Allan H. Bright, *New Light on "Pers Plowman"*. Oxford: Oxford University Press, 1928. p. 27. 夏洛特·布里尔持有同样的观点,并对《农夫皮尔斯》的编辑史进行了回顾。它可以分为早期阶段、19 世纪晚期、斯基特之后、查姆博和葛兰屯时期、阿斯农出版社版本、阿斯农之后。参见 Charlotte Brewer, *Editing Piers Plowman: The Evolution of the Text*. Cambridge: Cambridge University Press, 1996. p. 1.

的诗歌显得庄严，观点上不如但丁大气，但和但丁的作品一样逼真、现实，是 14 世纪英格兰条顿复兴的代表人物。① 《农夫皮尔斯》正如乔叟的诗作一样，自完成起就一直受到广泛的关注。人们引用它来观照 14 世纪的英国，它很清楚地反映了后来读者的精神世界和思想世界，从兰格伦诗作中描述的民众中可以反观自己的社会。②

总的来看，国外学界近年来对兰格伦和《农夫皮尔斯》的研究主要集中在以下几个方面：第一，兰格伦富有争议的诗人身份和出身。第二，《农夫皮尔斯》作为寓言体诗歌和意识形态及文学传统的关系，个体借助宗教对自我的认识。第三，兰格伦、文本、读者、作品接受之间的关系。第四，社会、经济、宗教、政治、婚姻、伦理、欲望话语的再现。这方面的研究相对集中而丰富，这和作品的现实主义特点有关。第五，《农夫皮尔斯》不同版本的修订、语言、结构、兰格伦的写作与多语言文化现象之间的关系。第六，兰格伦及《农夫皮尔斯》的文学影响力以及相关比较研究。伊丽莎白·迪·科克把这些研究趋势归因于《农夫皮尔斯》企图进行概述和缩略，或是把社会作为一个整体而图像化了，并在"性别化的经验背后发掘了社会结构和知识结构"③。这些论述非常有意义。但是，如果细读《农夫皮尔斯》，我们会发现兰格伦笔下的女性形象同样显得醒目，这一点被他批判社会的实用目的所遮蔽。

国外学界对兰格伦的研究很少关注他作品中的女性形象，相比之下，近年来有关研究乔叟关注性别和权力话语的专著和论文层出不穷。伊丽莎白·迪·科克指出："兰格伦对于这个主题（性别）的处理，相形之下，显得非常尴尬，以至于这方面的分析研究勉强开始。"④ 伊丽莎白·

---

① Sidney Lee, ed. . *Dictionary of National Bibliography*. Vol. xxxii. London: Smith, Elder, & Co. , 15 Waterloo Place, 1892. p. 107.

② John A. Alford, *A Companion to Piers Plowman*. Berkeley: University of California Press, 1988. p. 1.

③ Elizabeth D. Kirk, "'What Is This Womman?' Langland on Women and Gender", in *Piers Plowman: the Donaldson Translation*, *Select Authoritative Middle English Literature*, *Sources and Backgrounds*, *Criticism*. p. 617.

④ Ibid. p. 616. 事实上，近年也有相关文章发表，参见 A. Robin Hoffman, "Sewing and Weaving in *Piers Plowman*. " *Women's Studies* 35 (2006): 431 – 52. Elizabeth Robertson, "Souls that Matter: The Gendering of the Soul in *Piers Plowman*", in *Mindful Spirit in Late Medieval Literature: Essays on Honour of Elizabeth D. Kirk*. Ed. Bonnie Wheeler. New York and Basingstoke: Palgrave Macmillan, 2006. pp. 165 – 86.

罗伯逊指出，在许多谈论14世纪晚期英格兰性别问题的学术会议上，谈及兰格伦笔下的女性的时候，兰格伦被看作是传统、保守而无趣的诗人。事实上，兰格伦也塑造了一些强势有力、善于辞令、受过良好教育且具有挑战性的女性。这部诗作并不缺乏女性人物，缺乏的是反女性主义思想。他并没有谴责女性，甚至对中世纪时期有关女性最核心的话题之一贞洁崇拜都没有表现出任何兴趣。[①] 吉连·拉德同样认为这是一种"既定的暗喻"[②]。我们可以看到人们从女性主义角度大量地对乔叟的诗歌、神秘主义作品、中世纪戏剧和圣徒传进行了研究，但从女性主义视角对《农夫皮尔斯》的解读非常少，几乎空白。

在《农夫皮尔斯》中，人物的命名采用了典型的寓言式拟人化方式。它不仅指涉特定的社会阶层或群体，而且是某种抽象概念的集中体现。这很容易使读者在解读时陷入根据人名的特征诠释作品和概念的误区之中，为文本的诠释带来一定的难度。但是，我们知道，《农夫皮尔斯》是把真正的人物和寓言式人物融合在一个文本中的杰作。伊丽莎白·萨尔特和德瑞克·皮尔索尔认为《农夫皮尔斯》是"对现实的形象化阐释"[③]。J. A. 伯罗指出:"这（寓言故事）不是谈论语言，而是现实。"[④] 兰薇尼娅·格里菲斯认为，兰格伦采用了拟人化寓言故事的双层结构，它可以使一个术语成为故事中人物的名字，一个行动、忍受痛苦、讲话的人，也同时是话语的成分。[⑤] 约翰·鲍尔斯指出，但丁的《神曲》展示的是13世纪的理想，《农夫皮尔斯》相比之下就展示了14世纪残酷的现实。[⑥] 布鲁姆·费德指出，《农夫皮尔斯》企图分析当时社会的弊病，重新定义基督教有关"完美"的观点，这两个正是中世纪晚期生

① Eliabeth Robertson, "Measurement and the Feminie in *Piers Plowman*: A Response to Recent Studies in Langland and Gender", in *William Langland's Piers Plowman*, pp. 167 – 8.

② Gillian Rudd, "Literary Text as a Demonstration of Feminist Criticism: the Case of *Piers Plowman*." *Journal of Gender Studies* 9 (2000): 45 – 54. p. 45.

③ Elizabeth Salter and Derek Pearsall, "Allegory and Realism and the Figural Approach to Reality", in *Piers Plowman: the Donaldson Translation, Select Authoritative Middle English Text, Sources and Backgrounds, Criticism*, p. 520.

④ J. A. Burrow, *Medieval Writers and Their Work: Middle English Literature and Its Background 1100 – 1500*. Oxford: Oxford University Press, 1982. p. 97.

⑤ Lavinia Griffiths, *Personification in Piers Plowman*. Cambridge: D. S. Brewer, 1985. p. 26.

⑥ John M. Bowers, *The Crisis of Will in Piers Plowman*. Washington: The Catholic University America Press, 1986. p. 2.

活危机中特别需要的东西。① 因此，我们可以依照传统的解读方法，以
《农夫皮尔斯》四个版本中的 B 文本为主，以社会人物或虚构人物的标
准来分析这些拟人化人物，挖掘社会话语和宗教伦理对母性的干预，剖
析导致这些母亲卑贱的原因所在。②

　　具体地说，本章研究旨在填补伊丽莎白·迪·科克提出的兰格伦研
究中出现的令人"尴尬"的空白：第一，研究父亲与子女之间产生的认
同感，分析母亲缺场产生的原因。这里所说的"缺场"并不是简单地指
教会和男权社会对母亲所表现出的压抑、消音、否认和驱逐行为而最终
导致母亲失语的现状，还指母性—女性原则的缺失。第二，兰格伦大胆
描述未婚母亲和非婚生子现象。这是他的同时代作家很少提及甚至避谈
的敏感话题。本部分重在研究未婚母亲与子女的复杂关系，挖掘她们杀
婴或遗弃非婚生子的心理动机，分析她们被文化话语和婚姻体制排斥的
原因。

一　被遗忘的母亲：子女与父亲认同

　　伊里加蕾认为女儿对父亲的欲望通常表现在对母亲的憎恨和敌意上。
这种憎恨情感发生在女儿发现自己处于被阉割的过程之中，接踵而至的情
感和心理感受是羡慕、嫉妒和对母亲的憎恨。她指出："对'异性'的代
表人物的欲望，至少对女孩来说，是对自己性别代表人物的拒绝，实际上，
正如我们所看到的那样，是对自己性别再现的拒绝。"③ 对伊里加蕾来说，
女儿与父亲的认同有助于她"把对母亲的精神关注转移并输送给父亲"④。
这种和父亲的认同感同时说明女儿对"女性地位底下和男性优越"这种传

---

　　① Morton W. Bloomfield, *Piers Plowman as a Fourteenth - century Apocalypse*. New Brunswick：Rutgers University Press, 1961. pp. 42 - 3.

　　② 《农夫皮尔斯》有四个不同的版本：A 文本写于 14 世纪 60 年代，其中包括 3 个梦，共计 2500 行。B 文本写于 14 世纪 70 年代，包括 8 个梦，共计 7200 行，20 个诗节。C 文本写于 1387 年，包括 8 个梦，22 个诗节。Z 文本是 A 文本的修订本。本研究采用 B 文本。德里克·皮尔索尔在 C 文本的前言中指出，从生动性、准确性和诗意方面来看，C 文本显然不敌 B 文本。参见 William Langland, *Piers Plowman：The C-text*. Ed. Derek Pearsall. Exeter：University of Exeter Press, 1994. pp. 9 - 24.

　　③ Luce Irigaray, *Speculum of the Other Woman*. Trans. Gillian C. Gill. New York：Cornell University Press, 1985. p. 40.

　　④ Ibid. p. 62.

统观念的接受和认可。克里斯蒂娃认为当女儿和父亲认同的时候,她会得到象征秩序带来的回报,因为父亲被赋予象征性权力,这自然赋予她的生命以意义。① 在成长的过程中,女孩面临两种选择:如果她选择和母亲认同,就意味着她会处于边缘地位,过着由母亲所代表的充满压制且缺乏自主性的生活;如果她选择和父亲认同,她就不得不压制女性欲望,以此进入以父亲为代表的象征秩序。在那里,前俄狄浦斯的亲密感被彻底清除,女儿对母亲的依赖感被祛除,女性—母亲从权力结构中被排除,父亲的权力取代了母亲的权力。这种父女的认同感可以把女儿带到父亲具有话语权的权力中心。《农夫皮尔斯》中的奖赏小姐(Mede the mayde)、罗德的女儿、神圣教会女士(Holi Cherche)就是典型的例子。

奖赏小姐是一位颇具争议的人物。有评论者认为她的原型人物就是备受英国国王爱德华三世青睐的爱丽丝·佩雷尔斯。② 约翰·扬克指出奖赏小姐的形象来自中世纪受贿讽刺文传统。③ 在故事开始,神圣教会女士讲述了罗德和他的女儿乱伦的故事,目的在于警告那些酗酒成性而乱性的世俗之子。她委婉地指出以罗德的女儿为代表的女性已经内化了女性在人类社会繁衍中的作用,即"保存父亲的种子",这也暗示了奖赏小姐和她的父亲"虚伪"之间的闪电式婚姻。在诗歌第二节,奖赏小姐身着奢侈华丽的深红色长袍,头扎红黄相间丝带,头戴和国王可以媲美的王冠。她的手指佩戴着黄金、红宝石、昂贵的钻石和珍贵的奇石。中世纪人认为华美的服装表明女性渴望看和被看,可以说,她奢侈华丽的长袍是对女性性别自卑情结的一种弥补。伊丽莎白·弗勒认为故事中主人公威尔梦幻中的奖赏小姐是对财富的一种广告式宣传,带有强烈的政治、道德和性别色彩,实际上奖赏小姐是"回报、补偿和报酬的拟人化—这些术语在道德上是模糊的"④。约翰·扬克指出,尽管她会带来邪

① Julia Kristeva, *About Chinese Women*. Trans. Anita Barrows. New York: Marion Boyars Publishers, 1977. p. 138.

② Haldeen Braddy, "Chaucer and Dame Alice Perrers." *Speculum* 21 (1946): 222 – 28. 参见 "Alice Perrers and Edward III", in *Piers Plowman: The Donaldson Translation*, *Select Authoritative Middle English Literature*, *Sources and Backgrounds*, *Criticism*, p. 485.

③ John A. Yunck, *The Lineage of Lady Meed: the Development of Mediaeval Venality Satire*, pp. 289 – 97.

④ Elizabeth Fowler, "Civil Death and the Maiden: Agency and the Conditions of Contract in *Piers Plowman*." *Speculum* 70 (1995): 760 – 92. p. 995.

恶，奖赏小姐是一个模糊的人物，就像赋予她名字的这个词语一样。她这种模糊的本性说明，从 11 世纪起，兰格伦那个时代的人们就表现出对金钱道德和金钱经济的困惑。①

刚从海外归来的骑士"良知"控告奖赏小姐在政治、宗教和法律上的腐败行为，而她的支持者们在"国王"想把她许配给骑士"良知"的时候在婚礼上支持她。这些细节体现了奖赏小姐身上具备的道德模糊性。威尔陷入对奖赏小姐身份的迷惑之中。代表教会的神圣教会女士对奖赏小姐表现出轻蔑：

> 那是奖赏小姐，她经常伤害我。
> 她曾经说我情郎的坏话—他叫诚实—
> 并在法官面前造谣中伤他。
> 她像我一样，享有特权出入教廷，
> 但是，真理对她下过禁令，因为她是私生女，
> 她的父亲叫虚伪—他滑嘴流舌，
> 自打出生在世就没有讲过一句真话。
> 而奖赏和其父如出一辙，俗话说的对：
> 有其父必有其子。好树结好果。(24)②
> ……
> 现在这个奖赏小姐要嫁给最惹人厌的卑鄙的人，
> 嫁给滑嘴流舌的可憎之徒虚伪—他是魔鬼的后代。(26)

根据诗中人物"神学"(Theologye) 的说法，"虚伪"就像是魔王别西卜家族的非婚生子一样，通常举止轻浮，被女儿奖赏小姐从狱中解救出来，而奖赏小姐的母亲"改良"(Amendes) 却在她的婚礼上缺席。奖赏小姐身上所体现的双重性基于两个事实：一，她的母亲"改良"出身名门贵族；二，她从父亲"虚伪"身上继承了更多内在的东西。她的父

---

① John A. Yunck, *The Lineage of Lady Meed: The Deveoment of Medieval Venality Satire*. Notre Dame : Univerity of Notre Dame, 1963. p. 10.

② 本章原文引文均引自 Elizabeth Robertson and Stephen H. A. Shepherd, eds. *Piers Plowman: The Donaldson Translation*, *Select Authoritative Middle English Literature*, *Sources and Backgrounds*, *Criticism*. New York: W. W. Norton & Company, Inc. 2006. 出自本书的引文，均为本文作者翻译，只在文后标明出处页码，不再另行做注。

亲是"真理"(Treuthe)的大敌,但是奖赏小姐却非常赏识父亲。正如"智慧"(Wisdome)和"华伦·维特"(Waryen the Witty)所讲述的那样,"奖赏可以修正改善一切"(57)。这是她从母亲身上继承的美德后发挥的作用。

我们可以看到,奖赏小姐和她父亲的婚礼在欺诈(Favel)、买卖圣职(Symonye)、民法(Cyvile)和狡猾(Gyle)等男性的陪同下举行。由于国王宣布要逮捕陪伴她的这些随从,他们立刻弃她而去。奖赏小姐被羁押到国王面前。她的父母并未在场。之前,"国王"(kynge)就是象征意义上的精神之父,他一心想把她嫁给从国外归来的骑士"良知"(Conscience)。相比之下,神圣教会女士却不断肯定自己的高贵出身:

> 我比她出身高贵:我出身名门。
> 家父乃是神圣的上帝,恩典的给予者,
> 元始天尊,我就是他的千金女。
> 他赐我以怜悯作为婚嫁,
> 谁若有怜悯之心,真心爱我,
> 就在天国做我的主人,做我的情人。(24-5)

不难发现,神圣教会女士的优越感来自她高贵的出身,即来自她全知全能的父亲—上帝(Mi fader the grete God is)。在和父亲认同的过程中,她成为"父亲"的好女儿。她的父亲赋予她以权威,使她可以嫁给"仁慈"(Mercy),帮助那些爱戴她的人进入天堂。相形之下,在第三诗节和第四诗节中,奖赏小姐被囚禁在威斯特敏斯特的男性世界中。他们对她的地位的争论和对她在道德、政治和经济上腐败堕落的控告使在场的人达成一致意见:她是一位该受诅咒的荡妇和妓女,她妨碍着法律的正常运行,掩盖了真理的存在。在此之前,奖赏小姐听从了国王的建议,准备嫁给刚从海外归来的骑士"良知",但是"良知"却竭尽全力拒绝这场婚姻,建议把她从法庭上赶走。奖赏小姐成为众矢之的,国王为了政治稳定转而支持以"良知"和"真理"为代表的人群,她失去了国王—父亲对她的信任。虽然奖赏小姐通常被看作是经济符号的象征,表达了金钱经济所存在的疲软问题①，但是，在法庭上没有人像过去一样支持和拥护她，她被刻画为恶毒的女性刻板形象。另外，兰格伦把奖赏小姐与金钱相连，这说明女性已经被商品化，被物化，丧失了其主体性，成为宗教、道德、伦理正常秩序的破坏者和污染源，成为被压制、被边缘化、被审判、被驱除的对象。

奖赏小姐和父亲"虚伪"通过婚姻产生认同关系。奖赏小姐和父亲的联姻或联盟在某种程度上来说取代了她母亲的婚姻地位，并把她排除在家庭结构之外。虽然从文中很难确定奖赏小姐母亲的下落，但是，兰格伦在文本叙述中所表现出的沉默凸显了母亲的缺场和男权社会在语言、婚姻体制中对母亲进行系统化的压制。在《农夫皮尔斯》的第三诗节中，奖赏小姐在法庭上面对所有的谴责不断为自己申辩。"国王"是她隐喻意义上的精神之父，在最终抛弃她之前支持她的一切所作所为。由于"国王"的支持，这使她可以在政治和经济体制中游刃有余地一展宏图。最后，奖赏小姐在极端愤怒之中引用所罗门在《圣经》中的箴言为自己辩解，以此来保护自己不受任何侮辱。这和她有一位精神之父"国王"有关。

除此之外，兰格伦还呈现了其他几组父亲与女儿认同的故事。罗德的女儿和神圣教会女士都和自己的父亲产生认同感。这背后潜藏着中世纪社会在意识形态领域对母亲的卑贱地位的强化。她们与父亲的认同进一步证明进入以父亲为代表的象征秩序才有可能发出自己的声音，神圣教会女士就是典型的例子。我们知道，诗歌中的教会被兰格伦讽刺，但神圣教会女士代表着教会，是受到祝福的人的理想社区。寓言化的《圣经》通常把教会描写为女性。② 在贬低罗德的女儿和奖赏小姐的同时，神圣教会女士一再表明自己出身高贵，因为她的父亲上帝具有显赫的地位，她更喜欢进入以她的父亲为代表的象征秩序。如果说女儿在男权社

---

① 伊丽莎白·迪·科克认为兰格伦企图表明在物物交易和社会中金钱的两种概念的差异，而克莱尔·里斯坚持认为金钱的流通已经被移位到男权婚姻的传统体制上，因此，奖赏小姐只是作为一个客体存在。参见 Elizabeth Fowler, "Civil Death and the Maiden: Agency and the Conditions of Contract in *Piers Plowman.*" *Speculum* 70 (1995): 760 – 92. J. A. Burrow, "Lady Meed and the Power of Money." *Medieval Aevum* 74. 1. (2005): 113 – 18. Claire Lees, "Gender and Exchange in *Piers Plowman*", in *Class and Gender in Early English Literature: an Intersection.* Ed. Britton J. Harwood and Gillian R. Overing. Bloomington: Indiana University Press, 1994. pp. 112 – 30.

② Anna Baldwin, *A Guidebook to Piers Plowman.* Basingstoke: Palgrave Macmillan, 2007. p. 32.

会中处于缺席的地位,那么,神圣教会女士身上所体现出的身份模糊性和矛盾性在她大肆炫耀她的父亲和父亲的自身神话中消失殆尽。她自认为是上帝的"好女儿"(gode doughter),这表明她为了成功地扮演好女儿这一角色,遵从于父亲的命令和男权社会的规则。文中的词"授予"(Yove)意味着她的权利、自由和权力依赖于她父亲的恩典与仁慈,这才使她可以在公共场合对威尔大谈《圣经》。众所周知,中世纪教会禁止女性布道或宣传福音,否则,她们就面临被烧死的厄运或遭遇囚禁的威胁。神圣教会女士之所以敢在公共场合大胆布道,就是因为她的父亲是上帝,他是一位具有至高无上的权力和充满权威的人物。她成为父亲的"好女儿",这意味着她否定了与母亲之间存在的身体和情感上的纽带关系,使母亲在权力结构中处于被动、不可见、消极和失语这一状态。母女纽带的断裂和母亲的缺场表明男权社会对母亲的流放,母亲成为不可言说、不可命名和不可再现的存在。

再来看看罗德和他的两个女儿。在《圣经》之《创世纪》中,罗德逃离所多玛,妻子因违反上帝的指令而被变为盐柱。罗德辗转到达琐珥,后又同两个女儿一同住进一个山洞。罗德的两个女儿作出决定:"我们可以叫父亲喝酒,与他同寝。这样,我们好从他存留后裔。"(preserve offspring through our father)① 在兰格伦的笔下,罗德的两个女儿决定"保存我们父亲的种子"(ut servare possimus de patre nostro semen)(14)。"保存"这个词表明兰格伦接受了以亚里士多德为代表的观点,即女性只是在人类的繁衍中起着"质料"的作用,简单地说,就是传宗接代的作用。"父亲的种子"和"好从他存留后裔"都在强调她们和父亲之间的关系,强调他们之间的认同感。但是,这两句话之间有着细微的差别:"保存父亲的种子"把女性降低到成为男权社会的生殖系统服务的具体的代理人。兰格伦把《创世纪》中的"好从他存留后裔"改变为"保存父亲的种子",策略性地把女性降低为只为人类繁衍起作用的"繁衍后代的身体",而抹杀了在《圣经》中罗德的两个女儿起初是想通过父亲保存人类的想法。在《农夫皮尔斯》中,兰格伦几次提到亚里士多德,可见,他受到亚里士多德关于女性在人类繁衍中处于被动地位的观点的影响。兰格伦的说法恰好和亚里士多德、托马斯·阿奎拉的观点不谋而

① Genesis. 19:32/35.

合：人的灵魂与理性来自男性，而女性的身体不过是繁衍后代所需要的载体而已。

父女之间的认同同样也发生在上帝的四个女儿和上帝的化身人物"《圣经》老人"之间。在《农夫皮尔斯》的第十八诗节中，威尔看见上帝的四个女儿从四个不同的方向走来：她们是仁慈女士（Mercy）、真理女士（Treuth）、正直女士（Ryghtwisnesse）与和平女士（Pees）。① 她们正在激烈地讨论着耶稣诞生和受难的奇迹，恰在此时"《圣经》老人"出现，他鼓励她们对这些奇迹表达自己的看法。吉连·拉德肯定地指出："根据上帝四个女儿的争辩，'《圣经》老人'取代了上帝的位置，具体地说，就是他作为'道成肉身'的角色，虽然这个角色很容易和作为'道成肉身'的耶稣的角色混淆。"② 她们每个人身上其实体现的就是看不见的父亲的形象，即上帝的一部分。当她们四人围圈一起和谐地跳舞的时候，在场目睹这一切的唯一男性就是"爱"（Love），他实际上就是上帝的代表人物。吉连·冉德认为这四个女儿跳舞的地方形成一个"科拉"，那里充满了张力和流动性。③ 这是典型的具有母性特点的科拉，清楚地表明当真理小姐在"爱"先生面前唱着赞美诗《我们赞美您，上帝》的时候就形成了科拉。这是一种具有母性特点的圆形的、封闭的、完整的流动性空间和地理位置，与以母亲特征为主的女性气质紧密关联。

姆·塔沃米娜认为兰格伦在有关描写奖赏小姐的情节中过多地关注婚姻体制和相关的伦理道德问题。④ 她指出："在兰格伦对人的社会关

① 兰格伦在文中并未直接指出她们是上帝的女儿，但是强调她们作为姐妹之间有着血缘关系。《爱的城堡》中清楚表明她们把上帝称作父亲的时候是他的女儿。参见"The Castle of Love", in *Piers Plowman*: *the Donaldson Translation*, *Select Authoritative Middle English Literature*, *Sources and Backgrounds*, *Criticism*, pp. 409 – 15. Hope Traver, *The Four Daughters of God*: *A Study of Versions of This Allegory with Especial Reference to Those in Latin*, *French and English*. Kessinger Publishing, LLC, 2007.

② Gillian Rudd, "Literary Text as a Demonstration of Feminist Criticism: the Case of *Piers Plowman*." *Journal of Gender Studies* 9 (2000): 45 –54. p. 51.

③ Gillian Rudd, "Literary Text as a Demonstration of Feminist Criticism: the Case of *Piers Plowman*." *Journal of Gender Studies* 9 (2000): 45 –54. p. 51.

④ 姆·塔沃米娜认为兰格伦的对婚姻和家庭的关注和乔叟和高厄的观点不同，它们和社会、道德紧密相关。M. Teresa Tavormina, *Kindly Similitude*: *Marriage and Family in Piers Plowman*. Cambridge: D. S. Brewer, pp. 1 –48.

系、道德生活和宗教信仰的关注方面，婚姻和家庭起着举足轻重的作用。"① 从现代角度来看，《农夫皮尔斯》再现的婚姻关系或家庭中的父女关系牵扯到乱伦主题，但是，奖赏小姐与父亲的婚姻、教会小姐对父亲的顺从象征性地表明了中世纪婚姻体制和女儿在权力结构中所扮演的传统型从属角色，说明母亲实际上处于被排斥的他者地位。这一点同样适合于"善"先生（Do - Wel）和他的女儿"中善"（Do - Bet）。他们共同作为公爵和侍女来保护灵魂女士（Anima）的城堡，"中善"的母亲缺席。

需要指出的是，兰格伦认为遗传因素影响了下一代人的成长。在《农夫皮尔斯》中，神圣教会女士的引句"好树结好果实"贬低了奖赏小姐和她的父亲，提升了自己和父亲之间的形象，彰显了她的高贵与不俗。她的自信来自她无所不能的父亲上帝，因为他能够给予普通老百姓恩典。很自然地，罗德的女儿、神圣教会女士、奖赏小姐、上帝的四个女儿、耶稣和父亲之间的认同是对低贱的母亲的一种否定和祛除。他们转向父亲，在自相矛盾之中，重建了和父亲之间关系的连续性。伊里加蕾的论证听起来更有说服力:"虽然女性有义务迎合孩子的需要，满足他们的基本要求，但是，父亲可以通过让孩子和自己认同把孩子引领到那些最被推崇、最被重视的价值观中去:男性—父亲将是表征体系、理想、公共精神、法律实践的保证人。"②

这种父亲与子女认同而忽略母亲的情况也出现在圣母玛利亚和耶稣的关系之中。兰格伦笔下的圣母玛利亚是一位纯洁的女性，她是具有中介特点的代理人，保持着母亲身体的完整性，在圣父和圣子之间作为一个具有过渡性质的容器而存在，维系的是父性崇拜。在《农夫皮尔斯》第十六诗节和十七诗节中，兰格伦把"仁爱之树"（tree of Charite）和婚姻联系起来，来说明"三位一体"的概念，把贞洁的三个等级（即，已婚、寡居和童贞）与亚当、夏娃和他们的子孙后代混合在一起。当皮尔斯在愤怒中追赶魔鬼的时候，圣灵借天使加百列之口对温顺谦恭的玛利亚宣布道:

---

① Ibid. p. xii.

② Luce Irigaray, *Speculum of the Other Woman*. Trans. Gillian C. Gill. New York: Cornell University Press, 1985. p. 96.

> 然后圣灵假借加百列之口
>
> 告诉一个叫玛利亚的温顺少女,
>
> 正义之子耶稣要暂居(jouke)在她的体内
>
> 等到那"成熟的时机"最终降临,
>
> 皮尔斯的果树将会开花结果。
>
> ……
>
> 玛利亚恭顺地接受了天使的话,
>
> 谦卑地对他说道:"瞧,我是他的侍女,
>
> 没有罪过,愿随他的心愿行事。"(276)

兰格伦显然赞同女性在人类繁衍中起着原质料作用的传统观念。不难看出,他对亚里士多德和阿奎拉的思想熟悉程度。亚里士多德指出,女性是被动的,男性是主动的;男性引起运动,而女性接受运动。[1] 托马斯·阿奎拉有着相似的观点:"作为积极的、主动的搭档,父亲体现着比母亲高一级的原则,(而母亲)只提供被动的材料或物质元素。"[2]《农夫皮尔斯》中的圣母玛利亚被告知耶稣将在她的体内"暂居",这表明她被看作是孕育生命的质料或被动型容器,她的身体具备过渡作用,传递的是圣父和圣子之间的亲密的纽带关系。同样,14世纪英国诗人威廉(William of Shoreham)在诗歌《歌颂玛利亚》中写道:

> 玛利亚,童贞女,谦卑而高贵,
>
> (是)三位一体的居所,
>
> 请倾听我
>
> 唱一首歌,向您致意。[3]

这和三位一体教义中强调的玛利亚的作用相同,和兰格伦笔下塑造的玛利亚有着相同的角色。

---

[1] Aristotle, *Generation of Animals*. Trans. A. L. Peck. London: William Heinemann Ltd. 1953, p. 113.

[2] qtd. in Blamires, Alcuin Blamires, Karen Pratt and C. W. Marx, eds. *Women Defamed and Woman Defended: an Anthology of Medieval Texts*. Oxford: Claredon Press, 1992. p. 40.

[3] William of Shoreham, "A Song to Mary", in *Medieval English Lyrics: a Critical Anthology*, p. 103.

中世纪晚期艺术特别强调耶稣出生自玛利亚的身体这一事实,而中世纪流行的"拜访"(Visitation)雕刻艺术主要展示玛利亚和伊丽莎白见面时的情景,从她们子宫的裂缝中可以看到耶稣和约翰在她们体内苗壮地成长。① 里奇指出,前父权社会把女性和容器联系起来,这一事实证明女性有极强的权力。② 但是,中世纪人在意识上推崇这样的观点:男性是思想的代表,因此他们处于优越地位;女性总是和身体/肉体关联,所以女性处于低贱地位。在《农夫皮尔斯》中,圣母玛利亚就是认同这种观点的代表,并承诺说她将是耶稣的"侍女"(handemayden),愿意"没有罪过,愿随他的心愿行事"(277)。圣母玛利亚身上体现出的这种被动性、服从和谦卑折射出女性——母亲在男权社会中所处的卑贱地位。她的存在不仅修正了夏娃的越界行为和对上帝命令的侵犯行为,同时使自己屈从于宗教禁忌,因为后者正是通过一系列的否定程序来强化对女性的压制。在这里,圣母玛利亚得到赞美和崇拜,原因在于她心甘情愿地接受自己的从属地位去作耶稣的侍女,而不是以自己作为耶稣的母亲而自居。

兰格伦笔下的圣母玛利亚是卑贱的存在。她本可以成为一位真正的、具有权威的母亲,但是,她在身体上只具备工具的作用,是耶稣暂时逗留的居所而已。在《农夫皮尔斯》第十七诗节中,圣子在圣灵的教导下,"触摸并体验"(toched and tasted)尘世的圣母玛利亚。这并不意味他在出生的时候和母亲之间的分离,而是进一步证实他正是通过"触摸并体验"从圣母玛利亚身上获得人性。他回归自己的本源就是回归到圣父那里,并非圣母玛利亚。在兰格伦笔下,耶稣的母亲是缺场的。这一点不仅体现在身体功能上和文字表述上她处于消音地位,而且体现在她没有获得作为母亲的合理地位。迈克·布鲁斯·沃克指出:"在男权社会,(圣母)玛利亚生活在女性气质难以忍受的困境之中。她被提升为产生神性的容器,是德行和无性的代表人物。生产和有性生产之间矛盾对立的逻辑完全包含在她沉默而被消音的身体之中。"③ 在兰格伦笔下,

---

① Patricia Ranft, *Women and Spiritual Equality in Christian Tradition*. New York: St. Martin's Press, 1998. p. 210.

② Adrienne Rich, *Of Woman Born*. New York and London: W. W. Norton & Company, 1976. pp. 84 – 109.

③ Michelle Boulous Walker, *Philosophy and the Maternal Body: Reading Silence*. New York: Routledge, 1998. p. 136.

她的身体被形容为可以容纳神性的居所，她的母亲身份中蕴含着不确定性和模糊性。

仁慈女士（Mercy）作为上帝的女儿之一，在《农夫皮尔斯》的第十八诗节谈论到圣母玛利亚无性的母性身体的时候说道：

> 一位叫玛利亚的少女，未婚却成为母亲，
> 仅通过圣灵的言语和恩典而孕，
> 她因子而贵，
> 她带他来到尘世，身体纯洁无瑕。（309）

在《农夫皮尔斯》中，耶稣被比作胡桃（wolnot）。如果说耶稣是胡桃中的内核（kirnelle）去安慰人的灵魂（176），那么，他就是身裹于圣母玛利亚身体之中的"道"。从《约翰福音》中我们知道："太初有道，道与神在，道就是神。"① 在道成肉身之后，"道成了肉身，住在我们中间，充满有恩典，有道理。我们也见过他的荣光，正是父独生子的荣光"②。在《农夫皮尔斯》中，圣父和圣子之间通过圣灵或言语联系了起来。玛利亚是一个完整的容器，是联系圣父和圣子的中介，不过是"少妇的子宫"（wombe of that wenche）（176）。她的身体在自然与基督教文化交锋的过程中、在生物本质主义和神学构建的过程之中处于分裂状态。第三章讨论过的朱丽安在冥想之中强调耶稣和母亲圣母玛利亚之间的母子认同感，但兰格伦并没有试图重构这种母子关系，相反，他把圣母玛利亚描述为一位被动而顺从的侍女。

兰格伦特别强调圣父—圣子之间的纽带关系。姆·塔沃米娜指出："我们也许至少考虑到这种可能性，即，兰格伦在开玩笑似地谈论一个更有趣的想法：在创造人类的过程之中，神圣人物的合作是从人类繁衍过程中男女的相互配合之中找到了自己的形象。"③ 基督教的信经《亚他那修信经》（Athanasian Creed）就强调圣子与圣父之间的关系：

---

① John. 1：1.

② Ibid. 1：14.

③ M. Teresa Tavormina, *Kindly Similitude: Marriage and Family in Piers Plowman*. Cambridge: D. S. Brewer. 1995. p. 64.

圣父来自于无，既不是创造的亦不是被生育的；圣子只来自圣
父，不是制造的亦不是创造的，而是生育的；圣灵来自圣父与圣子，
不是制造的，不是创造的，不是生育的，而是发展而来的。因此，
只有一个圣父，并非三个父亲；只有一个圣子，而非三个儿子；只
有一个圣灵，而非三个圣灵。①

除了上帝的本体论意义上的本源说之外，这个信经把圣子的本源归
结为上帝。在这里，父子之间永恒的纽带关系可以在《约翰书》中找到
有力的证据："我从父出来，到了世界；我又离开世界，往父那里去。"②
在《农夫皮尔斯》中，兰格伦表征三位一体的方式非常独特：他首先把
三位一体比作一只手，圣父就像一个拳头，圣子就是手指，圣灵就是手
掌；其次，他把三位一体比作一个火把，由蜡烛、灯芯和火焰三部分共
同组成。他们之间是互动的、密不可分的关系，但是，合起来共同指向
圣父："父亲就是上帝，是创造者和塑造者（fomeour and shepper）。"
（293）然而，圣子最终还是回到他的本源——上帝那里，而不是真正生
育他的母亲圣母玛利亚那里。除了神学意义上对父子关系的重点强调之
外，这首诗歌至少在父子关系中引出了"他的母亲在哪里"这一问题。
姆·塔沃米娜表明，像许多中世纪作家一样，兰格伦特别强调人是按照
上帝的样子创造出来的，圣子最终回归到上帝，他身上体现了上帝的精
神，是神性与人性形象的融合。③ 我们很容易看到兰格伦在强调圣父和
圣子之间的纽带关系。这一点不仅恰恰表明圣母玛利亚成为缺席的他者，
同时，在某种程度上再现了中世纪人的集体意识：圣母玛利亚是神性的
容器。

兰格伦通过文本叙述和威尔的梦幻代表男权社会说话，成为中世纪
英国男权社会的代言人，他所拥护和推崇的是一种理想的秩序和体系。
在这种体系中，母亲成为处于父亲和子女关系中的一种过渡性中介，角
色模糊化，处于消音或被压制的地位。孩子，尤其是女儿，渴望和父亲

---

① "The Athanasian Creed", in *Piers Plowman: the Donaldson Translation, Select Authoritative Middle English Literature, Sources and Backgrounds, Criticism*, p. 374.

② John. 16: 28.

③ M. Teresa Tavormina, "Kindly Similitude: Langland's Matrimonial Trinity." *Modern Philology* 80 (1982): 117 –28. pp. 124 –5.

产生认同感，以便于进入以父亲为代表的象征秩序。兰格伦对母亲所持的消极态度不仅体现在对文本中父亲和孩子关系的挖掘上，同样体现在他对非婚生子和未婚母亲辛辣的批判上。

二　洗刷耻辱感：未婚母亲的尴尬

兰格伦不同于同时代其他作家，他在《农夫皮尔斯》中十分辛辣地指出当时普遍存在且违背中世纪母性体制和婚姻体制的社会现象：非婚生子女和未婚母亲的存在。人们怀疑乔叟的第二个儿子列维斯就是非婚生子，乔叟对这个敏感话题保持高度警惕。① 在《坎特伯雷故事》之《牧师的故事》中，他不像兰格伦频繁地使用 "bastarde"（非婚生子女）一词，而是采用 "错误的继承人"（false heirs）这样一种更为温和的说法。对乔叟来说，非婚生子女是邪恶的偷窃行为的最终产物，它打破了上帝的诫令，损毁了基督的名誉，偷走了男女的好名声和荣誉，给魔鬼带来很大的乐趣，从而使魔鬼赢得大部分世界。乔治·卢克基认为："在文学中，非婚生子女，作为非法结合的产物，是母亲原型的一个派生物。"② 非婚生子女的存在触犯了母性体制和婚姻体制。里奇指出："母性是'神圣的'，只要它的后代是'合法'的，即，只要孩子随父亲的姓，而父亲合法地控制着母亲。"③ 这里提出了几个关键词"母性"、"神圣"和"合法"。显然，在婚姻体制之中，母性必须在道德和法律上为

---

① 据文献记载，1380 年塞西莉·查理曼（Cecily Chaumpaigne）以强奸罪控诉乔叟。他的儿子列维斯同年出生，疑为塞西莉所生。有学者甚至认为乔叟在《坎特伯雷故事》中写《圣徒塞西莉亚的故事》和塞西莉有关。参见 Christopher Cannon, "*Raptus* in the Chaumpaigne Release and a Newly Discovered Document Concerning the Life of Geoffrey Chaucer." *Speculum* 68（1993）：74 – 94；E. Koeppel, "Chauceriana：IV. Die Entstehungszeit des 'Lyf of seynt Cecyle." *Anglia* 14（1892）：227 – 67. 豪迪恩·布兰迪指出最大的可能性是列维斯是乔叟和妻子菲利帕所生，他进一步说明杰弗里·佩雷尔斯（Geoffrey Perres）可能为乔叟和爱丽丝·佩雷尔斯（Alice Perrers）所生，后者当时以生育非婚子而出名，他甚至找到许多文献证据说明乔叟和爱丽丝·佩雷尔斯关系密切。参见 Haldeen Braddy, "Chaucer and Dame Alice Perrers." *Speculum* 21（1946）：222 – 28；Haldeen Braddy, "Chaucer, Alice Perrers, and Cecily Chaumpaigne." *Speculum* 52（1977）：906 – 11.

② George S. N. Luckyj, "The Archetype of the Bastard in Sevcenko's Poetry." *The Salvic and East European Journal* 14（1970）：277 – 83. p. 179.

③ Adrienne Rich, *Of Woman Born：Motherhood as Experience and Institution*. New York and London：W. W. Norton & Company, 1976. p. 42.

社会所认同和接受，否则，这样的母性破坏传统的家庭秩序，会引发未婚母亲所处社区或男权社会强烈的厌恶和排斥，引起社会的恐惧感和怪异感，导致社会秩序混乱。非婚生子女成为一种隐喻，挑战男权社会的婚姻体制，因为在通常情况下，婚姻体制要求女性在合法的婚姻基础之上成为母亲。虽然未婚母亲是真正生物意义上的母亲，但是却被排除在母性体制之外。在中世纪基督教文化中，未婚母亲通常被看作是女巫的化身，会受到严重惩罚，未婚父亲却免于惩处。未婚母亲身处这种卑贱的空间之中，处于他者的地位。在这个被边缘化的过程之中，中世纪文化、社会、宗教伦理起着重要的作用。

在《农夫皮尔斯》中，神圣教会女士在给威尔介绍奖赏小姐的时候，带着轻蔑的语气说道："她（奖赏小姐）是一个私生女。"（she is a bastarde）（24）"神学"先生极力反对奖赏小姐和她父亲之间的婚姻，他说道："因为奖赏小姐是亲生女——'补偿'是她的母亲——上帝允许奖赏嫁给真理（骑士）。"（30）随后，"神学"先生强调说奖赏小姐的父亲是非婚生子，出自魔王别卜西的家族。综合来看，奖赏小姐和她的父亲都是非婚生子，隶属于可怕的魔王家族。奖赏小姐的非法出生成为一种耻辱标志，这成为神圣教会女士用来攻击她的有力武器。换句话来说，神圣教会女士和她的父亲上帝分别是教会和男权社会的典型代表，作为私生女的奖赏小姐体现的是耻辱感和对人的荣誉的侵犯，他们必须祛除由奖赏小姐的不合法身份所引起的耻辱感。我们知道，奖赏小姐曾力挺神父和牧师所做的事情。她不仅支持他们拥有情人，而且支持他们"拥有法律禁止的非婚生子"（42）。《圣经》之《申命记》明文写道："非婚生子不可入耶和华的会，他的子孙直到十代，也不可入耶和华的会。"① 神圣教会女士就是拥护这个教义的典型代表。在离开之前，神圣教会女士要求威尔亲眼目睹奖赏小姐的婚礼，极力推荐威尔从耶稣和圣母玛利亚身上找到自己的信仰。姆·塔沃米娜指出："神圣教会女士从这个场景中撤离，这很容易被解读为拒绝认可她在场的这场婚礼。"② 除此之外，我们可以说神圣教会女士的态度含沙射影地表明，作为私生女，奖赏小姐永远不可能被教会所接受。她的母亲在神圣教会女士和威尔的

---

① Deuteronomy. 23：2.

② M. Teresa Tavormina, *Kindly Similitude*：*Marriage and Family in Piers Plowman.* Cambridge：D. S. Brewer. 1995. p. 13.

对话中无名无姓，处于缺席状态。国王最终离弃奖赏小姐，这不仅是男权社会对女性的压制和消音，也可以看作是对奖赏小姐个人非法身份的拒绝。

詹姆斯·塞姆逊指出："兰格伦在他的文本叙述中注入了有关意识形态和体制的东西，并且挖掘了这些体制存在的理论基础：例如，威尔第一个梦幻中的主要人物是神圣教会女士和国王，（他们）代表着兰格伦时代两个基本的体制。"[1] 奖赏小姐作为私生女的身份是对这两种体制的否定。如果我们看一看历史学家萨哈在《第四等级》中的研究，就会发现非婚生子这一现象在当时社会各阶层屡见不鲜。兰格伦把对这一现象关注的重点对象放在神父、牧师、修女、修道士和乞丐这些人群身上。在《农夫皮尔斯》的第五个诗节中，"愤怒"（Wrath）先生说琼夫人和查理斯夫人原本也是私生女，帕奈尔夫人生有一个非婚生子。在第七个诗节中，兰格伦谴责在街头流浪的乞丐。在他看来，这些人过着缺乏仁爱、毫不在乎法律的"野兽般"（wilde bestis）的生活。他们从来不明媒正娶任何一位女性，但最终"生一大堆非婚生子，／弄坏他们的脊梁骨或打断骨头，像骗子一样，／带着这些乳臭未干的孩子四处游走乞讨"（116）。可以看出，乞丐群体中的未婚母亲成为生育下一代的机器。她们再生了一个实际存在但非法的体制，来满足乞丐群体的生存利益，与教会和男权社会（以神圣教士和国王为代表）支持的母性体制和婚姻体制处于对立状态。

这些拥有非婚生子的人敢于违反婚姻法和男权社会体制，破坏人们对女性成为母亲的心理期待底线。兰格伦对此报以极大的不满和谴责，他在文中清楚地表明：

> 婚姻通过中介人的交涉缔结，
> 首先得到家父首肯，友人商议，
> 然后他们两厢情愿，愿许终身。
> 婚姻由此告成，是为上帝安排。
> 婚姻是人间天堂——上帝可作证。

---

① James Simpson, "*Piers Plowman*: An Introduction to the B-Text" in *Piers Plowman: the Donaldson Translation*, *Select Authoritative Middle English Literature*, *Sources and Backgrounds*, *Criticism*, p. 585.

　　但是，那些虚伪之徒，背信弃义的窃贼、骗子

　　挥霍者和一文不名的人，

　　我想都是婚外所生，

　　在该死的凶年所孕，

　　如同亚当和夏娃吃了苹果后所生的该隐。

　　《诗篇》中提到这样的流氓无赖:

　　"所怀的是毒害，所生的是虚假。"（134）

　　《坎特伯雷故事》之《牧师的故事》同样指出婚姻圣礼的高贵和荣耀，说明破坏它就是一种罪恶，因为在伊甸园里，上帝在人类无罪的状态中设立了婚姻，是为了让人类繁衍，以便于为上帝服务。如果把未婚母亲和她们的孩子放在上帝所设立的婚姻之中，他们之间关系的存在就是一种罪恶。其结果是，这样的母性就没有了神圣性，因为它已经触犯了婚姻法和基督教教义，对法律的权威性和合法性的要求产生越界和挑战，这正是法律所极力排斥的原因所在。

　　在《农夫皮尔斯》第二十个诗节中，"健康"（Heel）要求"生命"女士（Lyf）不必害怕"死亡"（Deth）或"年龄"（Elde）这两个人，而应该忘记所有的悲伤和罪恶感。"生命"女士和她的情人"好运"（Fortune）生育了一个非婚生子。这个非婚生子叫"懒惰"（Sleuthe），"懒惰"最终迎娶了"绝望"（Wanhope），而"绝望"的母亲是一位妓女。兰格伦赋予非婚生子以贬义的拟人化命名，非婚生子"懒惰"最终和出身极端卑微的"绝望"联姻。这种以群体特征归类的做法明确地表达了兰格伦的立场，他重在强调非婚生子的出生所带来的耻辱感、恐慌感和绝望感。我们知道耻辱感是由不同的文化建构起来的。历史学家萨哈在《第四等级》中指出:"耻辱感并不是来自遭受禁止的两性性关系，而是来自生育了的非婚生子。"① 这有助于说明《农夫皮尔斯》中的帕奈尔夫人为什么不能被任命为修女院院长，最直接的原因是因为她有非婚生子。

　　非法的母子关系威胁到中世纪基督教文化影响下的母性体制和婚姻体制，因此，非婚生子身上显现出的非法性使未婚母亲心理上产生强烈

---

　　① Shulamith Shahar, *The Fourth Estate*: *A History of Women in the Middle Ages* (revised edt.). Trans. Chaya Galai. London: Methuen Young Books, 2002. p. 119.

的耻辱感，它引发无数的杀婴案。大卫·阿特金森指出，未婚母亲常常来自社会底层那些贫穷的家庭，她们成为遭受性剥削的女佣，在非婚生子之后，她们"被耻辱感和恐慌感所驱使"①，但当时的杀婴法旨在"进一步控制性道德、社会和经济关系，而不是一种保护孩子生命的举措"②。事实上，那些容易成为非婚母亲的女性大多是妓女、女仆或单身女性。里奇指出，纵观历史，"不计其数的女性杀死她们知道自己不能抚养的孩子"③，她认为杀婴行为是由基督教把非婚母性妖魔化而引起，因为它给非婚生子贴上了非法的标签，"教会与母亲杀婴案有很大的关系"④。

历史学家萨哈在《第四等级》中列举了中世纪许多杀婴案例。她发现有非婚生子的女性通常认为自己被一种无名的耻辱感和恐惧感所驱使。她举了一个例子：一个年轻的女孩有孕在身，但是她否认自己已经怀孕，在街上不慎将孩子生下以后，就亲手杀死了孩子。孩子的死亡使她越发感觉到恐惧，但孩子的死亡使她至少看起来不是一个非婚生子的母亲，而是一位有资格争取合法婚姻、能合法生育的女性。⑤ 这个例子进一步说明这种耻辱感是如何导致杀婴这一残酷行为的。中世纪英国著名的有关谋杀的歌谣（murder ballad）《无情的母亲》现存有不同版本⑥，但讲述的内容基本一致：一位未婚母亲拿出一把"长而锋利的刀子"残忍地杀死新出生的双胞胎儿子。在想着自己可以"以童贞女身份回家"的时候，她发现了孩子的幽灵，人们谴责她作为母亲的残忍无情。这些例子说明杀婴行为消除了证明这些未婚女性母亲身份的证据，还原了她们的童贞女身份。这种身份恰恰符合教会和法律推崇的婚姻体制和体制化母性的最基本的要求，即女性必须在合法的婚姻中成为母亲。贝内特指出："由于男性世袭在中世纪贵族阶层越来越重要，合法婚姻所生的孩子也拥

---

① David Atkinson, "History, Meaning and Symbol in 'The Cruel Mother.'" *Folk Music Journal* 6. 3 (1992)：359 – 80. p. 360.

② Ibid. pp. 361 –2.

③ Adrienne Rich, *Of Woman Born：Motherhood as Experience and Institution.* New York and London：W. W. Norton & Company, 1976. p. 258.

④ Ibid. p. 259.

⑤ Shulamith Shahar, *The Fourth Estate：A History of Women in the Middle Ages*（revised edt.）. Trans. Chaya Galai. London：Methuen Young Books, 2002. p. 118.

⑥ 这个故事共有 11 个版本。在 B 版本中，她用刀子杀死孩子。在 C 版本中，她用腰带把孩子手脚绑起来，然后用刀子杀死他们。

有越来越重要的位置……一个古老的双重价值观也重新抬头：一个爵爷可以在乡间野外留下野种，但却希望自己妻子所生的孩子都是自己的孩子。"① 从杀婴行为中可以看出中世纪人对女性的童贞女身份的重视程度，是对纯洁女性在合法婚姻中成为母亲的支持。

虽然中世纪体制化的母性要求身为母亲的女性要有母亲的本能、温柔、无私和无条件的爱，但是，当一位女性未婚而孕，那么她作为母亲的身份实现的可能性就非常渺茫，这体现的是教会法和世俗法的制约作用。以中世纪英语歌谣《无情的母亲》中的无名母亲为例。从孩子的出生、死亡到最后埋葬在"长而深"的墓穴中的过程可以看出，这位母亲要么面对着自己的孩子，要么就是在他们死后面对他们的幽灵，但是，她仍然难以掩饰作为母亲的悔恨之情。在歌谣《少女与朝圣者》（*Maid and Palmer*）中，这位年轻的女子先后杀死了九个孩子。朝圣者劝她忏悔，这样她才会以童贞女的身份回家。她作为母亲的愤怒和杀死自己孩子的举动完全不同于《律师的故事》中的苏丹之母在愤怒之中劈杀自己儿子的动机。苏丹之母杀子的目的在于维持文化血统的纯正性，但这位未婚母亲杀婴的动机是因为她内心充满强烈的耻辱感，杀子是为了还原自己身体、身份的清白和纯洁，以便将来以童贞女的身份进入合法婚姻之中。因为非婚生子的存在，她们作为母亲从心理上感觉到耻辱而又倍感矛盾。把她们从这种耻辱中解救出来的有效方法就是杀死孩子，因为正是他们以客体的存在表征了她们的耻辱感和她们的母亲身份的非法性。

杀婴行为不仅是和男权社会法律和宗教禁令协商、谈判的一种过程，也是母亲和孩子协商关系的过程。这说明了一个问题：体制化的母性要求女性在合法的婚姻之中成为"有名有分"的母亲。回顾中世纪英国历史，国王亨利六世的王后玛格丽特长期不能生育，但在她生育孩子以后，却遭受人们的怀疑、猜测、诽谤，因此，人们控告她生育了一个非婚生子。② 中世纪英国涉及生育孩子和孩子的法律说明在教会体系和世俗社会体系之间存有矛盾。根据教会法的规定，非婚生子在父母签订合法婚约的条件下是可以被看作合法的，但英国的成文法规定，婚前所生的非

---

① 〔美〕朱迪斯·M.本内特、C.沃伦·霍利斯特：《欧洲中世纪史》，杨宁、李韵 译，上海：上海社会科学出版社，2007，第197页。

② Helen E. Maurer, *Margaret of Anjou：Queenship and Power in Late Medieval England*. Woodbridge：The Boydell Press, 2003. pp. 44 – 8.

婚生子不具备继承权。① 理查德一世（1157—1199）膝下无子，他的非婚生子科尼亚克的腓力就没有权利继承王位。卡伦·切列瓦图科指出："母亲的社会地位越高，她拥有非婚生子的危害性就越大；父亲的社会地位越高，他生育非婚生子的几率就越高。"②

事实上，未婚母亲抚养非婚生子的可能性非常小。这主要源自根深蒂固的中世纪文化偏见、未婚母亲的父亲对此的敌意和厌恶感以及法律的明文规定。未婚母亲在非婚生子后的生活很少有文献记载。其实，她们的命运因非婚生子而不同：有些法律明文规定未婚母亲没有继承权，有的像《农夫皮尔斯》中的帕奈尔夫人一样不能升任修道院院长，有的被迫出嫁，有的被家族送到女修道院，有的甚至被烧死。约写于1350年的英国骑士故事《阿托斯的爱格勒莫爵士》（Sir Eglamour of Artois）就是典型的个案。在故事中，科瑞斯特贝勒是一名伯爵的女儿，她为情人爱格勒莫生下儿子狄格瑞贝勒。这位女性被自己的父亲逐出家门。如果说母亲需要通过和孩子之间的认同来重构母子之间的同一性和完整性的话，那么，这些未婚母亲的原初认同已经被残酷地阻挡、切除。可以看出，非婚生子的父亲不会得到任何道义或法律上的惩罚。对于那些非婚生子来说，建立自我身份的有效方式就是找到父亲，重新以父亲的名字来界定他和以父亲为代表的体制、他和母亲之间的关系。事实上，大量的遗嘱说明，许多男性认可了他们的非婚生子，并且与孩子和母亲保持着关系。③

玛丽·迈克里恩认为非婚生子通常被看作是规则之外的一个特例，是一种偏离中心的现象，这自然产生一种多余感，但是，"没有姓父亲的姓或拒绝随父亲姓都是社会排斥的一种形式，自相矛盾的是，这也是社会解放的一种方式，赋予（他们）真正的或想象的脱离父亲的法律的自由"④。但是，从兰格伦文本中的谴责和中世纪社会的排斥逻辑中可以看

---

① Linda E. Mitchell, "Women and Medieval Canon Law", in *Women in Medieval Western European Culture*, pp. 147 – 8.

② Karen Cherewatuk, *Marriage, Adultery and Inheritance in Malory's Morte Darthur*. Cambridge: D. S. Brewer, 2006, p. 81.

③ Barbara A. Hanawalt, *Growing Up in Medieval London*. Oxford: Oxford University Press, 1993. p. 59.

④ Marie Maclean, "The Performance of Illegitimacy: Signing the Matronym." *New Literary History* 25 (1994): 95 – 107. p. 97.

出，非婚生子在文化上被定义为非自然的孩子，真正生物意义上的亲生母亲因此也成为非自然母亲。由于她们引发的社会厌恶感和孩子的非法性问题，未婚母亲再度被边缘化，遭遇流放。这进一步表明母亲身份必须发生在合法婚姻之内才能得到中世纪社会和教会的认可，否则，必然引发社会的心理厌恶感和随之而来的排斥行为。

　　这里有必要探讨一下文化是如何在这种心理构建中发挥作用的。克里斯蒂娃在探讨了人们对未婚母亲和非法母亲身份的厌恶后指出："他所说的'厌恶感'或'嫌弃感'是一种原则，这个原则似乎更多地基于心理原因，但是实际上和神圣的逻辑学息息相关。"① 神圣的逻辑学本质是自相矛盾的，因为它可以从心理上、文化上构建究竟什么是神圣的东西，什么是世俗的东西。克里斯蒂娃指出，没有任何东西本身是"令人厌恶的"，凡是"令人厌恶的东西"就是那些触犯分类规则的事物，尤其是违反特定的象征秩序的东西。在基督教文化占据主导地位的中世纪英国，非法母性必须被根除，因为它不仅破坏了中世纪人已经接受的婚姻体制，更引起了社会普遍的心理厌恶情绪，而中世纪女性已经内化了这种观念。非法母性不仅使未婚母亲在公众面前感到"失去颜面"，同时违反了人们所一贯遵守的社会秩序，使人们普遍产生一种丧失人之为人的名誉，耻辱感由此产生。当然，祛除耻辱感的做法就是彻底清除那些违背社会规则和传统的人，因为他们把人内心或文化中构建起来的耻辱感完全外化，以客体的形式公之于众，她们因此被看作是社会秩序的"污染源"。公众通过排斥未婚母亲来平息她们的越界行为所引起的类别危机感，从而维持一个大家共同信守的理想的、"洁净"的道德底线和"整洁"的社会秩序。当然，在中世纪人看来，这种违反规则的做法拓展了魔鬼的世界，亵渎了中世纪人虔诚地追求、维护的以上帝为中心的世界秩序。

　　中世纪人，包括兰格伦和那些已经内化了男权社会价值观的中世纪母亲在内，在否定和排斥这种非法母性的过程中，以集体行为积极地为社会体系之间所有的等级制度重新排序。这些未婚母亲成为一种象征符号，代表着某种臭名昭著的污染源，她们必须被逐出人们极力

---

① 这里的"他"指的是著名社会学家谢列斯泰因·布格列（Celestin Bougle, 1870 – 1940）。Julia Kristeva, *Powers of Horror: an Essay on Abjection*. Trans. Leon. S. Roudies. New York: Columbia University Perss, 1982. p. 81.

维持的社会、婚姻、道德、法律、宗教秩序空间，消除由于类别危机感而引起的群体耻辱感和恐惧感，保持社会的纯洁性和完整性。兰格伦把未婚母亲生育的孩子归类为一文不值的"虚伪的人"（false folke）、"弃儿"（fondelynges）、"骗子"（faitoures）、"说谎的人"（lyars），并谴责道：

> 那些婚外所生非婚生子乃为无名之流，
> 他们是虚伪的人、弃儿、骗子、撒谎者，
> 无脸获得财产或赢得人们的喜爱，
> 如同恶狼四处流窜，随意挥霍，
> 违背善的旨意，行恶而取悦魔鬼，
> 死后与其共享地狱，
> 除非上帝大发善心，让他们在这里改过自新。（138）

"无脸"是耻辱感的普遍外化，如恶狼般"四处流窜"表明他们在地理空间和文化空间上是没有归属感的群体，得不到社会的认可。这种空间的盲目性和不确定性预示着中世纪社会对他们的放逐。在兰格伦笔下，他们只不过是身份不确定而丧失自我的社会怪物。从隐喻意义上来说，他们象征着魔鬼，是魔鬼的后代，身上充满了邪恶感，是世俗性生活极端堕落的外化。

有学者怀疑兰格伦本人就是一个非婚生子。沃特·德·布拉格给藏于都柏林三一学院的手稿写了注释，奥斯卡·卡基尔指出这个注释中存在明显的矛盾。这引起"兰格伦是非婚生子"一说（Bastard Theory of Langland's Origin）。安南·布莱特指出：

> 威廉（即兰格伦），是罗凯尔的尤斯塔斯（Eustace of Rokayle）的儿子，是非婚生子。他的母亲不为人所知。她也许曾是汉雷城堡（Hanley Castle）的某个"女佣"，或者，更合适一点，是某个农夫或小商人的女儿……作为一位女性的非婚生子，他天生处在农奴的地位……他的家在隆格伦（Longland）……两弗隆长或者两畦长（的地）……威廉从他生活多年的地方采用"隆格伦"或"兰格伦"

作为自己的姓，这也许和他母亲的家族有关。①

　　希尼·李指出，从《农夫皮尔斯》C 版本的第六个诗节中可以看出兰格伦是“婚内出生，可能在大马文镇的某个修道院接受了早期教育”②。安南·布莱特指出，兰格伦的祖父曾经救过爱德华二世，“他是洛克尔的尤斯塔斯的儿子，是非婚生子，他的母亲是无名氏，她可能是哈雷城堡某个‘侍女’，或者极有可能是莱德贝利的某个农夫或生意人的女儿”。③ 他指出，从兰格伦的写作中明显能感觉到他的耻辱感，尤其是在 C 文本中，他不断地坦白家中的麻烦事。作为一名女性的非婚生子，他处于农奴的位置。④ 布莱特指出，在 A 文本和 B 文本中并没有出现太多有关兰格伦身世的细节，但通过对 C 文本的细读发现，兰格伦就是非婚生子。⑤ 他进一步指出，1355 年，兰格伦想进入教会，却被拒绝，因为他是非婚生子。他采用“兰格伦”（Langland/Longland）和母亲的家庭也许有关，而且他的父亲拒绝他采用“德·洛克尔”（de Rokayle）这个姓氏。⑥ 怀特·斯基特指出，这位诗人可能叫 Langley，读者可能更愿意采用 Langley，而不是 Langland。⑦ 他认为兰格伦的父亲是乡绅，兰格伦是在合法婚姻之内出生的。奥斯卡·卡吉尔认为兰格伦“不仅是一个虔诚的人，而且也是一个清白的人，极有可能是一位牧师。如果是牧师，

---

　　① qtd. in Oscar Cargill, p. 39. Oscar Cargill, "Langland Myth." *PMLA* 50 （1935）：36 - 56。关于这一说，目前其实存在很大争议，希尼·李根据 C 版本的第六个诗节进行推断，认为兰格伦是在合法的婚姻中出生。参见 Sidney Lee, ed. *Dictionary of National Bibliography*. Vol. xxxii. London：Smith, Elder, & Co. , 15 Waterloo Place, 1892. p. 107. 藏于都柏林三一学院的 MS. D. 4. 1 中的拉丁文注释说明他的父亲叫罗凯尔的斯坦西（Stacy de Rokayle）：Memorandum quod Stacy de Rokayle pater Willielmi de Longland, qui Stacius fuit generous, et morabateur in Schyton vnder Whicwode, tenens domini le Spenser in comitatu Oxon. , qui predictus Willielmus fecit librum qui vocatur Perys ploughman.

　　② Sidney Lee, ed. *Dictionary of National Bibliography*. Vol. xxxii. Lambe - leigh. London：Smith, Elder, & Co. , 15 Waterloo Place, 1892.

　　③ Allan H. Bright, *New Light on "Piers Plowman"*. Oxford：Oxford University Press, 1928. pp. 36 - 7.

　　④ Ibid. p. 37.

　　⑤ Allan H. Bright, *New Light on "Piers Plowman"*. Oxford：Oxford University Press, 1928. pp. 38 - 9.

　　⑥ Ibid. p. 66.

　　⑦ Walter W. Skeat, *Piers the Plowman and Richard the Redeless*. Oxford：Oxford University Press, 1886. p. xxxi.

必然是一个严格的教士，因为他要检验那些准备披上僧袍的人的合法性"①。我们很难决定哪一个说法更为可信，因为兰格伦的生平几乎鲜为人知。但是，从文本叙述中可以看出，兰格伦明显地对非婚生子和教会堕落的生活方式颇有微词。他的文本叙述是来自个人记忆中的创伤还是来自他对教会的虚伪表现出的某种不安和担忧呢？我们知道，教会一方面不惜代价大肆宣传禁欲主义，一方面又违反禁欲主义的条例庇护那些过着糜烂堕落生活的人。兰格伦身上具备英国教会改革先驱威克利夫的特点。他企图恢复旧秩序，呼吁人服从于以上帝为中心的社会秩序，而未婚母亲和非婚生子象征着对男权社会的母性体制和以上帝为中心的宇宙秩序的越界和挑衅。

这些中世纪未婚母亲是非自然的、不合适的存在，兰格伦在诗中并没有展示她们的母爱。乔叟笔下世俗世界中的母亲和那些母性殉道者都对自己的孩子表现出深情的母爱，但是兰格伦笔下的这些未婚母亲，就如同我们前面提到的歌谣中的那位无情的母亲一样，在实现为母之道的过程之中，内心充斥着强烈的恐慌感和耻辱感。值得注意的是，兰格伦一直反复强调法律在监督婚姻体制和体制化的母性方面所扮演的积极作用。我们知道法律是用来维护社会秩序和权力的正常运转，只有合法婚姻条件下的母性才会在道德和心理上为社会所接受。未婚母亲与非婚生子之间的纽带关系在《农夫皮尔斯》中未作描述，相反，兰格伦谴责这种非法母性的存在。兰格伦也许认为在威尔追寻神圣感的梦幻中夹杂这种现象是对神圣的亵渎。社会机构对这种处于困境中的母子关系既不支持又没有表现出同情，而是持沉默或拒绝态度。因此，我们有理由认为这些母亲是卑贱的存在，因为她们是真正意义上的生物性母亲，但是，却被拒绝归类为母性体制和婚姻体制中的母亲。她们徘徊在这一模糊边界之中：一方面破坏了法律允许范围内的母性体制；另一方面又想保持自己作为母亲的身份和地位。她们身上体现的这种模糊性来自她们自己所处的困境，也就是说，她们期待自己被归类为"母亲"，但是却被无情地压制，被排除在这一公认的范围之外，因此，她们是卑贱者。

兰格伦并没有直接谴责非婚生子的母亲，但是却在轻蔑的语气中把这些非婚生子的母亲称为"野兽"，把批判的矛头直接对准教会的淫乱。

---

① Oscar Cargill, "Langland Myth." *PMLA* 50 (1935): 36 – 56, p. 40.

他的态度暗示着他对非法母子关系的厌恶感和排斥感。詹妮弗·费洛斯研究了中世纪英语骑士文学中的未婚母亲，得出如下结论："所有人对涉及的母亲表现出极大的同情心，在某种程度上为她们开脱。"① 这种结论也许值得商榷。实际上，我们可以看到兰格伦似乎没有表现出多少同情，反而对未婚母亲有着强烈的憎恨和厌恶感。这些未婚母亲成为社会、宗教、性禁忌的牺牲品，而社会—文化话语和宗教话语再生了一种卑贱的空间，在那里，这些未婚母亲遭遇质问和驱逐。

小　结

伊丽莎白·迪·科克认为，像乔叟一样，兰格伦"不考虑性别，就不会考虑说教、宗教体制和权威、真理或假象"②。不难发现，兰格伦确实描述了世俗社会中的一些母亲，比如皮尔斯的妻子"不识闲儿"总是打自己的女儿"听话以免叫娘骂"，使女儿完全服从于男权家庭。"理智"要求妻子贝特用树枝条打自己的女儿，迫使女儿不停地干家务活。《农夫皮尔斯》中还提到一些妻子和寡妇，她们教女儿如何纺线。从表面上看，这些母亲似乎发挥了母亲的权威感，建立了母亲身份，但从深层次上看，她们已经内化了男权社会的价值观，迫使女儿服从于它的秩序。在母亲为女儿传授各种工艺的时候，似乎在她们之间形成了一种女性谱系，成为所谓的女性三位一体，在母亲和女儿之间有着精神的延续。但从深层次上看，母女纽带并未动摇男权社会秩序，相反，在她们服从这种秩序的运作过程之中，她们再生并强化了男权社会的特权。在不断地纺线、酿酒、母亲痛打女儿的过程中，这些母亲进一步强化了女性社会角色的卑贱性。

综合起来看，《农夫皮尔斯》中母亲的卑贱性主要由以下三个方面造成：一，源自孩子和父亲的认同感，而以圣母玛利亚为代表的母亲被看作是父子纽带之间的过渡性媒介。二，它来自社会对那些生育了非婚

---

① Jennifer Fellows, "Mothers in Middle English Romance", in *Women and Literature in Britain 1150 – 1500*, p. 48.

② Elizabeth D. Kirk, "'What Is This Womman?' Langland on Women and Gender", in *Piers Plowman: the Donaldson Translation*, *Select Authoritative Middle English Literature*, *Sources and Backgrounds*, *Criticism*, p. 626.

生子的母亲的厌恶和排斥。于兰格伦而言，母性的合法性和神圣性取决于孩子在合法的婚姻中出生这一客观事实。三，它来自母亲对社会性别劳动分工中女性角色的屈从。从《农夫皮尔斯》中可以看出，体制化的母性和婚姻在以上帝为中心的宇宙秩序中是互惠而又紧密关联的。兰格伦笔下的世界是以上帝为中心的宇宙秩序，同时，他把批判的矛头对准社会底层人群，凸显了男权社会宗教和婚姻体制对母性的制约作用。

　　兰格伦以非常现实的写作手法展示母性，但中世纪英国女作家玛格丽·坎普却以基督教为平台，从其内部进行突围，自如地游走在精神性母性和世俗性母性之间，实现自我理想化形象的塑造。这将在第五章进行讨论。

第五章 "你是世界之母"：《玛格丽·坎普之书》

　　1936 年，英国著名文学评论家兼作家雷蒙德·威尔逊·钱伯斯（Raymond Wilson Chambers，1874－1942）把《玛格丽·坎普之书》（*The Book of Margery Kempe*）① 称作"第一本现存的用英语写成的传记（在所有的奇迹之中）。整体来看，是一本属灵人物自传，一本游记，一部家庭编年史"②。这部传记的独特之处在于人们读到的不再是隐士获得的启示，而是坎普作为宗教狂热者的生平经历。坎普 1373 年出生于英格兰东北部的林恩市，她的父亲约翰·博汉姆曾经五次担任该市市长，并在议会中供过职。20 岁的时候，坎普嫁给富商约翰·坎普，他们一生育有 14 个子女。在当时的历史背景下，坎普可谓是一位成功的女性。她先后开办过啤酒厂和玉米面粉厂，具有一定的商业意识。40 岁的时候，她受神的启示决定开始朝圣之旅，先后到过德国、瑞士、意大利，最终到达圣地耶路撒冷。

　　当代学者对坎普的定位和认识还存有争议。安德拉·霍普金在《最

---

　　①　国内目前书名和作者名的翻译有不同的版本：王亚平翻译为"玛杰瑞·肯姆普"，参见王亚平：《基督教的神秘主义》，北京：东方出版社，2001，第 242 页－243 页。王岫晴翻译为《玛格丽之书》，作者名译为"玛格丽·坎普"，台北：商周出版社，2001。林英翻译为玛格丽瑞·康普，参见苏拉米斯·萨哈：《第四等级—中世纪欧洲妇女史》，林英 译，广州：广东人民出版社，2003，第 190 页。刘乃银翻译为《玛格丽·坎普之书》，参见刘乃银：《中世纪英国女性的声音：第一本英文自传〈玛格丽·坎普之书〉》，《中华读书报》，2004 年 6 月 2 日。吴芬翻译为"玛热丽·肯普"和《肯普之书》，参见李赋宁、何其莘：《英国中古时期文学史》，北京：外语教学与研究出版社，2006，第 177 页，第 198 页－203 页。卓越图书网翻译为《玛格芮·坎普的传记》，中国图书网翻译为《玛格·坎普的传记》。本文中作者名和书名分别采用"玛格丽·坎普"和《玛格丽·坎普之书》。

　　②　qtd. in Mitchell, p. 57. Linda E. Mitchell, *The Book of Margey Kempe: Scholarship, Community, and Criticism*. New York: Peter Lang Publishing, Inc., 2005.

勇敢的女性》中把坎普与中世纪杰出女性圣女贞德、阿奎丹的埃丽诺、宾根的希尔德加德、克里斯蒂娜·德·皮桑与玛格丽特·帕斯顿列在一起①，足见她是一位不同凡响的女性，但琳达·米切尔认为坎普是有怪癖的"怪人"和"狂人"。② 这些不同的看法都和坎普表现个人情感虔诚中的行为举止有关。坎普被称作"不屈不挠的老年流浪者"和"身穿白袍的女人"③，但她是记录中世纪人去罗马、耶路撒冷等圣地朝圣的唯一的中世纪女性④。巴里·温迪厄特指出，不管是作为没有自我意识的"无名氏日记"或"自欺欺人的更真实的神秘经历的模仿"，《玛格丽·坎普之书》仍然让人读起来感到很尴尬。⑤ 但是，即使是这样，和瑞典神秘主义者圣布里吉特比起来，坎普同样称得上是"异象家和预言家"⑥。

　　《玛格丽·坎普之书》⑦ 手稿的保存和作品的接受可谓经历了一番曲

---

　　① 圣女贞德（1412—1431）是法国民族英雄，在英法百年战争中率兵对抗英军，后被俘而处火刑。阿奎丹的埃丽诺（1122—1204）先后是法国国王路易七世和英国国王亨利二世的王后，是欧洲中世纪最有财富和权力的女性之一。宾根的希尔德加德（1098—1179）出生于德国贵族家庭，后来成为宾根修女院的院长，很有宗教权威，还是个多产的女作曲家。克里斯蒂娜·德·皮桑（1365—1430）是法国诗人，被公认为是欧洲第一位职业女作家，著有《妇女城》、《淑女的美德》和《论政治体》。玛格丽特·帕斯顿（1423—1484）出生于英国的诺福克郡，帕斯顿家族书信中有 104 份信为她所写。这些书信便于人们了解 15 世纪英国人的生活、家庭成员关系以及英语语言的演变过程。

　　② Linda E. Mitchell, "Women and Medieval Canon Law", in *Women in Medieval Western European Culture*, p. 151.

　　③ qtd. in Mitchell, p. 59. Linda E. Mitchell, *The Book of Margey Kempe*: *Scholarship*, *Community*, *and Criticism*. New York: Peter Lang Publishing, Inc. , 2005.

　　④ Leigh Ann Craig, *Wandering Women and Holy Matrons*: *Women as Pilgrims in the Later Middle Ages*. Leiden: Koninklijke Brill NV, 2009. p. 136.

　　⑤ Barry Windeatt, "1412 – 1534: Texts", in *The Cambridge Companion to Medieval English Mysticism*, p. 195.

　　⑥ Ibid. p. 200.

　　⑦ 关于作者的身份问题目前仍然存有很大的争议。林恩·斯坦利在坎普作为作者和书中主人公之间进行了区分，认为《玛格丽·坎普之书》是虚构的，和当时的社会事件无关。艾·斯·斯皮林认为应该在作者、叙述者和焦点人物之间进行区分，撒拉·里斯-琼认为该书是男性作者"为男性所写"的"有关男性"的书。尼可那斯·沃逊认为坎普自己，而不是她的手抄员主要负责书的结构和叙述，作者应该是一位叫玛格丽·坎普的真实人物，她写下了这一自传性文本。事实上，在《玛格丽·坎普之书》中，抄写员反复强调是坎普口述而他记录的过程。第一卷第 88 章开头写道："这卷书开始写的时候，这个被造物（坎普对自己的谦称）大多和她的抄写员呆在家里，为了提高写作速度，她祈祷变少了。"里兹·赫伯特·麦卡沃伊认为坎普在其他正统方式无法建立女性权威的情况下，就坚持以女性的方式、女性身体表演和女性经验来树立自己的权威感，这可以作为证据表明此书为她所写。笔者认为坎普几次请来抄写员，文本的叙述实际为她所为，而抄写员扮演着现代打字员、印刷机、录音机的角色，故这是她本人所撰

折。虽然最早的书稿应该是 1436 年由坎普口述、抄写员记录而成,但该书现存的手稿始于 1450 年。1450 年的手稿后附有抄写员的名字——萨尔叟斯(Salthows),但没有书名。今天的书名是 20 世纪研究者在 16 世纪修订版题词的基础上编写而成。这个修订本上写着该书属于"格雷斯山隐修院"(Priory of Mount Grace),这实际上指的是格雷斯山的卡都修派的修道院。1934 年,陆军上校巴特勒-鲍登发现了它,从藏书标签上可以看出至少在 1754 年他们家就已经藏有此书。① 1934 年,巴特勒-鲍登把《玛格丽·坎普之书》的手抄本拿到维多利亚艾伯特博物馆。英国著名神秘主义诗人伊夫林·恩德肖推荐鲍登去找正在英国游学的著名美国学者侯普·爱米丽·安伦。② 安伦当时已是享誉英美的中世纪研究专家。1934 年 12 月 27 日,安伦在《泰晤士报》上宣布:"很遗憾,其实也是不久前,一位资深的历史学家认为中世纪女性并不写回忆录,中世纪女性的回忆录现在却被发现了。"这个声明是针对当时著名的英国中世纪历史学家鲍威克(F. M. Powicke)的。各大报纸刊物相继都对《玛格丽·坎普之书》被发现这一事件进行报道。1937 年 1 月 4 日,《纽约时报》评论道:"(这是)1437 年的女权主义者的生平故事……她被指控为异端分子,但是,虔诚、眼泪或伶牙俐齿挽救了她。"宗教性刊物和世俗性刊物、政府刊物和地方刊物、国内刊物和国外刊物、大众刊物和专业刊物都对坎普进行了大量详实的报道,称《玛格丽·坎普之书》为"英国文学史上的一大发现"和"英国文学的经典之作",与它同时发现的《亚瑟王之死》之温彻斯特手抄本却没有引起如此的轰动效应。随之,历史学家、神学家、文学评论家都对坎普和《玛格丽·坎普之书》进行研

---

* (接上注)之自传。Lynn Staley, "Authorship and Authority", in *Margery Kempe's Dissenting Fictions*. *University Park*, *Pa*: The Pennsylvania State University Press, 1994. pp. 1 – 38; A. C. Spearing, "*The Book of Margery Kempe*; Or, the Diary of a Nobody." *The Southern Review* 3 (2002): 625 –35. Sarah Rees-Jones, " 'A peler of Holy Cherch': Margery Kempe and the Bishops", in *Medieval Women: Texts and Contexts in Late Medieval Britain*. Ed. Jocelyn Wogan-Browne. Turnhout: Brepols Publishers, 2000. p. 91. Nicholas Watson, "The Making of *The Book of Margery Kempe*", in *Voices in Dialogue: Reading Women in the Middle Ages*. Ed. Linda Olson and Kathryn Kerby-Fulton. Notre Dame: University of Notre Dame, 2005. pp. 395 – 434. Liz Herbert McAvoy, *The Book of Margery Kempe: an Abridged Translation*. Cambridge: D. S. Brewer, 2003.

① Liz Herbert MaAvoy, *The Book of Margery Kempe: an Abridged Translation*. Cambridge: D. S. Brewer, 2003. pp. 5 –6.

② 侯普·爱米丽·安伦(Hope Emily Allen, 1883 –1960)是中世纪研究学者,以研究 14 世纪英国神秘主义者理查德·罗尔和发现《玛格丽·坎普之书》而出名。

究。凯若琳·丁肖指出:"现在,它是美国本科生文学教学必不可少的材料,包括在对英国文学史的整体理解和认识之中。一些用于课堂教学的新版本也出版了,更不用提相应的网址和后现代那些新颖的改写了……它是最早的英语自传书,单就这一点就足以证明它的重要性。"① 1994年,罗伯特·格拉克出版了小说《玛格丽·坎普》,把15世纪坎普经历的异象和20世纪的同性恋故事拼贴在一起,赋予坎普以后现代主义色彩。②

《玛格丽·坎普之书》由序言、前言、第一卷(共计89章)和第二卷(共计9章)组成。坎普在书中生动地描述了朝圣途中的所见所闻,以女性独特的视角展示了15世纪英国和欧洲大陆复杂而生动的社会生活画面。她曾经拜访过朱丽安,以当时瑞典最负盛名的女性神秘主义者、评论家圣布里吉特为自己精神行动的榜样。③ 一方面,坎普是英国土生土长的神秘主义者,表现出强烈的个人情感虔诚和个人对以教会为首的权威的挑战;另一方面,她又有金钱意识,购买赎罪卷,显示出商业经济对人们信仰的影响。这说明,以坎普为代表的信徒们徘徊在一种矛盾的心态之中。这种模糊状态又为新的文化的渗透创造了机会,是神圣与世俗的对峙,是教权与俗权的斗争。

坎普一生育有14个子女,但是令人感到奇怪的是,除了在第一卷第一章谈及第一次分娩及随后的产后忧郁和第二卷开头谈及她性格乖张的长子之外,她很少在这本"自传"和"家庭编年史"中提及自己的子女。我们知道,朱丽安在禁室中冥想上帝和耶稣的母性,坎普却与她不同。当坎普身处圣地,在冥想状态中或在小睡状态中的时候,她就想象着神圣家庭和幼儿时的耶稣,见到的小男孩或成年男性会唤起她的母亲情感。她那"精神性世界和感官世界惊人的融合"④ 和 "现实生活和精

---

① Carolyn Dinshaw, "Margery Kempe", in *The Cambridge Companion to Medieval Women's Writing*, p. 222.

② Robert Gluck, *Margery Kempe*. London: Serpent's Tail, 1994.

③ 圣布里吉特(St. Bridget, 1303 – 1373)也叫 Birgitta 或 Birgit。她具有预言能力,是瑞典国王和罗马教皇的顾问。约翰·保罗二世大教皇认为瑞典的圣布里吉特、锡耶那的圣凯瑟琳和圣特里莎是欧洲的守护神。15世纪,欧洲掀起崇拜圣布里吉特的热潮。1491年,亨利七世的母亲玛格丽特·博福特夫人和王后伊丽莎白委托威廉·卡克斯顿印制书籍献给圣布里吉特。参见 Alexandra Barratt, "Continental Women Mystics and English Readers", in *The Cambridge Companion to Medieval Women's Writing*, pp. 248 – 52.

④ Sarah Beckwith, "A Very Material Mysticism: The Medieval Mysticism of Margery Kempe", in *Medieval Literature: Criticism, Ideology and History*, p. 53.

神生活之间微小的差异"①，使她能够在不同时间依照自己的意愿在精神性母亲角色和世俗性母亲角色之间转换。虽然传统观念认为女性的自传倾向于描述细腻的情感世界和琐碎的私人空间，但《玛格利·坎普之书》已经超越了这种狭隘的偏见。坎普以圣徒传特有的叙事方式记载了自己经历的神秘异象，在异象中和耶稣进行超言语交流，展示自己的情感虔诚和日常琐碎生活，还见证了她在欧洲大陆的朝圣之旅、身份危机感、民族意识和不断遭遇的意识形态困境。作为母性殉道者，坎普穿梭在神圣世界和世俗世界之间，在模仿圣母玛利亚的过程之中创造出自我的理想化形象。

　　本章重点探讨坎普在中世纪英国历史文化背景下如何履行母性职责，实现自我理想化形象的塑造。在和男权社会不断协商的过程之中，她虽然遭遇各种尴尬处境，但是以自己特有的方式实现了母亲角色的转换，重构母亲身份，最终在模仿圣母玛利亚的过程中实现自我理想化形象的重塑，使自己的母亲身份得以升华，成为"世界之母"。本章由三部分组成：第一部分重点研究坎普在异象中如何把耶稣幼儿化，并分析其后的动机。在照顾病危的丈夫或遇到某些男性的时候，她成功扮演母亲的角色，实现为母之道。第二部分探讨坎普如何在现实世界中发挥母亲的权威，在身心成长方面帮助性情乖张的儿子，使其遵循她的指导走向精神救赎，从而使自己成为世俗世界中至高无上的母亲。第三部分重点研究坎普作为母性殉道者，在与男权社会博弈的过程之中，以易装母亲的身份徘徊在反抗与压迫之间。为了实现理想化自我形象的塑造，她成为一个符号性人物，象征着走向文化转型的中世纪晚期英国。

一　神圣的召唤：作为母性殉道者实现母道

　　坎普 20 岁的时候嫁给英格兰林恩城的富商约翰·坎普。坎普在怀孕期间一直患有重病。由于自己无法坦白的罪恶感，她一直深受产后忧郁症的折磨。② 她的情感矛盾和心理危机诱发了她的第一个异象，在这个

---

　　① Kathleen Ashley, "Historicizing Margery: *The Book of Margery Kempe* as Social Text." *Journal of Medieval and Early Modern Studies* 28 (1998): 371–88. p. 379.

　　② Sarah Hopper, *Mothers, Mystics and Merrymakers: Medieval Women Pilgrims.* Stroud: Sutton Publishing Limited, 2006. p. 44.

异象中，耶稣的安慰使她恢复了理智。可以说，产后忧郁症才使她有机会开始自己的精神追求和后来的文本叙述。当时著名的林肯郡主教菲利普·瑞平顿对欧洲大陆的女性神秘主义非常谙熟，他意识到坎普是英国土生土长的神秘主义者，要求她把自己的异象记录下来。① 这是她成为母亲、朝圣和文学文本生产的开始。

在分娩后产生的异象中，坎普首先置身于福音时代，成为细心照顾三位神圣母亲的女仆：在圣母玛利亚出生之前她是圣安妮的女仆，圣约翰出生的时候她成为圣伊丽莎白的女仆，耶稣出生的时候她成为圣母玛利亚的女仆。在异象中，她乞求圣母玛利亚给她白布当作襁褓，用来包裹刚出生的耶稣，非常殷勤地为圣母玛利亚铺床。吉田直江指出，坎普"带着谦卑，正在参与到道成肉身的活动之中"②。从另外一个角度看，她实际上自身移位到《路加福音》中所指称的时代，像母亲一样照顾耶稣。我们知道，用襁褓包裹孩子通常被看作是母亲履行责任的具体表现。这种例子也出现在中世纪神秘剧《威克菲尔德第二个牧羊人剧》中，吉尔把绵羊的四只脚用"襁褓"包起来放在摇篮里，这预示着耶稣的诞生。在《玛格丽·坎普之书》的第八十五章中，坎普看到圣母玛利亚用白色的方巾把儿子"包起来"（swathe）。在这个"包"的细微过程之中，母亲的爱、权力和权威都显示出来。因此，我们可以说，坎普在异象中用白布"包起"耶稣的时候充分体现了她的母爱，她在意念上扮演母亲角色，以此种方式表达母爱，在精神层面实现为母之道。

应该注意的是，坎普在异象中还把自己看作是耶稣的女儿、妻子和母亲。这囊括了中世纪女性在家庭中可以扮演的角色，但是，也延伸到中世纪人期待圣母玛利亚可以扮演的所有角色。当坎普担心自己会被当作异教徒或罗拉德教派成员烧死的时候，耶稣给她的角色下了一个定义：

> 因此，我可以证明，你就是我的女儿，也是我的母亲，姐妹妻子，和伴侣，亲眼目睹了我们的主对他的弟子所说的真理'他履行

---

① 菲利普·瑞平顿（Philip Repingdon），1400 年，在国王亨利六世的请求下，他担任牛津大学名誉校长。1405 年到 1419 年是林肯郡的主教，是中世纪英国权威思想家约翰·威克里夫（John Wyclif）的好友。

② Naoe Kukita Yoshikawa, "Veneration of Virgin Martyrs in Margery Kempe's Mediation: Influence of the Sarum Liturgy and Hagiography", in *Writing Religious Women: Female Spiritual and Textual Practices in Late Medieval England*, p. 102.

天堂父亲的愿望,他是我的母亲、兄弟和姐妹',当你学会想办法使我高兴的时候,那么,你就是真正的女儿。当你为我的痛苦和受难哭泣和哀悼的时候,那么,你就是怜悯孩子的真正的母亲。(101)①

各个评论家对于这种社会性别的刻板模式持有不同的看法。林恩·斯坦利认为它使坎普探讨精神权威人士的观点和问题②,伊莎贝尔·戴维斯认为这可以"增强她的精神权威感"③,爱伦·罗斯认为这"意味着家庭分类的扩展,使坎普能够并有权力创造一个公共活动的世界"④,萨拉·贝克威茨认为这是爱的客体的角色多样性的表现,解开了社会欲望的编码⑤。除了社会性别的刻板模式带给坎普的权威感和折射出的欲望符码之外,在坎普和耶稣的对话中,坎普的角色出现互换性和性别的流动性。这从一个侧面反映出中世纪社会在家庭结构中期待女性扮演相应的角色,表达了社会对女性气质所固有的心理需求。

圣母玛利亚扮演的不同角色有助于我们更好地理解坎普在异象中扮演的各种角色。克里斯蒂娃敏锐地指出圣母玛利亚的角色:"实际上,(她)是儿子的母亲,也是他的女儿,除此之外,玛利亚也是他的妻子。因此,在最严格的父母身份结构中,她实际上把一位女性的三种(角色)变体都实现了。"⑥ 克里斯蒂娃引用了圣伯纳德、西多会修士和但丁的例子,得出结论:"在一个整体中,(这)可能最好地把女性的角色(女儿—妻子—母亲)压缩在一起,这样,她们在产生心理作用的同时,作为具体的有形存在而消失。"⑦ 这同样适用于坎普进行的角色转换和认

---

① 本章原文均引自 Margery Kempe, *The Book of Margery Kempe* (Annotated edt.). Ed. Barry Windeatt. Cambridge: D. S. Brewer, 2004. 凡出自本书的引文,只在文后标明出处页码,不再另行做注。

② Lynn Staley, *Margery Kempe: Dissenting Fictions*. Philadelphia: The Pennsylvania State University Press, 1994. p. 85.

③ Isabel Davis, "Men and Margery: Negotiating Medieval Patriarchy", in *A Companion to The Book of Margery Kempe*, p. 42.

④ Ellen M. Ross, "Spiritual Experience and Women's Autobiography: The Rhetoric of Selfhood in *The Book of Margery Kempe*." *Journal of the American Academy of Religion* 3 (1991): 527 – 46. p. 533.

⑤ Sarah Beckwith, "A Very Material Mysticism: The Medieval Mysticism of Margery Kempe", in *Medieval Literature: Criticism, Ideology and History*, p. 53.

⑥ Kelly Oliver, ed. *The Portable Kristeva*. New York: Columbia University Press, 2002. p. 317.

⑦ Ibid. p. 318.

同，潜在地表明自己是圣母玛利亚式的女性。

　　至于客体的选择，乔德罗认为所有的心理结构、性格、情感生活都是社会性的，都是通过对客体的选择过程形成的。她在《角色的再生》中指出："这种历史依赖于个体的性格和那些与孩子有互动关系的人的行为，同样，根据家庭结构和普遍的社会心理模式，（这种历史）是有它的社会模式的。"① 从这个观点来看，我们应该说，坎普在异象中回归福音时代，像母亲一样照顾耶稣，她和圣母玛利亚一样为自己的"儿子"表现出母亲的悲恸。如果说为母之道对于女性来说是以心理体验为基础，在和孩子的关系之中亲自体验自我，那么，坎普在追求神圣感的时候，把耶稣看作自己爱的客体，企图实现母子关系中的亲密感和同一感，祛除自己作为母亲不能照看自己孩子而导致的角色缺失感和焦虑感，进行性别角色的习得。耶稣，作为爱的客体，帮助坎普重建了母子之间的亲密感和母子纽带的连续性。这是精神世界中的母性移情和原始认同。

　　坎普以母性殉道者的方式追求神圣感。佩顿指出，如果说社会共同体让其精神生活体现在群体特有的中心符号中，对于这个共同体范围之外的人来说，那些载负神圣价值的东西不具备任何神圣性②，那么，坎普在追求宗教神圣性的过程中承载着中世纪英国社会赋予她的价值观念。安少妮·古德曼指出："《玛格丽·坎普之书》并没有详述她的母亲角色或是她的孩子，因为这些主题和它（《玛格丽·坎普之书》）的目的在很大程度上没有关联。"芭芭拉·纽曼认为孩子会很明显地表明她的母亲身份，克拉丽莎·阿特金森认为："在她和上帝的关系之中，孩子也许代表着失败、挫折和干扰。"③ 这些观点都从不同的侧面说明了坎普自己的孩子在文本叙述中趋于缺场的原因，但是，我们可以从她的异象和与儿子的对话中看到坎普不断努力扮演母亲角色。弗雷塞泰·里迪指出："《玛格丽·坎普之书》，按照惯例，重在说明默祷生活，但是，却一反传统，

① Nancy Chodorow, *The Reproduction of Mothering*: *Psychoanalysis and the Sociology of Gender*. Berkeley: University of California Press, 1978. p. 50.

② ［美］W. E. 佩顿:《阐释神圣—多视角的宗教研究》，许泽民 译，陈维纲 校，贵阳: 贵州出版集团，2006，第 29 页 – 32 页。

③ Anthony Goodman, *Margery Kempe and Her World*. Pearson Education Limited, 2002. p. 67. Barbara Newman, *From Virile Woman to Woman Christ*: *Studies in Medieval Religion*. Philadelphia: University of Pennsylvania Press, 1995. p. 91. Clarissa W. Atkinson, *Mystic and Pilgrim*: *The Book and the World of Margery Kempe*. New York: Cornell University Press, 1983. p. 80.

把这种生活放置在不断生育了十四个孩子而游走整个欧洲的一位母亲的身上。"① 坎普的问题,就如凯瑟丽·阿什利所言,"常常集中在她作为妻子和母亲与宗教使命的矛盾之上"②。显然,母性和个人抱负对坎普来说是两个互相对立的因素。

坎普渴望扮演母亲角色。母亲身份和孩子对坎普来说非常重要,但坎普需要解决母性角色和朝圣之间的冲突,单就这一点就足够解释她不遗余力扮演耶稣、周围男性和自己丈夫的母亲角色的原因。对于母性殉道者来说,放弃抚养亲生孩子而追求宗教事业可以为母亲身份打上神圣的烙印,这正是方济会推崇的观念所在。根据历史学家萨哈的研究,坎普时代的宗教和社会背景以及当时的劝喻文学通常把孩子看作是"一种负担,间接地、罪恶的罪魁祸首"和"阻止人的美德行为"的障碍物。在教父的布道中,他们"并没有具体地说照顾孩子是妻子的义务。膜拜上帝更重要"③。方济会第三级教士、神秘主义者佛利诺的安吉拉在家人相继去世后感到心理上无比满足,因为她认为他们都是她追求宗教生活的绊脚石。这似乎令现代人无法接受,但是对于中世纪虔诚的宗教信徒来说完全可以坦诚接受。④ 显然,对坎普这样一位敢于在 40 岁放弃世俗生活而追求宗教虔诚生活的人来说,母性角色必须服从基督教话语和个人救赎愿望。

坎普所处的社会环境和当时的育婴模式也对她有着深刻的影响。她一方面想追求自己的宗教事业,一方面还想扮演女性通常惯有的母亲角色,但中世纪贵族的社会结构和教育体制通常会减少各种加深母子关系的可能性。贵族阶层的母亲一般不亲自给孩子哺乳,她们会雇佣乳母来喂养孩子。在坎普的异象中,耶稣提醒坎普道:"女子,你有身孕在身",并向她保证"给你寻找一个看护人"。(131) 这说明中世纪贵族女

---

① Felicity Riddy, "Text and Self in *The Book of Margery Kempe*", in *Voices in Dialogue*: *Reading Women in the Middle Ages*, p. 448.

② Kathleen Ashley, "Historicizing Margery: *The Book of Margery Kempe* as Social Text. " *Journal of Medieval and Early Modern Studies* 28 (1998): 371 – 88. p. 379.

③ Shulamith Shahar, *The Fourth Estate*: *A History of Women in the Middle Ages* (revised edt). Trans. Chaya Galai. London: Methuen Young Books, 2002. p. 103.

④ 佛利诺的安吉拉 (Angela of Foligno, 1248 – 1309) 是一位基督教作家、修女和神秘主义者。她不仅以她的灵性写作出名,还建立了宗教修会。据记录,她的原话是:"那时候,授意于上帝,我的母亲是我的巨大障碍,与世长辞。随后,我的丈夫和孩子们都在很短的时间内死去。由于我选择了这条大路,即,宗教之路,请求上帝让他们死去。他们的死亡于我而言是最大的安慰。" qtd. in Shahar, p. 105.

性是在看护人或乳母的帮助下来抚养孩子的。我们知道，坎普几次提到自己生活于一个特权家庭。[①] 她40岁离开家庭这个私人空间，游走并进入公共空间，踏上朝圣之旅的时候，她的孩子可能都是由乳母或专人看管。另外一个需要考虑的问题是当时孩子的死亡率特别高，坎普的14个孩子是否都幸存呢？她对此并未提及。

人们通常期待母子纽带关系的持续性和稳定性。当坎普放弃子女而追求宗教的神圣性的时候，当她不得不面对自己主动放弃自己的母亲角色、抛下在威尼斯新出生的孩子而奔赴耶路撒冷的时候，她如何才能完成母亲角色而得到一定的心理满足或祛除心理的缺憾感，这成为一个问题。可行的途径就是从情感上和自己爱的客体耶稣建立联系，从而在想象中实现母亲角色，在神圣家庭中履行母亲的责任。坎普作为一个有14个孩子的母亲，自然有爱孩子的能力和需要。对母子关系的亲密感和同一性的渴望使坎普在异象中把耶稣看作自己的儿子。大卫·阿尔斯指出，坎普在异象中想起幼儿时期的耶稣，这使得坎普和"好"母亲产生认同。这种认同感提供了一种理想化的客体对象，让她实现了母亲照顾孩子的愿望，为她反对传统角色和使命提供了一种弥补的可能性。[②] 坎普作为一位典型的母性殉道者，在超言语的异象状态中把耶稣幼儿化，在想象中履行母亲的责任，在意念上成功地扮演母亲的角色，获得作为母亲的心理满足感。

我们发现，坎普沉迷于以多种方式寻找耶稣的活动和想象之中。在与周围男性和异象中的耶稣的互动关系中，她扮演着母亲的角色。这种想象的或主动构建的母性角色有助于她在心理上体验母子感情。芭芭拉·纽曼的说法也许非常有道理："不是纯粹地步入为她们设定的角色，一些女性伪造了更为复杂而不太刻板的方式，这可以使她们有更为丰富的情感经历。"[③] 在罗马，在坎普的异象中，她被要求嫁给上帝，但是她

---

① 坎普的丈夫约翰·坎普1395年当选为地方法官，而他的父亲老约翰·坎普在14世纪80年代到90年代早期在林恩城从事国际贸易，业绩突出，在国王理查德二世写给波美拉尼亚公爵的信中提到了他。参见 Anthony Goodman, *Margery Kempe and Her World*. Pearson Educating Limited, 2002. p. 65.

② David Aers, *Community, Gender and Individual Identity: English Writing* 1360 – 1430. New York: Routledge, 1988. p. 105.

③ Barbara Newman, *From Virile Woman to Woman Christ: Studies in Medieval Religion*. Philadelphia: University of Pennsylvania Press, 1995. p. 138.

宁愿选择耶稣也不愿意选择与上帝之间的精神联姻。看到那些怀抱男婴的女性,坎普就会不由自主地号啕大哭,仿佛看到了幼年时期的耶稣。她会把看到的男婴接过来抱在怀中,在有耶稣圣像的地方亲吻孩子。她把想象的耶稣具体投射到小男孩身上,在行为和心理上扮演耶稣的母亲。她遇到一位可怜的女性怀抱一个小男孩哺乳,这种情景使坎普把她和哺乳的圣母玛利亚等同起来。她对母亲喂养孩子这一幕的侧重描写不仅具体地展示了生物性的母性,而且暗指母亲在母子纽带断裂后的母亲的悲恸。在这种个人精神性的角色认同和心理想象中,坎普实际上又在意念上回到福音时代,把圣母玛利亚的各种形象和她的独子耶稣紧密地联系起来。这是个人情感的转嫁投射。在异象中,耶稣向坎普保证说,她可以把他看作自己的儿子:

> 你爱我就如同母亲应该爱自己的儿子一样,你爱我就如同好妻子恋自己的丈夫一样。因此,你可以勇敢地拥我入你灵魂的怀抱,只要你喜欢,可以甜蜜地亲吻我的唇,我的头,我的脚。(196)

大卫·阿尔斯指出,这一段描写解决了在坎普想摆脱的传统母亲角色和她想认同的角色之间存在的矛盾。[①] 事实上,坎普似乎并无意要脱离自己在林恩城的母亲身份,否则,我们该如何解释在《玛格丽·坎普之书》第二卷中她为了促进儿子的身心发展而表现出母亲的焦虑呢?我们可以把大卫·阿尔斯的说法推进一步,坎普没有照顾自己的孩子而实现为母之道的可能性,但扮演耶稣的母亲意味着她可以获取母亲从孩子那里所能获取的心理满足感。她这样做的目的在于能够填补孩子不在场的心理空白,并能实现她想照顾孩子的愿望,而她因为追求神圣感而引发的角色冲突此时消失。

坎普从起初的精神性母亲角色转向现实世界中的生物性母亲角色,这说明她有在精神世界和现实世界之中扮演母亲角色、转换自我角色的母性意识。坎普被周围人指责为"虚伪的妓女,虚伪的罗拉德教派成员,欺骗群众的骗子"(229)。她在反驳市长的时候承认:"除了我的丈夫,我从来没有和世界上其他的男性有过肌肤之亲,我和我的丈夫有法律许

---

① David Aers, *Community*, *Gender and Individual Identity*: *English Writing 1360 – 1430*. New York: Routledge, 1988. p. 107.

可下的婚姻，我为他生育了十四个孩子。"（235）在这个关键时刻，女性的两个紧密相连的角色，即妻子和母亲，救她于危难之中，并进一步证实了她的真实身份。换句话说，如果一位女性要被社会接受和认可，她不得不认同男权社会所期待的角色，接受当时的社会性别劳动分工。坎普的申辩实际上是回归到母性意识和社会性别角色分工的逻辑之中，这种意识要求女性恰当地扮演自己的角色。她提到的"婚姻法"在这里具体指涉男权社会及其法律，它和坎普的生物性母亲身份一起表明：作为一个社会个体，坎普在相当大的程度上依赖于她当时恰到好处的对自己母性角色的定位。

非常值得注意的是，坎普被耶稣称作"全世界的母亲"。这是通常授予圣母玛利亚的桂冠。在异象中，耶稣说道："对我和全世界来说，你就是一位名副其实的母亲。"（thu art to me a very modir and to al the world）（197）圣母玛利亚在坎普的异象中说："你会发现我是你的母亲，帮助你，救助你。"（324）这从一个侧面说明坎普同样渴望母爱和母亲的保护。另外，可以说，圣母玛利亚对坎普的爱和保护建立起了一个女性谱系，以这种方式把坎普放到神圣家庭的血统之中。① 在人们诅咒、蔑视坎普的时候，坎普的异象真的是艾·斯·斯皮林所说的"为自己所遭受的耻辱和厌恶寻找补偿而做的幻想"吗?② 耶稣称她为母亲，这可以看作是她策略性地升华自己的母亲身份的一种做法，把她从世俗生活的母亲身份提升到只有圣母玛利亚才能拥有的那种母亲身份的高度。这也是中世纪普通女信徒企图通过个人的精神追求一直不断模仿圣母玛利亚而梦寐以求实现的想法。

坎普的异象实际上涉及"模仿玛利亚"（Imitatio Mariae）的过程。正如克里斯蒂娃所说的那样，圣母玛利亚的存在体现着女性对另外一个性别的否定，把一个女性转变为天堂的女王和教会的母亲（通常代表耶稣）。女性—母亲否定了时间和死亡，因此，"一位具体的女性，配得上圣母玛利亚所体现的、难以达到的女性理想的（标准），只能作修女、

---

① 阿特金森认为坎普的母亲可能对她的古怪举止倍感失望，因此，从上帝之母圣母玛利亚那里，她找到一位赏识她的母亲。但是，从卷一我们知道，坎普把神圣教会看作是精神上的母亲，在那里寻找庇护。参见 Clarissa W. Atkinson, *Mystic and Pilgrim: The Book and the World of Margery Kempe*. New York: Cornell University Press, 1983. p. 83.

② A. C. Spearing, "*The Book of Margery Kempe*; Or, The Diary of a Nobody." *The Southern Review* 38 (2002): 625 –35. p. 627.

殉道者，或者，如果她已经结婚，达到那种使她从'世俗'生活中脱离，把自己完全奉献给与自己的身体格格不入的最高等级的升华"①。在异象中，坎普看到圣母玛利亚和她的儿子耶稣离开，坎普就"倒在地上"，"号啕大哭"。这表明她对圣母玛利亚的虔诚和十字架下悲伤的圣母玛利亚的认同。耶稣对她说道："我母亲的悲伤为人所知。"（335）坎普的大哭就是一种象征，是对圣母玛利亚恸哭的一种认同和模仿。在坎普的异象中，在耶稣受难之前，圣母玛利亚在受难的儿子面前晕倒在地，坎普为耶稣死后母亲的悲恸和母子纽带的断裂而低声哭泣。耶稣抱起母亲圣母玛利亚，亲吻自己的母亲，说他必须依照父亲的意愿而死。他承诺："你应该被封为'天堂女王'、'世界女士'、'地狱女皇'。"这在詹姆斯·雷曼的诗歌《玛利亚和她的儿子》中有相似的表述。在这首诗歌中，圣母玛利亚不断地安慰哭泣而无法入眠的儿子，儿子说道："母亲，我从你/得到肉体和骨/独自用我的鲜血/拯救人类，使他们获得自由。"在这首诗歌中，圣母玛利亚感到痛苦，觉得儿子离开后她将在痛苦中度过而得不到安慰，儿子认为他和父亲的意愿一样，说道："第三天，在我离开后/我向你承诺，/ 我通过自己的力量醒来/ 我只安慰你。"② 坎普在异象中也看到圣母和儿子对话的一幕，她在第一卷第七十九章中写道：

> 当这个被造物③在心灵身处看到这辉煌一幕的时候，看到他（耶稣）是如何祝福他的母亲，他的母亲是如何祝福他。然后，他那被祝福过的母亲可能没有给他说一句话，就倒在地上……然后，这个被造物想自己紧抓耶稣的衣服，倒在他的脚下，请求他祝福她，随后，她就大声嚎哭，剧烈地哭泣，在心里说道：'啊，主啊，我应该到哪里去？我宁愿您杀死我，也不愿没有您而苟活在世。没有您，我也不可能活在这里，我的主啊。'（342）

坎普的第二个异象是以犹太人无情地鞭打耶稣和圣母玛利亚晕倒在地开始。在她的异象中，她和圣母玛利亚是受难的耶稣的身体的目击者，

---

① Kelly Oliver, ed. *The Portable Kristeva.* New York: Columbia University Press, 2002. p. 329.

② Lines 27 – 30, lines 55 – 9, in *The Oxford Book of Medieval English Verse*, pp. 508 – 9.

③ 坎普对自己的谦称。

对犹太人的残酷表现出极大的愤怒。号啕大哭之后，坎普走到圣母玛利亚身边，跪倒在地，说道："我为您祈祷，女士，不要难过了。您的儿子死了，他再不痛苦了。我想您已经够难过了。女士，我为您感到难过，因为您的痛苦就是我的痛苦。"（350）卡玛·洛赫里认为在对圣母玛利亚说话的时候，坎普不仅是在和圣母玛利亚彼此互相怜悯，她还在积极地承担她的痛苦。① 坎普作为 14 个孩子的母亲，她可以理解母亲失去儿子的痛苦。这可以解释她和圣母玛利亚产生认同感并把耶稣看作自己的儿子加以爱护的原因。耶稣的痛苦就是她的痛苦，因为她把他看作自己的儿子。儿子的痛苦就是母亲的痛苦，因为在母亲和儿子之间有着原初性认同和母子的亲密感。他的痛苦和死亡意味着母子纽带的断裂。圣母玛利亚的痛苦来自母亲痛失爱子的悲伤和挫折感。也就是说，坎普在自己的异象之中希望独自守护耶稣，她在意念上进行角色移位，扮演耶稣的母亲。这样，她才可以像圣母玛利亚一样在耶稣—儿子的身边尽情哭泣。

音特凯和埃维特认为，在她的哭泣之中，坎普就是真正意义上痛哭的圣母玛利亚。② 我们知道，中世纪歇斯底里式的圣母玛利亚的形象始于紧随十字军东征的东方，③ 泪流满面的母亲形象（mater dolorosa）在 11 世纪被引入西方文化，14 世纪的时候达到巅峰状态。赞美诗《伤心的母亲》（*Stabat Mater*）描述了圣母玛利亚丧子之后的极度悲恸：

> 她站在十字架下，
> 悲恸的母亲在那里哭泣
> 在耶稣的身边，直到最后。
> ……
> 有没有人不再哭泣，
> 满腹悲伤

---

① Karma Lochrie, *Margery Kempe and Translations of the Flesh*. Philadelphia：University of Pennsylvania Press，1991. p. 177.

② Monica Brzezinski Potkay and Regula Meryer Evitt, *Minding the Body*：*Women and Literature in the Middle Ages*. 800 – 1500. New York：Twayne Publishers，1997. p. 185.

③ Karma Lochrie, *Margery Kepme and Translations of the Flesh*. Philadelphia：University of Pennsylvania Press，1991. p. 180.

像看到的耶稣那可敬的母亲?①

在《耶稣生平沉思录》中,圣母玛利亚为受难的儿子祈祷,因为儿子离她而去而感到伤心不已。15 世纪英语抒情诗《我的儿子已死》(*Filius Regis Mortuus Est*) 描述了圣母玛利亚的极度伤心与悲恸:

> 我见到一位少女,
> 一位和蔼可亲的母亲,
> 不断地哭泣叹息,
> 她哭泣流泪,哀号痛心,憔悴不堪,
> 她用手抓自己的头发和脸。
> 她痛苦地折磨自己,
> 不停地折磨身体和她的心。
> 她边走边哭:
> "我的儿子死了。"②

这首抒情诗里的圣母玛利亚的疯癫行为是隐喻性的,她在自我的伤害中展示了痛失爱子的母性悲恸。洛桑的圣阿玛都斯 (Saint Amadeus of Lausanne) 鼓励人们应该对圣母玛利亚的"痛苦呻吟、哭泣、叹息、悲伤、痛苦、悲哀、内心的不幸、怒火"设身处地地着想,表示出同情。③这当然和从 12 世纪起流行的宗教情感虔诚有关。在第一卷的第一章中,坎普描述她如何狠咬自己的双手、用指甲抓自己的皮肤伤害自己的情景,因此,可以说,坎普的号啕大哭是对圣母玛利亚的母性悲恸的模仿。关于坎普的大哭,吉田直江认为圣衣会 (Carmelite) 对圣母玛利亚的虔诚激发了坎普的冥想和异象,认为坎普沉浸在宗教文化中。在这种文化中,人们对圣徒的崇拜是其核心,她所经历的是随之而来的阈限状态下 (liminality) 的精神转化和冥想。戴尼斯·勒内韦认为坎普的表演是"一种多层次的翻译阐释行为,把后者作为(宗教活动和神圣历史)阐释过

---

① < http: //en. wikipedia. org/wiki/Stabat_Mater > . July 20, 2008.

② "Filius Regis Mortuus Est", in *Chief Middle English Poets*, p. 349.

③ qtd. in Neff, p. 254. Amy Neff, "The Pain of *Compassio*: Mary's Labor at the Foot of the Cross." *The Art Bulletin* 80 (1998): 254 – 73.

程"。里兹·赫伯特·麦卡沃伊认为坎普是通过人们可以看到且吵闹的方式给周围的公众进行表演,来表达她的神秘主义想法。[1] 根据历史学家萨哈的研究,在中世纪鼎盛时期和晚期,有孕在身的圣母玛利亚的形象,圣母玛利亚怀抱儿子,痛苦的母亲怀抱被钉上十字架的儿子的身体(即Pieta,圣母哀子像)是雕刻艺术和绘画艺术中最为流行的主题。[2] 坎普在自己的想象中和圣母玛利亚产生了认同感,通过身体表演来模仿圣母玛利亚。在异象和现实世界的互动之中,她重新创造了一个耶稣受难而导致母亲悲恸的真实场景。进一步说,在和圣母玛利亚认同的时候,坎普使自己成为现实世界中的圣母玛利亚,成为"逻各斯"或"道"之源,凸显了母亲在权力结构和文化话语中的地位。

坎普周围的人对她的大哭和夸张举止产生怀疑和敌意情绪,这也许主要来自人们的误解和求同心理。这从一个侧面表明中世纪对女性在公共场合保持沉默已经习以为常。坎普的号啕大哭是由她内心神圣的想法和她朝拜欧洲大陆各个圣地激发而引起的,因为这些会让她在意念上想起耶稣受难的情景和圣母玛利亚的悲恸。可见,她生活在一个多维的时间框架和维度之中,模糊了精神生活与现实生活、记忆与真实、福音时代和历史常态之间的界限。她模仿圣母玛利亚的举止已经超越她身边普通人的心理接受底线和中世纪社会对女性角色的期待。

克拉丽莎·阿特金森把坎普的号啕大哭归因为方济会的极大影响。[3] 如果说中世纪英国人已经对方济会提出的教义习以为常,那么,他们为何会感到"不可思议"而想"尽快禁止她",并认为坎普在假装哭泣呢?事实上,在"冥想"和"沉思"这两种中世纪信徒的思考方式之间有一定的区别:"冥想"(meditation)涉及对具体形象的想象以及适当的身体

---

[1]　Naoe Kukita Yoshikawa, "Marian Virtues and Margery Kempe: The Influence of Carmelite Devotion to the Virgin." *Carmelus* 50 (2003): 89 – 112. Denis Renevey, "Margery's Performing Body: The Translation of Late Medieval Discursive Religious Practices", in *Writing Religious Women: Female Spiritual and Textual Practices in Late Medieval England*. Ed. Denis Renevey and Christiania Whitehead. Toronto: University of Toronto Press, 2000. p. 198. Liz Herbert McAvoy, " 'Closyd in an hows of ston': Discourses of Anchoritism and *The Book of Margery Kempe*", in *Anchorites, Wombs and Tombs: Intersection of Gender and Enclosure in the Middle Ages*, p. 184.

[2]　Shulamith Shahar, *The Fourth Estate: A History of Women in the Middle Ages* (revised edt.). Trans. Chaya Galai. London: Methuen Young Books, 2002. p. 99.

[3]　Clarissa W. Atkinson, *Mystic and Pilgrim: The Book and the World of Margery Kempe*. New York: Cornell University Press, 1983. p. 139.

反应活动，这通常适合于普通老百姓，尤其女性信徒，而"沉思"（con-templation）更适合于教父或神职人员，是一种高层次的抽象性思维活动，不需要任何具体的人物形象和由人物形象激发的想法。从这个角度来看，坎普似乎一直处于冥想状态。由于人们的猜疑，神父想证实她的大哭是否为真。他最后发现即使没有女性怀抱男婴来诱发她，坎普仍然可以大哭。最终，所有的人都相信她的号啕大哭的确是一个奇迹，相信她陶醉于照顾处于儿童时期的耶稣的异象才使她匍匐在地哭泣不已。凯洛琳·沃克·贝纳姆认为坎普竭力想达到模棱两可的阈限状态，来转变地位，改变信仰，从作为"已婚女性"正常的角色逃避到至少已经有二百年历史的"神圣女性"的角色之中去。① 在坎普的异象中，耶稣承诺把坎普和圣母玛利亚、神圣天使、十二位信徒、圣凯瑟琳、圣玛格丽特、圣抹大拉的玛利亚放在一起。坎普和圣母玛利亚的认同不仅出于宗教殉道经历的母道的再生，同时也是自我的一种升华，直到她像圣母玛利亚一样成为"一位名副其实的母亲，世界的（母亲）"（197）。

三位一体通常强调圣父和圣子之间的紧密联系，而忽略了圣母玛利亚的存在。圣子的存在本身就是对母亲身份的一种追问，但圣母玛利亚身上体现的是母亲的沉默和无声。我们看到，圣母玛利亚的失语状态在坎普和耶稣的对话中彻底消除了。基督教重在强化父子之间的关系，把男性看作是世界的本源和世界运动的动因所在。在《约翰书》中，在耶稣被捕之前，他说："我从父出来，到了世界；我又离开世界，往父那里去。"② 与父亲认同、渴望回到父亲身边这一举动一方面强化了西方崇拜父亲的观念，另一个方面，母亲成为处于边缘地位的他者。朱丽安和坎普的书写策略都在耶稣和圣母玛利亚的认同感之中彰显了圣母玛利亚的母亲地位。不同于福音书中沉默不语、满脸泪水的圣母玛利亚，《玛格丽·坎普之书》中的圣母玛利亚在请求耶稣怜惜她的时候清楚地表达了自己的母爱和悲恸："在这个世界上除了你（耶稣），没有人能够安慰我。"（341）《玛格丽·坎普之书》中的圣母玛利亚有发出自己声音的意识。耶稣用甜言蜜语安慰圣母玛利亚："我来到这个世界，是您的骨肉。"（toke flesch and blood of yow）（342）他侧重强调的"骨肉之情"

① Caroline Walker Bynum, *Fragmentation and Redemption— Essays on Gender and the Human Body in Medieval Religion*. New York: Zone Books, 1991. p. 40.

② John. 16: 28.

证明了他们之间存在的前俄狄浦斯的母子同一感、亲密感和关系的连续性。同样，在朱丽安的异象中，耶稣对母亲的甜蜜赞美和独特的爱把圣母玛利亚放置在神圣家庭的中心位置。这种叙述策略解构了三位一体中一贯强调的父子关系。由此可见，在女性作家的笔下，母亲的身体并不是所谓的媒介而徒有过渡功能。麦克纳马指出，中世纪许多宗教文本企图唤起读者的怜悯和同情，显然，读者已经被女性化了，而母亲视角的叙述成为一种中介。通过这种中介，耶稣所受之苦被展示出来，而犹太人对耶稣的鞭打行为是一种非母性的暴力行为，它的恐怖性主要体现在对母子关系的侵犯上。①

坎普异象中的圣母玛利亚身上没有展现出男权社会所期待的顺从和沉默，相反，圣母玛利亚的愤怒和反抗印证了母亲对母子之间关系连续性的渴望，是对施加在女性——母亲身上暴力的强有力谴责。在坎普的第二个有关耶稣受难的异象中，圣母玛利亚勇敢地叱责犹太人："你们这些残忍的犹太人，他从来不曾伤害你们，你们为什么要这样对待我的儿子？你们使我内心充满痛苦。"（348）当圣母玛利亚被犹太人从耶稣身边带走的时候，圣母玛利亚对犹太人大声喊道："你们这些该被诅咒的犹太人，为什么杀死我的主耶稣？杀了我，放他走。"（348）显然，在坎普的异象中，圣母玛利亚无所畏惧，母亲的愤怒转化为解救儿子的动力。这和14世纪诗歌中展示的圣母玛利亚形象一致：圣母玛利亚敢于表达她失子的悲痛之情，拒绝任何安慰。麦克纳马指出，到15世纪早期，在抒情诗、散文和戏剧中，对圣母玛利亚的失子之痛成为受难文学（Passion Literature）中最丰富、最详尽、最感性化的一种。②

坎普在异象中还再现了哺乳中的圣母玛利亚（Maria Lactans）这一形象。在第一卷第八十六章中，耶稣对坎普说："女子，你叫我的母亲进入到我的灵魂，把我放到她的怀中，贴近她的胸部，让我吮奶吧。"③ 圣教会的圣师圣爱弗冷（St. Ephraem）在有关耶稣出生的抒情诗中也同样写道：

---

① Sarah McNamer, *Affective Meditation and the Invention of Medieval Compassion*. Philadelphia: University of Pennsylvania Press, 2010. pp. 150 – 62
② Ibid. p. 156
③ Ibid. p. 153.

实际上他吸吮着玛利亚的奶汁，

他把吸吮 —— 生命给了宇宙。

他再次住在他的母亲的子宫中

他的子宫中居住着所有的创造物。①

　　这里，圣母玛利亚已经成为一个本源性符号，那是意义开始和意义回归的所在。这些描述首先从文字层面上体现出了圣母玛利亚的母亲身份，而这种母亲身份通常都会在男性化的神职文本中被抹杀或被否定，因为男性神甫所写的大多文本旨在满足男性对理想化女性的幻想、对完美母性的升华，侧重渲染圣母玛利亚的谦卑和纯洁。坎普的想法不同。在她的异象中，圣母玛利亚和耶稣之间具有原初认同感，耶稣决定回归母亲，是恢复母子之间的前俄狄浦斯纽带的做法。这种做法是对中世纪男权社会母性神话的解码，进一步强化了母亲的地位和"母亲"的隐喻性意义。相应地，坎普在想象之中把自己升华为现实生活中的"圣母玛利亚"。

　　中世纪神秘主义者通常相信身体是通向神圣的通道。坎普的身体表演直接通向她追求神圣感这一目标，但是，她心理上的移情则来自她分娩之后的疾病。从心理学角度来看，她剧烈的号啕大哭、身体匍匐在地等身体运动实际上是对自己放弃世俗母亲角色而引起的缺失感的一种理想的、有效的治疗方法。虽然她被公众看作是歇斯底里而虚伪的人，坎普仍然在与圣母玛利亚的认同感和作为耶稣的母亲的过程中选择了自己爱的客体耶稣，在母子情感纽带关系的建立上，在意念上恢复了母亲角色。当然，中世纪不同女性是以不同的方式、从不同的角度来看待耶稣的。凯洛琳·沃克·贝纳姆指出，神秘主义者海尔法的葛楚德（Gertrude of Helfa）不仅把耶稣看作情人、朋友和新郎，而且看作是统治者、法官、伟大的国王、所有皇帝中的最高统治者，同时赋予圣母玛利亚以指挥官的权力。② 朱丽安把耶稣看作是既可以为孩子哺乳、又可以抚养孩子的伟大母亲。在坎普的异象中，她在冥想神圣家庭和耶稣出生及其受难的经历中抒发了母亲情怀。除了当时劝喻文学的影响之外，坎普履行

---

　　① ＜http：//www.fisheaters.com/marialactans.html＞．July 20, 2008.

　　② Caroline Walker Bynum, *Jesus as Mother*：*Studies in the Spirituality of the High Middle Ages.* Berkeley：University of California Press, 1982. pp. 187 - 8.

母亲的责任、扮演母亲角色这一系列行为是对自己在世俗世界中母性角色缺失的一种修复。

坎普通过在异象中做耶稣的母亲、照顾丈夫和教导身边的几个教子，以母性殉道者特有的方式重构母亲身份。芭芭拉·纽曼认为母性殉道者"在怜悯婴儿时的耶稣、乐意帮助穷人、热情地照顾教子的时候，展示了自己真正的母性"①。这实际上是一种典型的母性移情。在罗马，坎普答应马塞尔和另外一名女性做他们孩子的教母。出于对坎普的崇拜，一位英国神父追随她的足迹从英国辗转到了罗马，称坎普为母亲，并希望她认他为儿子。他们之间建立起互相支持、信任和依赖的母子关系，这使他们成功逃脱敌人的威胁和恶劣的天气，最终安全返回英国。文中写道："她（坎普）的话让他得到一丝安慰，因为他相信她的感受，他使她倍感欢欣，仿佛自己是她生育的儿子。"（212）在《玛格丽·坎普之书》第二卷中，在一座教堂里，一位年轻人急切地想知道引起坎普大哭的真正原因，把坎普称作"母亲"，坎普对他展示出"母亲般的和善的信任"，他被她安慰的话语所激发。爱伦·罗斯指出："作为'母亲'，她（坎普）在为自己亲生的孩子和教子祈祷的时候，填补了现实世界和精神世界之间的鸿沟。"② 如果说女性角色的实现基本上是基于家庭、重在情感纽带的建立，那么，坎普和这位教子之间的关系填补了由于放弃自己的亲生孩子、不能履行母亲角色的鸿沟，而这些称她为母亲的男性成为母亲情感投射的客体和角色转换的载体。此时，她把现实世界和精神世界联系了起来，表明母子关系的本质意义所在：母亲不仅在心理上、身体上能够爱护、照顾、保护孩子，而且在精神上栽培他们，使孩子获得精神上的快乐与安宁，实现"母亲"这一社会化性别角色所蕴含的实践性意义。

坎普如同圣母玛利亚一样展示了精神性母性。我们知道，圣母玛利亚把精神性的生活带给耶稣的信徒，就如同生物性母亲能够生育孩子一样而赋予他们以生命。圣母玛利亚的精神性母亲身份不仅仅是一种隐喻，

---

① Barbara Newman, *From Virile Woman to Woman Christ*: *Studies in Medieval Religion*. Philadelphia: University of Pennsylvania Press, 1995. p. 93.

② Ellen M. Ross, "Spiritual Experience and Women's Autobiography: The Rhetoric of Selfhood in *The Book of Margery Kempe*." *Journal of the American Academy of Religion* 3 (1991): 527 – 46. p. 533.

还告诉人们她是如何帮助普通耶稣信徒靠近耶稣。圣母玛利亚从给予儿子以生命到最终接受儿子的死亡，实际上也是一种生物性母性的真实呈现。坎普以上帝的恩典为名义，扮演精神性母亲的角色，保护一位她称作"儿子"、"好儿子"的英国神父。她照顾病入膏肓的丈夫也是实现为母之道的一种做法。在丈夫弥留的日子里，"他变得有点孩子气……但是，作为孩子……"（132）大卫·阿尔斯认为"幼儿化（reinfantilization）提供了这个空间形象，即女性明显地控制着男性"。① 他显然是从男性评论家的角度出发，他关注的是两性之间的权力关系问题。从表面上看，坎普是在细心照料丈夫，但是，在这个具体情境之下，坎普照顾丈夫其实就是一种母性实践活动。这种活动需要一个"孩子"在场，需要在与孩子的互动关系中从心理上和行动上体验作为母亲的自我身份感，实现为母之道。可见，照顾丈夫是一种再生母亲角色的方式，满足了坎普扮演母亲角色的心理需要。

应该强调的是，在遭遇母性经历的几个插曲中，坎普扮演、体验了母亲的角色，这促使她的精神性母亲角色的再生。如果说圣母玛利亚带有普世精神的精神性母亲角色来自耶稣救赎人类的活动和再生人性的过程之中，体现在和教会的关系之中，关注每一位基督信徒②，那么，坎普就是圣母玛利亚在现实世界中的翻版。在坎普的异象中，耶稣不断地赞扬坎普：

> 你是一个勇敢的人，要求我赐予你自己、你丈夫、你的孩子以恩典，你的灵魂里想着每一个信仰基督的男性、女性和你的孩子，为他们请求恩典就如同为你的孩子祈祷一样。（374 – 5）

这是对坎普的精神性母性的一种极力肯定，但是，应该承认的是把耶稣幼儿化的过程实际上是一种帮助她有效地接近上帝、与神性融合的途径。凯洛琳·沃克·贝纳姆指出，女性体验的自我感受和把耶稣看作

---

① David Aers, *Community*, *Gender and Individual Identity*: *English Writing* 1360 – 1430. New York: Routledge, 1988. p. 106.

② 约翰·保罗二世（Pope John Paul II，1920 – 2005），在《玛利亚有普世的精神性母性》（*Mary Has Universal Spiritual Motherhood*）中认为基督徒把玛利亚称作"帮手"，认为她作为母亲能够看到孩子的需要，并随时准备帮助孩子，尤其是当他们永恒的救赎处于危难之时。

具体的人物，目的在于强调她们的社会经验和生物经验与遭遇上帝的体验之间的连续性。[1] 坎普看似是一位成功的母性殉道者，如愿以偿地扮演了她的角色：朝圣者兼母亲。

二　坎普：世俗世界中至高无上的母亲

坎普扮演着耶稣、身边男婴、病重的丈夫、追随她的神父的母亲角色，在异象中与圣母玛利亚的认同感使她升华了自己的母性，成为"世界之母"。事实上，坎普并没有彻底脱离现实世界和自己在现实世界中扮演的母亲角色。她徘徊在两个角色之间，即精神性的母亲角色和生物性的母亲角色，因此可以说，她是一位卑贱的母亲。导致她的卑贱性的原因在于她并不是一位百分之百的母性殉道者，而是游移在这两个母性角色之间，引发她的身份混乱感和归类危机感。一方面，她在自己的异象中建立了与婴儿时期的耶稣的母子关系；另一方面，她又在现实世界中发挥母亲的权力，提高儿子的身心健康成长，使自己成为一位至高无上的母亲。

《玛格丽·坎普之书》第一卷是以坎普的第一次分娩和产后忧郁症开始，而第二卷是以她担心年长的儿子的成长开卷。她在第二卷的开头就明确表明自己的意图："首先，这是一件重要的事情，这在前面的叙述中没有写。"（385）在《玛格丽·坎普之书》的第二卷，坎普主要讲述了她对儿子的身心发展表现出的恐惧感和焦虑感。里兹·赫伯特·麦卡沃伊认为坎普的孩子在文本中的出现是一种"策略性地参与母性话语（的方式），在母性主体性的范围内，这种参与为文本之外的目的和证据服务，为坎普选择成为上帝的神圣女性提供支持和权威感"[2]。她的儿子拒绝接受她的任何建议，甚至很不高兴见到她。她的儿子受雇于林恩城一位市民而从事国际事务。林恩城是当时英国原材料出口北欧的出口城市之一，德国人控制了北部港口，对林恩城产生了很强的文化和宗教影响。林恩城商业经济的发展对林恩城市民的文化生活和家庭生活必然产

① Caroline Walker Bynum, *Fragmentation and Redemption— Essays on Gender and the Human Body in Medieval Religion*. New York：Zone Books，1991. p. 175.

② Liz Herbert McAvoy, *Authority and the Female Body in the Writings of Julian of Norwich and Margery Kempe*. Cambridge：D. S. Brewer，2004. p. 34.

生直接影响。这样发展的结果是商业话语控制了政治话语,林恩城的居民与德国人和主教之间产生矛盾,而林恩城以长期存在阶级矛盾和冲突出名。① 复杂的社会、政治、商业影响引起了坎普内心对儿子身心成长和人身安全的焦虑感。她写道:"如果她的权力能够达到,她想把儿子从这个卑鄙、危险的动荡世界之中拉出。"(385)她多次建议儿子放弃世俗世界而皈依基督教。当她劝他放弃国外的学习和事务的时候,母子之间的冲突加剧并恶化。这里其实牵扯到一个问题:儿子长大成人之后需要和母亲分开,这种做法否定了之前他们之间关系的连续性,使她和儿子之间以前存在的相互依赖关系受到时间和空间位置的影响。坎普的关爱实际上是恢复她以往扮演儿子的保护者这一角色的举动。她的儿子"激烈地"顶嘴,这激起了她的愤怒,她严肃地警告儿子在合法的婚姻前不能有女朋友,甚至威胁儿子说如果他不听从她的建议,她将向上帝祈祷,让上帝来惩罚他。可见,她几次以不同方式企图通过母亲的权威来控制儿子是徒劳无用的。

母亲的愤怒对母性体制具有一定的威胁,因为传统观念认为,母亲应该总是耐心、无私、无条件地关爱自己的孩子,并为孩子的成长牺牲一切,而母亲的权力体现在既可以给予母性的哺育、温暖或至少帮助孩子生存下来,也可以停止给予孩子这些东西。这是一种维护母亲和孩子之间关系行之有效的方法,但是,我们知道,母亲身上体现的两面性通常是和社会建构有关:一方面,母亲被看作女神一样来崇拜;另一方面,人们因为害怕被母亲控制而谴责母亲,由此产生谴责母亲的文学作品。儿子在成长过程中也许会惧怕、憎恨甚至拒绝母亲,这和女儿和母亲之间的认同感的产生不同。如果男孩逐渐与社会融合并与周围世界之间保持连续性,尤其是和自己的母亲或监护者,那么,男孩面临两种选择:一,选择完全回归母亲,听从母亲的任何指令;二,拒绝母亲任何强加的或者自愿的照顾。坎普的儿子显然可以归在第二类之中,他首先是通过激烈顶嘴和粗鲁的反应对抗母亲,目的就是想摆脱坎普对他的控制。安少妮·古德曼认为儿子拒绝坎普是对母亲有争议的举止的一种反应②,这种说法也许有理,但无据可查。

---

① Clarissa W. Atkinson, *Mystic and Pilgrim*:*The Book and the World of Margery Kempe*. New York:Cornell University Press, 1983. pp. 69 – 79.

② Anthony Goodman, *Margery Kempe and Her World*. Pearson Education Limited, 2002. p. 67.

按照乔德罗的观点，母亲身上通常体现着"压制"和"缺乏自主性"等特点，儿子通常必须拒绝母亲，否定与母亲之间的依赖和认同感。这种否定的做法是对女性——母亲处于低劣和从属地位的肯定。乔德罗认为，好母亲要持久地、细致地对孩子的需求做出判断，要极端地无私。①坎普为儿子的身心健康发展频繁地表现出焦虑，这说明她在追求个人宗教事业的同时并没有疏于对儿子成长的关心。可是儿子对她的建议置之不理，一意孤行去了德国，过着非常奢侈的生活。后来，他的容貌大变，人们怀疑他是麻风病人，他的雇主解雇了他，没有人愿意和他同行为伴。②他对母亲和疾病的抱怨引起周围人的同情。这些人代他祈求坎普，但都徒劳无益，"因为她（坎普）并不理会他们，直到他亲自去为自己祈求恩典"（162）。坎普在一定的程度上保持了母亲的尊严和权威，"等着"儿子回心转意，来向她讨教意见，从而获得母亲的保护。

坎普此时成为世俗社会中一位至高无上的母亲，母亲身份赋予她以权力。儿子意识到自己不听从母亲的劝告和对母亲关心的不屑而导致致命疾病，继而引起周围人把他孤立起来。最终，儿子承认了错误，向母亲求救：

> ……许诺说他应该顺从上帝和她的旨意，通过上帝的帮助来改正错误，从那时起避免任何不当行为。他恳求得到母亲的祝福，特别是，他恳求她为他祈祷，我们仁慈的主原谅他所犯的罪，带走他身上的重疾，（因为它）使周围的人不愿与他为伴，就像他们对待麻风病人一样。因为他认为是因为她的（坎普的）祈祷，主才开始惩罚他。因此，他深信如果她愿意行行好为他祈祷，她的祈祷一定会被传递（给主）。（387）

儿子回归到她的身边就是否定了他早期对母亲的抵制，母子之间的信任和互相依赖感现在重新建立起来。在这关键时刻，母爱不仅在生理

---

① Nancy Chodorow, *The Reproduction of Mothering: Psychoanalysis and the Sociology of Gender.* Berkeley: University of California Press, 1978. p. 84.

② 麻风病在 6 世纪出现在欧洲，由于十字军的东征，13 世纪达到顶峰。麻风病人通常受到社会的歧视和排斥，中世纪教会把麻风病人关在麻风病院，认为这是对麻风病人所犯的罪恶的惩罚。这种疾病背后隐藏着政治、文化、道德和经济色彩。从坎普的描述来看，他或许得的是年轻人所患的粉刺。

和心理上，同时也在道德上可以医治孩子的疾病。当坎普选择给予而不是拒绝满足儿子的需要的时候，母亲的权力就体现在对儿子的支持上。①如果说好母亲能够及时知道孩子对母爱和养育的需要，那么，儿子对母爱的需要此时得到满足。坎普深信儿子能够改正错误，对儿子的疾病报以母亲的同情与怜悯，但是在答应帮助他之前，她还是严厉而尖锐地批评了他。里奇指出："母亲忍而不发的愤怒很可能会助长儿子的攻击性。"②那么，我们有理由说明正是此前坎普对儿子的耐心和宽容助长了他的进攻性和不服从行为。此时，他对母亲的需要从一个侧面说明孩子在身体和心理上对母亲的依赖，这一点恰好使她感受到作为母亲的力量所在。坎普对儿子"尖锐"的批评不仅恢复了她的自尊和自主性，而且在维护母子纽带的过程中，展示了母亲的权威感和责任感，尤其表明母亲在抚育孩子过程中扮演的重要角色。通过批评儿子，她作为母亲的挫折感被祛除掉。儿子对上帝的虔诚和对她的顺从就等同于她对上帝的服从。由此可见，对宗教事业的追求同样赋予她以权力。

共同的精神生活和宗教经历使坎普和儿子又恢复了以前的亲密感和同一感。此时她的心理满足感来自两个方面：一，成功扮演母亲角色；二，儿子追随她并皈依基督教。儿子的兴趣现在和她的兴趣一样，这进一步说明他们都获取了母子关系中的满足感和自我感。坎普"没有忘记她的子宫的果实（儿子）"（not forgetyng the frute of hir wombe）（387），为儿子祈祷，请求主治疗他的疾病。他奇迹般地很快从病中康复，后在德国结婚，并有了自己的女儿。坎普为儿子的转变感到吃惊，因为此前他通常身着华丽粗俗的衣服，讲话华而不实。儿子说："受上帝的恩典，我决定听从您的建议，再也不要像以前那样了。"（388）在这种情况下，她才告诉他上帝是如何赋予她以恩典的。随后，她的儿子去罗马和其他圣地为自己买赎罪卷，追随母亲的足迹朝圣，体验了母亲在欧洲大陆所经历过的朝圣之旅。当母子关系得以重新修复，当儿子摒弃了对母亲的抵制和分离而重建母子之间的同一感的时候，这就是坎普作为

---

① 安少妮·古德曼认为坎普在《玛格丽·坎普之书》的第二卷才谈论自己的儿子，周围人都谴责是因为她的诅咒她的儿子才得病，她需要为自己辩护。Anthony Goodman, *Margery Kempe and Her World*. Pearson Education Limited, 2002. p. 67.

② Adrienne Rich, *Of Woman Born*: *Motherhood as Experience and Institution*. New York and London: W. W. Norton & Company, 1976. p. 206.

母亲的胜利。儿子从过去对他和母亲之间情感纽带的否认转化到认同母亲和她的宗教世界之中。换句话说，他的皈依和朝圣体现了母亲在履行职责和帮助孩子走向社会方面所扮演的重要角色。他和母亲之间的同一感重建了一种精神空间，抽象地说，就是"科拉"，即母子关系具有互动、融合和流动特点。这也表征了儿子和母亲之间的前俄狄浦斯关系。坎普因为儿子听从她的建议皈依基督教走向救赎之路而心理满足，更为他们有着共同的精神追求而欣慰。

克拉丽莎·阿特金森指出，中世纪英国社会对培养、教育孩子非常重视，这样做的目的无非是希望孩子成功地步入成人世界，相应地，基督徒母亲对孩子的心理成长肩负有特别权力和不可推卸的责任。① 在《玛格丽·坎普之书》的第一卷第二十章和三十九章中，坎普提到了瑞典神秘主义者圣布里吉特，她曾参观了圣布里吉特在罗马居住的房子。阿特金森指出，在所有欧洲大陆的女性圣徒中，瑞典的圣布里吉特对坎普的生活和作品产生了最大的影响，坎普和儿子之间的经历让人回忆起圣布里吉特和儿子卡尔之间的故事。② 因为对儿子的精神救赎和心理成长非常焦虑，圣布里吉特通过自己的眼泪、祈祷和圣事活动才挽救了他。同样，坎普也是通过自己的祈祷治愈了儿子的重疾并使他皈依基督教。不管是圣布里吉特的儿子卡尔还是坎普的儿子（坎普在文中未提他的名字），他们都需要通过母亲的泪水和祈祷才可以赎罪。正如阿特金森所言，中世纪母性观念"至少对那些渴望圣洁的女性来说，与权力、受难、善和悲伤联系在一起"③。因此，我们相信作为母亲—妻子和朝圣者—神秘主义者的双重角色有助于她们在儿子的身心发展发面成功履行职责。坎普在文中并未谈及"孩子气般"的丈夫和儿子的先后死亡是否带给她极大的悲恸。林恩·斯坦利认为他们的死亡使坎普成为神圣的流浪者，彻底摆脱了男权社会的约束。④ 但是，没有"孩子"作为现实世界中的客体对象，坎普作为主体的母亲身份是无法实现的。

---

① Clarissa W. Atkinson, "'Your Servant. My Mother': The Figure of Saint Monica in the Ideology of Christian Motherhood", in *Immaculate and Powerful*: *the Female in Sacred Image and Social Reality*, p. 147; p. 6.

② Ibid. p. 177.

③ Ibid. p. 146.

④ Lynn Staley, *Margery Kempe*: *Dissenting Fictions*. Philadelphia: The Pennsylvania State University Press, 1994. p. 114.

事实上，坎普在儿子死后仍然扮演着世俗世界中的母亲角色。儿子不幸得病死亡，为了安全，她决定亲自护送儿媳到伊普斯威奇市再乘船回欧洲大陆。不同于乔叟的《律师的故事》中的苏丹之母和嫉妒心极强的多纳吉，坎普把她对儿子的母性关照延伸到儿媳身上。她不顾海上的危险，途经挪威海岸、但泽市、圣地维尔斯纳克、斯特拉松德港、亚琛市，到达法国加莱市，后又途经多佛港、坎特伯雷、伦敦返回林恩市。① 沿途，她既受到过热情的欢迎，也遭遇过冷嘲热讽，但是，最让她感到恼怒的是儿媳对她在复活节看到十字架后恸哭所表现出的冷漠和拒绝态度。不难看出，母亲的挫折感由误解和儿媳没有很好地扮演自己的角色而致。从坎普对儿子的训导和对儿媳的期待心理中，我们可以看到她内化了男权社会的价值观，积极参与到母子关系的体系建设之中。乔德罗认为，在这个体系中，母亲代表着"处于优越位置的社会体制……通过否定他们之间的相互作用，她通过社会化孩子的方式使孩子适应它（社会体制）"。② 儿子和儿媳在作决定的时候都听从了坎普的忠告，唯命是从。虽然说母亲身份成为坎普进入男权社会、在权力结构中发出女性声音的有效工具，但是，母亲身份确实赋予她以权力。在沿着儿子过去走过的路线、参观儿子曾经多年居住过的地方的时候，她也许在寻找那些能够在记忆中重建母子纽带和亲密感的东西。在护送儿媳的过程中，她既是母亲，又扮演着儿子的角色，是母亲与儿子的同一化过程，母爱和母亲的移情证明她确实是一位"足够好"的母亲。她不仅和儿子有着很强的认同感，而且清楚地知道儿子的需要和她自己为儿子所能做的事情，尤其是在儿子已经离开人世的情况下。这次欧洲大陆之行由她对儿媳表现出的母爱发起，却使她再次有机会踏上神圣的朝圣之途，再次拜访欧洲大陆的圣地。此时，女性的"母性"和"个人抱负"之间不再矛盾，而她对儿子生活足迹的追寻是对母子关系的

---

① 贝纳姆在《美妙的血》中写道："如果所有讲英语的中世纪学者听说过维尔斯纳克（Wilsnack），也许是因为它是中世纪虔诚的女信徒玛格丽·坎普朝圣过程中所拜访的地方之一。" Caroline Walker Bynum, *Wonderful Blood: Theology and Practice in Late Medieval Northern Germany and Beyond.* Philadelphia: University of Pennsylvania Press, 2007. p. 25. 维尔斯纳克是14世纪到16世纪中期欧洲最著名的朝圣地之一，排在耶路撒冷、罗马、孔波斯特拉的圣地亚哥之后，以基督之血具有救赎作用而出名。

② Nancy Chodorow, *The Reproduction of Mothering: Psychoanalysis and the Sociology of Gender.* Berkeley: University of California Press, 1978. p. 86.

尝试性重构。

三 "你身着白袍, 你是童贞女吗?": 坎普之困境

坎普在不同情景下扮演不同的母亲角色获得了女性心理上的满足感和权威感。作为母性殉道者, 她的朝圣之旅映照出中世纪女性在基督教文化话语下实现自我身份的艰难困境。当代读者阅读《玛格丽·坎普之书》最深的印象恐怕莫过于坎普不断地遭受恶意的谴责、暴力、蔑视、威胁、冷漠和囚禁。出于中世纪颇为流行的情感虔诚, 普通民众应该能够接受坎普模仿圣母玛利亚带有阐释性的夸张行为。尼可那斯·沃逊把这归结为坎普充满矛盾的人生轨迹: "一方面, (她)追求尽可能大的完美, 另一方面, (她)又想和她周围的丑恶世界更好地认同……她身上令人吃惊的东西是把应该被排斥而无吸引力的对立物给融合到了一起。"① 这种模糊性主要由她的角色扮演、越界和非正常的行为举止引起。

坎普是卑贱的存在, 导致她卑贱的根源在于她企图摆脱男权社会体制下的母亲角色, 但又在其中徘徊, 处于一种模棱两可状态之中。这在当时复杂的社会氛围中引发了公众接受的尴尬情境。在异象中, 坎普既渴望成为像圣母玛利亚一样完美而纯洁的母亲, 又渴望像每一位普通女信徒一样引起公众的注意。在从事宗教活动和追求神圣感的过程中, 她的身体语言已经文本化了。雷蒙德·鲍威尔指出, 《玛格丽·坎普之书》是"一本有价值的、吸引人的证据, 它记载了女性解放和'女性追求身份和独立'的历史。宗教成为坎普实现自我的掩饰品"②。艾·斯·斯皮林认为神职人员对女性神秘主义者的保护和鼓励说明中世纪女性与中世纪晚期神职人员之间的互相依赖关系。③ 因此, 我们可以说在中世纪男性化的神职文化占据主宰地位的世界里, 宗教成为处于从属地位的女性

---

① Nicholas Watson, "The Making of *The Book of Margery Kempe*", in *Voices in Dialogue: Reading Women in the Middle Ages*. Ed. Linda Olson and Kathryn Kerby-Fulton. Notre Dame: University of Notre Dame, 2005. p. 418.

② Raymond A. Powell, "Margery Kempe: An Exemplar of Late Medieval English Piety." *The Catholic Historical Review* 89.1 (2003): 1 – 23. p. 1.

③ A. C. Spearing, "*The Book of Margery Kempe*; Or, The Diary of a Nobody." *The Southern Review* 38 (2002): 625 – 35. p. 89.

发出自己声音的一个平台。

坎普曾经从事过酿酒等属于女性的工作，但是她以自己独特的方式参与到欧洲大陆的宗教传统和女性神秘主义运动之中。这些恰恰成为她步出男权社会在空间和职业上的约束而逐渐进入权力中心的开始。中世纪那些决心把一切奉献给上帝的女性宁愿选择做宗教殉道者，因为男权社会的宗教话语囚禁了女性，以宗教禁忌等多种方式把女性排斥在外，女性摆脱这种束缚的方式就是积极参与赋予男性权力的宗教活动，从而从宗教内部突围。露丝·伊里加蕾指出，神秘主义是西方历史上女性可以公开讲话和行动的地方①，而中世纪神职文化自相矛盾之处在于认为那些具有创造力的女性没有权力说话，只是在必要的时候，她们以上帝代言人的身份讲话。这足以说明中世纪女性作家或女性异象者向她们的牧师或司祭声称她们是受上帝的启发或指挥写作、在公共场合讲话的原因。神秘主义者越过当时处于主导地位的教会，可以用超言说的方式直接面对上帝。更实际地说，她们以一种不同寻常的方式接触社会，不仅展示出女性和男性在精神上的平等，更展示了女性在精神层面上的权威感。坎普说她的言语来自和上帝的密切交谈，这让莱斯特市的看守员大吃一惊，遂放弃了调戏她的想法。面对市长的怀疑和谴责，她以上帝的名义严厉回击。切丽·格伦指出，尽管坎普是一位女性，但是她的异象"给她提供了一种公共语言和世界上可见的办公室"②。

坎普和丈夫在达成要过贞洁的婚姻生活这一"寡居协议"之后③，开始了她的朝圣之旅。她先后到达以下城市或圣地：康士坦丁、威尼斯、雅法、阿西西城、罗马、耶路撒冷、孔波斯特拉的圣地亚哥、维尔斯纳克，以及英国的多佛、坎特伯雷、伦敦、布里斯托尔、约克、诺里奇、布里德灵顿，等等。可以看出，坎普并非一位全职母亲，而是一位非同寻常的旅行者。这使她脱离了家庭空间而进入男性占据主导地位的公共

---

① Luce Irigaray, *Speculum of the Other Woman*. Trans. Gillian C. Gill. New York: Cornell University Press, 1985. p. 191.

② Cheryl Glenn, "Author, Audience, and Autobiography: Rhetorical Techniques in *The Book of Margery Kempe*." *College English* 54 (1992): 540－53. p. 15.

③ 这是劳拉·费恩伯格自创的一个术语，英文为"contractual widowhood"。坎普在朝圣前和丈夫商量过贞洁的生活，得到丈夫约翰的同意，条件是她要还清丈夫所欠债务。Nona Fienberg, "Thematics of Value in *The Book of Margery Kempe*." *Modern Philology* 87 (1989): 132－41.

空间。萨若·萨利认为房子是中世纪女性享有特权的空间，从概念上来说，在这里可以看到为家务操劳的好女性。① 坎普所处时代的有关行为规范的书籍和文献为女性提供了如何称职地处理家务的实用性建议和意见。女性身处家庭私人空间、忙碌于料理家务是中世纪男性期待的理想生活模式。那些打破空间界限的女性总会被人们看作是危险的污染源，或象征性地看，具有颠覆潜质。正如乔德罗所言，家或家人是情感的避难所，"作为妻子和母亲，女性在干家务和照料孩子的过程中，从身体上再生了人类；在情感上支持丈夫和维持母子关系中，在心理上再生了人类"②。与其说坎普在朝圣的时候卷入基督教的帝国主义活动之中，不如说她超越了社会—文化对女性—母亲的期待视野，拒绝在家庭这一私人空间履行自己的母性职责，打破了家庭私人空间和公共空间、神圣空间和世俗空间之间的界限。

据劳娜·豪维斯的研究发现，《玛格丽·坎普之书》中所记载的一件让人吃惊的事情是坎普第一次去欧洲大陆朝圣的时候有孕在身："第二十一章记载她发现自己怀孕，在第四十三章，她承认带着孩子回家。"③ 里兹·赫伯特·麦卡沃伊认为坎普的第十四个孩子出生在 1413 年，这也就是说，在 1413 年秋季她开始朝圣的时候已经有 6 个月身孕了。④ 依照常理，作为有孕在身的母亲，坎普理应守在家中待产。在她朝圣之旅中，妊娠和朝圣、母性和"寡居协议"、家庭空间和公共空间、世俗空间和神圣空间、神秘主义和教会教义都在坎普踏上去耶路撒冷的路途上出现互动关系。

坎普与同行者和遇到的教会权威人士之间的关系一直处于不断协商、不断谈判的过程之中。坎普拒绝身处修女院或像朱丽安所处的禁室之中。

---

① Sahah Salih, "At Home; Out of the House", in *The Cambridge Companion to Medieval Women's Writing*, p. 125.

② Nancy Chodorow, *The Reproduction of Mothering: Psychoanalysis and the Sociology of Gender.* Berkeley: University of California Press, 1978. p. 36.

③ 劳娜·豪维斯认为，在 1413 年秋天，坎普从林恩城出发朝圣的时候，已经有 3 到 5 个月的身孕，在威尼斯的 13 周时间里，生下了她的第十四个孩子。1414 年春天，坎普返回威尼斯，接回孩子。1415 年，坎普返回诺里奇市。豪维斯认为《玛格丽·坎普之书》中并未进一步谈及最后一个孩子的下落。但是，从第 43 章坎普和隐士的对话中可以发现，她把孩子带回了家。在原文的第 75 页中写道："先生，上帝赐给我的孩子我带回来了，因为上帝知道，我出去生了这个孩子，我并没有做任何事情。" Laura L Howes, "On the Birth of Margery Kempe's Last Child." *Modern Philology* 90 (1992): 220–25.

④ Liz Herbert McAvoy, *The Book of Margery Kempe: Abridged Translation, Introduction, Notes.* Cambridge: D. S. Brewer, 2003, p. 33.

相反，她一直游移、逗留在各个朝圣地之间。这种多元而杂糅的空间使她的朝圣之旅具有很强的流动性和游牧性特点。特伦斯·鲍尔斯认为："坎普的旅行惹起各方人士的焦虑，人群中的愤怒情绪表明这是一种越界式的动态旅行。"① 可以说，她的朝圣之旅已经在心理上触犯和超越了中世纪人对女性—母亲应该扮演的角色和教会权威的期待视野，因此，坎普成为引发焦虑的源头和违反社会等级秩序的肇事者。我们知道，对中世纪女性而言，朝圣或出门旅行是一件非常危险的事情。当女性走出封闭的或固定的私人空间或家庭空间去朝圣的时候，通常会遭到人们的谴责。麦克谢福里指出，在中世纪，在公共场合活动的女性在某种程度上来说是不贞洁的女性。② 克拉丽莎·阿特金森指出："四处流浪的女性就像是希腊和医学理论中游动的子宫一样，因为具有流动、闲荡的能力，它才具有威胁性。"③

事实上，对一些中世纪女性而言，朝圣是一种摆脱丈夫、神父和家务控制的策略。它对社会约定秩序的颠覆激怒了恪守传统观念的公众和教会，引起人们心理上的恐慌和不安。在坎特伯雷，坎普大胆讲了一段经文中的故事之后，人们称她为罗拉德教派成员。一位修士威胁道："我宁愿你被关在石头房子里，没有人和你说话。"（93）他的弦外之音是指她离开家庭在外旅行的行为和她作为女性敢于在公共场合讲有关《圣经》的故事。也就是说，女性没有权利在公共场合讲话，没有权利讲述任何有关《圣经》的东西。他的动机显然是想把她从公共空间中隔离，把她消音为沉默且无权的他者。在去比弗莱的路上，一位修道士警告坎普，指出她应该像其他女性一样去纺线。纺线、酿酒和开磨坊都是中世纪时期劳动分工中女性从事的职业。

中世纪女性朝圣者经常会通过某种独特的方式在公共场合表演而使自己成为某种"景观"，但这有可能模糊了她们的性别或角色，人们很难将她们进行归类。这种归类危机感会在他们所在的社区引发人群的焦虑感，因为这些社区坚持维持社会秩序和体制的存在。如果说坎

---

① Terence N. Bowers, "Margery Kempe as a Traveler. " *Studies in Philology* 97 (2000): 1 - 28. p. 3.

② Shannon McSheffrey, *Gender & Heresy: Women and Men in Lollard Communities 1420 - 1530.* Philadelphia: University of Pennsylvania Press, 1995. p. 48.

③ Clarissa W. Atkinson, *The Oldest Vocation: Christian Motherhood in the Middle Ages.* New York: Cornell University Press, 1991. p. 28.

普是一面镜子，映照出处于转型时期的英国社会，那么，一些女性对她的强烈谴责则体现了中世纪英国女性的期待值和她们已经内化并且赞同的男权社会的价值观。虽然坎普不断地被拒绝、攻击和排斥，她和这些女性不同之点在于她外化了人们从坚持以上帝为中心的社会秩序到追求个体自由中所凸显的意识形态所处的两难之境和社会转型时期的矛盾焦点。可以说，坎普在一个卑贱的空间或阈限空间之中旅行。在这样的空间中，传统的社会观念、家庭角色和空间划分都丧失了中世纪基督教文化所构建的意义及其对女性的制约作用。这种空间的卑贱性还在于坎普离开以母子关系为基础的家庭空间，拓展了物理空间和精神空间，从而进入到凸显男性主导权的文化空间和公共空间之中。

坎普实际上在物理世界、心理世界和精神世界之间徘徊。[1] 这些世界是超验而神秘的，很自然地拒绝来自神父、教会权威的控制和普通信徒的监视。[2] 这有助于坎普在异象之中与神性结合，获得教会权威人士的认同，得到那些把上帝的恩典神秘化而自己却无法通过个人的感知能力理解的信徒的大力支持。坎普的旅行使她见到了当时著名的女隐士朱丽安、神父瑞平顿、托马斯·阿伦戴尔、坎特伯雷大主教、约克郡大主教、威斯特摩兰女士等宗教界重要人士和社会名流，并获得他们的大力支持。正如卡玛·洛赫里所言，和这些人的交往是她作为边缘人获得权威感的一种方式。[3] 特伦斯·鲍尔斯认为："通过旅行，把自己和那些受人尊敬的社群联系起来，坎普缓解了作为不正常的、奇怪的人的地位。"[4] 鲍尔斯把坎普看作是"不正常的、奇怪的人"，这和坎普同时代

---

[1]　从地理概念上来说，精神性旅行与精神状态有关。它指人在精神性旅行过程中所经历的一种意识状态。在这种状态中，人似乎旅行了许多地方。这可以分为三种世界：人日常生活中所见的现实世界，由形象、记忆、身份和情感组成的心理世界，人可以在物理世界和身份改变的两级极端世界之间徘徊。在精神世界里，欢乐、喜悦、空虚、爱和神秘的体验有关。坎普在微睡中有过冥想，想到基督受难情景的时候大哭。这些表明她似乎徘徊在这三个世界之中。

[2]　坎普的旅行很容易使我们想到中国的"神游"理论。庄子提出的"神游"理论鼓励人们在现实世界或精神世界中旅行。如果人们对现实生活不满，通过"神游"或"心游"获取自由，从而脱离社会限制。庄子推崇的理想生活方式是隐士、圣人、智者的生活。

[3]　Karma Lochrie, "*The Book of Margery Kempe*: The Marginal Woman's Quest for Literary Authority." *Journal of Medieval and Renaissance Studies* 16 (1986): 33 – 55.

[4]　Terence N. Bowers, "Margery Kempe as a Traveler." *Studies in Philology* 97 (2000): 1 – 28. p. 15.

的人对她充满蔑视的看法如出一辙。这样的结论其实并不为奇,因为中世纪传统观念总是把女性的德行和女性所处的空间联系起来。作为女性——母亲,她们应该一直坚守在受男性控制的家庭私人空间之中,这成为判断好女人和坏女人的基本标准。走出这种空间、进入公共空间的女性总是会和诸如贪婪、骄横、淫欲、欺骗等特点联系在一起①,人们甚至误把朝圣当作一种掩饰或托词,认为凡是朝圣的人企图寻求不正当的性行为。② 但是,坎普的朝圣之旅赋予她以自由,因为这使她有可能进入公共空间,以女性的视角记载自己的沿途所见,否则她不可能成为中世纪第一位记载人们去罗马和耶路撒冷朝圣的女性。

我们知道,对于中世纪基督徒来说,朝圣分为两种方式进行,即自愿朝圣和强制性朝圣。③ 而朝圣的原因一般有三个:治病、安慰灵魂、体验旅行的乐趣。④ 事实上,英国的朝圣文化与朝圣体制鼓励和支持信徒在不同的圣地旅行、瞻仰和停留,因为盎格鲁—撒克逊人入侵,相关记录中断。根据记载,英国的朝圣人数从 8 世纪起增加,人们大多去罗马。由于十字军东征和欧洲新的神龛的出现,中世纪盛期朝圣更是流行,参与的女性非常多。中世纪晚期,朝圣者显得过于好奇而缺乏虔诚,人们去朝圣是为了逃避枯燥的家庭生活,而不是为了接近上帝。⑤ 可以看出,中世纪晚期的朝圣已经走向世俗化,它只具备象征意义,朝圣已经与享乐主义,尤其是新兴的商业化都市的价值观联系在了一起,已经丧失了救赎的基本理念。

坎普引起社会和周围人群对她的排斥和反对。几位评论者认为坎普的不同之处在于她"非常严肃"地对待朝圣所蕴含的意义,行动和

① Leigh Ann Craig, *Wandering Women and Holy Matrons*: *Women as Pilgrims in the Later Middle Ages.* Leiden: Koninklijke Brill NV, 2009. p. 23

② Susan Signe Morrison, *Women Pilgrims in Late Medieval England.* London and New York: Routledge, 2000. pp. 108 – 11.

③ Leigh Ann Craig, *Wandering Women and Holy Matrons*: *Women as Pilgrims in the Later Middle Ages.* Leiden: Koninklijke Brill NV, 2009. pp. 175 – 219.

④ Ibid. p. 222.

⑤ Jonathan Sumption, *Pilgrimage*: *An Image of Medieval Religion.* Totowa, New Jercy: Rowman and Littlefield, 1975, pp. 256 – 88. 英国人在大陆去朝圣和在国内朝圣的目的略有不同。在英国国内圣地,除了治病或赎罪,人们朝圣之外,还因为政治原因朝圣,目的是要国王把兰卡斯特的伯爵托马斯加入圣徒之列。参见 J. J. Jusserand, *English Wayfaring Life in the Middle Ages.* London: Methuen & Co Ltd. , 1961. pp. 192 – 4.

谈话显得过于虔诚，这与周围人的观念格格不入，从而引起周围人的敌意。① 类似的反应可以从中世纪人的记载中看到。据 15 世纪晚期一位修士费利克斯·范布里的记载，他见到六位年长的女性乘船去朝圣，"我对这些女性的勇气感到吃惊，她们都支撑不住自己的体重，忘记了虚弱的身体，因为热爱圣地而加入到年轻骑士的行列，和身体强壮的男性一起坐船去朝圣"②。当时的女性，尤其是年老女性的朝圣热情可窥一斑。事实上，中世纪人的朝圣动机分为两种：一种是建立在追求神圣感基础之上，强调禁欲主义和忏悔赎罪，目的在于追求神圣感；另外一种纯粹出于对朝圣的好奇，把朝圣看作是一种观光式旅行，主要是在各个圣地之间旅游，满足好奇心。这两者之间的区别在于前者重在表现宗教情感虔诚，后者追求的不过是精神娱乐。中世纪后期，到欧洲大陆各个圣地朝圣的女性并不在少数。赴耶路撒冷的长途朝圣在当时还受到威尼斯政府的大力支持，对男女朝圣者都持欢迎态度，并组织船员带领朝圣者从威尼斯出发到耶路撒冷。但男性朝圣者一般对女性朝圣者持有敌意，他们要求同行女性必须保持沉默、谦卑、低调。若女性表现得有点张扬，必然会引起他们的不满而受到不同程度的惩罚。③

坎普作为一名赴耶路撒冷朝圣的女性，就是因为恸哭、斋戒、虔诚的谈话而遭受同行者的唾弃。理查德·凯克海弗指出，坎普的许多看起来非传统的举动在欧洲大陆司空见惯，对欧洲大陆这种传统熟悉的人都会接受、理解她的行为举止。④ 在当时的耶路撒冷，许多女性出于宗教虔诚而大声痛哭并不为奇，但是坎普周围的人不愿意接受坎普的举止。莱·安妮·克瑞格认为坎普在非圣礼背景下不愿遵照同行的男性希望女

① Liz Herbert McAvoy, *The Book of Margery Kempe*: *Abridged Translation*, *Introduction*, *Notes*. Cambridge: D. S. Brewer, 2003. p. 21. Leigh Ann Craig, *Wandering Women and Holy Matrons*: *Women as Pilgrims in the Later Middle Ages*. Leiden: Koninklijke Brill NV, 2009. p. 164. Michael Vandussen, "Betokening Chastity: Margery Kempe's Sartorial Crisis." *Forum for Modern Language Studies* 41 (2005): 275 – 88.

② Felix Fabri, *The Book of Wanderings of Brother Felix Fabri*. Trans. Aubrey McCarthy. Washington: Catholic University of America Press, 1960. p. 11.

③ Leigh Ann Craig, *Wandering Women and Holy Matrons*: *Women as Pilgrims in the Later Middle Ages*. Leiden: Koninklijke Brill NV, 2009. pp. 151 – 61.

④ Richard Kieckhefer, "Convension and Conversion: Patterns in Late Medieval Piety." *Church History* 67 (1998): 32 – 51. p. 41.

性保持沉默、谦卑的要求而遭到惩罚。① 这当然和中世纪晚期的男性神职文化背景和社会对女性朝圣者的偏见有关。但是，我们知道，中世纪英国女性参与宗教神秘主义活动其实比欧洲大陆稍晚。当坎普把自己的异象告诉给当时鼎鼎有名的大主教瑞平顿的时候，他让她尽快记录下她的感受，因为瑞平顿意识到这才是英国土生土长的、属于本土的神秘主义活动。可以说，英国大众对神秘主义的理解和接受方面走在坎普之后。

事实上，坎普不为周围人所接受的最直接的原因有两个：一，她不断地恸哭。二，她作为已婚女性和母亲，却身穿象征贞洁的白袍游走在各个圣地之间。我们知道，对中世纪英国的普通信徒来说，坎普的行为举止或身体表演显得非常夸张。但是，从坎普的角度来看，这是对耶稣受难或圣母玛利亚悲恸的一种现实模仿或再现。坎普以为通过这种虔诚的举动可以使人们知道耶稣受难和圣母玛利亚的丧子之痛。坎普的第一次大哭发生在圣地耶路撒冷的西奈山上，当时她正处于冥想耶稣受难的心理状态之中。随后，她就养成了长时间频繁地、强烈地大哭的习惯。当时她身边不同的人对此持有不同的看法，邪恶的幽灵、疾病、魔鬼俯身、喝酒过多等因素成为人们解释她恸哭的原因。现代评论家把她的大哭归结为心理紊乱，处于疯癫状态②，或精神分裂症③，或是她一心追求一举成名和周围人的崇拜④，似有炒作之嫌。斯托克甚至怀疑她患有妥瑞症。⑤ 候蒲·费丽思·

① Leigh Ann Craig, *Wandering Women and Holy Matrons: Women as Pilgrims in the Later Middle Ages*. Leiden: Koninklijke Brill NV, 2009. p. 166.

② Richard Lawes, "Psychological Disorder and the Autobiographical Impulse in Julian of Norwich, Margery Kempe and Thomas Hoccleve", in *Writing Religious Women: Female Spiritual and Textual Practices in Late Medieval England*, pp. 217 – 24. A. C. Spearing, "Margery Kempe", in *A Companion to Middle English Prose*, pp. 83 – 97. Phyllis R. Freeman, Carly Rees Bogorad, and Diane E. Sholomskas, " Margery Kempe, A New Theory: The Inadequacy of Hysteria and Postpartum Psychosis as Diognostic Categories." *History of Psychiatry* 1 (1990): 169 – 90. Nancy F. Partner, "Reading *The Book of Margery Kempe.*" *Exemplaria* 3 (1991): 29 – 66. Richard Lawes, "The Madness of Margery Kempe", in *The Medieval Mystical Tradition: England, Ireland, and Wales*, pp. 147 – 67.

③ Sarah Hopper, *Mothers, Mystics and Merrymakers: Medieval Women Pilgrims*. Stroud: Sutton Publishing Limited, 2006. p. 46.

④ A. C. Spearing, "Margery Kempe", in *A Companion to Middle English Prose*. Ed. A. S. G. Edwards. Cambridge: D. S. Brewer, 2004. pp. 83 – 97.

⑤ Nancy P. Stock, "Did Margery Kempe Suffer from Tourette Syndrome?" *Medevial Studies* 59 (1997): 261 – 300. 这种说法是从医学的角度对她的分析和解读。妥瑞症是一种非常严重的痉挛疾病。从坎普辗转回到英国，后来送儿媳、朝圣的经历来看，她意识清醒，能够通过自己的意志控制自己的行为。

威丝曼认为她在耶路撒冷的大哭是精神上的分娩，旨在消除原罪和夏娃带来的负面影响，"在夏娃的生物性母性之外，坎普证明了一种超越性的、无可挑剔而纯洁的母性"①。可以肯定的是，在模仿圣母玛利亚而作为幼儿耶稣母亲的时候，这种角色的转换实际上否定了她的生物性母性角色。她渴望能像圣母玛利亚一样成为一位"童贞女母亲"。但是，教会权威人士在怀疑之中不断测试，想知道她的眼泪是否是受神启，或是由邪恶的魔鬼指挥所致，或是她佯装以引起公众的注意。在罗马，经过测试，一位神父最终相信是圣灵使她号啕大哭，并不是她假装大哭来骗取周围人的信任。眼泪其实也有其象征意义。甘丽·埃伯索尔经过研究认为眼泪是人在社会上立足、确立自我身份的一种有效方式，眼泪还是一种社会、政治、道德评判和批评的潜在的有力工具。② 眼泪可以是为某种仪式而进行的表演，可以是情感的自然流露。但是，坎普的眼泪引起了周围人和教会的怀疑。她的眼泪和"青一块紫一块"的身体恰恰证明了她身上具有的越界和颠覆的潜质，在当时的宗教背景下，呼吁男权社会和她进行对话。

坎普通过两种方式使自己成为一个卑贱的存在：首先，在一些情况下，她有意识地或故意越界。这指的是她在母亲角色扮演和空间位置方面的越界，超越中世纪社会传统观念对当时女性在角色和空间划分方面所持的标准或坚守的边界；其次，当她的越界行为引起周围人群的不满、愤慨和敌意的时候，人们已经把她看作是卑贱的存在，认为她"不伦不类"，而她恰恰迎合这种看法，特地自我贬低，使自己成为名副其实的卑贱的存在。这种卑贱的行为具有颠覆性，因为一方面它映照出当时占据主导地位的社会传统和文化观念，但是，另外一个方面，就坎普来说，越界的过程就是否定、拒绝、改变传统观念的过程。丽萨·洛克福特指出，当表演卑贱的时候，"自我贬低"的做法成为一种表演策略，女性公然挑战文化中把女性看作卑贱的载体这一观念。对于周围那些把女性卑贱化的人来说，女性的这种做法让他们感到一种宽慰，"女性其实就是如此而已"的想法自然会出现。洛克福特认为女性有意展示女性的卑贱

① Hope Phyllis Weissman, "Margery Kempe in Jerusalem: Hysterica Compassio in the Late Middle Ages", in Acts of Interpretation: The Text in its Contexts, 700 - 1600, p. 201.

② Gary L. Ebersole, "The Function of Ritual Weeping Revisited: Affective Expression and Moral Discourse." History of Religions 39 (2000): 211 -46. p. 214.

实际上是一种带有蔑视态度的政治行为，女性因此具备了越界特点的身体，但是，在这种蔑视、挑战的行为中，女性变得具有颠覆潜质。① 坎普通过身体表演的方式把自己变成一个卑贱的存在体，她的身体成为抵制社会对女性偏见的据高点，因此，这种看似"不伦不类"的做法招来社会的厌恶和不屑是自然而然的。

坎普的身体表演打破了她所在社群的阐释度和接受度，和权力、性别、道德等社会话语关联。她恸哭时的眼泪引起人们的迷惑和敌意，使人们把她看作"虚伪的人"和异教徒，并企图烧死她，把她投入大牢，甚至给她身上泼水，企图置她于死地。坎普并没有屈服于各种身体上或言语上的暴力，而是借助异象从耶稣那里获得精神支持和动力：

> 至于我的大哭，我的啜泣，我的哭泣，全能的主啊，您肯定知道我经受了什么样的嘲笑、羞辱、侮辱和谴责。大声或安静地哭泣不在我能力控制范围之内，既不是为任何虔诚，也不是为任何甜蜜，但是只有通过圣灵的馈赠，因此，主啊，在世界面前宽恕我吧，好让它知道和相信这是您的举动和馈赠，来赞美您的名字，增加他人对您的爱。(423)

爱伦·罗斯认为坎普是"中世纪英国的耶利米"，通过自己的身体表演和阐释把耶稣展示给世人。② 耶稣在她的异象中安慰说，她的大哭可以帮助人们去爱他，"女子，我应该让整个世界对你感到吃惊，许多男性和女性因为爱你而谈论我，因你而崇拜我"（172）。杰弗里·科亨认为坎普的大哭是语言表达无力情况下的一种身体回应，用来表达自己的声音。③ 从坎普的角度看，她的表演让更多的人知道耶稣，但是，我们更有理由认为她的大哭是对十字架下圣母玛利亚的模仿，也是一种无言的反抗，是一种在男性占据统治地位的社会中发出自己声音的策略。坎普在这种模仿之中，创造出一种自我的理想化形象，通过在异象和现实中的自我美化，在这种认同感和归属感之中，赋予自己以力量和成就感。

① Lesa Lockford, *Performing Femininity*. Oxford：AltaMira Press, 2004. p. 149.

② Ellen M. Ross, "Spiritual Experience and Women's Autobiography：The Rhetoric of Selfhood in *The Book of Margery Kempe*." *Journal of the American Academy of Religion* 3 (1991)：527 – 46. p. 531.

③ Jeffrey. J. Cohen, *Medieval Identity Machines*. London：University of Minnesota Press, 2003. p. 162.

她所建立起来的圣母玛利亚的理想形象成为她所认定的、理想的、自我的展现。凯瑟丽·阿什利认为坎普获得上帝的帮助"使她有着强烈的感觉，即不顾外界的骚扰和怀疑，她是自己精神的阐释者和代理人"①。来自宗教社群的分歧和谴责恰恰映照出社会体制和宗教禁忌的压迫力量。把她标为异教徒、罗拉德分子或者女巫，以此来损坏她的名声从而排挤她，这为他们的攻击和控诉找到了借口。② 这是一种人为的构建方式：妖魔化或边缘化某个群体，从而强化处于中心位置的占据主导地位的群体的权威，而在这种构建的后面，隐藏着男权社会具有等级之分的权力结构。

坎普的眼泪，无论是像圣母玛利亚一样的母亲的泪水，还是像一位罪人的悔恨的泪水，都起着调解她和周围不同社会群体之间关系的作用。对她的眼泪表现出的不同反应表明中世纪英国人处在即将步入现代时期的边缘上，正在经历着意识形态的转变。对她的情感虔诚表现出的厌恶足以说明人们已经开始挣脱旧的思维意识，逐渐转向更为自由的、敢于追求世俗快乐的心态。坎普不仅是一面不断在移动的镜子，而且是一个承载着各种话语之间的互动关系的多元化符号。如果说她为实现理想化的自我付出了代价的话，那就是在树立自我理想形象的时候，她较之其他的普通女性更为执着。在她大哭的时候，坎普为了塑造理想的自我而放弃了真实的自我。这也许是中世纪母性殉道者所处的两难之境。她们企图把基督教话语控制下的母性神话转变为一种理想的现实，由此寻找自我的归属感。在坎普表达自我的过程之中，需要表演的是理想化的自我，从而满足她的动机，实现她的愿望，证明自己就是耶稣所说的"全世界人的母亲。"

事实上，坎普的白袍引起了更多的争议和怀疑。在第一卷第十五章，在她出发去罗马和耶路撒冷之前的异象中，耶稣要求她身穿白袍，而不是其他颜色的衣服。耶稣向她保证，如果她穿上白袍，她将在英国和罗马安然无恙。到达罗马之后，她订做了白袍并穿上了它。雅克·高夫认

---

① Kathleen Ashley, "Historicizing Margery: *The Book of Margery Kempe* as Social Text." *Journal of Medieval and Early Modern Studies* 28 (1998): 371–88. p. 379.

② 女巫理论在中世纪晚期出现。14 世纪，教会把女巫看作是魔鬼的同谋，认为她们和魔鬼之间有契约。1300 年到 1500 年间，被控从事巫术的对象中女性占三分之二。心理学家认为这说明中世纪男性不信任女性，对女性怀有厌恶和憎恨情绪，但当时占据主导地位的基督教认为女性地位低下，这种话语实际上导致了对女性的控诉。这是一种社会和宗教的双重构建的结果。Shulamith Shahar, "Witches and the Heretical Movements", in *The Fourth Estate*, pp. 251–80.

为:"中世纪人以颜色来看待和思考宇宙与社会。颜色是象征性的。它们形成了不断变化的价值体系……黑色和白色几乎直接关联意识形态。"① 因为,在当时"白色"意味着童贞、纯洁、洁净和圣洁。克拉丽莎·阿特金森指出:"白色是纯洁,尤其是性纯洁的象征,也是圣洁的象征。问题不是颜色的意义,而是坎普是否有资格穿它(白袍)。"② 这是一个非常关键的问题。中世纪的服装艺术对女性有一定的要求和约束,它同样体现着女性的社会地位。当坎普有孕在身的时候,坎普认为自己并不属于圣洁的少女,向耶稣表达了自己的焦虑,耶稣安慰道:

> 女子,请相信我也喜欢作了妻子的人,尤其是那些愿意过贞洁生活的妻子。如果她们有自己的意愿,如你一样做事情让我开心。虽然少女的身份比寡妇的身份更完美、更圣洁,寡妇的身份比婚姻中的女性身份更完美,但是,女子,我爱你就如同我爱那些少女一样多。(131 – 2)

这就是说,她朝圣的时候身披白袍是奉耶稣之命而行事。事实上,在皈依基督教之前,已婚并成为母亲的女性和童贞女相比并无多大优势。

凯若琳·丁肖指出,坎普的白袍"标志着她多产的身体和重塑童贞女身体的愿望之间的分离,这样,她不仅**像**童贞女"③。里兹·赫伯特·麦卡沃伊指出白袍通常是美德和童贞的象征,坎普身着白袍可能是想表明"耶稣授予她'灵魂上的童贞女'这一角色"④。在笔者看来,坎普就是一位身着白袍的易装母亲。凯洛琳·沃克·贝纳姆认为圣女贞德、坎普、摩纳托的多萝西和马克耶特的克里斯汀娜所穿的服装更多的是对社会机制的展示⑤,不是宗教象征,对女性来说,易装是改变自己角色的

---

① Jacques Le Goff, "Introduction: Medieval Man", in *The Medieval World*, p. 32.

② Clarissa W. Atkinson, *Mystic and Pilgrim: The Book and the World of Margery Kempe*. New York: Cornell University Press, 1983. p. 51.

③ Carolyn Dinshaw, "Margery Kempe Answers Back", in *Women, Gender, Religion: A Reader*, p. 259.

④ Liz Herbert McAvoy, *The Book of Margery Kempe: Abridged Translation, Introduction, Notes*. Cambridge: D. S. Brewer, 2003. p. 42.

⑤ 摩纳托的多萝西(Dorothy of Montau, 1347 – 1394)是德国著名女性异象者。马克耶特的克里斯汀娜(Christina of Markyate, 1095/1110 – 1155)是英国职业修女,因为产生异象而出名。

方式①。如果说易装在大多数情况下是两性特征的融合或颠覆，那么，问题的焦点就在于坎普不像贞德一样通过易装来改变自己的社会性别，而是身着白袍来否定自己作为母亲和妻子的角色，这种外在的象征符号表明她在身体上、心理上企图扮演童贞女的角色。进一步说，坎普企图改变的角色和性别无关，而是和自己的贞洁度有关。身着白袍的坎普否认自己作为母亲的角色，把自己伪装成一位童贞女，白袍不过是伪装的道具，它使坎普可以获得女性身份中最有特权的等级，即童贞女。事实上，她这样的举措掩盖了那些阻碍她接近神性的东西，这是对母亲角色的策略性逆转。她以耶稣的名义追求自己的宗教事业，追寻、阐释和表演童贞。最终，她同意把自己的异象展示给神父。这表明她意识到这样可以从教会那里获得自己的权威，以此种方式，她"漫游"到男权社会。

　　坎普的白袍作为一种面具掩盖了她已经失去贞洁这一事实。莱斯特市的市长谴责她，不懂她身着白袍的用意，害怕所有的女性会效仿她过贞洁的生活。约克郡的大主教亨利·鲍威特质问道："你为什么身着白袍？你是童贞女吗？（Why gost thu in white? Art thu a mayden?）"（249）坎普双膝跪地，承认她不是童贞女，而是已婚女性。这是整个故事叙述中第一次把"白色"（white）和"童贞女"（mayden）联系在一起。② 坎普是一位母亲，但是，更是一位乔装打扮的童贞女。这说明为什么亨利·鲍威特在知道她回英国时身着白袍却怀抱在朝圣路上生育的最后一个孩子的时候说的一句话："上帝不许这样。"虽然是 14 个孩子的母亲，坎普却以自己独特的方式来表演童贞女身份。她的这种做法并不是在实现理想化自我中的强迫行为，而是重塑童贞女身份的愿望驱使着她。坎普主动采取措施，以认同、适应基督教文化为前提，追求一种实际上无法实现的理想化自我，放弃了本真自我，排除现实世界男权话语和宗教禁忌，使自己摇身变为现实世界中的圣母玛利亚。露斯·埃文斯认为坎普临时、随机地寻找童贞，把自己重塑为一个童贞女，这不是坎普在重

---

① Caroline Walker Bynum, *Fragmentation and Redemption— Essays on Gender and the Human Body in Medieval Religion*. New York：Zone Books, 1991. p. 38.

② 1399 年，英国禁止人们身穿白衣，因为和当时从法国传入意大利的一种疾病有关。当时，坎普的白袍不仅被人们看作是假装圣洁，而是某种来自国外的传染病之源。Carolyn Dinshaw, "Margery Kempe Answers Back", in *Women，Gender，Religion：A Reader*, pp. 257 - 308. 但是，我们可以从坎普和大主教之间的对话可以看出这和女性的童贞有关。

塑童贞时的不连贯行为所致，而是文化意义定义的童贞概念本身而致。①
萨若·萨利认为坎普的服装"不仅预示着她的童贞，而且意味着那种童
贞的边缘的、模糊的和复杂的地位，指涉坎普和童贞本身"②。显然，坎
普并未从"合约式的寡妇身份"中获得心理上对贞洁的满足感，她需要
进一步表演童贞，显示它，重塑它，阐释它在公共场合的意义所在。这
种表演的后面掩藏着中世纪对"童贞"这一概念定义的模糊性和中世纪
人把"纯洁"和"性"相联系的逻辑，更进一步说明了中世纪人对圣母
玛利亚崇拜的实质原因所在。这不过是中世纪人幻想的一种母性神话，
是基督教话语自相矛盾的淋漓展示。

坎普以圣凯瑟琳、圣玛格丽特、圣芭芭拉和圣抹大拉的玛利亚为自
己行动的榜样，在体验阈限状态的时候，深受这些童贞殉道者（virgin
martyrs）的影响，通过表演使自己更具有社会影响力。这就是前面提到
的她把自己变为景观的部分原因。她真正的动机是展示情感虔诚，但是，
情感虔诚之外的驱力在于她能够像这些圣徒一样追求一种成功。她以成
为圣母玛利亚式的女性而体验到一种成就感、卓越感和优越感，使自己
成为想象中的圣布里吉特式的成功女性，成为圣母玛利亚式的不可企及
的上帝之母。这可从周围人邀请她作教母、一位英国男子慕名认她为母
亲的详细叙述中可见一斑。由此可见，母亲身份成为她实现幻想中的个
人理想形象的工具。坎普身着白袍恰恰表明她所追求的是一种圣母玛利
亚式的完美：神圣、纯洁、受人景仰，成为万能的上帝之母。进一步说，
她所追求的这种理想化的自我形象是她对自我母亲形象的一种幻想式构
建，于她自己而言是真实的，于周围人而言却是荒谬不堪。

我们知道，中世纪那些童贞殉道者通常在意念上偏向于作耶稣的新
娘。当坎普戴上刻有"耶稣是我的至爱"这个戒指的时候，她实际上已
经否定了自己是约翰·坎普的妻子这一世俗角色，把自己提升为耶稣的
新娘。坎普在模仿圣母玛利亚的过程中几乎扮演了女性在现实生活中的
所有角色：童贞女、妻子、母亲和寡妇。因为圣母玛利亚通常被看作是
耶稣的女儿、姐妹、母亲、新娘。女性的几个传统的角色在坎普一个人
身上出现。一首中世纪圣诞颂歌中写道：

---

① Ruth Evans, "Virginities", in *The Cambridge Companion to Medieval Women's Writing*, p. 25.
② Sahah Salih, *Versions of Virginity in Late Medieval England.* Cambridge: D. S. Brewer, 2001.
p. 224.

因为圣母是童贞女、寡妇和妻子。①

对坎普来说，最为重要的事实是圣母玛利亚是一位完美的"童贞女母亲"。芭芭拉·纽曼指出，母性殉道者像上帝的童贞新娘一样，体现了中世纪教会对传统女性所持的矛盾心理。新娘和母亲角色是和神性结合的一种享有特权的隐喻。② 萨若·萨利同样认为坎普的例子说明重复表演颠覆性的性别身份所面临的真正困难和要付出的代价，"因为完美的童贞和神性一样是无法实现的"③。因此，坎普徘徊在"像童贞女"和"是童贞女"的空缺之间，企图解码童贞的符号学。她减轻了自身的身份危机感，追求幻想中的完美，承载着中世纪女性所面临的现实与理想之间的冲突与困境。表面上看，她丧失了作为女性、作为母亲的真实的自我，以一位母性殉道者的身份换取她所追求的完美和神圣。实际上，她所获得的东西就是母亲在中世纪宗教—文化背景下对自我的理想化构建。

《玛格丽·坎普之书》以坎普为社会不同阶层的人祈祷和赞美圣母玛利亚而结束。坎普看似古怪的行为举止解构了中世纪惯有的思维模式，即圣母玛利亚并不是永远保持沉默和顺从的态势。坎普的模仿异常勇敢。我们知道，坎普以圣布里吉特为自己的行动榜样，遗憾的是，她并未取得圣布里吉特所具有的权威感和影响力。圣布里吉特凭借自己作为神秘主义者和预言家的身份和地位对瑞典的政治和教会产生了很大的影响，当时的神父、大主教、隐士、女王和国王等都想获得她在精神上的指点，她受到人们的广泛尊重，成为罗马人崇拜的偶像。坎普的情形却不同。周围人对她充满了敌意和厌恶，令人更感到吃惊的是最终群众往她身上泼水，置她于死地。④ 萨拉·霍珀指出，虽然坎普以圣布里吉特、奥戈尼斯的玛丽和匈牙利的伊丽莎白为自己的行动榜样，有意通过自己的努

① Richard Leighton Greene, ed. *The Early English Carols.* Oxford: Oxford University Press, 1977. p. 95.

② Barbara Newman, *From Virile Woman to Woman Christ: Studies in Medieval Religion.* Philadelphia: University of Pennsylvania Press, 1995. p. 243.

③ Sahah Salih, *Versions of Virginity in Late Medieval England.* Cambridge: D. S. Brewer, 2001. p. 224.

④ 许多文献表明，坎普 1438 年前是三位一体行会的成员，但并未记载她的余生。王亚平参考了众多书籍，说明人们对坎普不满，用水泼她，致其死亡。参见 王亚平：《中世纪神秘主义》，北京：东方出版社，2001，第 243 页。

力想证明自己是名副其实的神秘主义者，但她在宗教信仰上表现出的歇斯底里症或装腔作势的表演使人们认为她是反复无常的怪人，而不是圣徒。① 坎普被毁灭，她企图塑造的理想化自我形象完全瓦解。显然，周围人想消除的不仅仅是真实的"圣母玛利亚"式的女性，他们拒绝任何解密他们所构建母性神话的尝试性举动。

小 结

坎普是一位卑贱的母亲，是一位引发争议的中世纪英国女性。她的行为举止引起了人们颇有争议的评价，但是，在和现实世界交锋中，她以 14 个孩子母亲的身份敢于反击、挽救自己于危机时刻。在她倍感恐惧的时候，她借助上帝的力量逐渐完善理想中的自我形象，阐释神圣理念，追求完美。她所处的卑贱空间和自我塑造的卑贱形象可以说是对当时母亲所面临的母性体制和母性意识的一种拷问。对坎普来说，母性伴随着个人对朝圣之旅和宗教事业的追求。她成功地把生物性母亲角色和精神性母亲角色融合了起来。可以说，坎普是一位典型的处于阈限状态下的母亲，游走在两个世界之间，扮演两种不同的母亲角色。

与其说女性所能扮演的各种角色都体现在圣母玛利亚的身上，不如说体现在世俗世界中坎普的身上。坎普在模仿圣母玛利亚的过程中，升华了她的母性，在异象中成为上帝之母和世界之母。对于身处社会、宗教和男权话语中的坎普来说，母亲身份的重建得益于母亲角色的再扮演和再表演，在想象性的精神体验和现实的生活经历中实现了为母之道。坎普经历了精神性和世俗性母亲角色的转换，书写了中世纪母亲所面临的两难之境，其中夹杂着胜利的喜悦和遭受排斥的悲剧色彩。它反映出中世纪母亲推崇的母性意识，即女性以成为圣母玛利亚式的女性为荣，追求自身的圣洁和完整性，从中获取成就感和优越感。像坎普一样的普通母亲视圣母玛利亚为自己的榜样，渴望成为童贞女母亲，但是，她们都不得不面临来自身体、心理、宗教和社会的根深蒂固的影响以及角色转换中产生的困扰。事实上，坎普式的母亲追求的是一种虚幻的、无法靠近的、痴迷于自我的理想化母亲形象，是对中世纪母性神话的一种有

① Sarah Hopper, *Mothers*, *Mystics and Merrymakers*: *Medieval Women Pilgrims*. Stroud: Sutton Publishing Limited, 2006. p. 55.

力探索。在这种探索的背后，她企图恢复的是长期处于压制状态中的女性—母亲所具有的自尊和人格，凸显母亲的权威感和母亲作为人类本源的地位。

游走在圣地之间的坎普是一个象征性符号，体现了中世纪女性—母亲所面对的自相矛盾的、充满变化的社会语境。坎普的不幸死亡从一个侧面说明中世纪晚期的英国人正经历着一种文化转型，彼岸理想和此岸理想处于相互矛盾之中。人们既希望信徒有宗教虔诚的操守，信守基督教信条，又在潜意识中拒绝过于严肃的、正式的、认真的宗教态度。《玛格丽·坎普之书》把世俗社会这一文本镶嵌在朝圣的文本之中，与社会文献和文化文本之间具有互文性，表达了社会转型时期中世纪英国所面临的精神分裂状态，彰显了中世纪英国追求的以上帝为中心的社会秩序与个人意志之间的冲突。这些从她实现母亲角色中得到印证。

当然，还可以说坎普是转型时期中世纪英国文化人格的一种谱写：在顺从中反叛，在颠覆中寻求认同，徘徊在现实世界中的自我和理想化自我之间；既受制于以上帝为中心的秩序，又企图脱离这种秩序追求个体自由；既想追求神性，又想保持人性的一面。这从一个侧面表明，中世纪晚期英国的母性体制要求母亲必须在社会—宗教所允许的范围内履行自己的义务，遵守社会劳动分工模式为母亲所限定的角色规则。如果她们有越界行为，必然遭受母性体制和婚姻体制的双重压制和排斥，遭遇边缘情境。

坎普以基督教为突破口，为重构母亲身份而作出了不懈的努力。15世纪晚期的《亚瑟王之死》中出现了几位不同的母亲形象，这些母亲是王后，出身高贵，但母性中掺杂着超自然力量和魔法元素，王后桂尼薇儿一直没有生育王位继承人，圆桌成为母亲身体的外化，马洛礼在再现母亲—子女关系方面有别于前面几位作家。这将在第六章进行讨论。

第六章　寻找母亲：《亚瑟王之死》

马洛礼的《亚瑟王之死》（*Le Morte d'Arthur*）之温彻斯特手抄本①没有《玛格丽·坎普之书》被发现时那样产生轰动效应，但它在英国文学史上同样产生了深远的影响。16 世纪，英国人文主义者罗格·阿斯坎姆指出《亚瑟王之死》已取代《圣经》进入皇室。19 世纪，丹丁·加百列·罗塞蒂认为《亚瑟王之死》和《圣经》是世界上最伟大的两本书。②罗格·佘曼·卢米斯指出："亚瑟王和圆桌骑士的故事占据了中世纪骑士文学的主要位置，它似乎给 12 世纪的欧洲施了魔法。在西西里、西班牙、冰岛和耶路撒冷，高文和摩根仙女在这些地方的知名度就如同在英国和法国一样。亚瑟王故事的影响力如此强大，以至于加洛林王朝的史诗《查理曼大帝》都借用它里面的超自然手法（书写）。"③列维斯·琼斯指出，亚瑟成为浪漫文学中最受欢迎、最光彩夺目的核心人物，他的英雄事迹可以和亚历山大与查理曼媲美。④路易斯·索普认为亚瑟备受青睐的原因在于他身上带有他界特点和神秘气息。人们相信

---

①　国外学界对马洛礼的《亚瑟王之死》的两种版本存在争议，目前有卡克斯顿（Caxton）和温彻斯特版本（Winchester）之别。伊丽莎白·阿奇鲍德和爱德华兹认为出版商威廉·卡克斯顿对这部作品进行了一定的修改，目的在于保持作品的连贯性，使作品容易为读者接受。参见 Elizabeth Archaibald and A. S. G. Edwards, "Introduction", in *A Companion to Malory*, p. xiiv. Carol M. Meale, "'The Hoole Book': Editing and the Creation of Meaning in Malory's Text," in *A Companion to Malory*, pp. 3 - 18. 威廉·马修认为卡克斯顿版本比温彻斯特版本长而准确，因为马洛礼亲自对它进行了修改。转引自 P. J. C. Field, *Malory: Texts and Sources*. Cambridge: D. S. Brewer, 1998, p. 21。

②　Qtd. in P. J. C. Field, *Malory: Texts and Sources*. Cambridge: D. S. Brewer, 1998. p. 14.

③　Roger Sherman Loomis, *Celtic Myth and Arthurian Romance*. New York: Columbia University Press, 1926. p. 3.

④　Qtd. in Lewis Thorpe, "Introduction", in *The History of the Kings of Britain*. Trans. Lewis Thorpe. Penguin Books, 1966. p. 21.

他不会死亡，等待着他实现梅林的预言而重出江湖。① 亚瑟王文学为维多利亚时期、现当代英美文坛、艺术和影视的发展留下了丰厚的文化遗产，更不用提那些现代版的小说了②，国内学界甚至把它和《水浒传》进行比较研究③。

我们知道，中世纪时期的英国主要流行四个故事。它们是有关特洛伊战争的故事，亚历山大大帝的萨迦，查理曼大帝的故事。这三个故事都是欧洲大陆的舶来品。第四个故事才是具有英国本土色彩的凯尔特故事，它主要是由亚瑟骑士文学和杰弗里的作品组成。相比之下，亚瑟的故事在英国比这三个故事更受人欢迎，更显得意义重大。④ 12 世纪到 15 世纪，英国几位作家分别讲述了亚瑟王的故事，形成了典型的英国亚瑟王文学传统。法兰西的玛丽、蒙茅斯的杰弗里、韦斯⑤、莱亚门、乔叟和马洛礼在书写亚瑟王故事方面功不可没。爱德华·多纳德·肯尼迪指出，在某种程度上来说，他们的写作迎合了当时英国读者的兴趣：亚瑟代表着民族的希望，而魔法师梅林是亚瑟帝国主义思想的推动者。⑥ 杰弗里以拉丁文的散文形式书写了读者期待了解的英国辉煌史。凯瑟琳·巴特指出，杰弗里留下了双份遗产，他既书写了英国人可以自我反省的历史材料，也为创造一个虚构的亚瑟王世界留下了空间。⑦ 韦斯是诺曼－法国人，在翻译杰弗里作品的基础上率先提到"圆桌"。莱亚门是盎格鲁－撒克逊人，他继承了英国叙事传统，使亚瑟王故事第一次在英语通俗

---

① Lewis Thorpe, "Preface", in *The History of the Kings of Britain*. Trans. Lewis Thorpe. Penguin Books, 1966, p. 22.

② Helen Fulton, ed. *A Companion to Arthurian Literature*. Oxford: Blackwell Publishing Ltd., 2009.

③ 田美丽：《〈水浒传〉和〈亚瑟王之死〉中英雄情爱观之比较》，载《湖北教育学院学报》2007 年第 1 期，第 1—4 页。石松：《〈水浒传〉中王进和〈亚瑟王之死〉中魔灵叙事作用的比较》，载《水浒争鸣》2009 年第 11 辑，第 209—216 页。

④ John Rhys, *Studies in the Arthurian Legend*. Oxford: Oxford University Press, 1891. p. 390.

⑤ 韦斯出生于法国北部的泽西岛，但在诺曼底长大。12 世纪，诺曼底和英格兰拥有同一个国王，讲同一种语言盎格鲁－诺曼语。他的作品在亨利二世的资助下完成，一出现就在英吉利海峡两岸引起轰动。英国文学当时是多语言文学共存，从国别文学角度来划分，韦斯的作品应该属于英国文学。

⑥ Edward Donald Kennedy, "Sir Thomas Malory's Romance and Chronicle," in *Arthurian Studies in Honour of P. J. C. Field*, p. 227.

⑦ Catherine Batt, *Malory's Morte Darthur: Remaking Arthurian Tradition*. New York: Palgrave, 2002. p. 3.

文学中出现①,他是一个地地道道的本土文化的继承人。尤金·维纳维尔指出,马洛礼其实对英国头韵体诗歌《亚瑟王之死》非常熟悉,这有助于确立他的写作主题。事实上,许多文献和文本使亚瑟王的故事在12世纪的时候就流传甚广②,在中世纪盛期就有许多作家书写③。马洛礼参考编年史和英法骑士文学完成了《亚瑟王之死》。

近年来,国外学界对《亚瑟王之死》的研究呈现出多维化趋势,对它的文化渊源、结构、艺术美学、文化背景、女性人物、婚姻观和文学传统等进行研究。我们发现,《亚瑟王之死》中提到几位典型的母亲:亚瑟王的母亲依琳格,特里斯丹的母亲伊丽莎白,加拉哈德的母亲爱莲娜,珀塞瓦尔的母亲,尤威的母亲,等等。文本书写中出现了不同于其他中世纪英国文学作品中再现的母性、母亲形象和相关母亲意象。本章重点挖掘传奇式人物或英雄的出生与超自然力量和魔法之间的关系,研究作家附加在母性身上的魔幻色彩的动机,探讨“圆桌”这个意象所蕴含的母性意义,分析魔法与母性的关系。自9世纪起,英国形成了持续且稳定发展的亚瑟王叙事传统,因此,本章把马洛礼的《亚瑟王之死》和杰弗里的《英国国王史》(Historia Regum Britanniae)、韦斯的《布鲁特传奇》(Roman de Brut)和莱亚门的《布鲁特》(Brut)等几部作品进行比较研究,考察他们再现母性的方式,挖掘其中包含的对两性伙伴关系和和谐社会秩序的呼吁,探索基督教对母性潜移默化的影响,分析这几位英国作家在亚瑟故事再现中所保持的叙述传统。

一 传奇人物的诞生:魔法与母性

杰弗里、韦斯、莱亚门和马洛礼在亚瑟王故事的撰写、翻译、重写、改写或借鉴的基础上把英雄人物的出生与超自然力量和魔法的介入联系

---

① Gwyn Jones, "Introduction", in *Arthurian Chronicles*: *Wace and Layamon.* Trans. Eugene Mason. University of Toronto Press, 1996. pp. v – xii.

② 尤其在苏格兰(Gildas, 500; Aneirin, 600)和威尔士(Nennius, *Historia Britonum*, 800)有文献、诗歌的相应记载。威尔士的《克鲁赫和奥尔文》(*Culhwch and Olwen*)和《马比诺吉昂》(*Mabinogion*)表明在11世纪威尔士就出现了关于亚瑟的英雄故事。在这些故事中,亚瑟是一位坚定的战士—王子形象。

③ 从12世纪起,有许多作家都写过相关故事,具体参见 Norma Lorre Goodrich, *King Arthur*. New York: Harper & Row, Publishers, 1986. pp. 339 – 40.

起来。他们都描写了亚瑟和梅林充满神秘色彩的出生故事，而在《亚瑟王之死》中，圣杯骑士加拉哈德是骑士兰斯洛受到魔法控制之后和爱莲娜孕育而生。可以看出，亚瑟和加拉哈德的出生都和魔法有关，梅林的出生和凯尔特文化中的超自然力量有关。这些作家对传奇人物的出生持美化态度，这在一定层面上表明了人们附加在这些传奇人物身上的光环。①

亚瑟王的出生是因为魔法师梅林施展魔法促成。讲述亚瑟王故事的中世纪英国作家在重写或改编的过程中都保留了"亚瑟出生与魔法"这一故事模式。在探讨他的出生故事之前，我们有必要对中世纪人对魔法所持的态度以及热衷魔法的缘由进行说明。由于当时的科学发展水平有限，人们只能通过各种表演仪式、祈祷和念咒语等方式来解决日常生活中出现的各种问题，这也许是由人们企图驾驭自然、治疗疾病、实现愿望的态度所致。自从基督教传到英国之后，教会一直阻止普通人诉诸魔法和魔术师，这种做法持续到诺曼征服之后。② 理查德·基克希弗指出，魔法处于宗教与科学、大众文化和精英文化、想象与现实的交接点上。③ 在中世纪时期，普通人可能会说"咒语"、"祈福"、"治疗"、"巫术"等词语，但很少用"魔法"二字，他们更关心的是如何用它来实现个人的愿望。他指出："从广义上来说，中世纪欧洲知识分子把魔法分为两类：自然魔法和魔鬼魔法。自然魔法和科学没有明显区别，但更是它的分支。它是研究自然内部神秘的美德（或者隐藏的力量）的科学。魔鬼魔法接近宗教，但更是对宗教的曲解。它是一种背离上帝、转向魔鬼寻找帮助的宗教。"④ 12 世纪，人们通常会把魔法和魔鬼联系起来，到了13 世纪，人们用自然魔法代替了魔鬼魔法，并认为魔法和治愈疾病、占卜有关。到了 14 世纪，自然魔法才在欧洲文化中的地位得以确立，人们相信自然本身可以产生的威力或震慑力，自然界中的动植物被赋予了人性。

---

① 菲尔丁教授（Peter Fielding，曾是国际马洛礼协会主席）在 2012 年 12 月 14 号的邮件中指出，马洛礼沿袭了他参考的各种资料中有关伟人或英雄人物出生的故事，因为人们相信这些人必然有着奇特的出生故事。马洛礼在这些基础上稍作修改，使他们的故事更人性化。

② Keith Thomas, *Religion and the Decline of Magic*: *Studies in Popular Beliefs in Sixteenth and Seventeenth Century*. London：Weidenfeld and Nicolson，1971. p. 254.

③ Richard Kieckhefer, *Magic in the Middle Ages*. Cambridge：Cambridge University Press，1989. p. 1.

④ Ibid. p. 9.

中世纪时期,人们通常把魔法和女性联系起来,这是因为当时确实有许多女性有能力施展魔法,人们认为是堕落的天使教会她们用药材治病,因为女性比男性更容易受到这些邪恶的东西的欺骗。① 我们在《亚瑟王之死》中可以发现女性擅长于施展魔法的例子:摩根去修女院学习魔法,成为神秘的魔法师,她象征着魔法的治愈能力,后来给兰斯洛骑士施展魔法。奈尼薇从梅林那里学到魔法,她给艾塔德女士施魔法,使她爱上了伯里阿斯骑士。理查德·基克希弗指出,凯尔特文学通常包含有魔法主题,这和爱尔兰文学有一定的渊源。事实上,不同的人群可以施展不同类型的魔法,包括修士、神父、医生、助产妇、理发师、医生、赤脚医生和算卦的人等,但人们对具有施展魔法能力的人持有偏见。② 除了用草药、动物和咒语之外,人们还会用护身符来施展魔法。中世纪时期,宫廷贵族清楚地知道魔法具有破坏力,对它持有恐惧心理,但在宫廷文学作品中,他们很乐意给它赋予不同的地位,考虑到魔法的象征意义而没有丝毫恐惧心理。这种文学有助于人们逃离枯燥的现实生活,它同时反映了宫廷社会的复杂性。我们知道,骑士文学中的魔法师主要是帮助故事中的主人公完成冒险并获得骑士的美德。需要注意的是,在12世纪,不同的统治者互相竞争并建造富有魅力的宫廷作为辉煌的象征。他们身边云集了许多人,谋臣多为占星家和魔法师,而吟游诗人大多歌颂那些来自有魔法色彩的世界的朝臣。③ 我们在亚瑟王的故事中可以看到,梅林是以亚瑟的参谋者和导师的形象出现。在《亚瑟王之死》中,和魔法相关的东西无处不在:比如咒语、妖术、看不见的骑士和充满魔法的号角等。虽然人们对魔法持有非常矛盾的态度,但是它产生的效果却赋予它一种特殊的光环。在现实生活中无人承认魔法的功效,但在文学作品中他们却很喜欢这种微妙的感觉。④ 14世纪起,巫术审判数目剧增。中世纪晚期,人们对魔法的恐惧与日俱增,各种警告变得多了起来。⑤ 从马洛礼创作的时代背景看,人们对魔法持恐惧而又入迷的矛盾态度。通过文学作品,人们可以将自己在现实生活中无法实现的某

---

① Richard Kieckhefer, *Magic in the Middle Ages.* Cambridge:Cambridge University Press, 1989. p. 39.

② Ibid. p. 56.

③ Ibid. p. 95.

④ Ibid. p. 113.

⑤ Ibid. p. 183.

些愿望通过非常规的方式得以实现。对普通人来说，他们更愿意为英雄人物的出生故事赋予神秘色彩，魔法的介入自然产生了这一效果。中世纪英国这些作家通过亚瑟的故事不仅透视了复杂的时代心理，也让我们在这位伟人身上看到英国祖先辉煌的过去。

诺曼·劳尔·古德里奇通过研究家谱、人名和地名，企图证明亚瑟故事的真实性。① 1191 年，人们发现了亚瑟王和王后桂尼薇尔的墓地。它位于英国历史上最著名的安息地——格拉斯顿伯里大修道院（Glaston-bury Abbey）。事实上，英国较早的编年史中都没有提到亚瑟，9 世纪的威尔士修士奈纽斯在扩充比德和吉尔达斯的材料的基础上，在《不列颠史》中最早以历史记录的方式记载了身为战士的亚瑟。② 西蒙·阿米泰治指出，在威尔士民歌中，亚瑟首先是作为凯尔特的英雄出现。他保护不列颠西部受敌人围困的人。最早一首提到他的诗是 9 世纪前的威尔士诗歌《厄高丁恩》（Y Gododdin），这说明了他在当时的地位和声誉。③ 16 世纪的历史学家约翰·贝尔认为从字母的拼写中可以判定亚瑟是威尔士人。乔治·黎曼·凯特里奇、威廉·马修、理查德·格里菲斯、彼得·菲尔德、尤金·维纳维尔都在此方面做了相关研究。马洛礼参考了法文骑士文学《梅林的故事》，它对几位主要人物的出生故事都进行了交代：梅林的母亲是童贞女，他的父亲是魔鬼，生育他是为了创造一个反基督人物，但梅林被洗礼过，后来成为亚瑟的军师；亚瑟是由魔法协助而出生；莫德莱德是私通乱伦出生；兰斯洛出生后就成为孤儿，是湖中仙女抚养了他。梅林借用魔法才使得亚瑟的出生故事被赋予传奇色彩，他运用魔法，预言和控制历史，而他这个能力来自他神秘的父亲，含有一定的超自然色彩。

魔法师梅林主控了亚瑟故事的发展，所以要研究《亚瑟王之死》，首先还是从梅林的故事开始，因为他同样有着非常奇特的出生经历。杰弗里比较完整地书写了他的故事，先后写了《梅林的预言》（Pro-phetiae Merlini）和《梅林的生平》（Vita Merlini）。斯蒂芬·奈特认为杰

---

① Norma Lorre Goodrich, *King Arthur*. New York: Harper & Row, Publishers, 1986. p. 36. 类似的著作还有 Richard Barber, *Arthur of Albion: An Introduction to the Arthurian Literature and Legend of England*. London: Boydell, 1961.

② Simon Armitage, "Introduction", in *The Death of King Arthur*. Trans. Simon Armitage. London: Faber and Faber Ltd. , 2012. p. viii.

③ Ibid. p. vii.

弗里使梅林的故事传到了欧洲大陆,最终产生国际影响。杰弗里为诺曼当权者服务的身份使他在人物名字命名方面带有后殖民杂糅特点,他把梅林的名字从 Merdin 改为 Merlinus,是为了适应当时的社会文化背景。这个新名字和凯尔特文化中像鸟可以飞翔的变形人意义相似。杰弗里也许把梅林想象为长翅膀的水蛇,因为它象征着智慧。① 在亚瑟王故事中,梅林也许是第一个带有凯尔特文化中他界色彩的人物。从杰弗里、韦斯和莱亚门的书写中可以看出他的出生含有一定的超自然色彩。虽然中世纪英语版的《散文布鲁特》和法文版的散文《布鲁特》给梅林的母亲起了名字,但从劳曼的《布鲁特》和曼宁的《编年史》中可以看出,梅林的母亲虽然能够博取读者的同情,但还是个不起眼的小人物。②

在杰弗里的《英国国王史》中,有 19 位女性有名有姓,他们是国王的妻子、女儿、母亲或情人等,但基本没有发出自己的声音,而梅林的母亲却在文中敢于讲话,敢为儿子和自己的母亲身份辩护。故事中,国王沃蒂格恩(vortigern)听信巫师的建议,派人寻找没有父亲的男孩子,用无父而生的男孩的血祭神,来修建阻止入侵的撒克逊人的塔。这些人在小镇凯尔莫丁见到正在和他人吵架的梅林。梅林的母亲是德米提亚(位于南威尔士)的国王的女儿,她本人住在圣彼得教堂。她给国王解释梅林的身世:

> 我和修女们一起在我的房子的时候,一个长得最英俊年轻的人会靠近我。他常常紧紧地拥抱我,亲吻我。和我在一起一会儿后,他就会消失,我没有看清他。许多次,当我独自静坐时,他会和我说话,但我看不见他。他这样来看我的时候,常和我亲近。他使我怀孕了。除了我说的这些,我从来不曾和任何人有关系。③

教士茅甘提欧司认为:"在圣贤写的书中和许多历史故事中,我发现

---

① Stephen Knight, *Merlin: Knowledge and Power through the Ages*. New York: Cornell University Press, 2009. pp. 21 -2.

② Charlotte A. T. Wulf, "Merlin's Mother in the Chronicles", in *On Arthurian Women: Essays in Memory of Maureen Fries*, pp. 263 -7.

③ Geoffrey of Monmouth, *The History of the Kings of Britain*. Trans. Lewis Thorpe. Penguin Books, 1966. pp. 167 -8.

许多人是这样出生的。正如阿浦列欧司①在《论苏格拉底之神》中肯定的那样，在月亮和大地之间有一种幽灵，我们把他叫作梦淫妖。他们一半是人，一半是天使。他们变成人和女性发生关系。有可能他们中的一个和这个女性有了关系才生了这个男孩。"② 杰弗里的文本强调梅林"没有父亲"和"别人吵架"的事实，凸显梅林的身份及其男性气质，尤其解释了梅林母亲的特殊身份。她是出身高贵的公主，现在又是修女，而她对梅林的父亲的印象是"看不清"或"看不见"。她用"我从来不曾和任何人有关系"来表示自身的洁净，证明自己是童贞女。他们引经据典对这种奇怪现象的解释是因为梦淫妖作祟③，归因于超自然力量，尤其强调梅林的父亲"一半是天使一半是人"的事实。这使梅林既具有神性又具有人性，为其母亲身份增添了神秘色彩。斯蒂芬·奈特认为杰弗里笔下梅林的父亲可能是天使，至少他像威尔士的圣徒大卫和弗雷格，因为这两位圣徒没有父亲，而母亲都是修女。④ 在当时，梅林被赋予仙界特点。梅林母亲的做法一方面在基督教范围内保护了儿子的性命，显示出儿子特有的能力。另一方面，因为她属于未婚而孕，这样做又维护了自己的名声而不失尊严。可以看出，她对梅林出生的解释显得非常勇敢，既回答了国王的疑问，又保全了他们母子的安全。梅林随之表现出的预言能力和母亲的表述达到一致。

韦斯用盎格鲁-诺曼语对杰弗里的故事进行了改写和翻译。在韦斯的版本中，有关梅林的部分显然少于杰弗里书中的描述。文中，梅林的知识被工具化了，服务于王权，有关梅林出生的表述非常相似，却有不同点：

> 梅林的母亲说道："当我长大成人的时候，有个东西，我不知道

① Apuleius（125－180），拉丁文作家，著有《金驴记》（*The Golden Ass*），里面涉及魔法。

② Geoffrey of Monmouth, *The History of the Kings of Britain*. Trans. Lewis Thorpe. Penguin Books, 1966. pp. 167－8.

③ 在中世纪民间传说中，有梦魔女妖（succubus）和梦淫男妖（incubus）之别，也用来解释超自然生物。梦魔女妖通常在男性梦中以美丽的女性形象出现，但有鸟爪或蛇尾，引诱男性，甚至会致男性死亡。梦淫男妖会在女性睡梦中引诱女性，并使其怀孕生子，通常梦淫男妖和普通女性生的孩子叫魔裔（cambion），带有半人半妖的特点，梅林就是典型的例子。现代医学认为，这种现象的出现是由于睡眠瘫痪症所致。

④ Stephen Knight, *Merlin: Knowledge and Power through the Ages*. New York: Cornell University Press, 2009. p. 25.

他是幻影或妖怪，经常走到我身边亲吻我。我听见他说话。我觉得他是人，许多次他和我说话，但没有暴露他的样子。很长一段时间，它一直靠近我，亲吻我，和我躺在一起，我就怀孕了。我不认识其他人。"玛噶斯解释说在月亮和大地之间有一种幽灵，他们半人半超自然，他们叫梦淫妖。他们的世界就是空气，他们光顾大地。他们很容易变成人形，这符合他们的本性。①

在这个版本的解释中，韦斯强调的是"幻影"和"空气"，特别强调梅林母亲已经长大成人，突出的是来访者外表形象的模糊性。梅林的母亲独自一人面对这个幻影，不像杰弗里写的那样，她和许多修女住在一起。这增加了其宗教角度的权威性。梅林的父亲是一位预想中的男性，"半超自然"作为一个抽象词，表述了其身份的不可及性和神秘性。"他们很容易就变人形"说明了梅林父亲所具备的特殊能力，梅林继承了父亲这一点，也可以变形。但在莱亚门的笔下，梅林的母亲有了自我的具体感受和猜想：

> 梅林的母亲是修女，她的父亲是国王考南，非常宠爱她。15 岁的时候，她有自己的闺房，和侍女住在一起。在她睡觉的时候，她看到有生以来最美丽的东西，似乎是一位身材高大的骑士，浑身金光。在梦中常见，在眼前闪过，浑身散发金光，经常亲吻她，拥抱她，靠近她，最后她感觉浑身难受，四肢异常，很奇怪，最后发现自己怀孕，生下了梅林。她不知道他的父亲是谁，也不确定是否是邪恶的东西，或是上帝的代言人。② 国王叫来教士曼根，他认为这种东西来自人类，他们是梦淫妖。他们对人无害，但喜欢欺骗人。他们在梦中迷惑人，许多女性由于他们的诡计孕育了孩子，他们通过魔法迷惑人们的孩子。梅林就是这样孕育出生的。③

---

① Wace, *Roman de Brut: A History of the British* (revised edt.). Trans. Judith Weiss. University of Exeter Press, 2002. Lines 7409 – 32, Lines 7440 – 52.

② *Layamons Brut, or, Chronicle of Britain: a Poetical Semi – Saxon Paraphrase of the Brut of Wace*, Trans. Sir Frederic Madden. London: The Society of Antiquaries of London, 1847. Lines 15695 – 739.

③ Ibid. Lines 15773 – 95.

莱亚门用了"骑士"、"浑身散发金光"、"梦中常见"、"浑身难受，四肢异常"、"邪恶"、"上帝的代言人"、"来自人类"、"魔法"等词来确定梅林的父亲是骑士一样的人物，看起来比较高贵。在莱亚门的笔下，梅林和迪纳布斯吵架的时候，迪纳布斯骂道："你让我感到很丢人，你应该为此感到难受。我是国王的儿子，你什么也不是。…… 你的母亲是妓女，因为她不知道是谁让她怀孕，你在人世间没有父亲。你让我们感到耻辱，你来到这个世界，你没有父亲，你今天应该去死。"① 莱亚门通过迪纳布斯之口，表达出对梅林母亲身份的质疑，但他不同于前面两位作家，他还详细描述了梅林母亲的自身感受和揣测。梅林母亲的想法显然在说明梅林父亲身份的不确定，而这和当时人们对世界的认识有关，即以上帝为代表的世界和以魔鬼为代表的世界之间的两级对立。教士的解释是"他（梅林的父亲）来自人类"，在梦中出现且会魔法，具有一定的超自然色彩，但"来自人类"说明他又具有人性的一面，潜在地表明梅林继承了父亲身上的魔法和人性特点。这两个特点进一步说明了梅林母亲母性角色的双重性。它既神圣，又具有人性化特点，似乎是对圣母玛利亚故事的模仿。

这三位作家讲述的故事结论都是梅林的父亲是梦淫妖，他的母亲的母性角色显得非常模糊，很难定性。梅林的魔法显然是继承自父亲，因为他的魔法符合基督教体系，在杰弗里和韦斯的笔下，他用魔法做善事。② 其实，更重要的是，梅林的美德来自他虔诚的母亲。从这几位作家的讲述中可以看出，梅林的出生是凯尔特文化中的梦淫妖所为，他来去无踪，很难说这是梅林的母亲出于异象状态下的感觉，但至少表明他的出生本身带有一定的超自然色彩。马修通过研究古代部落对家族血统的延续后指出，古代部落中的男性和女性结婚的目的就是为了保护血统。作为对这种风俗的记忆，这种策略在中世纪编年史中一目了然，可以看作是女性与神的配对，这个故事发生在普赛克和厄洛斯之间，也发生在梅林母亲的身上。③ 显然，在马修看来，梅林的父亲是神，他和普通女

---

① *Layamons Brut*, *or*, *Chronicle of Britain*: *a Poetical Semi – Saxon Paraphrase of the Brut of Wace*, Trans. Sir Frederic Madden. London: The Society of Antiquaries of London, 1847. Lines 15569 – 89.

② Elspeth Kennedy, *Lancelot and the Grail*: *A Study of the Prose Lancelot*. Oxford: Clarendon Press, 1986. pp. 112 – 3

③ Caitlín Matthews and John Matthews, *Ladies of Lake*. London: The Aquarian Press, 1992. p. 19.

性一起共育了梅林，因此，梅林身上具有半人半神的特点，而他母亲的身份自然就有了超自然色彩，母子关系神秘化。

海迪·布鲁尔指出，12 世纪到 13 世纪的法国作家对梅林没有多大兴趣，它不过是个名字或装饰，"英国人特别痴迷于梅林"①。斯蒂芬·奈特指出："通过神秘的知识，（梅林）靠近皇权，但并未受到威胁，梅林在杰弗里的故事中还有一个更重要的角色，即进入神话般的英国历史和（接近）难以忘记的人物亚瑟。"② 奈特的阐述不无道理。英国人从梅林身上看到国王亚瑟传奇生涯的开始，并为这位英雄的诞生和英国的辉煌史找出深刻的渊源。事实上，在杰弗里的笔下，梅林帮助国王尤塞从爱尔兰搬石头建了巨石阵，他没有见过亚瑟，和亚瑟没有任何关系，他是吟游诗人兼预言家，能够预言英国的未来。罗格·佘曼·卢米斯指出，梅林可能是一位 6 世纪的吟游诗人，像亚瑟一样，具有超自然特点。③ 通过对凯尔特文化中的神库·罗伊（Cu Roi）和杰弗里赋予梅林的特点进行分析对比，鲁米斯考证了籁歌《泰奥莱特》和法文版《寻找圣杯》，认为杰弗里书写的梅林的故事遵循纯粹的凯尔特传统，梅林和库·罗伊其实等同。④ 从这个角度看，梅林的母亲成为承载凯尔特文化的载体，是神一样的传奇人物的母亲。

梅林在这三位作家的笔下是一位带有魔幻色彩的神秘人物，但马洛礼的看法却不同。他指责梅林是"魔鬼的儿子"（126：21；149：32 – 33）⑤。显然，在这种对法国骑士文学接受、消化和改写的过程中，马洛礼祛除了梅林身上的魔幻色彩，只字未提梅林的母亲，并没有像前面几位英国作家一样详细描述梅林的身世，而是直接把他定性为魔鬼的儿子。马洛礼在人物定位上具有很强的基督教色彩，但仍然保持了一定的超自然色彩，因为《亚瑟王之死》的开头表明梅林懂魔法，这也许和 14 世纪

① Heidi Breuer, *Crafting the Witch*: *Gendering Magic in Medieval and Early Modern England*. New York: Routledge, 2009. p. 37

② Stephen Knight, *Merlin*: *Knowledge and Power through the Ages*. New York: Cornell University Press, 2009. p. 29.

③ Roger Sherman Loomis, *Celtic Myth and Arthurian Romance*. New York: Columbia University Press, 1926. pp. 124 – 5.

④ Ibid. pp. 129 – 35.

⑤ Thomas Malory, *The Works of Sir Thomas Malory*. Ed. Eugéne Vinaver. Oxford: Oxford University Press, 1947. 凡是出自本文的引文只注明页码和行数（页码：行数），不再另行做注。

人们对魔法持的态度有关。① 在马洛礼的叙述中，梅林扮演着给尤塞变形、预言未来、掌控历史发展局势的角色，否则就不会有亚瑟的神秘出生、亚瑟拔剑为王的故事，更无法书写亚瑟宫廷的辉煌史。

马洛礼的《亚瑟王之死》以亚瑟王神秘的出生开始，以他受伤去仙境阿瓦隆疗伤结束。凯瑟琳·巴特认为梅林的介入使国王尤塞的欲望有可能得到实现，因此产生了亚瑟和文本。② 马洛礼不同于前面三位作家，没有详细描写亚瑟出生之前英国的历史，而把重点放在亚瑟身上。梅林为亚瑟母亲的孕育过程施加了魔法，魔法作为中介产生了话语，梅林的知识成为通向权力的核心手段，它对整个亚瑟宫廷或欧洲亚瑟王文学传统产生持续的影响。可以看到，杰弗里、韦斯和莱亚门都是在讲述英国历史的过程中亚瑟才在文中出现，而马洛礼的讲述却不同。他在《亚瑟王之死》开始就叙述尤塞对亚瑟的母亲依琳格的欲望，用大量的文字讲述亚瑟的出生故事。马洛礼在文本叙述的开始就使读者陷入"魔法和母性"的圈套，让读者在企图解密这个魔法的过程中被带入亚瑟打造的神奇国度。

这四位男性作家对亚瑟出生的描述大同小异。杰弗里对亚瑟王出生故事的描写对欧洲大陆亚瑟王故事的展开和改写树立了一个模板。故事中，国王尤塞发现依琳格是英国最美的女性，遂对她非常殷勤，依琳格的丈夫高劳斯非常恼火，离开了尤塞的宫廷。尤塞命令他返回，遭到高劳斯的拒绝。尤塞一怒之下开战。在感情备受折磨之际，尤塞遣人请来梅林：

> 梅林对国王的痴情感到吃惊："你想实现自己的愿望，你必须采用新的、没听说过的手段，你吃了我的药，就会在各方面完全像高劳斯的样子。"国王吃了梅林的药后完全变成了高劳斯的模样。那晚国王和依琳格在一起，满足了他的愿望，她怀上了亚瑟。当士兵向依琳格汇报国王高劳斯的死讯的时候，看到了国王高劳斯，受到惊吓。③ 尤塞搂着依琳格大笑着安慰他们。他们平等地住在一起，幸

① 梅林以上帝的口吻谴责亚瑟的罪恶，认为他不该生育莫德里德，同时预言了他们两个的死亡方式。显然，梅林是一个全知全能的人。

② Catherine Batt, *Malory's Morte Darthur: Remaking Arthurian Tradition*. New York: Palgrave, 2002. p. 55.

③ 尤塞变形后成为高劳斯的样子，但实际上高劳斯已经死亡，故士兵受到惊吓。

福地生活，生有儿子亚瑟和女儿安娜。①

在杰弗里笔下，梅林的魔法是通过道具"药"实现的，它帮助尤塞变形，而"药"是梅林智慧的象征。这里显然强调的是知识和权力之间的关系，梅林通过自己的知识为王权服务，而非魔法帮助尤塞变形。虽然人们在谈论亚瑟奇特的出生经历及其形象来源，但是，古德里奇指出："当杰弗里找不到有关亚瑟出生的说明的时候，他就赋予亚瑟以赫拉克利斯的故事，因为他知道赫拉克利斯在廷塔杰尔城堡受到人们的敬拜"。②在他看来，在不知道亚瑟出生背景的真实情况下，杰弗里参照了罗马神话中的神赫拉克利斯的故事编写了亚瑟的出生故事。从这点上看，亚瑟的出生本身就被赋予神话色彩。韦斯对亚瑟出生故事的写法基本相似:

> 梅林对国王尤塞说:"我用新的药剂可以帮你进入（到城堡）:我知道怎么改变人的模样，把一个人变成另外一个人。我肯定可以让一个人像另外一个人，和他相似。我肯定使你有康沃尔伯爵的身体、脸、举止、言谈和外表。"梅林施展魔法，改变了他们的脸和衣服。那晚，他们进入依琳格的城堡亭塔吉尔。国王和依琳格躺在一起，那晚，依琳格怀了那个国王，也就是亚瑟。③

韦斯提及"药剂"和"魔法"，一方面显示出梅林具有别人无法超越的智慧，另外一方面，又明确地表明亚瑟的出生有魔法的介入。但是，

---

① Geoffrey of Monmouth, *The History of the Kings of Britain*. Trans. Lewis Thorpe. Penguin Books, 1966. pp. 205 – 6.

② Norma Lorre Goodrich, *King Arthur*. New York: Harper & Row, Publishers, 1986. p. 15. 赫拉克利斯（Hercules）是罗马神话中的半神英雄，是宙斯化身为底比斯国王安菲特律翁，与其妻阿尔克墨涅共眠所生。赫拉克利斯力大无穷，是大力神，是男性的杰出典范。因无确切史料记载，有关亚瑟的身份还有两种说法:一种理论认为他的重要原型是撒克逊国王亨吉斯特的康沃尔公爵兼不列颠国王奥勒留，因为其生活年代和主要事迹相似。另一种理论认为亚瑟可能是一位萨尔马特血统的不列颠军官。萨尔马特人是一个与波斯人有亲缘关系的东欧游牧民族，崇拜龙，尊重女士。亚瑟可能是当时率兵抵御皮克特人的萨尔马特酋长卡斯图斯的直系后裔。参见罗三洋:《欧洲民族大迁徙史话》，北京:文化艺术出版社，2007，第235—36 页。

③ Wace, *Roman de Brut: A History of the British* (revised edt.). Trans. Judith Weiss. Exeter: University of Exeter Press, 2002. Lines 7409 – 32, Lines 8700 – 10, Lines 8727 – 36.

在莱亚门笔下，亚瑟的出生却具有了凯尔特他界的神秘色彩：

> 梅林对尤塞说："我知道这些魔法对你来说非常宝贵，你的外表要像伯爵，你的言谈、举止、你的马，你骑马（的姿势）要像他。"① 依琳格以为丈夫回来，铺好床，同眠，后生育了这片土地上最勇敢的国王亚瑟。② 亚瑟刚出生，仙女们就照顾他，给他施了最有力的魔法：第一份礼物是赋予他力量，使他成为最好的骑士；第二份礼物使他成为最伟大的国王；第三份礼物是使他万古流芳。③

莱亚门明确地提到用魔法而非某种药物使国王尤塞变形，以至于依琳格没有认出，她仍然保持女性在丈夫面前顺从的德行。莱亚门不同于前两位作家之处在于他特别强调来自凯尔特文化他界的仙女为刚出生的亚瑟施展魔法。"仙女给亚瑟施展魔法"表明他受到凯尔特文化传统的哺育，从另外一个侧面解释亚瑟本人将来就是充满传奇色彩的风云人物。这种猜想和具体的表述是莱亚门作为叙事者对亚瑟王神话的阐释，显然在说明一个事实：亚瑟是魔法实施后孕育，具有超自然色彩的仙女的出现表明亚瑟已经成为承载着凯尔特文化的代表人物。马洛礼的表述比较相似：

> 梅林说："我的愿望是：第一个晚上，你躺在依琳格身边，你要让她身怀你的孩子。这个孩子出生后，应该送给我抚养。这是你的荣誉，孩子将身价百倍。"（9：1-5）"今晚你躺在庭塔吉尔城堡的依琳格身边，你要像她的丈夫。"（9：9）"但你不要和她及其手下多说话，就说你病了，赶紧上床，直到早上我来叫你。"（9：11-14）尤塞在伯爵死后和依琳格共眠三个多小时，那晚孕育了亚瑟。（9：21-24）

马洛礼的讲述和前面三位作家又有不同之处：他没有说明尤塞派遣乌尔菲斯找身处乞丐窝的梅林的原因，更没有提及梅林采取何种方法或

---

① *Layamons Brut, or, Chronicle of Britain: a Poetical Semi - Saxon Paraphrase of the Brut of Wace*, ed. Sir Frederic Madden. London: The Society of Antiquaries of London, 1847. Lines 18935 – 42.

② Ibid. Lines 19005 – 67.

③ Ibid. Lines 19252 – 69.

手段来帮助尤塞变形。马洛礼对魔法表现出的沉默似乎在有意抹杀亚瑟出生故事中的神秘感，而梅林身处"乞丐窝"似乎在有意说明他卑贱的社会地位，把梅林从受人们崇拜的位置贬低，他们找梅林的目的是需要找到"补救方法"。显然，马洛礼对魔法并不是很感兴趣。

马洛礼指出梅林和尤塞之间的口头合约，在尤塞和依琳格的对话中侧重证实亚瑟并非非婚生子，而是在依琳格的丈夫死后孕育的。梅林来叫尤塞，尤塞匆匆离开依琳格。当依琳格听说丈夫已经死了，但正是尤塞（扮成她丈夫）回来的时候，她感到吃惊。她独自忧伤，却默不作声。男爵们请求国王尤塞正式娶她为妻。经过乌尔菲斯的撮合，他们见面后立即成婚。尤塞问及依琳格孩子的父亲身份，她说道："我丈夫死的那个晚上，那个时刻，有一个言谈和容貌与我丈夫一样的人来了，还有两位像他的骑士巴赛安斯和乔丹斯的骑士来了。我和他一起入睡就像我和我的丈夫一样。就在那个晚上，我怀上了这个孩子。"（10：20 – 27）尤塞讲出实情，承认自己是这个孩子的父亲，依琳格非常高兴。他们想证明的是，在她孕育亚瑟的时候，她已经是一名寡妇，不具备私通的嫌疑。凯瑟琳·巴特指出，从主题和结构上看，亚瑟的出生本质上是强奸行为所致。① 这一直是学界争论的焦点，但马洛礼在故事中强调亚瑟需要别人抚养，并反复证明亚瑟出生的合法性。

从《亚瑟王之死》的开头就可以看出，没有梅林魔法的介入，就不可能有亚瑟的出生。亚瑟是在母亲依琳格的丈夫死后才孕育的。这说明，在魔法的介入下，男性可以通过变形与独处私人空间的女性结合，生育伟大的国王。追溯古代习俗，选择正确的男性和女性延续部落非常重要。梅林的介入说明他们保持着这个风俗，同时也说明，伟大人物的出生通常可以看作是普通女性和神结合的产物，亚瑟的出生就是一个典型的例子。马修认为亚瑟的出生故事可能和凯尔特英雄莫甘一样。莫甘的母亲和亚瑟的母亲经历一样：两者都遇到陌生人来访，来访者都变为其丈夫的样子。她们孕育的孩子注定要有英雄事迹，这两位英雄死后葬在凯尔特文化中的他界。如果从凯尔特文化的角度来看，亚瑟的出生故事形成一定的叙述模式：梅林把皇室政权的孕育者女性（依琳格）和大地的保护者不列颠王（尤塞）放在一起。按照古代风俗仪式的要求，女性以女

---

① Catherine Batt, *Malory's Morte Darthur: Remaking Arthurian Tradition.* New York: Palgrave, 2002. p. 57.

神的角色行动，接受神一样的陌生男性。尤塞变形和依琳格相遇，就是这种古代仪式的重现。① 有趣的是，在杰弗里和韦斯的笔下，他们提到梅林要用一种特殊的药物使国王变形，但马洛礼没有明确指出梅林是通过何种方式进行变形，尤塞的随从说找梅林让他"提供某种疗法，使你心满意足"（8：14），让尤塞装病。马洛礼对此保持沉默的结果是梅林的魔法神秘化了，似乎有意表明他天生就具备魔法，或者说 15 世纪的读者已经完全认可了梅林作为魔法师的身份。这种描写中的空缺把梅林进一步美化了，为亚瑟的出生披上了一层更神秘的面纱。他们在变形中重构自我主体地位。作为预言师，梅林"处于神性与人性之间；他的性别频繁地变得'模糊'，他具有的改变的能力使边界易变（模糊）"②。由此可见，梅林身上体现出的这种模糊性使他成为一种景观，人们对他的崇拜源于他对这种模糊性随意而主观的表演。他一手主导的亚瑟的出生故事美化了依琳格的母亲身份，而亚瑟的出生故事被浪漫化，具有了神秘色彩。

马洛礼没有明确指出梅林如何用魔法帮助国王尤塞变形，但依琳格指出有一个言谈和容貌与她的丈夫一样的人来到她的城堡。这潜在地说明梅林已经通过魔法的方式彻底改变了国王的外表和言谈举止。海迪·布鲁尔指出，魔法的诱惑力在于它可以赋权。它打破了阶级或宗教的限制，超越性别、种族、物种之间的限制以及政治界限和人为的障碍。③梅林通过掌控亚瑟出生这样一个具体的事件实现了自我权力的最大化，在这个权力实现的过程中，他是通过魔法使尤塞变形而实现对婚姻道德的越界，既满足了国王的欲望，又使亚瑟的母亲免受社会伦理的谴责，使依琳格的母亲身份具备合法性。戴维斯认为依琳格是个幸存者，恰恰是因为她清楚地知道女性在权力系统中所处的卑贱地位。面对她的陌生来访者（尤塞），她表现得非常敏锐，对他的到来保持沉默，以免被控诉犯有通奸罪。④ 在故事的开头，当依琳格知道丈夫死亡的消息之后，她私下里忧伤，但还是保持着平静。魔法的实施使依琳格在合法婚姻内

---

① Caitlín Matthews and John Matthews, *Ladies of Lake*. London：The Aquarian Press, 1992. pp. 21 –2.

② Heidi Breuer, *Crafting the Witch*：*Gendering Magic in Medieval and Early Modern England*. New York：Routledge, 2009. p. 44, pp. 47 –8.

③ Ibid. p. 7.

④ Marion Wynne-Davies, *Women and Arthurian Literature*：*Seizing the Sword*. Basingstoke：Macmillan Press Ltd. , 1996. p. 69.

成为母亲,并使母亲身份具备神圣性,但魔法又使母子之间的关系出现某种不确定性。依琳格的忧伤和不确定感表面上来自自我实现母亲身份过程中的模糊性。她最后和尤塞确定孩子的父亲身份的时候,是一种确定自我合法母亲身份的过程。她和亚瑟的相认进一步确定了她作为国王的母亲的身份。在故事中,依琳格证明了亚瑟的合法身份后就在文本的叙述中消失,马洛礼不再提及她的存在。可以说,在这种母子关系中,依琳格的使命就是孕育王权继承人亚瑟,证明亚瑟的出生具备合法性。马洛礼这样写的潜在动机和当时人们对英国皇室子嗣合法性的关注具有一定的联系。

除了梅林和亚瑟奇特出生的故事之外,圣杯英雄加拉哈德的出生故事同样充满传奇色彩。父亲兰斯洛骑士中了魔法以后和母亲爱莲娜共眠而生育了他,但这和梅林、亚瑟的出生方式略显不同。事实上,加拉哈德在亚瑟王系列故事中出现得较晚,他的名字最早出现在法文版的"兰斯洛—圣杯"系列故事之《寻找圣杯》中。马洛礼在《亚瑟王之死》中讲述了他的身世。故事中,隐士发现亚瑟的圆桌的危险席上无人入坐,便对亚瑟说:"坐在这里的人还没有出生,今年坐在危险席上的人会出生,他能赢得圣杯。"(791:17-20)这位隐士其实指的是即将要出生的加拉哈德。故事中,兰斯洛救出了被摩根施了魔法而不能动弹的女子,在杀死坟墓中的恶龙的时候,看到墓碑上写着金字:"这里要来拥有国王血统的豹子,他会杀了这条蛇。这个豹子会在这个异邦生育一个能够超越所有骑士的狮子。"(793:3-6)很明显,这里通过动物的比喻把兰斯洛比作豹子,把加拉哈德比作狮子,是对加拉哈德出生的预言,表明他将取代父亲成为世界上最优秀的骑士。圣杯王佩乐斯和兰斯洛一起在城堡的时候看到一只鸽子从窗户飞入,嘴里衔着纯金的香炉,伴随着一股浓郁的香味,圣杯王佩乐斯和其他人一起跪地祈祷。随后兰斯洛看到一位年轻漂亮的女子手捧一个纯金的器皿,兰斯洛知道这是圣杯。这些故事为加拉哈德的出生奠定一个基调:父亲是英勇无比的骑士,鸽子是圣灵的象征,代表着上帝的旨意,他将来要赢得圣杯。

圣杯王佩乐斯想尽办法让兰斯洛和他的女儿爱莲娜共眠,因为他知道兰斯洛和他女儿会生下加拉哈德,加拉哈德将是世界上最优秀的骑士,"因为他(加拉哈德)能帮助所有外邦脱离危险,赢得圣杯"(794:6-8)。但他们知道兰斯洛只愿意接受王后桂尼薇儿,所以,佩乐斯请来当时世界上最伟大的魔法师之一布鲁森女士。布鲁森女士派和兰斯洛认识的人给兰斯洛送去自称是王后送给他的戒指。看到这个信物，兰斯洛信以为真，晚上去了城堡准备会见桂尼薇儿。他被带入爱莲娜的房间后，布鲁森递给他一杯酒，他喝完就觉得"醉了，极其激动"（795：9）。在这种情况下，他把爱莲娜想象成王后桂尼薇尔，内心非常高兴。爱莲娜非常清楚地知道那晚她会怀上世界上最优秀的骑士加拉哈德（795：14 - 16）。第二天早上兰斯洛打开窗户的时候，魔法解除，他觉得受欺，恼怒之余拔出利剑。爱莲娜裸体跪地求他："你是为国王的血统而来，求你对我仁慈一些，你是世界上最高贵的骑士，不要杀我。我的肚子里已经怀有你的孩子，他将成为世界上最高贵的骑士。"（795：31 - 33；796：1 - 3）爱莲娜承认为了实现这个预言而献出了自己的童贞。杰西·威斯顿指出："他（加拉哈德）的母亲是圣杯王的女儿，是圣杯的孕育者，命中注定是圣杯获得者的母亲。"① 伊丽莎白·斯科拉认为马洛礼把法文版中无名无姓的爱莲娜从一个被动顺从的女性改写为主动积极的女性。她是生育救世主的工具，是"《圣经》中的露丝"，"是商品化的童贞女"，学界宁愿接受那位殉情的爱莲娜，也不愿意接受这位活着且欲望强烈的爱莲娜。② 爱莲娜的孩子出生后取名为加拉哈德。卡伦·切列瓦图科指出，兰斯洛和爱莲娜之间的联系是"寻找圣杯故事"的前奏。爱莲娜的父亲关心的不是女儿的童贞问题，而是家庭谱系，即通过加拉哈德实现神圣家庭血统的传递。爱莲娜宣布怀有加拉哈德，这和加百列宣布玛利亚因圣灵怀孕的消息极其相似，表明加拉哈德的伟大之处。③

在这个个案中，"戒指"作为信物使兰斯洛在意念中认为要见到桂尼薇儿。故事发生在晚上，因为黑暗，很难确定兰斯洛是否清楚地看到爱莲娜，他喝完酒后就陷入精神迷狂的状态。④ "酒"在他本人自我心理暗示的基础上把身边的爱莲娜看作是他预想中的王后桂尼薇儿。在这个故事中，爱莲娜如同尤塞一样掌控着整个事态的发展进程，实现

---

① Jessie L. Weston, *The Quest of the Holy Grail*. London：G. Bell & Sons Ltd, 1913. p. 47.

② Elizabeth S. Sklar，"Malory's Other（ed）Elaine"，in *On Arthurian Women*. p. 65. 在《亚瑟王之死》中有两位爱莲娜：阿斯淘纳特的爱莲娜因为爱兰斯洛殉情而死，考宾的爱莲娜生育了圣杯骑士加拉哈德。

③ Karen Cherewatuk, *Marriage*, *Adultery and Inheritance in Malory's Morte Darthur*. Cambridge：D. S. Brewer, 2006, pp. 61 - 2.

④ 有一说认为布鲁森通过魔法让爱莲娜有桂尼薇儿的外表。参见 John Rhys, *Studies in the Arthurian Legend*. Oxford：Oxford University Press, 1891. p. 145. 事实上，马洛礼并未提及。

了自我欲望的表达，主体身份借助魔法和酒在客体对象兰斯洛身上得以实现。事后，他知道了真相，向桂尼薇儿承认道："王后，她（爱莲娜）很像你。"（802：20 - 1）显然这种魔法只是在短时间内改变了兰斯洛的意识，而不是把爱莲娜变为桂尼薇尔。在思想意识模糊的状态下，他自认为实现了主体身份的重构。"在这个场景中，而兰斯洛并没有被女性化；不像马洛礼笔下的其他母亲，他不是作为延续皇家血统而存在的容器，他是一个神志不清的创造者。"① 事实上，爱莲娜和兰斯洛成为实现佩乐斯预言的工具，区别在于爱莲娜处于主动地位，而兰斯洛处于被动状态。加拉哈德的出生故事在这方面又有点像亚瑟的出生故事：父母中只有一方清楚地知道事情发生的原因，另外一方处于被蒙蔽的状态。

　　加拉哈德出生后在修女院长大，最后十二位修女和加拉哈德一起请兰斯洛授他以骑士身份。他长相英俊，无人媲美。王后桂尼薇儿看到加拉哈德，认为他长得很像兰斯洛："他每一部分都来自世界上最优秀的骑士和最高贵的血统，因为兰斯洛是耶稣的第八代，而加拉哈德是第九代。因此，我敢说，他们是世界上最伟大的骑士。"（865：6 - 12）这些表述中提到了"血统"、"圣杯"和"骑士"，从中可以看出，加拉哈德的出生不仅具有完成预言的使命在肩，而且是在延续血统。这种血统不仅意味着高贵，而且象征着纯洁，他还是圣杯国王约瑟夫的继承人，这同样从诺曼·劳尔·古德里奇列举的圣杯国王的家谱中可以看到。② 加拉哈德对父亲兰斯洛说道："您是我在这个世界上生命开始的人。"（1012：14 - 15）虽然他的母亲被忽略，但他承认了自己作为兰斯洛继承人的身份。安妮·威尔逊指出，魔幻情节的主题范围有限，本质特点相似。不断出现一种原始情境：人物通常成为英雄，而他又同母亲和父亲（可能是王后和国王，女巫，男巫或怪物）各方面相关。这种互动关系具有俄狄浦斯的特点。这些人物所体现的理想心态是一种政治主权感，或纯真

---

① Karen Cherewatuk, "Born - Again Virgins and Holy Bastards: Bors and Elyne and Lancelot and Galahad." *Arthuriana* 2 (2001): 52 - 64, p. 58

② 诺曼·劳尔·古德里奇指出，《散文兰斯洛》提供了兰斯洛的家谱：Narpus, Nasciens, Elyan the Grete, Ysayes, Jonaanz, Lawnceloz, Bans, Lawncelot, Galath。圣杯王 (Grail King) 的家谱是：Joseph of Arimathea, Josephes, his son, Alein, Josue, Aminadappe, Catheloys, Mangel, Lanbar, Pellean, Pelles, Galahad。Norma Lorre Goodrich, *King Arthur*. New York: Harper & Row, Publishers, 1986. pp. 218 - 9.

感，或是净化的感觉。① 在寻找圣杯的故事中，只有骑士加拉哈德赢得圣杯，看到真正的圣杯，理解了它的真谛。故事中的圣杯既可以治愈疾病，为骑士提供大量可口的食物，还可以检验骑士的德行。寻找圣杯的历程就是对可以给予生命、养育生命、赋予智慧的母亲的寻找。加拉哈德的个案表明和母亲达到同一化的过程渗透着基督教的贞洁理念。罗伯特·梅丽尔认为寻找圣杯的过程就是另外一种救赎，加拉哈德就是耶稣式的人物，他把人们从现世生活的奴役中解脱出来。② 加拉哈德是耶稣式的人物，他的母亲自然就是圣母玛利亚式的母亲。

梅林、亚瑟和加拉哈德都是具有一定传奇色彩的人物，都具有传奇色彩的出生经历。虽然马洛礼没有明确地描述梅林的出生故事，或许他认为读者已经认可了梅林充满超自然力量的出生。这也许是凯尔特文化对女性生育的特殊理解，表现出对女性生育的敬畏和迷惑。所以，在解释梅林出生的故事中想到了超自然的东西，把他的出生和天、地、空气、神灵、自然联系起来，以人们都不确定的"梦淫妖"作为梅林出生的动因。梅林又成为一个符号，他不仅协助亚瑟王开创了一个辉煌时代，他还是人们预知世界中用以表达自己愿望的人物。梅林的母亲是一位修女，而梦淫妖（半人半天使或半人半超自然）不仅展示了梅林身上具备的神性，还有他的人性特点，他的母亲是基督徒，自然赋予他美德。马洛礼在肯定他的预言能力和转变能力的时候，以"魔鬼的儿子"的定性为他的出生涂上了基督教的色彩。

在《亚瑟王之死》中，国王尤塞对梅林的重视程度和依赖程度凸显出梅林魔法的不可取代性和权威性。亚瑟石中拔剑、南征北战、阿瓦隆岛养伤以及梅林预言他要回归英国，这些具有传奇色彩的故事潜在地表明，亚瑟式的传奇式人物都有一个非同寻常的出生故事。他的出生就是要肩负拯救不列颠民族的重任，民族的荣誉、光辉和高贵都因为有这样的国王而得以实现。亚瑟既是一个在战场上叱咤风云的英雄，又是一个民族的缩影，身上承载着整个民族的期待。虽然人们认为这几位作家的

---

① Anne Wilson, *The Magical Quest: the Use of Magic in Arthurian Romance.* Manchester and New York: Manchester University Press, 1988. p. 15.

② Robert Merril, *Sir Thomas Malory and the Cultural Crisis of the Late Middle Ages.* New York: Peter Lang, 1987. pp. 376 – 7.

写作带有为盎格鲁-诺曼统治者寻求身份认同的倾向①，但 12 世纪的英国是一个多元文化共存的社会，人们在寻求自我身份的过程中，需要从令人感到光荣的古代寻找王国的历史延续感。这些作家在美化梅林、亚瑟和加拉哈德的出生故事中加入超自然元素或魔法元素，把他们和神话人物或基督教人物等同起来，以示与凡夫俗子的区别。从现实意义上来说，这些男性作家通过书写亚瑟王的故事再现了英国曾经的辉煌史，正迎合了来自欧洲大陆的诺曼统治者的政治需要和确定文化身份的需求。我们知道，在亚瑟王文学和相应的编年史中，亚瑟王南征北战，征服了欧洲大陆，是骑士精神的代表性人物，书写了英国人的辉煌史。从金雀花王朝到都铎王朝，许多英国国王通过不同方式证明他们是亚瑟合法的继承人。国王爱德华一世模仿亚瑟组织各种类似于亚瑟宫廷中的活动，企图达到他成功统治威尔士和苏格兰的政治目的。爱德华三世十分崇尚骑士精神，宣布他发现了亚瑟王的圆桌，目的是要让欧洲大陆和英国臣民把他看作是亚瑟式人物。在英法百年战争中，爱德华三世把自己看作是曾经征服过法国的亚瑟王的继承者。亨利七世认为他的祖先是威尔士人，把谱系追溯到布鲁特和亚瑟那里，坚信杰弗里的《英国国王史》预言他会使英格兰更强大，并给自己的儿子取名为亚瑟，任命他为威尔士王子。② 卡尔·戈勒指出，英国国王都以不同方式演绎亚瑟的故事，而英法百年战争的失败使英国人渴望虚构、遥远的过去，摆脱时代痛苦。③ 这些作家的作品为诺曼当权者进行文化身份认同提供了依据，使这些当权者在带有神话色彩的亚瑟王身上寻求政治力量，确定自己的文化血统。

亚瑟又是一个象征人物，表达了人们对未知宇宙的神秘力量的崇拜，而这种力量可以通过人为的魔法来改变女性的母性经验得以实现。这是一个揭秘的过程。人们在自我编织的传奇人物的故事中赋予这些人物不可低估的魔幻色彩，首先能够想象的就是他们的出生，在这个过程中传

---

① W. R. J. Barron, Francoise Le Saux and Lesley Johnson, "Dynastic Chronicles", in *The Arthur of the Englsih: The Arthurian Legend in Medieval English Life and Literature*, p. 11.

② 详情可参见 Antonia Grasden "The Growth of the Glastonbury Tradition and Legends in the Twelfth Century" *Journal of Eccelesciastical History* 27 (1976): 337 – 58. Simon Jenkins, *A Short History of England.* London: Profile Books Ltd., 2011. pp. 65 – 74. "King Arthur and the English Monarch", < http: //medievalhistory. tripod. com/arthur. com >. Dec 20th, 2012.

③ Karl Heinz Göller, "Reality versus Romance": a Reassessment of the *Alliterative Morte Arthur*", in *The Alliterative Morte Arthur: a Reassessment of the Poem*, p. 18.

奇人物的母亲自身的母亲角色和身份同样被赋予神秘色彩。作为这些人物生命开始的本源，她们因此获得一种母亲的荣耀感和卓越感。可以说，亚瑟王文学是魔法衍生的副本，依琳格的母亲身份是这种神秘力量介入的结果。他们的母子关系是世俗世界中凡人与神一样人物的关系。梅林的介入表现的是这种神秘力量如何以隐秘的方式干预和掌控女性的母性经验，从而使人们坚信亚瑟负有改变宫廷或民族的使命。

我们发现，这三位人物的母亲身份非常高贵：梅林的母亲是德米提亚国王的女儿，亚瑟的母亲是王后依琳格，加拉哈德的母亲爱莲娜是圣杯王佩乐斯的女儿。这些细节证明他们的母亲是贵族。不同寻常的出生经历潜在地表明他们的本源是高贵的。这和中世纪英国贵族推崇的体面、优雅、高贵血统等价值观联系在一起，由此证明个体从母亲那里获得的生命意义，和社会公众对贵族或皇室继承人的出生的期待视角相匹配或吻合。显然，这三位母亲在整个孕育过程之中处于正常状态，而他们的父亲都是以非常态的方式参与了孕育过程。他们地位显赫，分别是梦淫妖、不列颠国王和最优秀的骑士。梅林的父亲形象模糊，教士认为他是梦淫妖。他是假想的带有超自然色彩的人物，梅林的母亲的解释本身为自己儿子的出生赋予魔幻色彩，她作为母亲的身份自然披上一层光环。这从一个侧面说明，古代不列颠人还带有一定的母系氏族社会的特点，孩子只知道母亲而不知道父亲，母亲处于话语权的中心位置。亚瑟的父亲是国王尤塞，他假装是高劳斯伯爵，通过梅林的魔法改变了自己的主体身份后才孕育了亚瑟。他身上的这种卑贱性似乎和梅林的父亲相似。区别在于前者是人们构建起来的一个虚幻的、不真实的父亲形象，作为修女的梅林的母亲以自己的言语证明了宗教的力量，而以虚构的父亲身份为梅林的出生增加了一层魔幻色彩。尤塞借助梅林的魔法，依靠对欲望对象依琳格的占有实现了生育王位继承人的愿望。这几位作家始终在澄清一个事实，即亚瑟是在高劳斯死后孕育的。这就没有了非婚生子的嫌疑，也使他的母亲免于社会道德谴责。加拉哈德的父亲兰斯洛骑士是在精神处于迷狂状态下孕育了他。也就是说，他是以一种假想对方为欲望对象桂尼薇尔的情况下和爱莲娜孕育了最优秀的骑士加拉哈德。

从《亚瑟王之死》中可以看出，亚瑟和加拉哈德都是由他人抚养长大，他们认同的是父亲的价值观。这似乎说明母亲被工具化了，似乎成

为生育男性继承人的代理人，但在神秘化的孕育过程中显示的是中世纪
人对伟人或传奇人物孕育过程的神秘化猜想，表达了中世纪人对"人来
自哪里"和"如何而来"的探索。中世纪人通过魔法改变生命的孕育过
程和方式，以超自然力量的介入展示他们对生命秘密的探索。我们知道，
中国文化中的感天而孕或遇龙而孕的故事也不在少数。当然，编写或讲
述这类故事的人也许具有一定的政治目的，说明这一切都是天意，普通
人无法通过自己的理性加以选择和控制，他们能做的事情就是服从天意。
亚瑟的出生故事既含沙射影地谈论英国的子嗣合法问题，又为他们的文
化英雄戴上了一个耀眼的光环。

　　在《亚瑟王之死》中，另外一个具有一定传奇色彩的人物是莫德莱
德。莫德莱德的出生非常奇特：他出生在5月。亚瑟王听信梅林的警告，
命令杀死所有5月出生的孩子，这有点像《圣经》中希律王杀死孩子的
故事。亚瑟就像希律王，莫德莱德似乎就是耶稣，莫德莱德的出生似乎
表明他要成为伟大的人物。① 莫德莱德是5月1日出生。在凯尔特文化
中，5月1日是夏天的开始，在当时的民间故事中，刚出生就被投入大
海象征着他长大后会成为伟人。② 马修指出，在凯尔特文化传统中，莫
德莱德名字为 medrawd。他是亚瑟的外甥，而不是儿子。根据母系社会
的传统，他最有可能成为国王。如果莫德莱德想娶王后桂尼薇尔，那是
因为"王后是可以授予政权的女性，娶了她，就会加强他在凯尔特部落
中的权力。他父亲的名字意味着来自'海外的陌生者'，和凯尔特的他
界有联系，因此，莫德莱德本身具有仙界特质"③。在法文版的《亚瑟王
之死》中，莫德莱德是亚瑟和姐姐摩高斯的儿子。罗格·佘曼·卢米斯
指出，莫德莱德的出生和弑父经历说明他像威尔士的神卢格（Lug），是
凯尔特神话中的神米德（Mider）④ 的后裔。曾经辉煌的米德在法国骑士

---

　　① 菲尔丁教授在2012年12月14号的邮件中指出，莫德莱德不是现代意义上的英雄，因
为他很难使人信服和崇拜。虽然他在战场上英勇无比，但和自己的父亲决斗不值得赞扬，他只
是希腊意义上的英雄人物。不管是从《圣经》还是凯尔特神话故事来说，他都不是值得人赞美
的英雄，他就像身带诅咒的"约拿"。

　　② C. G. Jung and C. Kerényi, *Essays on a Science of Mythology*: *The Myth of the Divine Child and
the Mysteries of Eleusis.* Trans. R. F. C. Hull. New York: Pantheon Books, 1949. pp. 33 – 138.

　　③ Caitlín Matthews and John Matthews, *Ladies of Lake.* London: The Aquarian Press, 1992.
p. 37.

　　④ 在威尔士传统中，米德在成为地狱之神之前是英勇的战士。他身披紫色外衣，有金色
头发和灰色眼睛，一手拿矛，一手拿盾。

文学中被贬低为叛徒莫德莱德。①

这几位作家对莫德莱德有不同的表述。事实上，杰弗里率先指出莫德莱德是亚瑟的外甥。韦斯也一直在强调莫德莱德是亚瑟的外甥，对他进行谴责，认为他爱上舅舅的妻子是"伤风败俗"和"丢人的事情"。②莱亚门预言莫德莱德会带来巨大的灾难，不断地指责他的骄横、邪恶和背信弃义。在马洛礼笔下，梅林以上帝的口吻告诫亚瑟乱伦后产生的恶果："你做了一件令上帝不高兴的事情，你和你的姐姐同眠并生子，他会毁灭你和王国所有的骑士。"（44：28 – 30）莫德莱德在亚瑟征战海外之后决定娶王后桂尼薇儿。他的举动引起坎特伯雷主教的谴责："亚瑟不是你的舅舅，也不是你母亲的弟弟，他和她，他的姐姐，一起生育了你，因此，你怎么能娶父亲的妻子？"（1228：4 – 5）莫德莱德的做法违背了基督教有关婚姻的信条，触犯了社会伦理禁忌。在头韵体《亚瑟王之死》中，亚瑟在出征去欧洲大陆前，指定他的外甥莫德莱德为摄政王，并承诺战后给他加冕。马洛礼显然没有把莫德莱德看作摄政王，而更是让他以非婚生子的身份在故事中出现。

菲尔德认为马洛礼不愿意给亚瑟王抹黑，所以，在叙述桂尼薇儿和兰斯洛、莫德莱德的事情上有意压缩和省略。如果说莫德莱德是亚瑟的儿子，具有深化主题的作用，这表明罪恶引起惩罚，他与其他非婚生子（比如加拉哈德、亚瑟）形成对比。③菲尔德推断认为，莫德莱德 14 岁被带到亚瑟宫廷，之前可能由渔夫和他的妻子抚养，所以身上必然沾染有下层人的特点或流氓习气。卡伦·切列瓦图科指出，保守的马洛礼在故事结尾表明，有意为之的弑父比不知情的乱伦更具有罪恶感。在加工原材料的过程中，马洛礼把莫德莱德描写为非自然的孩子，他企图报复生父。马洛礼提出了一个当时人们关注的问题：谁有合法的权利统治英国？莫德莱德的出生具有凯尔特文化中神话人物的特点，本可以成为像亚瑟一样的英雄人物。他的弑父行为和死亡说明基督教母性禁止因为乱伦而产生的母亲身份或敢于闯入禁区的母性话语。乱伦后出生的孩子必

① Roger Sherman Loomis, *Celtic Myth and Arthurian Romance*. New York：Columbia University Press, 1926. p. 342.

② Wace, *Roman de Brut*：*A History of the British*（revised edt.）. Trans. Judith Weiss. Exeter：University of Exeter Press, 2002, Lines 11173 – 89.

③ P. J. C. Field, *Malory*：*Texts and Sources*. Cambridge：D. S. Brewer, 1998. pp. 92 – 3.

然是灾难的象征，他是反基督式人物，是对体制化的母性的侵犯，对于这种扰乱正常的母性体制的因素必然要强行加以阻止。卡伦·切列瓦图科进一步指出，亨利六世、爱德华四世、理查德三世、亨利七世都从虚构的谱系中寻找他们统治的合法性，每一个人都把自己的血统追溯到亚瑟王。因此，历史上的亚瑟王可能成为 15 世纪合法统治的政治试金石。马洛礼把亚瑟的统治权再现的比较模糊，让乱伦后而生育的非婚生子莫德莱德透视这个时代最深的恐惧感。①

《亚瑟王之死》的标题是"亚瑟王"和"死亡"，它背后不仅隐藏着以"亚瑟王"为代表的不列颠民族的辉煌，也表征一个时代的结束。虽然有学者认为亚瑟之死意味着压制个体而象征文明和体制的"父亲"的毁灭②，"死亡"的背后蕴含着失败和悲剧色彩，但同时表达去阿瓦隆疗伤的亚瑟给民族带来的希望和怀旧。亚瑟既是具体的人，又是抽象的偶像。这种双重性表现在有两个亚瑟:"一个是人，卓越辉煌，明智，但很人性；另外一个是一个崇拜对象，与凯米洛和圆桌的理想吻合。"③罗格·佘曼·鲁米斯认为亚瑟"既是人也是神"，虽然历史有所夸大，但他不仅是英国希望的永恒代表，而且成为千年神话的核心人物④，甚至就是文化英雄⑤。因此，作为英雄人物的亚瑟就有着非同寻常的出生，而梅林的魔法的介入为他的生命披上了一层更加神秘的色彩，同样，亚瑟母亲的母亲身份自然被神秘化了。

二　作为母体的圆桌:"和谐"之源

《亚瑟王之死》中几乎所有的王后都具备生物性母亲身份，但王后

---

①　Karen Cherewatuk, *Marriage, Adultery and Inheritance in Malory's Morte Darthur*. Cambridge: D. S. Brewer, 2006. pp. 110 – 1.

②　Robert Merril, *Sir Thomas Malory and the Cultural Crisis of the Late Middle Ages*. New York: Peter Lang, 1987. p. 314

③　Norris J. Lacy, *The New Arthurian Encyclopedia*. New York and London: Garland Publishing, Inc. , 1996. p. 17.

④　Roger Sherman Loomis, *Celtic Myth and Arthurian Romance*. New York: Columbia University Press, 1926. pp. 349 – 55.

⑤　考察亚瑟的真实性及其与神话的联系，参见John Rhys, *Studies in the Arthurian Legend*. Oxford: Oxford University Press, 1891. pp. 1 – 25. E. K. Chambers, *Arthur of Britain*. London: Sidgwick & Jackson, Ltd. , 1966. pp. 168 – 232.

桂尼薇尔①却一生未生育继承人，没有生物意义上的母亲角色。事实上，桂尼薇尔作为一个重要人物最早出现在威尔士故事《克鲁赫和奥尔文》（*Culhwch and Olwen*）之中。② 在这个故事中，桂尼薇尔本名叫 Gwenhwyfar，她的妹妹叫 Gwenhwyfach。③ 她在盎格鲁-诺曼骑士文学中叫 Guenièvre，在中世纪英语骑士文学中叫 Wannour 或 Wannore。有学者认为正是因为在亚瑟王宫廷中有真假桂尼薇尔的区别，才导致了亚瑟和莫德莱德之间的厮杀和最终的悲剧。④ 但在英国、德国和威尔士文化传统中，她都被看作是罗马贵族的女儿，而《英伦岛的三女神》（*Triad of the Island of Britain*）中提到的三个桂尼薇尔其实是三人合一的女神形象。希尔玛·芬斯特指出，亚瑟王文学中的许多女性都是成对存在的，桂尼薇尔也是其中的一个。在威尔士和爱尔兰文化中，文学传统认为那些具备多重人格的人物起源于神话，因为神祇可以被描述为单个或多个形式。马修根据九面女神的形象把《亚瑟王之死》中的九位典型女性和九面女神形象对应，在此基础上又分为三大类，依琳格的原型特点是"哺育"，桂尼薇尔的原型特点是"和谐"，摩根的原型特点是"治愈"。⑤

桂尼薇尔在《亚瑟王之死》中先后扮演了多重角色：公主、女王、妻子、情人和修女院院长，唯一遗憾的是她没有生育孩子，但马洛礼也并未对此作出任何评价。头韵体诗歌《亚瑟王之死》中提到王后桂尼薇尔和莫德莱德生育了两个儿子，亚瑟派王位继承人康斯坦丁杀死这两个孩子。在威尔士传统中，人们也认为她生育了两个儿子。但在

---

① 马洛礼对王后持赞赏态度，这影响到后来作家对她的刻画。丁尼生在《国王田园诗》（1859）中把她塑造成一位堕落的女性，跪在亚瑟面前祈求谅解。怀特在《曾经和未来的国王》（*The Once and Future King*，1958）中把她塑造成普通女子，亚瑟惩罚她都是因为他的幕僚逼迫所致。托马斯·伯格在《亚瑟·雷克斯》（*Arthur Rex*，1978）中表明王后在引诱兰斯洛，目的是实现自己的权力。

② 《克鲁赫和奥尔文》是12世纪初威尔士故事集《马比诺吉昂》中的神话故事之一，杰弗里可能参考了它来写亚瑟的故事。

③ Caitlín Matthews and John Matthews, *Ladies of Lake*. London：The Aquarian Press, 1992, p. 27.

④ Amy Varin, "Mordred, King Arthur's Son." *Folklore* 2（1979）：167 – 177, p. 175. Thelma S. Fenster, *Arthurian Women*. New York：Rountledge, 2000. p. 175. Gwenhwyfach 是 Gwenhwyfar（Guinivere）的妹妹，是莫德莱德的妻子，因为她们吵架，导致亚瑟和莫德莱德之战。

⑤ Caitlín Matthews and John Matthews, *Ladies of Lake*. London：The Aquarian Press, 1992. pp. xxiv – xlvi.

中世纪英国这些作家的叙述中，她不具备生物性母亲身份。韦斯写道："但他们（指亚瑟和王后）两个不会生育孩子，他们也不会有孩子。"①学界对桂尼薇尔是否应该具备母亲身份从不同的角度进行阐释和猜测。马修认为桂尼薇尔本性带有凯尔特文化中他界的特点，接近水性杨花的神话人物花神（Flower Maid），故不可能生育孩子使之人性化而出现在现实世界之中。②特伦斯·麦克卡西认为作为王后，桂尼薇尔不能怀孕生子，因为这和骑士文学的故事情节的发展和体裁需要有关，并指出："因为孩子不仅是耻辱的象征，对合法继承产生阴影，而且对忠诚的发展是必要的，这种悲剧需要没有继承人，才可以使最后的灾难显得完整。"③特伦斯·麦克卡西认为怀孕或母亲身份玷污她们作为人人皆知的爱情故事的主角形象。她认为对充满浪漫色彩的想象故事来说，王后身怀六甲或一群孩子拽着她的裙子走路，这非常令人厌恶。④

在马洛礼的《亚瑟王之死》中，梅林预言兰斯洛会爱上桂尼薇尔，所以特别提醒亚瑟，桂尼薇尔"（对）他来说不太健康（holsom），不适合作妻子"（97：29）⑤，预言她和兰斯洛会有恋情。值得注意的是，桂尼薇尔一生中的两位男性都具备生育能力。亚瑟遇到伯爵撒南姆的女儿丽奥瑙丝，两情相悦，共眠生育了鲍尔，他最后成为圆桌骑士。亚瑟和同母异父姐姐摩根斯共眠生育了莫德莱德。兰斯洛骑士和爱莲娜生育了

---

① Wace, *Roman de Brut*: *A History of the British* (revised edt.), Trans. Judith Weiss. University of Exeter Press, 2002, Lines 7409 – 32, Lines 9641 – 59.

② Ibid. pp. 38 – 40.

③ Terence McCarthy, *Reading The Morte Darthyr*. Cambridge: D. S. Brewer, 1988, p. 122. 2013年2月15日，笔者在剑桥大学中世纪与文艺复兴中心主任海伦·库伯（Helen Cooper）教授就此问题交谈，她认为在中世纪故事中，那些涉嫌私通的女性通常都没有生育孩子，王后桂尼薇尔不可能有孩子，否则亚瑟王故事将是另外一个完全不同的故事。

④ Ibid. p. 63.

⑤ 根据《牛津英语词典》词条解释，holsom这个词的意义指人的身心健康，也可能指身体不健康。彼得·菲尔丁在2012年12月14号的邮件中指出"holsom"的意思是指，如果亚瑟娶了桂尼薇尔，他的整个生活状态处于不太健康的状态。这个词语并不具备医学意义，而是指亚瑟娶她就会引起灾难。他指出，对于研究者来说困难的一点在于马洛礼没有对她没有子嗣这件事情作任何评价，也没有提说没有继承人会带来任何后果以及整个宫廷对此作出的任何关注等，这和中世纪人和当代人对王后的想法不同。他认为怀特的《曾经和未来的国王》中暗示王后因为没有子嗣而倍感压力，而这种压力使她比较绝望，但马洛礼未对此问题作任何说明。马洛礼里只谈及了亚瑟、兰斯洛、特里斯丹等人的母亲。马洛礼对这些母亲的描述表明女性应该如何成为母亲，尤其是如何扮演妻子角色。2014年4月22日，笔者有幸见到《牛津英语词典》主编John Simpson先生，他认为holsom的意思是"不合适"、"不恰当"。

圣杯骑士加纳哈德。事实上，马洛礼在故事的叙述中似乎更关注骑士的冒险经历和亚瑟的海外作战经历的描写，是一个以男性—父亲为中心的男性化世界。以王后为中心的宫廷女性不是在重大场合陪伴亚瑟出现，就是处于私人空间，她们扮演的似乎是"花瓶"的角色。桂尼薇尔在多大程度上具备作为母亲的机会或可能性都很不确定。正如梅林所言，兰斯洛和桂尼薇尔会陷入恋情，也许是马洛礼出于对兰斯洛—桂尼薇尔无疾而终的爱情故事的兴趣，把兰斯洛看作是自己心目中的英雄，为了这种浪漫的爱情故事的发展而隐除了她的生物性母亲身份。但是，她的女性生物性母性经验的缺失在圆桌的隐喻意义上得到充分实现。

桂尼薇尔嫁给亚瑟的时候带有嫁妆圆桌和 100 位骑士。卡罗琳·巴特指出，在法国兰斯洛—圣杯文学中有关圆桌的描述中，圆桌是政治权力开始和保持权力的意象，它通过梅林发挥了作用，意味着精神圆满和完整。①在马洛礼的《亚瑟王之死》中，骑士珀塞瓦尔的姨妈说道："梅林让做了圆桌，象征着圆形的世界。坐在圆桌旁边的人应该正确理解它的意义。对整个世界来说，不管是基督徒还是异教徒，当他们被选为圆桌骑士的时候，他们会觉得比获得半个世界都幸福愉快且令人崇拜。"（906：15 - 21）圆桌的功能体现在其具有凝聚社会力量和政治团结意义上，它主导着亚瑟宫廷的秩序。如果说它复制宇宙的秩序，这就体现在它以骑士围桌而坐来再现宇宙的有序，又因为其是圆形而不计较骑士身份的高低，因此又变得无序，最后形成一种和谐的张力。骑士珀塞瓦尔的姨妈指出："你可以看到，为了成为你们中的一员，他们失去了自己的父母、国王、妻子和孩子。自从你离开你母亲后，你永远再没有见到她。你在圆桌那里找到了友谊。"（906：22 - 6）可以看出，这些男性为成为圆桌骑士而付出巨大牺牲，圆桌对他们来说显然意义重大。

事实上，杰弗里在《英国国王史》中并未提及圆桌。② 韦斯率先对

---

① Catherine Batt, *Malory's Morte Darthur: Remaking Arthurian Tradition*. New York: Palgrave, 2002. p. 43.

② 《散文兰斯洛》提到圆桌可以坐 250 名骑士，马洛礼认为它是王后的嫁妆，嫁给亚瑟的时候带来 100 位骑士。在莱亚门的版本中，圆桌是亚瑟让木匠所做，可以坐 1600 名骑士。古德里奇指出，韦斯提到的"圆桌"，原文是 Fist Artus la Roönde Table (9747), ie. Arthur made a tabled rounda. 从语言学的角度来讲是亚瑟建造的独一无二的纪念碑，但其他作家没有理解韦斯所指，依照自己的想象去描写。Norma Lorre Goodrich, *King Arthur*. New York: Harper & Row, Publishers, 1986. pp. 283 - 7.

它进行了描述，莱亚门的表述稍显不同。在这两位作家笔下，圆桌存在的目的就是使圆桌骑士们在平等的基础上建立深厚的兄弟情谊。在马洛礼笔下，桂尼薇尔的嫁妆是圆桌和100名骑士。从其物理特点来看，"圆桌"象征着母亲，因为"'母亲'可以体现在圆圈、环形、球体、包围圈和封闭的东西中"①。恰恰因为它的形状，圆桌表明王后桂尼薇尔就不可能有孕在身，圆桌就是她的身体的外化。卡伦·切列瓦图科指出，圆桌作为她的嫁妆，类似于她不孕的身体，代替的就是她的身体。自相矛盾的是，圆桌又代表着婚姻中的多产，因为通过它，亚瑟王建立了一个秩序井然的社会。② 他利用圆桌建立社会秩序的时候，"（圆桌是）嫁妆，它模仿妊娠"③。这才是认识桂尼薇尔不孕的关键所在。显然，圆桌的存在有利于建立稳定而和谐的社会秩序。

　　桂尼薇尔虽然没有生育合法的继承人，但她的嫁妆圆桌却使她在亚瑟宫廷中扮演极其重要的角色。从物理特点上来看，圆桌像是母亲的子宫，它具有孕育生命的能力。从象征意义上来说，圆桌就是王后桂尼薇尔移位的母亲的身体，是她作为女性的母性经验的外化。它体现的不仅是母亲给予生命的能力，同时又以100名骑士作为陪嫁来象征着她作为母亲的孕育能力。这些骑士可以看作是她的儿子。圆桌是生命意义的本源，它同时还具有哺育、抚养、强化生命的作用，体现着完整、圆满而和谐的特质，产生了一个以圆桌为中心的亚瑟宫廷。它既可以通过自己的存在协调宫廷中的关系网，又以典型的母亲的形象出现，哺育和支撑完整而和谐的亚瑟宫廷，是一种处于混乱和秩序之间的协调力量。亚瑟宫廷之所以强大，就是因为有着这样一股强大的生命支点的存在，这是女性原则的胜利，也是母性力量发挥作用后调整骑士—儿子之间关系后的结果。他们的母亲"桂尼薇尔—圆桌"在"骑士—儿子"之间进行协调，从而使他们建立深厚的兄弟情谊，在母子之间形成一种精神上的科拉，恢复了母子之间的同一感。由此可见，桂尼薇尔不仅是里奇定义的"生命的生产者和稳定者"，还是可以"改变一切的人"。在培养这些骑

---

① Luce Irigaray, *Speculum of the Other Woman*. Trans. Gillian C. Gill. New York： Cornell University Press, 1985. p. 340.

② Karen Cherewatuk, *Marriage, Adultery and Inheritance in Malory's Morte Darthur*. Cambridge： D. S. Brewer, 2006, p. 34.

③ Ibid. p. 55.

士—儿子的过程中，她创造了一种使他们健康成长的环境，为他们与亚瑟一起进行冒险和海外征战奠定了坚实的精神基础。桂尼薇尔的优越性就体现在她的完整性上，这种"完整感"和"一体化"的过程是实现亚瑟世界完整和谐的关键所在。

如果说亚瑟宫廷的最终毁灭直接源于桂尼薇尔和兰斯洛之间的恋情曝光以及莫德莱德的背叛，那么，导致这种结局的主要原因之一就是他们都在争取"桂尼薇尔—圆桌"这种协调社会秩序的力量和资源。这种力量就是母亲的力量，或者说就是女性原则的力量。无论从物理意义还是象征意义上来看，"长矛"或"剑"代表着力量和权力，是破坏力量的代表，是男性原则的象征；而"圆桌"是多产的象征，既有哺育生命的母性作用，又是维持完整、和谐的社会关系的母性—女性力量。马洛礼写道："寻找圣杯的历程完成了，正如《圣杯的故事》提到的那样，活着回来的骑士又回到圆桌，宫廷上下充满欢乐。"（1045：1－4）显然，圆桌不仅仅是骑士们围桌聚餐进行自由会谈的场所，还是赋予他们生命力的源头所在。无论他们去寻找圣杯或冒险，圆桌都可以把所有的骑士聚集起来，骑士—儿子们回归母亲（桂尼薇尔—圆桌）后形成一种充满前俄狄浦斯情感张力的母子认同感。在和象征母亲的"圆桌"和谐地融为一体的时候，骑士—儿子们实现了母子关系中的同一性和原初认同，这种认同所产生的情感张力就在母子之间形成紧密的情感依赖，是精神上的科拉。"圆桌"把他们和真实的生物性母亲之间的疏离感填补了，在此，他们找到了可以赋予个体以生命意义的母亲，祛除了因为离开亲生母亲而加入亚瑟宫廷产生的母子疏离感。

在故事的最后，亚瑟的外甥（事实上是他的非婚生子）莫德莱德乘亚瑟出战之机企图迎娶桂尼薇尔。艾美·瓦利指出，不管怎么说，莫德莱德对桂尼薇尔的占有欲毫无疑问和他对亚瑟王国的占有欲有关。[1] 伊丽莎白·爱德华兹指出："莫德莱德正是看穿了其中的逻辑，所以企图占有王后，从而复制亚瑟做过的一切。亚瑟王国不是通过子嗣（比如王后的孩子）继承得来，而是通过占有王后才可以赢得，因为王后是保持宫廷秩序稳定的关键人物所在。"[2]爱德华兹研究莫德莱德娶王后的动机的

---

[1]　Amy Varin, "Mordred, King Arthur's Son." *Folklore* 2 (1979): 167 –77. p. 172.

[2]　Elizabeth Edwards, "The Place of Women in the *Morte Darthur*", in *A Companion to Malory*, Ibid. p. 49.

时候，忽略了一点，即他在娶王后桂尼薇尔的时候并非受制于伦理禁忌，而是她有助于他维持一种和谐的社会关系，这种关系网是由桂尼薇尔的骑士—儿子们组成。这种精神依赖和诉求体现了骑士—儿子们对具有哺育生命、支撑生命、保护生命的母亲的向往。可见，莫德莱德娶的并非是王后桂尼薇尔，而是想得到母亲所能体现的情感协调能力和凝聚力量。显然，他企图借助桂尼薇尔的母亲影响力上位。① 当桂尼薇尔处于困境、最终选择去修女院的时候，这种维持和谐的力量丧失了它在亚瑟宫廷所能发挥的作用，亚瑟宫廷逐渐走向衰落。从某种程度上来说，亚瑟王和莫德莱德之间争取的并非具体的一位女性，而是那种可以带来和谐的力量之源。这种力量的源泉就是"桂尼薇尔—圆桌"。当女性气质受到威胁或被压制的时候，它给予生命的能力自然受到压制，自然波及社会的和谐与完整的实现上。另外，在凯尔特文化中，"国家主权"通常被再现为女性，国王掌权就如同他和王国之间联姻结婚，而中世纪英国人习惯给贵族女孩取的名字中带有"主权"意义的词。② 由此可见，把莫德莱德和桂尼薇尔之间的关系看作是一种乱伦关系，这只是伦理学角度的认识，但从当时的传统来看，莫德莱德显然更看重的是桂尼薇尔作为国家主权代言人的显赫身份和作为亚瑟宫廷和谐之源的地位。

　　卡伦·切列瓦图科指出，王后虽然没有子嗣，但她的嫁妆圆桌为亚瑟王提供了父系血缘关系。③ 如果说圆桌是桂尼薇尔的子宫的移位或母性身体的外化，体现着母性原则，目的是保持由男性骑士组成的亚瑟宫廷社会秩序的和谐和完满，那么，亚瑟就是圆桌骑士象征意义上的父亲，桂尼薇尔就是他们的母亲。她通过圆桌在精神上孕育了骑士—儿子们，使他们建立了深厚的兄弟情谊。桂尼薇尔和兰斯洛的恋情曝光之后圆桌就会倒塌，亚瑟宫廷走向瓦解。这里涉及中世纪人对母亲所持的看法。在中世纪传统观念中，母亲必须在合法婚姻的基础上才能获得母亲身份，

---

　　① 南希·麦肯奇在《凯米洛的王后》中以第一人称的叙述手法讲述了桂尼薇儿的生平，以文学创作的手法阐释桂尼薇儿的故事。她在故事开头就以女巫吉斯尔达的口吻指出天边一颗流星滑落，一颗新星出现，预示着桂尼薇儿的出生，预言她会背叛国王，并认为她把莫德莱德看作自己的儿子，在亚瑟离开之后，让他当国王。Nancy McKenzie, *Queen of Camelot: The Tale of Guinevere and King Arthur*. London: Orbit, 2002.

　　② Qtd in Amy Varin, "Mordred, King Arthur's Son." *Folklore* 2 (1979): 167 – 777. p. 170.

　　③ Karen Cherewatuk, *Marriage, Adultery and Inheritance in Malory's Morte Darthur*. Cambridge: D. S. Brewer, 2006, p. 26.

这样的母性才具备神圣性，基督教宣扬的禁欲主义思想使人们把男性和女性区别开来定义。桂尼薇尔和兰斯洛之间恋情的曝光在向圆桌骑士——儿子们表明：在与父亲亚瑟王的婚姻中，母亲桂尼薇尔没有保持对婚姻的忠贞，敢于越界而追求自身的愉悦。杰弗逊指出，亚瑟宫廷的瓦解是因为不忠和私通所致。[①] 如果要说真正的不忠，这恐怕首先是来自王后桂尼薇尔和兰斯洛，因为他们的行为是对亚瑟王的背叛和不忠，这引起亚瑟宫廷中骑士——儿子们的不满。

如上所述，兰斯洛和王后桂尼薇尔恋情被发现后引起圆桌骑士——儿子的极大不满。在编年史中，兰斯洛通常是以骑士或勇士的身份出现，而不是以恋人的身份出现。他们两个以恋人身份出现在高厄的《情人的坦白》中，但在马洛礼的《亚瑟王之死》和诗行体《亚瑟王之死》中，兰斯洛和桂尼薇尔的恋情才成为故事发展的核心。[②] 在马洛礼的《亚瑟王之死》的开始，兰斯洛和桂尼薇尔应该是保持了柏拉图式的恋情。但是，从兰斯洛和爱莲娜两次见面的故事中可以看到，兰斯洛显然对桂尼薇尔保留一定的欲望。在故事的最后，他们约会的时候，兰斯洛受伤流血的手在桂尼薇尔的床单上留下血迹。马洛礼的表述显然比较模糊。骑士麦里安高特看到血迹，认为桂尼薇尔对国王亚瑟不忠，说道："我敢证明某个受伤的骑士躺在您的闺房，因此，我认为你对我的国王亚瑟不忠，夫人，您做了一件耻辱的事情。"（1132：16－20）为此，兰斯洛和他对决，看到桂尼薇尔的示意后，他杀了骑士麦里安高特。在这里，"不忠"和"耻辱"表明他们认为这种越界的方式就是一种背叛，因为它违背中世纪的婚姻体制和宫廷爱情的原则。亚瑟的外甥安格瑞威和莫德莱德一直私下里憎恨桂尼薇尔和兰斯洛。安格瑞威骑士当着众多骑士的面公开说道："我感到惊讶的是看到并知道兰斯洛日夜和王后睡在一起，我们不感到耻辱；我们都知道此事，让我们感到丢人和痛苦的是我们高贵的国王因此被羞辱。"（1161：19－23）他对亚瑟说道："我们知道兰斯洛拥有（holdeth）王后，已经这样很长时间了。我们是您姐姐的儿子；我们不能再忍受了。"

---

① W. H. Jackson and S. A. Ranawake, *The Arthur of the Germans*: *The Arthurian Legend in Medieval German and Dutch Literature*. Cardiff: University of Wales Press, 2000, p. 23.

② Elizabeth Archibald, "Lancelot as Lover Before Malory", in *Arthurian Studies in Honour of P. J. C. Field*, pp. 199－222. 肯尼迪也认为在马洛礼之前，有关他们恋情的故事只被改写成诗行体《亚瑟王之死》，参见 Edward Donald Kennedy, "Sir Thomas Malory's Romance and Chronicle", in *Arthurian Studies in Honour of P. J. C. Field*, p. 225.

(1163：6-8) 他们对其他圆桌骑士和亚瑟都公开说明了兰斯洛和王后之间的恋情,马洛礼并没有明确指明他们憎恨王后的根源所在。但正如这些骑士所言,他们是作为"亚瑟的姐姐的儿子"的身份来看待这件事情。亚瑟是象征意义上的父亲,王后桂尼薇尔作为舅母就是母亲。亚瑟听信他们的话就佯装去狩猎,兰斯洛和桂尼薇尔乘机幽会的时候被安格瑞威和莫德莱德带领的骑士当场发现。兰斯洛当晚冲出去的时候杀死了十三位骑士,其中包括高文骑士的弟弟安格瑞威,还有高文的两个儿子佛劳里斯和劳威尔,刺伤了高文的弟弟莫德莱德。我们知道,高文和兰斯洛之间私交甚深,他听到这些消息的时候非常痛苦。亚瑟派人对桂尼薇尔施行火刑,兰斯洛知道之后去解救。在这个过程中,他杀死了约二十位骑士,其中包括亚瑟的外甥、高文的两个弟弟噶海里斯骑士和甘里斯骑士。亚瑟听到这些消息的时候悲恸不已,几次晕厥过去。他谴责安格瑞威和莫德莱德的邪恶导致这些悲剧:"我失去这些优秀的骑士比失去王后还要伤心,因为王后我可以娶许多,但是骑士之间深厚的兄弟情谊再也建立不起来了。"(1184：1-5) 马洛礼指出,亚瑟把英格兰治国大权交给莫德莱德,"让他管理王后,因为莫德莱德是亚瑟的儿子,让他管理国家和他的妻子"。出于为高文复仇的心理,亚瑟率军去了卡迪夫,从那里出发,去兰斯洛的国土(1211：4-7),在兰斯洛的国土上烧杀,为高文复仇(1211：12-14)。显然,马洛礼和杰弗里的表述不同。在杰弗里笔下,亚瑟征战罗马,听到莫德莱德夺权的消息后从罗马返回。马洛礼却认为亚瑟是从讨伐兰斯洛的复仇之战中返回,目的是个人复仇。这种表述说明亚瑟宫廷瓦解的导火线在于他们无法容忍桂尼薇尔的背叛行为和因此而导致的圆桌骑士的死亡,而非骑士制度中的效忠问题而致。

　　这场悲剧中许多骑士丧命,对亚瑟宫廷造成极其沉重的打击。究其根源,就在于圆桌骑士—儿子们无法容忍桂尼薇尔和兰斯洛对亚瑟的背叛,无法接受王后—母亲桂尼薇尔在合法的婚姻内追求愉悦。贝薇丽·肯尼迪认为马洛礼对王后形象的塑造迎合了当时读者的期待视野,他们会觉得这种在法文版里面出现的带有背叛性质的私通关系令人厌恶,他们的爱情持续时间很长,但还是没有保持贞洁。① 菲尔德指出,他们的

——————————

　　① 贝薇丽·肯尼迪认为王后和兰斯洛之间的恋情是中世纪意义上真正的爱情。这样的爱情有以下特点:爱对方的美德和美貌,自愿为对方付出,一生忠贞不渝。她认为马洛礼没有表明王后对这场父亲安排的婚姻的态度,马洛礼改变原来的素材让读者明白亚瑟并不是她真正的

恋情似乎不止是柏拉图式的，兰斯洛在危急关头解救王后的做法证实他和王后私通。① 特伦斯·麦克卡西认为兰斯洛虽然因为英勇善战而颇受女士青睐，但是他实际上是一个有节制的禁欲主义者。② 她认为马洛礼描述他和桂尼薇尔之间的关系的时候显得比较模糊，但他保持了贞洁，"他不仅在战斗中超过其他骑士，对待爱情的态度也是高人一筹"③。兰斯洛是否是一位真正的禁欲主义者很难定论，但这些骑士谴责桂尼薇尔的做法目的在于证实母亲应该是一位贞洁、寡欲、洁净的母亲。这也说明，假如王后桂尼薇尔不能生育合法的王位继承人，亚瑟的政治生涯就不堪一击。母亲桂尼薇尔处于被控制、被压制的状态下，骑士—儿子们对她的不满引起宫廷悲剧，最终导致亚瑟宫廷的悲剧性矛盾。桂尼薇尔说道："因为这个人（兰斯洛）和我，这场战争爆发，导致世界上最优秀的骑士死亡，因为我们的爱情，我最高贵的国王被杀。"（1252：8－11）显然，她知道导致这一场悲剧的直接原因在于她和兰斯洛之间的恋情。爱德华·肯尼迪认为桂尼薇尔这种做法符合马洛礼对亚瑟宫廷瓦解的理解，即，每个人在死之前都要承担自己的责任。④ 虽然人们认为桂尼薇尔没有子嗣是受制于骑士文学这一题材的需要，但这场悲剧从某种程度上来说是骑士—儿子们对母亲的不满造成。米琪·斯维尼指出，兰斯洛和桂尼薇尔作为最后的幸存者，代表着爱的破坏力和它的承受力。马洛礼用基督教奉行的独身主义和苦修主义代替了骑士精神对人类激情的宣扬。⑤ 众多的骑士—儿子们丧命黄泉，亚瑟在和莫德莱德的交战中受伤死亡，桂尼薇尔最后成为寡妇。她失去了让母亲认识自我身份的客体对象儿子，又面临着继子莫德莱德逼婚的威胁，她作为王后—母亲的悲恸在她进入修女院的时刻得到再现。总结起来看，圆桌骑士和兰斯洛

---

　　* （接上注）恋人。她和兰斯洛的爱情是真正的精神之恋，这从最后他们进入修道院后能感知对方的异象中可以看出。参见 Beverly Kennedy, "Malory' Guenevere: a 'Trew Lover'", in *On Arthurian Women: Essays in Memory of Maureen Fries*, pp. 11 – 34.

　　① P. J. C. Field, "Sir Thomas Malory's Le Morte Darthur", in *The Arthurian of English: The Arthurian Legend in Medieval English Life and Literature*, p. 234.

　　② Terence McCarthy, *Reading The Morte Darthur*. Cambridge: D. S. Brewer, 1988. p. 23.

　　③ Ibid.

　　④ Edward Donald Kennedy, "Malory's Guenevere: 'A Woman Who Had Grown a Soul'", in *On Arthurian Women: Essays in Memory of Maureen Fries*, p. 38.

　　⑤ Mickey Sweeneyr, "Divine Love or Loving Divinely?: The Ending of Malory's 'Morte Darthur'." *Arthuriana* 2 (2006): 73 – 77. p. 74.

拼斗的目的是企图保全父亲亚瑟的荣耀，他们弑母的冲动不过是想证实母亲是否洁净、忠诚和贞洁。桂尼薇尔脱离了那个充满魔法和激情的世界，进入修女院，追求纯粹的精神完满，彻底摆脱了世俗之恋的纠葛，过真正贞洁的生活。

桂尼薇尔的存在具有政治寓意。圆桌是和母亲相关的意象，圆桌骑士"围桌而坐"就是对母性原则的一种维护，对和谐而平等的伙伴关系的把持，体现了母性力量的潜在意义。从故事中可以看出，亚瑟王受到的最致命的打击不是来自外部世界，而是来自亚瑟宫廷内部，这首先是由骑士—儿子们对母亲桂尼薇尔的不满引起。她离开亚瑟宫廷就是她和圆桌的分离，是母性身体的分离。这种分离导致母性力量最终走向衰竭。如果说《亚瑟王之死》是关于失败的故事，那么桂尼薇尔的不孕、恋情曝光、圆桌解散、亚瑟死亡、亚瑟宫廷的瓦解似乎是这种悲剧命运的最终结果。

小　结

在中世纪英国亚瑟王叙事传统中，亚瑟王的故事从富有浪漫色彩的骑士冒险故事逐渐演绎为带有宗教色彩的故事。在马洛礼的《亚瑟王之死》中，出生的孩子主要是男性：亚瑟、拓尔、特里斯丹、加拉哈德、鲍尔和莫德莱德。他们的母亲分别是依琳格、无名氏、伊丽莎白、爱莲娜、丽奥瑙斯和摩根斯。他们的父亲分别是尤塞、派里瑙尔、麦里奥达斯、兰斯洛、亚瑟。除了兰斯洛之外，他们的父亲都是国王，母亲几乎都是出身高贵的公主或王后。

在这些男性作家的笔下，这些母亲在不知情（梅林和亚瑟的母亲）或知情（加拉哈德的母亲）的情况下成为传奇人物的母亲，但在文本的叙述中，她们处于模糊、不可见甚至无声的状态，她们的儿子却最终成长为传奇人物。这些故事似乎在说明，伟大人物的出生本身带有传奇色彩，他们的母亲具体是谁并不重要，重要的是母亲的出身和孕育他们的过程。这个过程被浪漫化的现实原因在于早期人们把女性生育看得非常神秘。在中世纪时期，人们把能够给予生命的大自然和女性联系起来，借助超自然力量或自然现象来阐释他们对女性及其孕育过程的理解，使这个过程充满神秘感。这些表明，伟人或传奇人物的诞生就是某种神秘力量在现实世界中无所不能的典型表现，是对生育奇迹的敬仰和生殖崇拜的体现。他们的诞生是神在现实世界中的再生，符合凯尔特文化或罗马神话对神的想象。人被神化，神体现在伟人身上。

圆桌是母性力量的象征，它为亚瑟宫廷带来了和谐秩序，是王后桂尼薇儿的母性身体的外化，在骑士—儿子们对母亲桂尼薇尔不满的情况下引起内部斗争。亚瑟宫廷的瓦解从某种程度上说明骑士—儿子们希望找到一位圣洁、洁净、坚守贞洁且忠于父亲的母亲。在《亚瑟王之死》中，马洛礼把"尤塞—亚瑟"和"亚瑟—莫德莱德"分别放在故事的开头和结尾。他不仅在强调亚瑟作为传奇人物出生的超自然色彩，但又强调乱伦生子带来的政治恶果，含沙射影地表现出对 15 世纪英国皇室子嗣合法性的关注。

亚瑟的王者之剑来自湖中仙女，最后在他的再三要求下，贝迪维尔骑士把剑扔回湖中。他受伤后去凯尔特文化中的仙境阿瓦隆疗伤。我们知道，早期的亚瑟骑士文学和编年史通常把"治疗疾病"和女性联系起来。① 在凯尔特文化中，他界总是和水相关。对于女性来说，他界的湖水如同圆桌一样具有象征意义。水具有女性的特点。来自阿瓦隆岛的仙女再次说明女性气质具有治愈、安慰、哺育生命的作用，亚瑟乘船到阿瓦隆是回归母亲、复活生命的举动。"剑回归湖水"象征着女性具有赋予个体生命意义的特点，也象征着以男性为中心的统治力量的终结。

---

① Heidi Breuer, *Crafting the Witch: Gendering Magic in Medieval and Early Modern England*. New York: Routledge, 2009. p. 21. 卢米斯指出亚瑟受伤去阿瓦隆疗伤的故事是以爱尔兰英雄弗瑞驰（Fraich）受伤后被女神治愈的故事为模板。Roger Sherman Loomis, *Celtic Myth and Arthurian Romance*. New York: Columbia University Press, 1926. pp. 193 – 4.

结　语

　　盎格鲁—诺曼时期的英国是多语言、多元文化的社会，在与英国国内文化和欧洲大陆文化的融合、撞击、吸收和同化的过程之中，这些作品中的母亲形象塑造和母亲—子女关系的再现出现文化混合的痕迹。可以看出，中世纪英国文学作品中出现了不同类型的为母之道，体现出母性的不同变体。中世纪文化话语把母性和女性气质对等起来，而基督教又把母性和童贞关联起来。中世纪人相信母亲在道德、情感、宗教信仰上处于优势地位，她们能够成功扮演"好母亲"的角色，帮助孩子步入社会。

　　从研究中我们发现，人们把对母亲的情感通常投射在自己的生物性母亲的身上，或者投向身边某个具体的人或机构上。如果生物性母亲无法接近或不在场，或不能满足孩子成长的心理需求，人们就会把她拟人化或从母亲的替代物或人身上寻找安慰，进行情感的转嫁或投射。在这些故事中，上帝、耶稣或圣母玛利亚成为信徒的母亲，教堂、修女院、圆桌等同样可以扮演母亲的角色。这些对母亲的外化或投射在某种程度上反映了人们对"母亲"的情感依赖，"母亲"是爱、哺育、培养等特点的综合体现。应该指出的是，不管所选文本中的这些母亲被妖魔化或浪漫化，她们的形象浓缩起来都在反映或衬托一个母亲形象，指向具有中世纪社会—文化话语特点的母亲原型，即圣母玛利亚。从普通女性模仿圣母玛利亚到作家赞颂圣母玛利亚式的女性中，我们看到了中世纪英国社会对母亲身体的排斥和升华母性的痕迹。这些文本中不同类型的母亲参与到实现为母之道的实践活动之中。"母亲"的定义表现出不确定性，其中蕴涵着性别弯曲的话语。

　　在中世纪英国，情感虔诚和朝圣文化鼓励普通信徒放弃世俗家庭生活而进入修女院或修道院，过一种禁欲生活。在冥想的过程中，他们情感上所能联系到的客体对象通常都是神圣家庭成员、神父或修道院院长，而他们的异象提供了一种让他们与上帝和耶稣进行对话的途径。如果说人们的心理结构、性格和感情生活都是通过对客体的选择而构成和实现的话，那么，他们从爱的客体中所选择的原始模式是建立在家庭结构和社会普遍的心理模式基础之上的。朱丽安在想象中与母亲耶稣融合，策略性地展现了母亲生育和哺育孩子的身体，使人们重新认识、接受母亲的身体，潜在地建立起一个女性谱系。她的冥想行为是返回充满母爱且具有哺育孩子能力的母亲的一种有效尝试。像朱丽安和隐居的西多会修士离开自己的亲生母亲，他们拥有回归自己的母亲、寻找母子之间的同一感的心理现实。这是因为母亲代表着他们的本源，体现着他们和母亲曾经共同经历过的同一感和亲密感。从另外一个层面看，"耶稣作为母亲"证明中世纪男权社会对女性气质和母亲—女性的压制，但又自相矛盾地把母性和女性气质等同起来。那些隐居或为崇拜上帝而生活的信徒依赖自己的幻想和想象接近"母亲"，以寻找来自母亲的爱、温暖和亲密感，弥补他们为虔诚的宗教生活所放弃的情感中最温柔的部分。把上帝和耶稣看作母亲并不是文化女性化的外在表现，而是对压制和消音母性和女性气质所作出的抵抗，对爱的本体的追寻。虔诚的信徒需要客体把他们和"母亲"联系起来，重构前俄狄浦斯的同一感。这是重塑母子纽带关系所作出的一种心理尝试。

坎普式信徒不同于朱丽安式信徒。她们可以为了信仰和朝圣事业抛下家庭，步出家庭空间，放弃女性在世俗世界中扮演的传统角色，云游四方，踏上了去圣地耶路撒冷的朝圣之旅，成为典型的中世纪母性殉道者。她们徘徊在精神性母亲角色和生物性母亲角色的转换之中。在把耶稣幼儿化的过程中，母性殉道者在意念上成为怀抱耶稣、展示母爱、经历耶稣受难而悲恸不已的现实版圣母玛利亚。像坎普一样的母性殉道者在这个过程中期待升华自己的母亲身份。她们在行动上模仿圣母玛利亚，在意念上实现了作为"世界之母"或"上帝之母"的身份，构建理想化的自我，最大可能性地实现她们对于完美、成就感、优越感的追求。但是，不幸的是，她们又落入基督教母性神话的框架之中。

乔叟、兰格伦、马洛礼、珍珠诗人等男性作家对母亲形象的塑造、母性的再现表现出的态度显得较为复杂。男性作家在写作中倾向于使母亲屈从于男权社会话语，并可能在文本的叙事中插入对圣母玛利亚的赞美。在乔叟的笔下，康斯坦丝、无名的寡居母亲和格里泽尔达都是基督教母亲的典型代表，她们身上体现的东西是圣母玛利亚的美德，像苏丹之母和多纳吉这样的非基督教母亲就处于边缘化位置。这种文本排斥逻辑强化了中世纪圣母玛利亚崇拜，支持基督教母性。对乔叟而言，这些女性—母亲理应在角色扮演和角色习得中顺从于社会—文化话语和基督教话语，任何形式的越界、反抗、违规行为都有可能引起文字叙述暴力和男权社会话语的双重惩罚。从 12 世纪到 15 世纪，这些男性作家笔下的母亲携带几种不同的文化元素，但仍然表明母亲必须在合法的婚姻内取得母亲身份，母亲应该遵从母性意识而行动。显然，母性体制受到性别、伦理、种族、政治、宗教、法律、民族和文化的极大影响。当然，作品中出现的不同母亲因为实现了为母之道而在心理上倍感满足，但也出现了放弃母亲角色的卑贱式母亲，这些可归因于经济发展、政治斗争、宗教运动、性别歧视、母性意识、情节发展需要等原因。玛丽的籁歌中的无名母亲、修女院院长、康斯坦丝、格里泽尔达、坎普、桂尼薇儿等，她们的存在背后隐藏着这样一种心理动机：作为母亲可以平息她们的焦虑和痛苦，缓解母亲对孩子的期待之情。母亲被贬低或谴责，是因为母亲被看作是他者；母亲被美化，是因为中世纪英国人需要完美的母亲来证明自己本源的完美和高贵。

中世纪英国文学通过象征的手法把文学和宗教联系在了一起，把一些超验的普遍概念（比如彼岸思想）用具体的实物表达出来（比如十字架），而象征模式必然含有克里斯蒂娃所说的"排他式析取"，即，只认可对立的两个概念中的一种：生—死，爱—恨，善—恶，是—否，那么，和象征思维相适应的文学就和宗教之间达成一致：寻求精神对肉体的超越，追求终极的真实。从盎格鲁-诺曼时期的这些作品来看，它们再现的东西是象征话语向符号话语转变的特殊时期，是中世纪话语向文艺复兴话语的转型。话语的流动既保留了中世纪话语的残余，又显露了即将到来的新时代的特点。这一点在母性的再现上也得到凸显。从《诺里奇的朱丽安的启示》中对彼岸的向往到《坎特伯雷故事》中戏谑的朝圣，再到《玛格丽·坎普之书》中信仰与个人自由意志的矛盾，这些显示了这一特点，这和当时的社会历史文化文本达成了互文。

中世纪英国母性体制成为一种载体，它不仅关联宗教、性别、政治、种族和文化话语，而且反映出盎格鲁—诺曼时期英国处于民族意识逐渐成熟的时期。整体来看，作家从塑造民族文化英雄的情怀逐渐步向展现向近代早期转型的人的生存状态转变，母亲形象、母亲—子女关系、为母之道的实现方式、母亲的角色、母性意识、体制化的母性成为见证这种变化的载体，而这种变化同样深刻地影响到体制化母性和女性的母性经验。从坎普的个案可以看出，个人自由意志逐渐萌芽，以上帝为中心的宇宙秩序逐渐走向衰退，英国逐渐从 11 世纪多元文化互动的背景走向 15 世纪典型的精神分裂时期。这符合中世纪晚期人们的心态。玛丽·埃蒂斯·托马斯指出，因为人们的不确定感由多种因素引起，但最重要的是上帝的意志的问题。十字军东征之后，一种新的宗教怀疑论遍布欧洲。许多东征者充满自信，因为他们相信上帝会帮助他们打败萨克森人，结果却失败而归。[①] 14 世纪到 15 世纪，对于朱丽安、乔叟、兰格伦、坎普、珍珠诗人、马洛礼等作家来说，这是一个重要的转折时期。它既是经济发展的转型期，亦是文化的转型期。在这个十字路口，一方面，中世纪人对先前稳定的、以上帝为中心的社会秩序依赖性逐渐减弱；另外一个方面，他们开始渴望追求个体自由和自主权，和欧洲大陆之间的交流较为频繁。他们生活在以上帝为中心的旧的宇宙秩序之中，个体开始追求自由意志的意识逐渐觉醒。这从中世纪英国的母性和文本中再现的母亲—子女关系中可见一斑。

虽然国外学界通常用"中世纪"（middle ages）、"近代"（early modern time）、"现代时期"（modern time）或"后现代时期"（post-modern time）来说明文化演进之间的连续性。但是，中世纪文化不是随着文化的转型而消失殆尽，人们对母性的认识方面仍然保留着中世纪英国人坚持的传统理念。托马斯·莫尔 1516 年出版了《乌托邦》。在乌托邦这样的理想社会中，人们仍然强调母亲的本能和家庭成员之间的等级区别，为母之道仍然多样化。人们可以雇佣奶妈，想学手艺的孩子还会和中世纪孩子一样被送到别人家当学徒，父母仍然保持权威地位。[②] 这显然是延续了中世纪人坚守的母性意识。海伦·库珀指出，中世纪英国文化仍

---

① Mary Edith Thomas, *Medieval Skepticism and Chaucer*. New York: William Frederick, 1950. pp. 34 – 43.

② Thomas More, *Utopia*. Trans. Paul Turner. Penguin Group, 1965. p. 80.

然存在于伊丽莎白时代，对它后来的发展都产生影响。① 文艺复兴时期的母亲从一个侧面展示出母亲的生活状态和精神纬度，进一步显示出母亲在从农业经济转型到资本主义社会中所处的尴尬位置。莎士比亚笔下的母亲和中世纪英国文学中再现的母亲—子女关系有许多共性。英国女王伊丽莎白一世（1558—1603 年在位）终身未嫁，被称作"童贞女王"（the Virgin Queen），被人们看作英国教会和国家的母亲，而人们对她的崇拜是对圣母玛利亚崇拜的一种延续而已。② 可见，中世纪英国母性作为一种体制在不断地演进，虽然受到不同时代话语的影响，但对英国后面各个时期母性意识的发展仍然产生持续性影响。

---

① Helen Cooper, *Shakespeare and the Medieval World*. London：A & C Black Publishers Limited, 2010. p. 3

② Helen Hackett, *Virgin Mother, Maiden Queen：Eizabeth I and the Cult of the Virgin Mary*. Basingstoke：Macmillan Press Ltd. , 1995.

参考文献

Primary Sources

Abrams, M. H.. ed. *The Norton Anthology of English Literature*. Vol. 1 A. New York: W. W. Norton & Company. Inc. , 2000.

Aelred of Rievaulx. *Treatises and the Pastoral Prayer*. Cistercian Publications c/o Liturgical Press, 1971.

"Alma Redemptoris Mater. " < http: // en. wikipedia. org/wiki/Alma Redemptoris_Mater > . June 18, 2008.

"Ancrene Wisee". Trans. Nicholas Watson, in *The Showing of Julian of Norwich: Authoritative Texts, Contexts, Criticism*. Ed. Denise N. Baker. New York: W. W. Norton & Company, Inc. . 2005, 139.

Andrew, Malcolm, and Judith Weiss, eds. *The Birth of Romance: An Anthology: Four Twelfth-century Anglo-Norman Romances*. London: J. M. Dent & Sons Ltd.

Anselm Saint. *Prayers and Meditations of Saint Anselm*. Trans. Benedicta Ward. Harmondsworth, 1973.

"The Athanasian Creed, " in *Piers Plowman: the Donaldson Translation, Select Authoritative Middle English Literature, Sources and Backgrounds, Criticism*. Ed. Elizabeth Robertson and Stephen H. A. Shepherd. New York: W. W. Norton & Company, Inc. . 2006, 373 – 4.

Augustine, Saint. *Confessions*. Trans. R. S. Pine-Coffin. The Penguin Group, 1961.

Boccaccio, Giovanni. *The Decameron*. Trans. Edward Hutton. London: David Nutt, 1909.

Barron, W. R. J. , and S. C. Weinberg, eds. and trans. . *Layamon's Arthur: the Arthurian Section of Layamon's Brut (Lines* 9229 – 14297 *)* . Essex: Longman Group UK limited, 1989.

Bevis of Hampton. Ed. W. S. Durrant. London: George G. Harrap & Co. , 1914.

Blamires, Alcuin, and Karen Pratt and C. W. Marx, eds. *Woman Defamed and Woman Defended: An Anthology of Medieval Texts.* Oxford: Clarendon Press, 1992.

Bonaventure, Saint. *Meditations on the Life of Christ.* Trans. and Ed. Isa Ragusa and Rosalie B. Green. Princeton: Princeton University Press, 1961.

"The Castle of Love", in *Piers Plowman: the Donaldson Translation, Select Authoritative Middle English Literature, Sources and Backgrounds, Criticism.* Ed. Elizabeth Robertson and Stephen H. A. Shepherd. New York: W. W. Norton & Company, Inc. 2006, 409 – 15.

Cana, Proinsias Mac. *Celtic Mythology* (new revised edt.) . London: Chancellor, 1996.

Chaucer, Geoffrey. "The Legend of Good Women", in *The Works of Geoffrey Chaucer.* Ed. F. N. Robinson. Oxford: Oxford University Press. 1957, 480 – 518.

——, *The Canterbury Tales.* Ed. W. W. Skeat. Encyclopedia Britannica, 1952.

Child, Francis James. ed. *The English and Scottish Popular Ballads.* Boston: Houghton, Mifflin, 1898.

Churchill, Caryl. *Top Girls.* Samuel French, Inc. , (1ˢᵗ edt.) , 1982.

Crawford, Anne, ed. *Letters of Medieval Women.* Stroud: Sutton Publishing, 2002.

The Death of King Arthur. Trans. Simon Armitage. London: Faber and Faber Ltd. , 2012.

Ephrem the Syrian. *Hymns.* Trans. Kathleen E. McVey. New York: Paulist Press, 1989.

Fabri, Felix. *The Book of Wanderings of Brother Felix Fabri.* Trans. Aubrey McCarthy. Washington: Catholic University of America Press, 1960.

Francoise Le Saux. ed. *Amys and Amylion.* Exeter: University of Exeter

Press, 1993.

Frazier, Allie M. . ed. *Issues in Religion: a Book of Readings*. New York: American Book Company, 1969.

Gardner, John. ed. *The Alliterative Morte Arthure, The Owl and the Nightingale and the Five Other Middle English Poems*. Carbondale: Southern Illinois University Press, 1971.

Geoffrey, of Monmouth. *The History of the Kings of Britain*. Trans. Lewis Thorpe. Penguin Books, 1966.

Gilbert, Sandra M. and Susan Gubar. *The Norton Anthology of Literature by Women: the Tradition in English*. New York: W. W. Norton &Company, 1985.

Giles, J. A. . trans. *The Works of Gildas and Nennius*. London: James Bohn, 1841.

The Good Wife Taught Her Daughter: The Good Wyfe Wold a Pylgremage and the Thewis of Gud Women. Ed. Tauno F. Mustanoja. Helsinki: Suomalaisen Kirjallisuuden Seuran, 1948.

Gower, John. *Confessio Amantis*. Ed. Russell A. Peck. Trans. Andrew Galloway. Kalamazoo: Medieval Institute Publications, 2006.

Gray, Douglas. ed. *A Selection of Religious Lyrics*. Oxford: Oxford University Press, 1975.

——, ed. *From the Norman Conquest to the Black Death: An Anthology of Writings from England*. Oxford: Oxford University Press, 2011.

Greene, Richard Leighton, ed. *The Early English Carols*. Oxford: Oxford University Press, 1977.

Herzman, Ronald B. , Graham Drake, and Eve Salisbury. eds. *Four Romances of England*. Kalamazoo: Medieval Institute Publications, 1999.

Holy Bible (NRSV). National TSPM & CCC, 2000.

Hudson, Harriet. ed. *Four Middle English Romances: Sir Isumbras, Octavian, Sir Eglamour or Artois, Sir Tryamour*. Kalamazoo: Medieval Institute Publications, 1996.

John, of Salisbury. *The Historia Potificalis of John of Salisbury*. Ed and Trans. Maijorie Chibnall Oxford: The Claredon Press, 1986.

Julian, of Norwich. *The Showings of Julian of Norwich*. Ed. Denise

N. Baker. New York: W. W. Norton & Company, Inc. , 2005.

Kempe, Margery, *The Book of Margery Kempe* (Annotated edt.). Ed. Barry Windeatt. Cambridge: D. S . Brewer, 2004.

Laskaya, Anne and Eve Salisbury, eds. *The Middle English Breton Lays*. Kalamazoo: Medieval Institute Publications, 1995.

Langland, William. *Piers Plowman: the Donaldson Translation, Select Authoritative Middle English Text, Sources and Backgrounds, Criticism*. Ed. Elizabeth Robertson and Stephen H. Shepherd. New York: W. W. Norton & Company, 2006.

Layamons Brut, or Chronicle of Britain: a Poetical Semi – Saxon Paraphrase of the Brut of Wace. Ed. Sir K. H. Frederic Madden. London: The Society of Antiquaries of London, 1847.

Malory, Sir Thomas . *The Works of Thomas Malory*. Ed. Eugène Vinaver. Oxford: Clarendon Press, 1947.

Mandeville, John. *The Travels of Sir John Mandeville*. Trans. C. W. R. D. Moseley. London: Penguin Books Ltd. 2005.

Mannyng, Robert of Brunne. *The Chronicle*. Ed. Idelle Sullens. Binghamton: Medieval & Renaissance Texts & Studies, 1996.

Marie, de France. *Lais*. Ed. Alfred Ewert. Bristol: Bristol Classical Press, 1995.

More, Thomas. *Utopia*. Trans. Paul Turner. London: Penguin Group, 1965.

Nennius. *The Historia Brittonum*. Ed. David N. Dumville. Cambridge: D. S. Brewer, 1985.

Orm. *The Ormulum*. Ed. Robert Meadows White and Robert Holt. Oxford: Clarendon Press, 1878.

The Pearl Poet, *The Poems of the Pearl Manuscript : Pearl, Cleanness, Patience, Sir Gawain and the Green Knight*. Ed. Malcolm Andrew and Ronald Waldron. Exeter: University of Exeter Press, 2007.

Petrarch, Francis. *The Tale of Griselda*. < http: //petrarch. petersadlon. com /griselda. html > . June 20, 2008.

Rumble, Thomas C. . ed. *Breton Lays in Middle English*. Detroit: Wayne State University Press, 1965.

Sisam, Celia and Kenneth. eds. *The Oxford Book of Medieval English*

Verse. Oxford: Oxford University Press, 1970.

"Stabat Mater. " < http://en. wikipedia. org/wiki/Stabat_Mater >. June 10, 2008.

La Tour Landry, Geoffrey de. *The Book of the Knight of the Tower*. Trans. William Caxton. Ed. M. Y. Offord. London: Oxford University Press for EETS, 1971.

Wace. *Roman de Brut: A History of the British* (revised edt.). Trans. Judith Weiss. Exeter : University of Exeter Press, 2002.

Wetson, Jessie L. . ed. *Chief Middle English Poets*. Boston: Houghton Mifflin Company, 1914.

Whitelock, Dorothy, David C. Douglas and Susie I. Tucker. *The Anglo-Saxon Chronicle*. London: Eyre and Spottiswoode, 1961.

William of Palerne: An Alliterative Romance. Ed. G. H. V. Bunt. Groningen: Bouma's Boekhuis, 1985.

Secondary Sources

Abbot, Christopher. *Julian of Norwich: Autobiography and Theology*. Cambridge: D. S. Brewer, 1999.

Abrams, M. H. . *A Glossary of Literary Terms*. Beijing: Foregin Language Teaching and Research press, 2004.

Aers, David. *Community, Gender and Individual Identity: English Writing 1360 – 1430*. New York: Routledge, 1988.

——, ed. *Medieval Literature: Criticism, Ideology and History*. Brighton: Harvester Press Limited, 1986.

——, "The Sacrament of the Altar in *Piers Plowman* and the Late Medieval Church in England", in *Images, Idoltry, and Iconoclasm in Late medieval England—Textuality and Visual Image*. Ed. Jeremy Dimmick, James Simpson and Nicolette Zeeman. Oxford: Oxford University Press, 2002. 63 – 80.

——, *Salvation and Sin: Augustine, Langland and Fourteenth-Century Theology*. Notre Dame: University of Notre Dame Press, 2009.

——, "The Self Mourning: Reflections on *Pearl*. " *Speculum* 68 (1993): 54 –73.

Aiken, Pauline. "Vincent of Beauvais and Chaucer's *Monk's Tale.*" *Speculum* 17 (1942): 56 – 68.

Akbari, Suzanne Conklin. "From Due East to True North: Orientalism and Orientation," in *The Postcolonial Middle Ages*. Ed. Jeffrey Jerome Cohen. New York: St. Martin's Press, 2000. 19 – 34.

Alexander, Flora. "Woman as Lovers in Early English Romance", in *Women and Literature in Britain 1150 – 1500*. Ed. Carol M. Meale. Cambridge: Cambridge University Press, 1993. 24 – 40.

Alexander, Philip S.. "Madame Eglentyne, Geoffrey Chaucer and the Problem of Medieval Anti-Semitism." *John Rylands Library Bulletin* 74 (1992): 109 – 20.

Alford, John A.. ed. *A Companion to Piers Plowman*. London: University of California Press, 1988.

Aloni, Gila and Shirley Sharon-Zisser. "The Prior Root: The Transit Through Hebrew in *The Prioress's Tale.*" < http://www. chass. utoronto. ca/ french/as-sa/ ASSA-No17 /Article3en. html >. April 26, 2008.

Anchoritic Spirituality: Ancrene Wisse and Associated Works. Trans. Anne Savage and Nicholas Watson. Mahwah: Paulist Press, 1991.

Archaibald, Elizabeth and A. S. G. Edwards, "Introduction", in *A Companion to Malory*. Ed. Elizabeth Archaibald and A. S. G. Edwards. Cambridge: D. S. Brewer, 1996. 3 – 18.

Archer, John. "The Structure of Anti – Semitism in *the Prioress's Tale.*" *Chaucer Review* 1 (1985): 46 – 54.

Aristotle. *Generation of Animal*. Trans.. A. L. Peck. Cambridge: Harvard University Press, 1963.

Armitage, Simon. "Introduction", in *The Death of King Arthur*. Trans. Simon Ammitage. London: Faber and Faber Ltd., 2012.

Ashley, Kathleen. "Historicizing Margery: *The Book of Margery Kempe* as Social Text." *Journal of Medieval and Early Modern Studies* 28 (1998): 371 – 88.

Ashton, Gail. "Her Father's Daughter: the Realignment of Father-Daughter Kinship in Three Romance Tales." *Chaucer Review* 34 (2000): 416 – 27.

Atkinson, Clarissa W. . *Mystic and Pilgrim: The Book and the World of Margery Kempe.* New York: Cornell University Press, 1983.

——, *The Oldest Vocation: Christian Motherhood in the Middle Ages.* New York: Cornell University Press, 1991.

——, "'Your Servant. My Mother': The Figure of Saint Monica in the Ideology of Christian Motherhood", in *Immaculate and Powerful: the Female in Sacred Image and Social Reality.* Ed. Clarissa W. Atkinson, Constance H. Buchanan and Margaret R. Miles. Boston: Beacon Press, 1985. 139 – 72.

Atkinson, David. "History, Meaning and Symbol in 'The Cruel Mother.'" *Folk Music Journal* 6. 3 (1992): 359 – 80.

Auerbath, Erich. *Mimesis: the Representation of Reality in Western Culture.* Trans. Willard R. Trask. Princeton: Princeton University Press, 1953.

Aurner, Nellie Slayton. "Sir Thomas Malory—Historian." *PMLA* 48 (1933): 362 – 91.

Babcock, R. W. . "The Medieval Setting of Chaucer's *Monk's Tale.*" *PMLA* 46 (1931): 205 – 13.

Bailey, Merridee L. . *Socialising the Child in Late Medieval England 1400 – 1600.* Woodbridge: York Medieval Press, 2012.

Baker, Denise N. . *Julian of Norwich's Showing: From Vision to Book.* Princeton: Princeton University Press, 1994.

——, "Julian of Norwich and the Varieties of Middle English Mystical Discourse", in *A Companion to Julian of Norwich.* Ed. Liz Herbert McAvoy. Cambridge: D. S. Brewer, 2008, 64 – 74.

Baldwin, Anna. *A Guidebook to Piers Plowman.* Basingstoke: Palgrave Macmillan, 2007.

Barber, Richard. *Arthur of Albion: An Introduction to the Arthurian Literature and Legend of England.* London: Boydell, 1961.

Barr, Helen. *The Piers Plowman Tradition.* London: J. M. Dent Ltd. , 1993.

Barr, Jessica. "The Critique of Revelation in *PPl*", in *Willing to Know God: Dreamers and Visionaries in the Later Middle Ages.* Ed. Jessica Barr. Columbus: Ohio State University Press, 2010. 152 – 83.

Barratt, Alexandra. "Continental Women Mystics and English Readers", in *The Cambridge Companion to Medieval Women's Writing*. Ed. Carolyn Dinshaw and David Wallace. Cambridge: Cambridge University Press, 2003. 248 – 52.

Barron, W. R. J. . ed. *The Arthurian of English: The Arthurian Legend in Medieval English Life and Literature*. Cardiff: University of Wales Press, 1999.

Bartlet, Suzanne and Patricia Skinner. *Licoricia of Winchester: Marriage, Motherhood and Murder in the Medieval Anglo-Jewish Community*. London: Vallentine Mitchell, 2009.

Batt, Catherine. *Malory's Morte Darthur: Remaking Arthurian Tradition*. New York: Palgrave, 2002.

Baum, Paull F. . *Chaucer: a Critical Appreciation*. Durham: Duke University Press, 1958.

Baum, Richard. *Recherches sur les œuvres attribuées à Marie de France*. Carl Winter: Heidelberg, 1968.

Beckwith, Sarah. *Christ's Body: Identity, Culture and Society in Late Medieval Writings*. New York: the Rutledge, 1996.

Bestul, Thomas H. . "Antecedents: The Anselmian and Cistercian Contributions", in *Mysticism and Spirituality in Medieval England*. Ed. William F. Pollard and Robert Boing. Cambridge: D. S. Brewer, 1997. 1 – 20.

Bhattacharji, Santha. "Julian of Norwich", in *A Companion to Medieval English Literature and Culture. c1350 – c1500*. Ed. Peter Brown. Oxford: Blackwell Publishing Ltd. , 2007. 522 – 36.

Blain, Virginia, Patricia Clements and Isobel Grundy. *The Feminist Companion to Literature in English: Women Writers from the Middle Ages to the Present*. New Haven: Yale University Press, 1990.

Blamires, Alcuin. *Chaucer, Ethics, and Gender*. Oxford: Oxford University Press, 2006.

Bloch, Howard R. . *Medieval Misogyny and the Invention of Western Romantic Love*. Chicago: University of Chicago Press, 1991.

Bloomfield, Morton W. . *Piers Plowman as a Fourteenth-century Apocalypse*. New Brunswick: Rutgers University Press, 1961.

——, "Present State of *Piers Plowman* Studies. " *Speculum* 14 (1939): 215 – 32.

Boklund-Lagopoulou, Karin. "Yate of Heven: Conceptions of the Female Body in the Religious Lyrics", in *Writing Religious Women: Female Spiritual and Textual Practices in Late Medieval England*. Ed. Denis Renevey and Chritiania Whitehead. University of Toronto Press, 2000. 133 – 56.

Bond, Christopher. "Medieval Harrowings of Hell and Spenser's *House of Mammon.*" *English Literary Renainssance* 37 (2007): 175 – 92.

Boswell, John. *The Kindness of Strangers.* New York: Vintage, 1990.

Bowers, John M. . *The Crisis of Will in Piers Plowman.* Washington: The Catholic University America Press, 1986.

Bowers, John M. . *Chaucer and Langland: The Antagonistic Tradition.* Notre Dame: University of Notre Dame Press, 2007.

——, "Chaucer after Smithfield: From Postcolonial Writer to Imperialist Author. ", in *The Postcolonial Middle Ages*. Ed. Jeffrey Jerme Cohen. NewYork: St. Martin's Press 2000. 53 – 66.

Bowers, Terence N. . "Margery Kempe as a Traveler. " *Studies in Philology* 97(2000): 1 – 28.

Boyarin, Daniel. "On the History of the Early Phallus", in *Gender and Difference in the Middle Ages*. Ed. Sharon Farmer and Carol Braun Pasternack. London: University of Monnesota Press, 2003. 3 – 42.

Boyd, Matthieu. "The Ring, the Sword, the Fancy Dress and the Posthumous Child: Background to the Heroic Biography in Marie de France's *Yonec.* " *Romance Quarterly* 3 (2008): 205 – 30.

Braddy, Haldeen. "Chaucer, Alice Perrers, and Cecily Chaumpaigne. " *Speculum* 52 (1977): 906 – 11.

——, "Chaucer and Dame Alice Perrers. " *Speculum* 21 (1946): 222 – 28.

Bradley, Ritamary. "Julian of Norwich: Everyone's Mystic", in *Mysticism and Spirituality in Medieval England*. Ed. William F. Pollard and Robert Boenig. Cambridge: D. S Brewer, 1997. 139 – 58.

Breeze, Andrew. *Medieval Welsh Literature.* Dublin: Four Courts Press, 1997.

Breuer, Heidi. *Crafting the Witch: Gendering Magic in Medieval and Early Modern England.* New York: Routledge, 2009.

Brewer, Charlotte. *Editing Piers Plowman: The Evolution of the Text.*

Cambridge: Cambridge University Press, 1996.

Brewer, Derek and Jonathan Gibson. *A Companion to the Gawain-Poet*. Cambridge: D. S. Brewer, 1997.

Bright, Allan H. . *New Light on "Pers Plowman"*. Oxford: Oxford University Press, 1928.

Brown, Carleton F. . *Religious Lyrics of the Fifteenth Century*. Oxford: Oxford University Press, 1939.

Butterfield, Ardis. "England and France", in *A Companion to Medieval English Literatre and Culture: 1350 – 1500*. Ed. Peter Brown Oxford: Blackwell Publishing Ltd. . 2007. 199 – 214.

Burrow, J. A. . *Medieval Writers and Their Work: Middle English Literature and Its Background 1100 – 1500*. Oxford: Oxford University Press, 1982.

Bynum, Caroline Walker. *Fragmentation and Redemption—Essays on Gender and the Human Body in Medieval Religion*. New York: Zone Books, 1991.

——, *Jesus as Mother: Studies in the Spirituality of the High Middle Ages*. Berkeley: University of California Press, 1982.

——, *Wonderful Blood: Theology and Practice in Late Medieval Northern Germany and Beyond*. Philadelphia: University of Pennsylvania Press, 2007.

Calabrese, Michael. "Prostitutes in the C-Text of *Piers Plowman*. " *Journal of English and Germanic Philosophy* 105 (2006): 275 – 311.

Cannon, Christopher. "The Lives of Geoffey Chaucer", in *The Yale Companion to Chaucer*. Ed. Seth Lerer. New Haven: Yale University Press, 2006. 31 – 54.

——, "*Raptus* in the Chaumpaigne Release and a Newly Discovered Document Concerning the Life of Geoffrey Chaucer. " *Speculum* 68 (1993): 74 – 94.

Cargill, Oscar. "Langland Myth. "*PMLA* 50 (1935): 36 – 56.

Carlson, Cindly L. and Angela Jane Weisl. "Introduction: Constructions of Widowhood and Virginity", in *Constructions of Widowhood and Virginity in the Middle Ages*. Ed. Cindly L. Carlson and Angela Jane Weisl. Macmillan Press Ltd. 1999, 1 – 24.

Carroll, Michael P. *The Cult of the Virgin Mary: Psychological Origins*. Princeton: Princeton University Press, 1992.

Carruthers, Mary J. and Elizabeth D. Kirk. eds. *Acts of Interpretation: The Text in its Contexts, 700 – 1600*. Norman: Pilgrim Books, 1982.

Cartlidge, Neil. *Medieval Marriage: Literary Approaches, 1100 – 1300*. Cambridge: D. S. Brewer, 1997.

Catto, Jeremy. "1349 – 1412: Culture and History", in *The Cambridge Companion to Medieval Englsish Mysticism*. Ed. Samuel Fanous and Vincent Gillespie. Cambridge: Cambridge University Press, 2011. 113 – 132.

"Celtic Otherworld. " < http://en. wikipedia. org/wiki/Celtic _ Otherworld >. Sept. 20, 2011.

Chambers, E. K. . *Arthur of Britain*. London: Sidgwick & Jackson, Ltd. , 1927.

Cherewatuk, Karen. "Born-Again Virgins and Holy Bastards: Bors and Elyne and Lancelot and Galahad. " *Arthuriana* 2 (2001): 52 – 64

——, *Marriage, Adultery and Inheritance in Malory's Morte Darthur*. Cambridge: D. S. Brewer, 2006

Chodorow, Nancy. *Feminism and Psychoanalytic Theory*. New Haven: Yale University Press, 1989.

——, *The Reproduction of Mothering: Psychoanalysis and the Sociology of Gender*. Berkeley: University of California Press, 1978.

"Christ as Holy Wisdom. " < http://www. users. csbsju. edu/ ~ eknuth/ xpxx /xpsophia. html > . May 2, 2008.

Clayton, Mary. *The Cult of the Virgin Mary in Anglo-Saxon England*. Cambridge: Cambridge University Press, 1990.

Clifford, Paula. *Marie de France: Lais*. London: Grant & Cutler Ltd. , 1982.

Cohen, Jeffrey Jerome. ed. *Medieval Identity Machines*. London: University of Minnesota Press, 2003.

Condren, Edward I. "The Prioress: A Legend of Spirit, A Life of Flesh. " *Chaucer Review* 23 (1989): 192 – 218

Cooper, Helen. ed. *The Canterbury Tales*. Oxford: Clarendon Press, 1989.

——, *Shakespeare and the Medieval World*. London: A & C Black Publishers Limited, 2010.

Cornelius, Roberta Douglas. "*Piers Plowman* and *The Roman de Fauvel*. "

PMLA 47 (1932): 363 – 7.

Cowgill, Jane. "Chaucer's Missing Children. " < http: //www. illinoismedi-eval. org /EMS/ VOL12 /12ch3. html >. April 20, 2008.

Craig, Leigh Ann. *Wandering Women and Holy Matrons: Women as Pilgrims in the Later Middle Ages.* Leiden: Koninklijke Brill NV, 2009.

Cramer, Patricia. "Lordship, Bondage, and the Erotic: The Psychological Bases of Chaucer's *Clerk's Tale.* " *Journal of English and Germanic Philosophy* 89 (1990): 491 – 511.

Crawfrod, Sally. *Childhood in Anglo-Saxon England.* Phoenix Mill: Sutton Publishing Limited, 1999.

Cross, Peter. *Lady in Medieval England: 1000 – 1500.* Mechanicsburg: Stackpole Books, 2000,

Cross, Tom Peete. "The Celtic Origin of the *Lay of Yonec.* " *Studies in Philology* 11 (1913): 26 – 60

——, "The Celtic Origin of the Lays of *Lanval* and *Graelent.* " *Modern Philology* 10 (1915): 585 – 644.

Cumberlege, Geoffrey. *Arthurian Torso.* London and New York: Oxford University Press, 1948.

Daniel, Norman. *Islam and the West: The Making of an Image.* Edinburgh: Edinburgh University Press, 1993.

David, Alfred. "The Man of Law vs. Chaucer: A Case in Poetics. " *PMLA* 82 (1967): 217 – 25.

Davlin, Mary Clemente. "Kynde Knowyng as a Major Theme in *Piers Plowman B.* " *The Review of English Studies* 22. 85 (1971): 1 – 19.

Davidson, Mary Catherine. *Medievalism, Multilingualism, and Chaucer.* New York: PALGRAVE MACMILLAN, 2010.

Davies, R. T. . *Medieval English Lyrics: a Critical Anthology.* Evanston: Northwestern University Press, 1991.

Davis, Isabel. "Men and Margery: Negotiating Medieval Patriarchy", in *A Companion to The Book of Margery Kempe.* Ed. John H. Arnold and Katherine J. Lewis. Cambridge: D. S. Brewer, 2004. 35 – 54.

Delany, Sheila. ed. *Chaucer and the Jews*: *Sources, Contexts, Mean-*

ings. New York and London: Routledge, 2002.

——, "Womanliness in *the Man of Law's Tale.*" *Chaucer Review* 9 (1974): 63 –72.

Despres, Denise L. "Cultic Anti-Judaism and Chaucer's Litel Clergeon." *Modern Philology* 91. 4 (1994): 413 –27.

Dinshaw, Carolyn. *Chaucer's Sexual Poetics.* Madison: University of Wisconsin Press, 1989.

——, "Margeny Kempe", in *The Cambridge Companion to Medieval Wowen's Writiug.* Ed. Carolyn Dinshaw and David Wallace. Cambridge: Cambridge University Press, 2003. 222 –39.

——, "Margery Kempe Answers Back", in *Women, Gender, Religion: A Reader.* Ed. Elizabeth A. Castelli and Rosamond C. Rodman. New York: Palgrave Macmillan, 2001. 257 –308.

——, "Pale Faces: Race, Religion, and Affect in Chaucer's Texts and Their Readers." *Studies in the Age of Chaucer* 23 (2001): 19 –41.

Dockray-Miller, Mary. *Motherhood and Mothering in Anglo-Saxon England.* New York: St. Martin's Press, 2000.

Donaldson, E. Talbot. "Chaucer the Pilgrim." *PMLA* 69 (1954): 928 –36.

Douglas, Mary. *Purity and Danger: An Analysis of Concept of Pollution and Taboo.* New York: Routledge & Kegan Paul, 1966.

Duby, Georges. *The Knight, the Lady, and the Priest: The Making of Modern Marriage.* Trans. Barbara Bray. New York: Pantheon, 1983.

——, *Medieval Marriage: Two Models from Twelfth-Century France.* Trans. Elborg Forster. Baltimore and London: Johns Hopkins University Press, 1978.

Duffey, Bernard I. . "The Intention and Art of *The Man of Law's Tale.*" *ELH* 14 (1947): 181 –93.

Dugas, Don-John. "The Legitimization of Royal Power in Chaucer's ' Man of Law's Tale." *Modern Philology* 95 (1997): 27 –43.

Dundes, Alan. *The Blood Libel Legend: A Casebook in Anti-Semitic Folklore.* Madison: University of Wisconsin Press, 1991.

Ebersole, Gary L. . "The Function of Ritual Weeping Revisited: Affective Expression and Moral Discourse. "*History of Religions* 39 (2000): 211 –46.

Edwards, A. C. . " Knaresborough Castle and ' The Kynges Moodres Court' ", in *Chaucer: Modern Essays in Criticism*. Ed. Edward Wagenknecht. New York: Oxford University Press, 1959.

Edwards, Elizabeth. "The Place of Women in the *Morte Darthur*", in *A Companion to Malory*. Ed. Elizabeth Archaibald and A. S. G. Edwards. Cambridge: D. S. Brewer, 1996. 37 – 54.

Ellis, S. Deborah. "*The Color Purple* and the Patient Griselda. " *College English* 49 (1987) : 188 – 201.

Evans, Ruth. "Virginities", in *The Cambridge Companion to Medieval Women's Writing*. Ed. Carolyn Dinshaw and David Wallace. Cambridge: Cambridge University Press, 2003. 21 – 39.

Fellows, Jennifer. "Mothers in Middle English Romance", in *Women and Literature in Britain 1150 – 1500*. Ed. Carol M. Meale. Cambridge: Cambridge University Press, 1993. 41 – 60.

Fanous, Samuel and Henrietta Leyser. *Christina of Markyate: a Twelfth-century Holy Woman*. London: Routledge, 2005.

Fell, Christine, Cecely Clark and Elizabeth Williams. *Women in Anglo-Saxon England and the Impact of 1066*. Oxford: Basil Blackwell Ltd. , 1986.

Fenster, Thelma S. . " Introduction ", in *Arthurian Women: A Casebook*. Ed. Thelma S. Fenster. New York: Rountledge, 2000. xvii – lxiv.

Fery, John A. "Linguistic and Psychological Couplings in *The Lays of Marie de France.* " *Studies in Philology* 1(1964) : 3 – 18.

Ferster, Judith. *Chaucer on Interpretation*. London: Cambridge University Press, 1985.

Feuerbach, Ludwig. *The Essence of Christianity*. Trans. George Eliot. New York: Prometheus Books, 1989.

Field, P. J. C. . *The Life and Times of Sir Thomas Malory*. Cambridge: D. S. Brewer, 1993.

——, *Malory: Texts and Sources*. Cambridge: D. S. Brewer, 1998.

——, "Sir Thomas Malory's *Le Morte Darthur*", in *The Arthurian of English: The Arthurian Legend in Medieval English Life and Literature*. Ed. W. R. J. Barron. Cardiff: University of Wales Press, 1999. 225 – 46.

Finke, Laurie A. . *Women's Writing in English: Medieval England*. London: Addison Welsley Longman Limited, 1999.

Finlayson, John Petrarch. "Boccaccio, and Chaucer's 'Clerk's Tale'. " *Studies in Philology* 3 (2000): 255 – 75.

Fowler, Elizabeth. "Civil Death and the Maiden: Agency and the Conditions of Contract in *Piers Plowman. "Speculum* 70 (1995): 760 – 92.

Fradenburg, Louise O. "The Love of Thy Neighbor", in *Constructing Medieval Sexuality*. Ed. Karma Lochrie, Peggy McCraken and James A. Schultz. London: University of Minnesota Press, 1997. 135 – 57.

Frank Jr, Robert Worth. *"The Canterbury Tales* III: Pathos", in *The Cambridge Chaucer Companion*. Ed. Piero Boitani and Jill Mann. Shanghai: Shanghai Foreign Language and Education Press, 2000. 143 – 58.

Freeman, Edward A. . *The History of the Norman Conquest of England, Its Cause and Its Results* (3rd edt.). Oxford: The Clarendon Press, 1877.

Freeman, Phyllis R. , Carly Rees Bogorad, and Diane E. Sholomskas. "Margery Kempe, A New Theory: The Inadequacy of Hysteria and Postpartum Psychosis as Diognostic Categories. "History of Psychiatry* 1 (1990): 169 –90.

Fries, Maureen. "The Evolution of Eve in Medieval French and English Religious Drama. " *Studies in Philology* 1 (2002): 1 – 16.

Gamble, Sahah. "Gender and Transgender Criticism", in *Introducing Criticism at the 21st Century*. Ed. Julian Wolfreys. Edinburgh: Edinburgh University Press, 2002. 37 – 57.

Gibson, Gail McMurry. *The Theater of Devotion: East Anglian Drama and Society in the Late Middle Ages*. Chicago: University of Chicago Press, 1989.

Gilmore, Leigh. *Autobiographics: a Feminist Theory of Women's Representation*. New York: Cornell University Press, 1994.

Ginsburg, Judith. *Representing Agrippina: Constructions of Female Power in the Early Roman Empire*. New York: Oxford University Press, Inc. , 2006.

Glenn, Cheryl. "Author, Audience, and Autobiography: Rhetorical Techniques in *The Book of Margery Kempe. " College English* 54(1992): 540 – 53.

Glenn, E. N. . "Social Constructions of Mothering: a Thematic Overview", in *Mothering, Ideology , Experience and Agency*. Ed. E. N. Glenn. . G. Chang and

L. R. Forcery. London: Routledge, 1994. 1 – 32.

Le Goff, Jacques. ed. *The Medieval World*. Trans. Lydia G. Cochrane. London: Collins & Brown Ltd. , 1990. 1 – 36.

Goffen, Rona. "Mary's Motherhood According to Leonardo and Michelangelo. " *Artibus et Historiae* 20. 40 (1999) : 35 – 69.

Goldberg, P. J. P. . "Migration, Youth and Gender", in *Youth in the Middle Ages*. Ed. P. J. P. Goldberg and Felicity Riddy. Woodbridge: York Medieval Press, 2004. 85 – 100.

Göller, Karl Heinz. ed. *The Alliterative Morte Arthur: a Reassessment of the Poem*. Cambridge: D. S. Brewer, 1981.

Goodman, Anthony. *Margery Kempe and Her World*. Pearson Education Limited, 2002.

Goodrich, Norma Lorre. *King Arthur*. New York: Harper & Row, Publishers, 1986.

Goodwin, Amy. W. . "The Griselda Game. " *Chaucer Review* 39 (2004) : 41 – 69.

Goux, Jean-Joseph. "The Phallus: Masculine Identity and ' Exchange of Women. ' " Trans. Maria Amuchastegui, Caroline Benforado, Amy Hendrix and Eleanor Kaufman. *Differences* 4 (1992) : 40 – 75.

Green, Richard Firth. "Why Marquis Walter Treats His Wife So Badly. " *The Chaucer Review* (2012) : 48 – 62.

Green, Trish. *Motherhood, Absence and Transition When Adult Children Leave Home*. Farnham: Ashgate Publishing Limited, 2010.

Griffiths, Lavinia. *Personification in Piers Plowman*. Cambridge: D. S. Brewer, 1985.

Gustafson, Diana L. . *Unbecoming Mothers: The Social Production of Maternal Absence*. New York: The Haworth Clinical Practice Press, 2005.

Hackett, Helen. *Virgin Mother, Maiden Queen: Elizabeth I and the Cult of the Virgin Many*. Basingstoke: Macmillan Press Ltd. . 1995.

Hagen, Susan K. . "What's Really Being Tested in ' The Clerk's Tale' ?" < http: //panther. bsc. edu/%7Eshagen/gresgend. htm >. May 13, 2008.

Hallissy, Margaret. *Clean Maids, True Wives, Steadfast Widows: Chaucer's*

Women and Medieval Codes of Conduct. London: Greenwood Press, 1993.

Hamaguchi, Keiko. *Non-European Women in Chaucer: A Postcolonial Study.* New York: Peter Lang GmbH, 2006.

Hamilton, Marie Padgett. "Echoes of Childermas in the *Tale of the Prioress*", in *Chaucer: Modern Essays in Criticism.* Ed. Edward Wagenknecht. New York: Oxford University Press, 1959. 88 – 97

Hanawalt, Barnara A. . "Medieval English Women in Rural and Urban Domestic Space. "*Dumbarton Oaks Papers* 52 (1998): 19 – 26.

Hanawalt, Barbara. A. . *Growing Up in Medieval London.* Oxford: Oxford University Press, 1993.

——, *Women and Work in Preindustrial Europe.* Bloomington: Indiana University Press, 1986.

Hanning, Robert W. . "From Eva and Ave to Eglentyne and Alsoun: Chaucer's Insight into Role Women Play. " *Signs* 2 (1977): 580 – 99.

Hansen, Elaine Tuttle. *Chaucer and Fiction of Gender.* Berkeley: University of California Press, 1992.

Hanskell, Ann S. . "The Portrayal of Women by Chaucer and His Age", in *What Manner of Woman: Essays on English and American Life and Literature.* Ed. Marlene Springer. New York: New York University Press, 1977. 1 – 14.

Harris, Julian. *Marie de France: The Lays Gugemar, Lanval and a Fragment of Yonec.* New York: Publications of the Institute of French Studies, Inc. , 1930.

Harpur, James. *The Crusades, The Two Hundred War: the Clash between the Cross and the Crescent in the Middle East 1096 – 1291.* London: Carlton Books, 2005.

Heimmel, Jennifer P. . *God Is Our Mother: Julian of Norwich and the Medieval Image of Christian Feminine Divinity.* Lampeter: Edwin Mellen Press Ltd. , 1999.

Hendry, Petra Munro. "Disrupting the Subject: Julian of Norwich and Embodied Knowing. "*Journal of Curriculum Theorizing* 21 (2005): 95 – 108.

Heng, Geraldine. *Empire of Magic: Medieval Romance and the Politics of Cultural Fantasy.* New York: Columbia University Press, 2003.

——, "Jews, Saracens, ' Black Men, ' Tartars: England in a World of Racial Difference", in *A Companion to Medieval English Literature and Culture: c. 1350 – c. 1500*. Ed. Peter Brown. Oxford: Blackwell Publishing Ltd. , 2007. 247 – 70.

Hirsch, Marianne. "Mothers and Daughters. " *Signs* 7 (1981): 200 – 22.

Hobbs, Kathleen M. . "Blood and Rosaries: Virginity, Violence, and Desire in Chaucer's ' Prioress's Tale' ", in *Constructions of Widowhood and Virginity in the Middle Ages*. Ed. Cindly L. Carlson and Angela Jane Weisl. Basingstoke: Macmillan Press Ltd. , 1999. 181 – 98.

Hoffman, A. Robin. "Sewing and Weaving in *Piers Plowman*. " *Women's Studies* 35 (2006): 431 – 52.

Holland, Richard. *Nero: the Man Behind the Myth*. Stroud: Sutton Publishing Limited, 2000.

Hollister, C. Warren, Robert C. Stacey and Robin Chapman Stacey. *The Making of England to 1399*. Boston : Houghton Mifflin, 2001.

Holmes, Urban T. . "Old French ' Yonec' . " *Modern Philology* 2 (1931): 225 – 9.

Hopkins, Andrea. *Most Wise & Valiant Ladies*. London: Collins & Brown Limited, 1997.

Hopper, Sarah. *Mothers, Mystics and Merrymakers: Medieval Women Pilgrims*. Stroud: Sutton Publishing Limited, 2006.

Horner, Shari. *The Discourse of Enclosure: Representing Women in Old English Literature*. Albany: State University of New York Press. 2001.

Horobin, Simon. *Chaucer's Language*. Basingstoke: Palgrave Macmillan, 2007.

Howes, Laura L. . "On the Birth of Margery Kempe's Last Child. " *Modern Philology* 90 (1992): 220 – 5.

Hussey, S. S. . ed. *Piers Plowman: Critical Approaches*. London: Methuen & Co. Ltd. 1969.

Irigaray, Luce. *Speculum of the Other Woman*. Trans. Gillian C. Gill. Cornell University Press, 1985.

——, *The Irigaray Reader*. Trans. David Mecey. Ed. Margeret Whitford. Cambridge: Blackwell Publishers, 1991.

——, *Sexes and Genealogies*. Trans. Gillian C. Gill. New York: Columbia University Press, 1993.

——, *Thinking the Difference: Toward a Peaceful Revolution*. Trans. Karin Montin. London: The Athlone Press, 1994.

Jackson, W. H. and S. A. Ranawake. *The Arthur of the Germans: The Arthurian Legend in Medieval German and Dutch Literature*. Cardiff: University of Wales Press, 2000.

Jantzen, Grace M. . *Julian of Norwich: Mystic and Theologian*. London: Paulist Press. 2000.

Johnson, Oliver M. "Sources of the *Lay of Yonec*." *PMLA* 2 (1905): 322 –38.

Johnson, Lesley and Jocelyn Wogan-Browne. "National World and Women's History: Writers and Readers of English in Post-conquest England", in *The Cambridge History of Medieval English Literature*. Ed. David Wallace. Cambridge: Cambridge University Press, 1999. 92 – 121.

Jones, Gwyn. "Introduction", in *Arthurian Chronicles: Wace and Layamon*. Trans. Eugene Mason. University of Toronto Press, 1996. v – xii.

Jung, C. G. and C. Kerényi. *Essays on a Science of Mythology: The Myth of the Divine Child and the Mysteries of Eleusis*. Trans. R. F. C. Hull. New York: Pantheon Books, 1949.

Jusserand, J. J. . *English Wayfaring Life in the Middle Ages*. London: Methuen & Co Ltd. , 1961.

Kaske, R. E. "The Knight's Interruption of the *Monk's Tale*." *ELH* 24 (1957): 249 –68.

Kean, P. M. . "Love, Law, and Lewte in *Piers Plowman*." *The Review of English Studies* 15. 59. (1964): 241 –61.

Kennedy, Beverly. "Malory' Guenevere: a 'Trew Lover' ", in *On Arthurian Women: Essays in Memory of Maureen Fries*. Ed. Bonnie Wheeler and Fiona Tolhurst. Dallas: Scriptorium Press, 2001. 11 –34.

Kennedy, Elspeth. *Lancelot and the Grail: A Study of the Prose Lancelot*. Oxford: Clarendon Press, 1986.

Kennedy, Edward Donald. "Sir Thomas Malory's Romance and Chronicle", in *Arthurian Studies in Honour of P. J. C. Field*. Ed. Bonnie

Wheeler. Cambridge: D. S. Brewer, 2004. 223 – 34.

Kieckhefer, Richard. "Convension and Conversion: Patterns in Late Medieval Piety. " *Church History* 67 (1998): 32 – 51.

——, *Magic in the Middle Ages.* Cambridge: Cambridge University Press, 1989.

Kim, Margaret. "Poverty as the Politics of Transcdendence in *Piers Plowman.* "*NTU Studies in Language and Literature* 22 (2009): 31 – 55.

Kinoshita, Sharon and Peggy McCracken. *Marie de France: a Critical Companion.* Cambridge: D. S. Brewer, 2012.

Kirk, Elizabeth D. . "' What Is This Womman?' Langland on Women and Gender", in *Piers Plowman: the Donaldson Translation, Select Authoritative Middle English Literature, Sources and Backgrounds, Criticism.* Ed. Elizabeth Robertson and Stephen H. A. Shepherd. New York: W. W. Norton & Company, Inc. , 2006. 616 – 26.

Kirkpatrick, Robin. "The Griselda Story in Boccaccio, Petrarch and Chaucer", in *Chaucer and the Italian Trecento.* Ed. Piero Boitani. Cambridge: Cambridge University Press, 1983. 231 – 48.

Knapp, Ethan. "Chaucer Criticism and Its Legacies", in *The Yale Companion to Chaucer.* Ed. Seth Lerer. New Haven: Yale University Press, 2006. 324 – 58.

Knight, Stephen. *Merlin: Knowledge and Power through the Ages.* Ithaca and London: Cornell University Press, 2009.

Koeppel, E. . "Chauceriana: IV. Die Entstehungszeit des ' Lyf of seynt Cecyle. " *Anglia* 14 (1892): 227 – 67.

Kristeva, Julia. *About Chinese Women.* Trans. Anita Barrows. New York: Marion Boyars Publishers, 1977.

——, *Desire in Language—A Semiotic Approach to Literature.* Ed. Leon S. Roudiez. Trans. Thomas Gora, Alice Jardine and Leon S. Roudiez. New York: Columbia University Press, 1980.

——, *Powers of Horror: an Essay on Abjection.* Trans. Leon. S. Roudies. New York: Columbia University Perss, 1982.

——, "Stabat Mater", in *The Kristeva Reader.* Ed. Toril Moi, Trans. Lemon

S. Roudiez. New York: Columbia University Perss, 1986, pp. 160 – 86

Kuhl, E . P. . "Chaucer's Madame Eglantine. " *Modern Language Notes* 60 (1945) : 325 – 26.

Lacy, Norris J. . ed. *The New Arthurian Encyclopedia*. New York and London: Garland Publishing, Inc. , 1996.

Lacy, Norris J. , Geoffrey Ashe and Debra N. Mancoff. *The Arthurian Handbook* (2nd edt.) . New York and London: Garland Publishing, Inc. , 1997.

Laskaya, Anne and Eve Salisbury, "Lay le Freine: An Introduction", in *The Middle English Breton Lays*. Kalamazoo: Medieval Institute Publications, 1995, < http: //www. lib. rochester. edu/camelot/teams//freiint. htm > . May 5, 2012.

Late Medieval Englishwomen: Julian of Norwich, Majorie Kempe and Juliana Berners. Aldershot: Ashgate Publishing limited, 2007.

Lavezzo, Kathy. *Angels on the Edge of the World: Geography, Literature and English Community 1000 – 1534*. London: Cornell University Press, 2006.

Lawes, Richard. "The Madness of Margery Kempe", in *The Medieval Mystical Tradition: England, Ireland, and Wales*. Ed. Marion Glasscoe. Cambridge: D. S. Brewer, 1999. 147 – 67.

Lawler, S. . *Mothering the Self: Mother, Daughter, Subjects*. London: Routledge, 2000.

Laynesmith, J. L. . *The Last Medieval Queens: English Queen 1445 – 1503*. Oxford: Oxford University Press, 2004.

Lee, Sidney. ed. . *Dictionary of National Bibliography*. Vol. xxxii. London: Smith, Elder, & Co. , 1892.

Lerer, Seth. "Introduction", in *The Yale Companion to Chaucer*. Ed. Seth Lerer. New Haven and London: Yale University Press, 2006. 1 – 28.

Leyser, Conrad and Lesley Smith. eds. *Motherhood, Religion and Society in Meolieval Europe, 400 – 1400*. Surrey: Ashgate Publishing Limited, 2011.

Lin, Chih-Hsin. "Salvation through a Literary Education: Biblical Interpretation and the Trivium in *Piers Plowman*. " *Sino-Christian Studies* 7 (2009) : 67 – 110.

Liu Yan. *A Theoretical Reader in Motherhood*. Wuhan: Wuhan University

Press, 2007.

Llewelyn, Robert. ed. *Julian: Woman of Our Day.* Mystic: Twenty-third Publication, 1987.

Llorens-Cubedo, Dídac. "Building and Ploughing: Some Connections between T. S. Eliot's *The Rock* and Wiliam Langland's *Piers Plowman*", in *New Literature of Old: Dialogues of Tradition and Innovation in Anglophone Literature.* Ed. José Ramón Prado-Pérez and Dídac Llorens-Cubedo. Newcastle upon Tyne: Cambridge Schoalrs, 2008. 105 – 15.

Lloyd-Morgan, Ceridwen. "Women and Their Poetry in Medieval Wales", in *Women and Literature in Britain, 1150 – 1500.* Ed. Carole M. Meale. Cambridge: Cambridge University Press, 1993. 183 – 201.

Lockford, Lesa. *Performing Femininity.* Oxford: AltaMira Press, 2004.

Lochrie, Karma. "*The Book of Margery Kempe*: The Marginal Woman's Quest for Literary Authority. "*Journal of Medieval and Renaissance Studies* 16 (1986): 33 – 55.

——, *Margery Kepme and Translations of the Flesh.* Philadelphia: University of Pennsylvania Press, 1991.

——, "Mystical Acts. Queer Tendencies", in *Constructing Medieval Sexuality.* Ed. Karma Lochrie, Peggy McCraken and James A. Schultz. London: University of Minnesota Press, 1997. 180 – 200.

Loomis, Roger Sherman. ed. *Arthurian Literature in the Middle Ages: a Collaborative History.* Oxford: Oxford University Press, 1959.

——, *Celtic Myth and Arthurian Romance.* New York: Columbia University Press, 1926.

Lowes, John Livingston. *Geoffrey Chaucer and the Development of His Genius.* Boston: Houghton Mifflin, 1934.

Lucas, Angela M. . *Women in the Middle Ages: Religion, Marriage and Letters.* Brighton: The Harvester Press, 1983.

Luckyj, George S. N. . "The Archetype of the Bastard in Sevcenko's Poetry. "*The Salvic and East European Journal* 14 (1970): 277 – 83.

Lynch, Andrew. "Gesture and Gender in Malory's *Le Morte Darthur*' , in *Arthurian Romance and Gender: Selected Proceedings of the XVIIth International*

Congress. Ed. Freidrich Wolfzettel. Amsterdam: Rodopi, 1995. 285 – 95.

Lynch, James J. . "The Prioress's Gems. " *Modern Language Notes* 57 (1942): 440 – 1.

Maclean, Marie. " The Performance of Illegitimacy: Signing the Matronym. " *New Literary History* 25 (1994): 95 – 107.

Magill, Kevin J. . *Julian of Norwich: Mystic or Visionary ?*. New York: the Routledge, 2006.

Mackillop, James. *A Dictionary of Celtic Mythology*. Oxford: Oxford University Press. 2004.

Maddox, Donald, "Rewriting Marie de France: The Anonymous ' Lai du Conseil' . " *Speculum* 2 (2005): 399 – 436.

Mann, Jill. *Feminizing Chaucer*. Cambridge: D. S. Brewer, 2002.

——, *From Aesop to Reynard: Beast Literature in Medieval Britain*. Oxford: Oxford University Press, 2009.

——, *Geoffrey Chaucer*. Hemel Hempstead: Harvester Wheatsheaf, 1991.

Maréchal, Chantal A. . ed. *In Quest of Marie de France: a Twelfth-Century Poet*. Lampeter: The Edwin Mellen Press, 1992.

"Marie de France. " < http: //mockingbird. creighton. edu/english/fajardo/teaching /eng340/ marie_de_france. htm >. Sept. 22, 2011.

Martin, Priscilla. *Chaucer's Women: Nuns, Wives and Amazons*. Basingstoke: Macmillan Press Ltd. , 1990.

Masi, Michael. *Chaucer and Gender*. New York: Peter Lang Publishing Inc. , 2005.

Matthews, Caitlín and John Matthews. *Ladies of Lake*. London: The Aquarian Press, 1992.

Maurer, Helen E. . *Margaret of Anjou: Queenship and Power in Late Medieval England*. The Boydell Press, 2003.

Meale, Carol M. . " ' The Hoole Book' : Editing and the Creation of Meaning in Malory's Text", in *A Companion to Malory*. Ed. Elizabeth Archaibald and A. S. G. Edwards. Cambridge: D. S. Brewer, 1996. 3 – 18.

Merril, Robert. *Sir Thomas Malory and the Cultural Crisis of the Late Mid-*

dle Ages. New York: Peter Lang, 1987.

McAvoy, Liz Herbert. *Authority and the Female Body in the Writings of Julian of Norwich and Margery Kempe*. Cambridge: D. S. Brewer, 2004.

——, *The Book of Margery Kempe*: *Abridged Translation, Introduction, Notes*. Cambridge: D. S. Brewer, 2003.

——, "'Closyd in an hows of ston' : Discourses of Anchoritism and *The Book of Margery Kempe*", in *Anchorites, Wombs and Tombs: Intersection of Gender and Enclosure in the Middle Ages*. Ed. Liz Herbert McAvoy and Mari Hughes-Edwards. Cardiff: University of Wales Press, 2005. 182 – 94.

——, ed. *A Companion to Julian of Norwich*. Cambridge: D. S. Brewer, 2008.

McAvoy, Liz Herbert and Mari Hughes-Edwards, "Introduction: Intersections of Time and Space in Gender and Enclosure, " in *Anchorites, Wombs and Tombs: Intersection of Gender and Enclosure in the Middle Ages*. Ed. Liz Herbert McAvoy and Mari Hughes-Edwards. Cardiff: University of Wales Press, 2005. 6 – 26.

McCarthy, Terence. *Reading The Morte Darthur*. Cambridge: D. S. Brewer, 1988.

McDermott, Ryan. "' Beatus qui verba vertit in opera' : Langland's Ethical Invention and the Tropological Sense. " *The Yearbook of Langland Studies* 24 (2010) : 169 – 204.

McEntire, Sandra J. . "The Likeness of God and the Restoration of Humanity in Julian of Norwich's Showings", in *The Showings of Julian of Norwich: Authoritative Texts, Contexts, Criticism*. Ed. Denise N. Baker. New York: W. W. Norton & Company, Inc. , 2005. 164 – 76.

McGrady, Donald. "Chaucer and the *Decameron* Reconsidered. " *Chaucer Review* 12 (1977) : 1 – 26.

McInerney, Maud Burnett. "*In the Meydens Womb*: Julian of Norwich and the Poetics of Enclosure", in *Medieval Mothering*. Ed. John Carmi Parson & Bonnie Wheeler. New York: Garland Publishing. Inc. , 1996. 157 – 82.

McKenzie, Nancy. *Queen of Camelot: The Tale of Guinevere and King Arthur*. London: Orbit, 2002.

McNamer, Sarah. *Affective Meditation and the Invention of Medieval Com-*

passion. Philidelphia: University of Pennsylvania Press, 2010.

McSheffrey, Shannon. *Gender & Heresy: Women and Men in Lollard Communities 1420 – 1530.* Philidelphia: University of Pennsylvania Press, 1995.

Menn, Stephen P. . "Metaphysics: God and Being", in *The Cambridge Companion to Medieval Philosophy.* Ed. A. S. McGrade. Beijing: Life. Reading & Knowledge Bookstore, 2006. 147 – 70.

Mickel, Emanuel J. Jr. . " Marie de France's Use of Irony as a Stylistic and Narrative Device. " *Studies in Philology* 3 (1974): 265 – 290.

Middleton, Anne. "Commentary on an Unacknowledged Text: Chaucer's Debt to Langland. " *The Yearbook of Langland Studies* 24 (2010): 113 – 37.

Miller, Mark. *Philosophical Chaucer: Love, Sex, and Agency in the Canterbury Tales.* Cambridge: Cambridge University Press, 2004.

Miller, Patricia Cox. *The Corporeal Imagination: Signifying the Holy in Late Ancient Christianity.* Philidelphia: University of Pennsylvania Press, 2009.

Miller, Sarah Alison. *Medieval Monstrosity and the Female Body.* New York and London: Taylor & Francis Group, 2010.

Mitchell, Bruce. *A Guide to Old English.* Oxford: Basil Blackwell, 1965.

Mitchell, J. Allan. "Chaucer's ' Clerk's Tale' and the Question of Ethical Monstrosity. " *Studies in Philology* 1 (2005): 1 – 26.

Mitchell, Linda E. . *The Book of Margery Kempe: Scholarship, Community, and Criticism.* New York: Peter Lang Publishing, Inc. , 2005.

——, "Women and Medieval Canon Law", in *Women in Medieval Western European Culture.* Ed. Linda. E. Mitchell. New York and London: Garland Publishing, Inc. 1999. 143 – 56.

Moi, Toril. *Sexual/ Textual Politics: Feminist Literary Theory.* Methuen Co. Ltd. , 1985.

Morris, Anne. "Naming Maternal Alienation ", in *Motherhood: Power and Oppression.* Ed. Marie Porter, Patricia Short, and Andrea O'Reilly. Toronto: Women's Press, 2005, 223 – 35.

Morrison, Susan Signe. *Women Pilgrims in Late Medieval England.* London and New York: Routledge, 2000.

Murray, K. Sarah – Jane. "The Ring and the Sword: Reading Mariede

France's *Yonec* in Light of the vie de Saint Alexis. " *Romance Quarterly* (2006) : 25 – 42.

Neff, Amy. "The Pain of *Compassio*: Mary's Labor at the Foot of the Cross. " *The Art Bulletin* 80. 2 (1998) : 254 – 73.

Newman, Barbara. "More Thoughts on Medieval Women's Intelligence", in *Voices in Dialogue: Reading Women in the Middle Ages*. Ed. Linda Olson and Kathryn Kerby-Fulton. University of Notre Dame, 2005. 231 – 44.

——, *From Virile Woman to Woman Christ: Studies in Medieval Religion*. Philidelphia: University of Pennsylvania Press, 1995.

Newton, Allyson. "The Occlusion of Maternity in Chaucer's *Clerk's Tale*", in *Medieval Mothering*. Ed. John Carmi Parsons and Bonnie Wheeler. New York: Garland Publishing. Inc. , 1999. 63 – 76.

Nolan, Maura. "The Fortune of *Piers Plowman* and Its Readers. " *The Yearbook of Langland Studies* (2006) : 1 – 41.

Norris, Ralph. *Malory's Library*: *The Sources of the Morte Darthur*. Cambridge: D. S. Brewer, 2008.

O'Connor, Dennis M. . "The History of Obstetrics in the Western World from 15000 BC to the Twentieth Century". < http: //www. innominatesociety. com/Articles/The%20History%20of%20Obstretrics%20in%20the%20Western%20World. htm >. Aug. 24, 2011.

Oliver, Kelly, ed. *The Portable Kristeva*. New York: Columbia University Press, 2002.

Olsson, Kurt. "Grammar, Manhood, and Tears: The Curiosity of Chaucer's Monk. " *Modern Philology* 76(1978) : 1 – 17.

Orme, Nicholas. "The Culture of Children in Medieval England. " *Past and Present* 148 (1995) : 48 – 88.

Orsini, Jacqueline. *Mary: Images of the Holy Mother*. San Francisco: Chronicle Books, 2000.

Parson, J. C. . *Eleanor of Castile: Queen and Society in Thirteenth-Century England*. Basingstoke, 1994.

Partner, Nancy F. "Reading *The Book of Margery Kempe*. " *Exemplaria* 3 (1991) : 29 – 66.

Pearsall, Derek. *Old English and Middle English Poetry*. London: Routledge & Kegan Paul, 1977.

Pelphrey, Brant. "Leaving the Womb of Christ: Love, Doomsday, and Space/Time in Julian of Norwich and Eastern Orthodox Mysticism", in *Julian of Norwich: a Book of Essays*. Ed. Sandra J. McEntire. London: Garland Publishing, Inc. , 1998. 291 – 320.

Phillips, Kim M. "Margery Kempe and the Ages of Woman", in *The Cambridge Companion to The Book of Margery Kempe*. Ed. John H. Arnold and Katherine J. Lewis. Cambridge: D. S. Brewer, 2004. 17 – 34.

Poston, Carol H. "Childbirth in Literature. " *Feminist Studies* 4 (1978): 18 – 31.

Potkay, Monica Brzezinski and Regula Meryer Evitt. *Minding the Body: Women and Literature in the Middle Ages. 800 – 1500*. New York: Twayne Publishers, 1997.

Powell, Raymond A. . "Margery Kempe: An Exemplar of Late Medieval English Piety. "*The Catholic Historical Review* 89. 1(2003): 1 – 23.

Price, Mary R. *A Portrait of Britain in the Middle Ages: 1066 – 1485*. Oxford: Oxford University Press, 1982.

Priest, Hannah. "Marie de France's *Yonec*: Sex, Blood and Shapeshifting in a Twelfth CenturyVerse". < http: //www. medievalists. net/2011/03/24/marie-de-france% e2% 80% 99s-yonec-sex-blood-and-shapeshifting-in-a-twelfth-century-verse/ >. Sept. 30, 2011.

Purkiss, Diane. *The Witch in History: Early Modern and Twentieth-Century Representations*. London and New York: Routeledge, 1996.

Putter, Ad and Jane Gilbert. eds. *The Spirit of Medieval English Popular Romance*. Harlow: Longman, 2000.

Ranft, Patricia. *Women and Spiritual Equality in Christian Tradition*. New York: St. Martin's Press, 1998.

Reed, Teresa P. . *Shadows of Mary: Reading the Virgin Mary in Medieval Texts*. Cardiff: University of Wales Press, 2003.

Reese, Lynn. "Women and Crusades. " < http: //www. womeninworldhistory. com/heroine3. html >. Sept. 12, 2012.

Rees-Jones, Sarah. "" A peler of Holy Cherch' : Margery Kempe and the Bishops", in *Medieval Women: Texts and Contexts in Late Medieval Britain*. Ed. Jocelyn Wogan-Browne. Brepols Publishers. 2000. 377 – 91.

Renevey, Denis. "Margery's Performing Body: The Translation of Late Medieval Discursive Religious Practices", in *Writing Religious Women: Female Spiritual and Textual Practices in Late Medieval England*. Ed. Denis Renevey and Christiania Whitehead. Toronto: University of Toronto Press, 2000. 197 – 216.

Reviere, Joan. "Womanliness as Masquerade. "*The International Journey of Psychoanalysis* 10(1929) : 303 – 13.

Rhys, John. *Studies in the Arthurian Legend.* Oxford: Oxford University Press, 1891.

Rich, Adrienne. *Of Woman Born: Motherhood as Experience and Institution.* New York and London: W. W. Norton & Company, 1976.

Riddy, Felicity. "Text and Self in *The Book of Margery Kempe*", in *Voices in Dialogue: Reading Women in the Middle Ages.* Ed. Linda Olson and Kathryn Kerby-Fulton. Notre Dame: University of Notre Dame, 2005. 435 – 53

——, "Women Talking about the Things of God: a Late Medieval Sub-culture, "in *Women and Literature in Britain 1150 – 1500.* Ed. Carol M. Meale. Cambridge: Cambridge University Press, 1993. 104 – 27.

Roberts, Anna. "Introduction: Violence against Women and the Habits of Thought ", in *Violence against Women in Medieval Texts.* Ed. Anna Roberts. Gainesville: University Press of Florida, 1998. 1 – 21.

Robertson, Elizabeth. "Measurement and the Feminie in *Piers Plowman*: A Response to Recent Studies in Langland and Gender", in *William Langland's Piers Plowman: A Book of Essays.* Ed. Kathleen M. Hewett-Smith. New York and London: Routledge. 2001. 167 – 92.

——, "Nonviolent Christianity and the Strangeness of Female Power in Geoffrey Chaucer's *Man of Law's Tale*", in *Gender and Difference in the Middle Ages.* Ed. Sharon Farmer and Carol Braun Pasternack. London: University of Minnesota Press, 2003. 322 – 51.

——, "Souls that Matter: The Gendering of the Soul in *Piers Plowman*", in *Mindful Spirit in Late Medieval Literature: Essays on Honour of Elizabeth*

D. *Kirk*. Ed. Bonnie Wheeler. New York and Basingstoke: Palgrave Macmillan, 2006. 165 – 86.

Robinson, F. N.. "The Canterbury Tales", in *The Works of Geoffrey Chaucer*. Ed. F. N. Robinson. Oxford: Oxford University Press, 1966. 1 – 17.

Rose, Christine M.. *Chaucer's Man of Law' Tale: Teaching Through the Sources*. < http://www. geocities. com/growonder/chaucermanoflaw. html >. April 23, 2008.

Ross, Ellen M.. "Spiritual Experience and Women's Autobiography: The Rhetoric of Selfhood in *The Book of Margery Kempe.*" *Journal of the American Academy of Religion* 3 (1991) : 527 – 46.

Ruby, Michael. "*The Clerk's Tale* and the Forces of Habit. " *Chaucer Review* 3 (2013) : 223 – 46.

Rudd, Gillian. "Literary Text as a Demonstration of Feminist Criticism: the Case of *Piers Plowman. "Journal of Gender Studies* 9 (2000) : 45 – 54.

Ruddick, Sara. *Maternal Thinking: Toward a Politics of Peace.* London: Beacon Press, 1995.

Salih, Sahah. "At Home; Out of the House", in *The Cambridge Companion to Medieval Women's Writing.* Ed. Carolyn Dinshaw and David Wallace. Cambridge: Cambridge University Press, 2003. 124 – 40.

——, *Versions of Virginity in Late Medieval England.* Cambridge: D. S. Brewer, 2001.

Salih, Sarah and Denise N. Baker. eds. *Julian of Norwich's Legacy: Medieval Mysticism and Post-medieval Reception.* Basingstoke : Palgrave Macmillan, 2009.

Salter, Elizabeth and Derek Pearsall. "Allegory and Realism and the Figural Approach to Reality", in *Piers Plowman: the Donaldson Translation, Select Authoritative Middle English Text, Sources and Backgrounds, Criticism.* Ed. Elizabeth Robertson and Stephen H. Shepherd. New York: W. W. Norton & Company, 2006. 514 – 22.

Scheps, Walter. "Chaucer's Man of Law and the Tale of Constance. " *PMLA* 89 (1974) : 285 – 95.

Schiller, Gertrud. *Iconography of Christian Art.* Trans. Janet Seligman. London: Lund Humphries, 1971.

Schlauch, Margeret. *Chaucer's Constance and Accused Queens.* New York: New York University Press, 1927.

Schroedel, Jenny and Reverend John Schroedel. "The Crusades. " < http://www. netplaces. Com /virgin-mary/medieval-mary/the-crusades. htm >. Sept. 12, 2012.

Severs, J. Burke. *The Literary Relationships of Chaucer's "Clerkes Tale. "* New Haven: Yale University Press, 1942.

Shahar, Shulamith. *The Fourth Estate: A History of Women in the Middle Ages* (revised edt.). Trans. Chaya Galai. London: Methuen Young Books, 2002.

Sheingorn, Pamela. "The Maternal Behavior of God: Divine Father as Fantasy Husband", in *Medieval Mothering*. Ed. John Carmi Parson & Bonnie Wheeler. New York: Garland Publishing. Inc. , 1996. 77 – 99.

Showalter, Elaine. *The New Feminist Criticism.* New York: Pantheon, 1985.

Shumaker, Wayne. "Alisoun in Wander – Land: A Study in Chaucer's Mind and Literary Method. " *ELH* 18 (1951) : 77 – 89.

Simpson, James. "Chaucer as a European Writer", in *The Yale Companion to Chaucer.* Ed. Seth Lerer. New Haven: Yale University Press. 2006, 55 – 87.

——, *Piers Plowman.* (2nd edt.) Exeter: University of Exeter Press, 2007.

——, "*Piers Plowman*: An Introduction to the B-Text", in *Piers Plowman: the Donaldson Translation, Select Authoritative Middle English Literature, Sources and Backgrounds, Criticism.* Ed. Elizabeth Robertson and Stephen H. A. Shepherd. New York: W. W. Norton & Company, Inc. , 2006. 584 – 91.

Skeat, Walter W. . *Piers the Plowman and Richard the Redeless.* Oxford: Oxford University Press, 1886.

Skinner, Patricia and Elisabeth van Hounts. *Medieval Writings on Secular Women.* London: The Peguin Books, 2011.

Sledd, James. "*The Clerk's Tale*: The Monsters and the Critics", in *Chaucer: Modern Essays in Criticism*. Ed. Edward Wagenknecht. New York: Oxford University Press, 1959. 226 – 39.

Smith, D. Vance. "Chaucer as an English Writer", in *The Yale Companion to Chaucer.* Ed. Seth Lerer. New Haven: Yale University Press, 2006. 91 – 8.

——, "Negative Langland. "*The Yearbook of Langland Studies* (2009): 33 – 59.

Spearing, A. C. . "*The Book of Margery Kempe*; Or, The Diary of a Nobody. " *The Southern Review* 38 (2002): 625 – 35.

——, "Introduction", in *Revelations of Divine Love.* Trans. Elizabeth Spearing. London: Penguin Books Ltd. , 1998. pp. vii – xxxiii.

——, "Margery Kempe", in *A Companion to Middle English Prose.* Ed. A. S. G. Edwards. Cambridge: D. S. Brewer, 2004. 83 – 97.

——, "Narrative Voice: The Case of Chaucer's *Man of Law's Tale.* " *New Literary History* 32(2001): 715 – 46.

——, "*Sir Orfeo*: Madness and Gender", in *The Spirit of Medieval English Popular Romance.* Ed. Ad Putter and Jane Gilbert. Harlow: Longman, 2000. 258 – 72.

——, "The Subtext of *Patience*: God as Mother and the Whale's Belly. " *Journal of Medieval and Early Modern Studies* 29. 2 (1999): 293 – 323.

Spurr, Barry. *See the Virgin Blest: the Virgin Mary in English Poetry.* New York: Palgrave Macmillan, 2007.

Stacey, Robert C. "Anti – Semitism and the Medieval English State", in *The Medieval State: Essays Presented to James Campbell.* Ed. J. R. Maddicott and D. M. Palliser. London: Hambledon. 163 – 77.

Staley, Lynn. *Margery Kempe: Dissenting Fictions.* Philadelphia: The Pennsylvania State University Press, 1994.

Stanley, E. G. . "An Allusion to *Piers Plwoman* on Thomas Fuller's Holy Warre. " *Notes & Querries* 56 (2009): 201.

Stanbury, Sarah. "The Body and the City in *Pearl.* " *Representation* 48 (1994): 30 – 47.

——, "Regimes of the Visual in Premodern England: Gaze, Body, and Chaucer's *Clerk's Tale.* " *New Literary History* 28 (1997): 261 – 89.

Stein, Robert M. "Multilinguism", in *Middle English: Oxford Twenty-First Century Approaches to Literature.* Ed. Paul Strohm. Oxford: Oxford University Press, 2007. pp. 24 – 40.

Stenton, Doris Mary. *English Society in the Early Middle Ages*. London: Penguin, 1951.

Stiller, Nikker. *Eve's Orphans: Mothers and Daughters in Medieval English Literature*. Westport: Greenwood Press, 1980.

Stock, Nancy P. "Did Margery Kempe Suffer from Tourette Syndrome?" *Medeival Studies* 59 (1997): 261 – 300.

Strickland, Debra Higgs. *Saracens, Demons, and Jews: Making Monsters in Medieval Art*. Princeton: Princeton University Press, 2003.

Stuard, Susan Mosher. *Considering Medieval Women and Gender*. Farnham: Ashgate Publishing Limited, 2010.

Sturges, Robert S. "*The Canterbury Tales'* Women Narrators: Three Traditions of Female Authority. " *Modern Language Studies* 13(1983): 41 – 51.

Sugiyama, Naoko. "Postmodern Motherhood and Ethnicity: Maternal Discourse in Late Twentieth-Century American Literature. " *The Japanese Journal of American Studies* 11(2000): 71 – 90.

Sumption, Jonathan. *Pilgrimage: An Image of Medieval Religion*. Totowa: Rowman and Littlefield, 1975.

Sweeneyr, Mickey. "Divine Love or Loving Divinely?: The Ending of Malory's ' Morte Darthur' . " *Arthuriana* 2 (2006): 73 – 7.

Tavormina, M. Teresa. " Kindly Similitude: Langland's Matrimonial Trinity. "*Modern Philology* 80 (1982): 117 – 28.

——, *Kindly Similitude: Marriage and Family in Piers Plowman*. Cambridge: D. S. Brewer. 1995.

Thomas, Keith. *Religion and the Decline of Magic: Studies in Popular Beliefs in Sixteenth and Seventeenth Century*. London: Weidenfeld and Nicolson, 1971.

Thomas, Mary Edith. *Medieval Skepticism and Chaucer*. New York: William Frederick, 1950.

Thompson, Jack George. *Women in Celtic Law and Culture*. Queenston: The Edwin Mellen Press, 1996.

Thorpe, Lewis. "Introduction", in *The History of the King of Britain*. Penguin Books, 1996. 9 – 37.

Traver, Hope. *The Four Daughters of God: A Study of Versions of This Al-*

legory with Especial Reference to Those in Latin, French and English. Kessinger Publishing, LLC, 2007.

Turner, Victor and Edith Turner. *Image and Pilgrimage in Christian Culture.* New York: Columbia University Press, 1995.

Twomey, Lesley K.. *The Serpent and the Rose: The Immaculate Conception and Hispanic Poetry in the Late Medieval Period.* Boston: Koninklijke Brill NV. 2008.

Utley, Francis Lee. "Boccaccio, Chaucer and the International Popular Tale. " *Western Folklore* 33 (1974): 181 – 201.

Veldhoen, N. H. G. E. and H. Aertsen. eds. *Companion to Early Middle English Literature.* (2nd edt.). Amsterdam: VU University Press, 1995.

Vinaver, Eugéne. *Malory's Morte d'Arthur in the Light of Recent Discovery.* Manchester: The Manchester University Press, 1935.

——, "Sir Thomas Malory", in *Arthurian Literature in the Middle Ages: a Collaborative History.* Ed. Roger Sherman Loomis. Oxford: Oxford University Press, 1959. 541 – 52.

Varin, Amy, "Modred, King Arthur's Son. " *Forklore* 2 (1979): 167 – 77.

Wade, James. *Fairies in Medieval Romance.* Basingstoke: Palgrave Macmillan, 2011.

Walker, Michelle Boulous. *Philosophy and the Maternal Body: Reading Silence.* New York: Routledge, 1998.

Wallace, David. *Chaucerian Polity.* Stanford: Stanford University Press, 1997.

——, "Chaucer's Continental Inheritance: the Early Poems and *Troilus and Criseyde*", in *The Cambridge Chaucer Companion.* Ed. Piero Boitani and Jill Mann. Cambridge: Cambridge University Press, 1986. 19 – 38.

Waller, Gary. *The Virgin Mary in Late Medieval and Early Modern English Literature and Popular Culture.* Cambridge: Cambridge University Press, 2011.

Wagenknecht, Edward. *Chaucer: Modern Essays in Criticism.* New York: Oxford University Press, 1959.

Ward, Jennifer. *Women in England in the Middle Ages.* London: Hambledon Continuum, 2006.

Warner, Marina. *Alone of All Her Sex: The Myth and the Cult of the Virgin*

Mary. London: Weidenfeld and Nicolson, 1976.

Warren, M. L. "Griselda's 'Unnatural Restraint' as a Technology of the Self. " < http: // www. the-orb. net/ encyclop/ culture/ lit/ griselda. html > April 18, 2008.

Watkins, Renee Neu. "Two Women Visionaries and Death: Catherine of Siena and Julian of Norwich. " *Numen* 30 (1983) : 174 – 98.

Watson, Nicholas. "Censorship and Cultural Change in Late-Medieval England: Vernacular Theology, the Oxford Translation Debate, and Arundel's Constitutions of 1409. " *Speculum* 70 (1995) : 822 – 64.

——, "The Making of *The Book of Margery Kempe*", in *Voices in Dialogue: Reading Women in the Middle Ages.* Ed. Linda Olson and Kathryn Kerby-Fulton. Notre Dame: University of Notre Dame, 2005. 395 – 434.

——, "The Trinitarian Hermeneutic in Julian of Norwich's *Revelations of Love*", in *The Medieval Mystical Tradition in England: Exeter Symposium V.* Ed. Marion Glasscoe. Oxford: D. S. Brewer, 1992. 79 – 100.

——, "' Yf Women Be Double Naturally' : Remaking ' Woman' in Julian of Norwich's *Revelation of Love.* " *Exemplaria* 8 (1996) : 1 – 34.

Webber, Teresa. "The Norman Conquest and Handwriting in England to 1100", in *The Cambridge History of the Book in Britain: 400 – 1100.* Ed. Richard Gameson. Cambridge: Cambridge University Press, 2012. 211 – 24.

Weisl, Angela Jane. "' Quiting' Eve: Violence against Women in the *Canterbury Tales*", in *Violence against Women in Medieval Texts.* Ed. Anna Roberts. Gainesville: University Press of Florida, 1998. 115 – 36.

Weissman, Hope Phyllis. "Antifeminism and Chaucer's Characterization of Women", in *Geoffrey Chaucer: A Collection of Original Articles.* Ed. George D. Economou. McGraw-Hill Contemporary Studies in Literature, 1975. 93 – 110.

——, "Margery Kempe in Jerusalem: Hysterica Compassio in the Late Middle Ages", in *Acts of Interpretation: The Text in its Contexts, 700 – 1600.* Ed. Mary J. Carruthers and Elizabeth D. Kirk. Norman, OK: Pilgrim Books, 1982. 201 – 17.

Wells, John Edwin. "Introduction", in *The Owl and The Nightingale. Ed. John Edwin Wells. pp. vii – xli.*

Weston, Jessie L. . *The Quest of the Holy Grail*. London: G. Bell & Sons Ltd, 1913.

Whalen, Logan. ed. *A Companion to Marie de France*. Boston: Brill, 2011.

Wheeler, Bonnie and Fiona Tolhurst. eds. *On Arthurian Women: Essays in Memory of Maureen Fries*. Dallas: Scriptorium Press, 2001.

Whitehead, Christiana. "A Fortress and a Shield: The Representation of the Virgin in the *Chateau d'amour* of Robert Grosseteste", in *Writing Religious Women: Female Spiritual and Textual Practices in Late Medieval England*. Ed. Denis Renevey and Christiana Whitehead. Toronto : University of Toronto Press, 2000. 109 – 32.

Wickham, Victoria. "Chaucer's Prioress: Simple and Conscientious, or Shallow and Counterfeit?" < http: //www. luminarium. org/medlit/wickham. htm >. April 23, 2008.

Wilson, Anne. *The Magical Quest: the Use of Magic in Arthurian Romance*. Manchester and New York: Manchester University Press, 1988.

Wilson, Katharina M. . "Figmenta vs. Veritas: Dame Alice and the Medieval Literary Depiction of Women by Women. " *Tulsa Studies in Women's Literature* 4 (1985) : 17 – 32.

Wilson, R. M. . *Early Middle English Literature*. London: Methuen & Co. Ltd. . 1939.

Windeatt, Barry. "The Art of Swooning in Middle English", in *Medieval Latin and Middle English Literature*. Ed. Christopher Cannon and Maura Nolan. Cambridge: D. S. Brewer, 2012. 211 – 30.

——, "1412 – 1534: Texts. ", in *The Cambridge Companion to Medieval English Mysticism*. Ed. Samuel Fanous and Vincent Gillespie. Cambridge: Cambridge University Press. 195 – 225.

Wogan-Browne, Jocelyn. *Saints' Lives and Women's Literary Culture: 1150 – 1300*. Oxfrod: Oxford University Press, 2001.

Wynne-Davies, Marion. *Women and Arthurian Literature: Seizing the Sword*. Basingstoke: MACMILLAN PRESS LTD, 1996.

Yoshikawa, Naoe Kukita. "Marian Virtues and Margery Kempe: The Influence of Carmelite Devotion to the Virgin. " *Carmelus* 50 (2003) : 89 – 112.

——, "Veneration of Virgin Martyrs in Margery Kempe's Mediation: Influence of the Sarum Liturgy and Hagiography", in *Writing Religious Women: Female Spiritual and Textual Practices in Late Medieval England*. Ed. Denis Renevey and Christiania Whitehead. Toronto: University of Toronto Press, 2000. 177–96.

Yodar, Emily K. "Chaucer and the 'Breton' Lay'." *The Chaucer Review* 1 (1977): 74–77.

Yunck, John A.. *The Lineage of Lady Meed: the Development of medieval Venality Satire*. Ed. John A. Yunck, Joseph N. Garvin and Philip S. Moore. Notre Dame: Notre Dame Univerisity Press, 1963.

——, "Religious Elements in Chaucer's *Man of Law's Tale.*" *ELH* 27 (1960): 249–61.

Zeeman, Nicolette. *Piers Plwoman and the Medieval Discourse of Desire.* Cambridge: Cambridge University Press, 2006.

——, "Tales of Piers and Perceval: *Piers Plwoman* and the Grail Romance." *The Yearbook of Langland Studies* 22 (2008): 199–236.

〔英〕阿盖尔:《宗教心理学导论》,陈彪 译,北京:中国人民大学出版社,2005。

〔美〕理安・艾斯勒:《圣杯与剑:我们的历史,我们的未来》,程志民 译,北京:社会科学文献出版社,2009。

〔美〕朱迪斯・M. 本内特、C. 沃伦・霍利斯特:《欧洲中世纪史》,杨宁、李韵 译,上海:上海社会科学出版社,2007。

常耀信、索金梅:《英国文学通史》,天津:南开大学出版社,2010。

陈才宇:《古英语与中古英语文学通论》,北京:商务印书馆,2007。

陈振尧:《法国文学史》,北京:外语教学与研究出版社,1989。

冯象:《玻璃岛:亚瑟与我三千年》(第二版),北京:生活・读书・新知三联书店,2013。

〔美〕阿尔伯特・甘霖:《基督教与西方文化》,赵中辉 译,北京:北京大学出版社,2005。

〔美〕高夫曼:《日常生活中的自我表演》,徐江敏、李姚军 译,台北:桂冠图书股份有限公司,1987。

〔德〕汉斯–维尔纳·格茨：《欧洲中世纪生活：7—13 世纪》，王亚平 译，2002，北京：东方出版社。

〔英〕亨利·林肯、〔新〕迈克尔·贝金特、〔美〕理查德·利：《圣血与圣杯》，李永成 译，北京：世界知识出版社，2007。

李赋宁、何其莘：《英国中古时期文学史》，北京：外语教学与研究出版社，2006。

李维屏：《英国小说史》，南京：译林出版社，2005。

刘乃银：《巴赫金的理论与〈坎特伯雷故事集〉》，上海：华东师范大学出版社，1999。

罗三洋：《欧洲民族大迁徙史话》，北京：文化艺术出版社，2007。

茅盾：《西洋文学通论》，南京：凤凰出版传媒集团/江苏文艺出版社，2010。

〔美〕W. E. 佩顿：《阐释神圣——多视角的宗教研究》，许泽民 译，陈维纲 校，贵阳：贵州出版集团，2006。

沈萼梅：《意大利文学》，北京：外语教学与研究出版社，1998。

〔美〕克里斯托弗·A. 斯奈德：《不列颠人：传说和故事》，范勇鹏 译，北京：北京大学出版社，2009。

王本立：《中世纪英国反犹现象的演变及其特征》，《历史教学》2009 年第 4 期。

王亚平：《中世纪神秘主义》，北京：东方出版社，2001。

〔日〕西川直子：《克里斯托娃：多元逻辑》，王青、陈虎 译，石家庄：河北教育出版社，2002。

肖明翰：《英语文学传统之形成》，北京：社会科学文献出版社，2009。

杨慧林、黄晋凯：《欧洲中世纪文学史》，南京：译林出版社，2001。

后 记

　　我从事的母性研究和我的母亲身份有关。2006 年 9 月，我搭乘火车去上海攻读博士学位。火车启动的瞬间，我看到女儿在站台上不情愿地向我挥手，我们都眼含泪水。女性既要做一位好母亲，又要追逐梦想真是非常艰难。自己的经历和学术阅读使我决定把重心放在研究中世纪英国文学中的母性上。本著作以我的英文博士论文《母亲与谋杀：中世纪晚期英国文学中的母性研究》为基础，经过毕业后几年不断扩充、删减、重写而成，是我在华东师范大学博士学习期间研究成果的进一步深化。回想读博生涯，它短暂而美丽，艰辛而厚重，毕业后的研究工作实际上还是对这种梦想的无数次重温，也伴随着对自己作为母亲的角色的思考。在这个艰辛的研究过程之中，幸运之事是得到了老师、家人、朋友和各种机构的慷慨鼓励与大力支持。在此，我要表达我真挚的谢意。

　　首先，我非常真挚地感谢我的恩师刘乃银教授。师从刘老师是我毕生的一大幸事。在他的耐心指导和不断鼓励下，我步入中世纪英国文学这个对我来说全新的研究领域。这种研究是一种奇异的冒险，既有令人眼前一亮的发现，又领略了中世纪人笃信的上帝之城的神秘。我不仅开始学着大声朗读中世纪英语，还在文本阅读中见识了中世纪人虔诚的灵魂。不断深入的研究使我领略美景无数，中世纪英国文学散发出的独特光芒使我难以释手。本研究经历了选题、构思、写作、定稿、答辩、重写、修改、增减等多方面的辛苦工作，几年来，刘老师一直耐心地提出许多宝贵的意见和建议。其中无不凝结着导师的心血和劳动。在我困难、犹豫、迷茫之际，刘老师语重心长的鼓励和支持使我有勇气和信心继续研究。他严谨的学术态度和高尚的学者风范是我终生学习的榜样。

　　感谢华东师范大学黄源深教授和费春放教授。在博士论文开题之时，他们提出了许多贴切的意见。费春放教授慷慨地与我分享她在国外收集的中世纪图片,《阿尔诺芬尼夫妇像》尤其给我带来了写作灵感。感谢浙江大学沈弘教授在我撰写第四章时提出的建议。感谢南京师范大学傅俊教授、复旦大学孙建教授、上海外国语大学乔国强教授、上海电力大学唐俭教授以及华东师范大学费春放教授和金衡山教授。他们在论文答辩和评审时提出了许多宝贵建议,这使论文在本次重写和修改之时得以进一步完善。感谢沈弘教授、孙建教授和傅俊教授在我申报国家社科后期项目中给予的肯定和支持。感谢国家后期资助项目匿名评审专家提出的修改意见,这对我提高书稿质量非常关键,成果的标题就是采用了专家意见而定。

感谢中世纪历史学家 Caroline Walker Bynum 教授,她把专著《作为母亲的耶稣》、《分裂与救赎》和《美妙的血》馈赠于我。她的许多建议使我对晦涩难懂的朱丽安有了清晰的认识和理解。她以智慧引导我,启发我,鼓励我。几年来,我们时常一起分享生活和研究的心得体会,其中的点点滴滴我铭记在心。感谢弗吉尼亚大学 A. C. Spearing 教授为我邮寄资料,几年来同我一起探讨相关问题。他提出的建议让我对坎普有了更深刻的认识。2012 年 9 月我赴牛津大学英语系访学。牛津大学图书馆丰富的藏书让我受益匪浅。感谢牛津大学 Simon Horobin 教授,他的建议使我对兰格伦的研究更加透彻。感谢 Vicent Gillespie 教授,和他的交谈使我更好地把握了中世纪英国历史文化背景以及对朱丽安的研究。Helen Barr, Annie Sutherland 和 Anna Caughey 博士的讲座以及与她们的交谈给了我很多启发。感谢剑桥大学 Helen Cooper 教授。她读了我的部分英文书稿,细心地推荐有关马洛礼和乔叟的书籍,对后期修改提出了具体意见。感谢班戈大学的 Peter Field 教授,他百忙之中就马洛礼研究中相关问题耐心地和我邮件沟通,推荐了多本有价值的书供我阅读。感谢西班牙纳瓦拉大学 Andrew Breeze 教授提供的相关研究资料,和他的交谈使我对中世纪威尔士文学产生了兴趣。感谢伦敦大学 Rosamund Allen 教授,我们的交谈使我意识到了解中世纪英国孩子的生存状态的重要性。感谢哈佛大学 Nicholas Watson 教授和我一起讨论朱丽安及其思想。感谢美国圣十字会学院的 Sarah Stanbury 教授和奥本大学的 Wiebke Kuhn 教授,她们和我分享资料并下载相关资料。感谢 Matthew Boyd 博士和我分享有关玛丽的资料,让我对凯尔特文化产生了浓厚的兴趣。感谢 Robin Stephen Gilbank 博士为我带来的有关坎普的书。他们热忱的学术帮助和友谊对我来说弥足珍贵。

感谢现任教于上海外国语大学的王睿博士。初见时，她慷慨地和我分享资料，使我快速进入中世纪英国文学研究领域，我们一起为研究中世纪英国女作家作了不懈的努力。无论是在生活中还是研究中，她的鼓励、支持和友谊让我感到十分温暖。我还要感谢同门和同窗学友的帮助，我们曾经一起探讨交流，这给我带来许多启发。他们的帮助和鼓励我铭记在心，学友之情难以忘怀。

家人的一路支持和陪伴让我非常感动，感恩生活的美好。特别感谢父母的爱和鼓励，这使我对读书一直充满向往。他们和我的公公、婆婆和姑母在我读书、研究期间不辞辛劳照顾我的女儿，使我无后顾之忧。我对他们心存感激和深深的爱。特别感谢我的爱人李伟龙先生，他是我求学路上坚定的支持者。在 2003 年到 2009 年我攻读硕博士学位六年的时间里，他理解我并一路支持我，时常和我一起交谈，分担我研究中的种种艰辛，对我的研究表现出很浓的兴趣，不厌其烦地做为我搜索、打印资料等诸多事情。2012 年到 2013 年，他全力支持我去牛津大学访学一年。我的学习和研究中伴有他多年的心血和付出，没有他的理解和全力支持，我的求学梦无法实现，我的研究更是无法如期完成。我还要特地感谢我的女儿楚涵，她从很小起就对我的学习和研究非常支持，她让我感到做母亲的温暖，她是我学习和研究的动力，为我带来了写作的灵感和生活的欢欣。

感谢国家社科后期资助项目的大力支持。这对我来说是莫大的鼓励，使我有信心在原来基础上继续推进研究。感谢国家留学基金委和陕西师范大学的支持。这使我有幸去牛津大学访学，了解更多相关学术动态。感谢《国外文学》、《外国文学研究》、《英美文学研究论丛》和《跨语言文化研究》等核心刊物对我部分研究成果的认可。感谢中央编译出版社为此书的出版付出的辛勤劳动。

限于能力和水平，本书难免有疏漏和错误之处，敬请各位专家学者和读者不吝指正。

2014 年 7 月 3 日
于陕西师范大学雁塔校区

图书在版编目(CIP)数据

中世纪英国文学中的母性研究 / 张亚婷著. —北京：中央编译出版社，2014.9
ISBN 978 - 7 - 5117 - 2263 - 8

Ⅰ. ①中… Ⅱ. ①张… Ⅲ. ①英国文学 - 中世纪文学 - 妇女文学 - 文学研究
Ⅳ. ①I561.063

中国版本图书馆 CIP 数据核字(2014)第 183636 号

中世纪英国文学中的母性研究

出 版 人：刘明清
出版统筹：董　巍
责任编辑：曲建文
责任印制：尹　珺
出版发行：中央编译出版社
地　　址：北京西城区车公庄大街乙 5 号鸿儒大厦 B 座(100044)
电　　话：(010)52612345(总编室)　 (010)52612370(编辑室)
　　　　　(010)52612316(发行部)　 (010)52612317(网络销售)
　　　　　(010)52612346(馆配部)　 (010)66509618(读者服务部)
传　　真：(010)66515838
经　　销：全国新华书店
印　　刷：北京金瀑印刷有限责任公司
开　　本：787 毫米 ×1092 毫米　1/16
字　　数：346 千字
印　　张：21.5
版　　次：2014 年 9 月第 1 版第 1 次印刷
定　　价：68.00 元

网　　址：www.cctphome.com　　　邮　　箱：cctp@cctphome.com
新浪微博：@中央编译出版社　　　微　　信：中央编译出版社(ID：cctphome)
淘宝店铺：中央编译出版社直销店(http://shop108367160.taobao.com)

本社常年法律顾问：北京市吴栾赵阎律师事务所律师　　闫军　　梁勤
凡有印装质量问题,本社负责调换,电话：(010)66509618